近代欧美资产阶级
经济学史研究

[第二版]

郭志琦 徐则荣 著

首都经济贸易大学出版社
Capital University of Economics and Business Press
·北京·

图书在版编目（CIP）数据

近代欧美资产阶级经济学史研究/郭志琦，徐则荣著. --2版. --北京：首都经济贸易大学出版社，2021.8

ISBN 978-7-5638-3237-8

Ⅰ.①近… Ⅱ.①郭… ②徐… Ⅲ.①资产阶级政治经济学—经济思想史—研究—西方国家—近代 Ⅳ.①F091

中国版本图书馆CIP数据核字（2021）第122620号

近代欧美资产阶级经济学史研究（第二版）
郭志琦　徐则荣　著
JINDAI OUMEI ZICHAN JIEJI JINGJIXUESHI YANJIU

责任编辑　陈雪莲
封面设计　风得信·阿东 FondesyDesign
出版发行　首都经济贸易大学出版社
地　　址　北京市朝阳区红庙（邮编 100026）
电　　话　（010）65976483　65065761　65071505（传真）
网　　址　http://www.sjmcb.com
E-mail　publish@cueb.edu.cn
经　　销　全国新华书店
照　　排　北京砚祥志远激光照排技术有限公司
印　　刷　北京九州迅驰传媒文化有限公司
成品尺寸　170毫米×240毫米　1/16
字　　数　494千字
印　　张　27.5
版　　次　2021年1月第1版　**2021年8月第2版**
2024年1月总第3次印刷
书　　号　ISBN 978-7-5638-3237-8
定　　价　68.00元

前　　言

中华人民共和国自成立以来，经历了艰苦卓绝的奋斗历程，中国现已从站起来、富起来，进入强起来的中国特色社会主义新时代。我国新时代的资产阶级经济学说史的研究，要以新时代的新思想，即21世纪马克思主义中国化的习近平新时代中国特色社会主义思想为指导，正确对待资产阶级经济学说史。

本书以近代欧美资产阶级经济学发展演变过程为研究对象，上限为威廉·配第和布瓦吉尔贝尔的经济学说，下限为阿弗里德·马歇尔的经济学说。附录简要介绍现代西方经济学三大流派。为了说明西方资产阶级经济学的思想渊源，在“引论”中论述奴隶主和封建主的经济思想。重商主义虽然是对资本主义生产方式的最早说明，但由于它是封建社会晚期的经济学说，是资产阶级经济学的“前史”，所以本书也把它放在“引论”中。

与一些同类著作比较，本书具有如下几个特点：

第一，增加了许多新内容、新观点和新发现。诸如关于市场经济和市场机制的内容，关于企业管理和财税理论等方面的内容。对资产阶级经济学家及其经济学说的评价，本书也提出了许多新的观点，例如，对法国古典经济学大师魁奈，过去不少有关论著均认为他没有正确的价值论，更谈不上对劳动价值论的贡献；本书则根据可靠资料，在介绍了魁奈的价值理论之后认为，魁奈对劳动价值论做出了不可磨灭的贡献，他堪称一个劳动价值论者。再如，对亚当·斯密的货币论，过去的有关论著多认为亚当·斯密把货币仅仅归结为流通手段，本书则举出大量可靠论据证明，斯密不仅看到了货币的五种职能，还比较正确地理解了货币五种职能之间的关系，提出价值尺度和流通手段是货币的两种基本职能。又如，对西斯蒙第的评价，本书在许多方面都表现出与众不同的见解，对西斯蒙第在古典政治经济学中的独到见解和贡献给予充分的评价。此外，对巴斯夏的经济学说，对约翰·穆勒的经济学说，对李斯特的经济学说等，本书也都进行了一些独到的评介。

第二，有述有评，评述结合。本书对每个代表人物的经济学说，都遵循辩证唯物主义的方法进行了实事求是的评述，既避免了述而不评，也避免了只评不述。无论对古典经济学还是庸俗经济学，都对之一分为二，既评述其贡献，又评述其局限和缺陷。例如，对庸俗经济学，除揭露、批判其庸俗性、辩护性经济理论外，对其正确观点和贡献，哪怕是可取的点滴，也都给予充分的肯定。述，尽量根据原作；评，做到科学全面。总之，评述都要尊重历史，经得起历史的考验。

第三，对范畴的使用坚持科学态度，不赶时髦，不随波逐流，不轻易放弃公认的概念，不搞非科学的创新。与近几年出版的一些同类新作比较，本书则较多地坚持了科学的传统观点，诸如古典经济学、庸俗经济学、资本、剩余价值、帝国主义、阶级剥削和阶级压迫等。之所以如此，原因有三：①这些范畴是历史上形成的，曾经是我国人民中多数人认同的，我们应当尊重这个历史。在这方面过多地搞非科学创新或同义反复式的标新立异，必然会引起思想混乱。②马克思主义经典作家提出的庸俗经济学等传统范畴，现在还没有看到有人提出有力论据证明其为非科学范畴；恰恰相反，历史和现实都证明这些范畴是科学的。我们不迎合有些人想改掉传统概念的做法。③近几年出版的某些新著在范畴方面所进行的某些创新还没有被实践证明为科学的创新，笔者很难苟同。

本书所评介的西方经济学家的经济学说，都尽量做到了根据他们的代表作，言之有根有据。

目 录

第三篇　向帝国主义过渡时期的资产阶级庸俗经济学

第一章　引　论

——资产阶级古典经济学以前的经济思想

第一节　古希腊和古罗马奴隶主阶级的经济思想

西方经济学说最早产生于古希腊和古罗马。它主要讲述古代奴隶主阶级的经济思想，这是因为在奴隶社会奴隶主占有生产资料和奴隶从而成为统治阶级，奴隶只是“会说话的工具”，是奴隶主残酷剥削和压迫的对象从而成为被统治阶级，他们没有文化，闭塞无知，不可能产生系统的经济思想。

古希腊时期对奴隶主经济思想做过较为系统论述的思想家主要有色诺芬、柏拉图、亚里士多德；古罗马时期对奴隶主经济思想做过较为系统论述的思想家主要有贾图和瓦罗等。

下面我们就主要评介这些经济思想。

一、关于经济学对象的观点

在西欧，“经济”一词最早出现在古希腊思想家色诺芬的《经济论》一书中。该书主要论述了家庭经济管理问题。古希腊时期的家庭不是我们今天意义上的家庭，而是一种大家庭，当时的家庭经济管理也就是组织管理奴隶制经济的各种问题。因为古希腊奴隶制的生产主要是以大家庭为单位由奴隶进行的生产，所以说色诺芬所谓的家庭管理就是经济学对象的最早提法。

色诺芬认为家庭财产管理是“一门学问”，它的任务就是教会奴隶主“管理好他自己的财产”，以便“能够继续支付一切开支，并获有盈余使财产不断增加”，从而“得到很优厚的薪给”①。

也就是说，在色诺芬看来，经济学就是研究家庭经济管理问题的科学，即研究组织管理奴隶制经济的各种问题的科学。

---

① 色诺芬．经济论［M］．北京：商务印书馆，1961：1.

亚里士多德也把家务管理作为经济学的对象。值得注意的是，他对家务管理的含义进行了系统而全面的阐释。他认为家务管理包括两个方面：一方面在于处理好主奴关系、配偶关系、亲嗣关系；另一方面“在于致富”，即处理好农牧业与工商业的关系，运用好“致富技术”，达到致富的目的①。这里既包括人与人之间的关系（生产关系），也包括人与自然以及自然界内部的关系（生产力）。亚里士多德关于家务管理含义的解释，全面而正确地反映了奴隶主经济学的对象，这对后人关于经济学对象的研究是很有启示意义的。

二、关于奴隶制的观点

古代奴隶主经济学的主要内容之一就是维护奴隶制，为奴隶制辩护。其关于奴隶制的观点主要有如下四个方面：

（1）奴隶制是一种天然合理的制度，奴隶主与奴隶的统治与服从的关系是一种自然现象。如苏格拉底借用神的意旨说：“当世人诞生时，神对某些人渗入了金，对某些人渗入了银，对日后做工农的人们则渗入铜铁。”② 这样人与人就有了差别，统治与服从就必然发生。亚里士多德认为自然万物都有主从之别，如灵魂统治身体，身体从属灵魂；男人统治女人，女人服从男人等。奴隶和主人也是一样的。他企图用人们生来体格、智力上的差别证明人们分为主奴是一种合乎自然的现象。他说：“世上有统治和被统治的区分，这不仅事属必需，实际上也是有利益的；有些人在诞生时就注定将是被统治者，另外一些人则注定将是统治者。”“凡自己缺乏理智，仅能感应别人的理智的，就可以成为而且确实成为别人的财产（用品），这种人就天然是奴隶。”反之，凡是富于理智的人就天然是奴隶主。又说：“自然所赋予自由人和奴隶的体格是有些差异的，奴隶的体格总是强壮有力，适于劳役，自由人的体格则较为俊美，对劳役便非其所长，而宜于政治生活……自然所赋予人类的体格既有区别而且区别的程度竟有如神象和人象之间那样的优劣分明，那么，大家应该承认体格比较卑劣的人要从属于较高的人而做他的奴隶了。……世上有些人天赋有自由的本性，另一些人则自然地成为奴隶，对于后者，奴役既属有益，而且也是正当的。”“凡是赋有理智而遇事能操持远见的，往往成为统治的主人；凡是具有体力而能担任由他人凭远见所安排的劳务的，也就自然地

① 亚里士多德．政治学［M］．北京：商务印书馆，1961：10.

② 转引自：亚里士多德．政治学［M］．北京：商务印书馆，1961：60.

成为被统治者，而处于奴隶从属地位。”①

古罗马著名教会思想家奥古斯丁认为，奴隶制度是按照上帝的意旨创造的，奴隶受奴役是上帝对罪恶的惩罚。因此，教会的任务不在于解放奴隶，而在于使奴隶驯良。

（2）奴隶制是一种永恒的绝对必要的制度。例如，亚里士多德就说过：“倘使每一个梭都能不假手于人力而自动地织布，每一琴拨都能自动地弹弦，匠师才用不到从属，奴隶主（家主）才可放弃奴隶。”② 显然，生产工具永远离不开人力，乐器也离不开人，这样奴隶制就成为一种永远需要的制度了。

（3）奴隶是地位最卑贱的人，可以当作工具和财产看待。例如，亚里士多德就认为奴隶是一种有生命的工具或有生命的财产。他认为工具有两种，即有生命的工具和无生命的工具，奴隶就是一种有生命的工具，是一种“劳役的工具”；奴隶主有很多财产，奴隶就是“一宗有生命的财产”。亚里士多德在论述奴隶性质时指出：①奴隶在本性上不属于自己的人格而从属于别人；②奴隶是别人的一笔财产；③奴隶是可以和其主人分离的工具③。再如，古罗马奴隶主思想家瓦罗把农具分为三类：①能讲话的农具；②只能发声的农具（半哑的农具）；③无声的农具（哑巴农具）。能讲话的农具就是奴隶，半哑的农具就是耕牛、驴等耕畜，哑巴农具就是筐、桶、耙等生产工具④。

（4）强调如何管理奴隶，以便增加奴隶劳动创造的剩余产品。例如，色诺芬很强调财产的管理（包括奴隶的管理），他认为，“一个好的财产管理人的工作就是管理好他自己的财产”，以便“能够继续支付一切开支，并获有盈余使财产不断增加”⑤。他主张加强对奴隶的监督和管理，认为“对于奴隶来说，适用于训练野兽的办法也同样是训练他们驯顺的很有效的方法”，当他们不听指挥时就责罚他们，当他们热心替你做事时就奖励他们。他主张用上等的东西（如好的衣服和鞋子）奖励较好的奴隶，而用次等的东西给予不该受赏的人。他还主张应用法律条款使奴隶规规矩矩对待他们所经手的事务；而对诚实的奴隶给予嘉奖，“象对待自由人那样待他，使他富足”⑥。

---

① 亚里士多德．政治学［M］．北京：商务印书馆，1961：5，13-17.

② 亚里士多德．政治学［M］．北京：商务印书馆，1961：12.

③ 亚里士多德．政治学［M］．北京：商务印书馆，1961：11，13，37.

④ 瓦罗．论农业［M］．北京：商务印书馆，1982：48，52，54.

⑤ 色诺芬．经济论［M］．北京：商务印书馆，1961：1.

⑥ 色诺芬．经济学［M］．北京：商务印书馆，1961：44-46.

亚里士多德也非常强调组织管理奴隶生产的重要性。他指出："主人的学术就着重在怎样运用奴隶，主人并不是由于他占有多少奴隶而成为主人，能够运用奴隶，这才真正成为主人。所谓家主学术既在运用奴隶，那就只需知道如何指挥奴隶，使他们各尽所能。"①

瓦罗也很重视组织管理奴隶生产的问题。他主张管理监督奴隶的人必须"懂得读和写"，必须"品行好"，年纪比奴隶大（因为奴隶乐于服从比自己年龄大的人），必须"在农活儿方面有实际的熟练技巧"，能起示范作用，这样他的领导地位就不是偶然的结果。他主张用言语而不是用鞭子来使奴隶执行主人的命令，一个家庭"不要有太多的属于同一部落的奴隶，因为这是家中发生争端的一个主要原因"。他还主张"用犒赏来刺激监督人执行自己任务的热情，而且要注意使他们有自己的一些东西，有女奴隶和他们同居，替他们生儿育女，这样就可以使他们做事时比较踏实，也更留恋农庄"②。瓦罗还非常重视土地面积大小同奴隶数量和其他生产工具数量的配置。他说在一个一百六十英亩的橄榄园里，应有十三个奴隶，其中一个监工和他的妻子，五个工匠，三个牧人，一个赶驴的，一个养猪的和一个牧羊人。在一个六十七英亩的葡萄园里，应有十五个奴隶，其中一个监工和他的妻子，十个工匠，一个牧人，一个赶驴的，一个养猪的。③

古代奴隶主思想家关于如何组织管理奴隶生产的观点虽然打上了奴隶主阶级的烙印，但却包含着管理科学和合理配置资源的内核。

三、关于维护自然经济的观点

奴隶社会是以自然经济为主的社会，为了维护奴隶制，奴隶主思想家也都极力维护自然经济。其主要表现在如下三个方面：

（1）财富是具有使用价值的东西。例如，色诺芬就认为财富就是"那些对于它的所有者有利的东西"，"有害的东西是损失，不是财富"。他举例说："同一种东西是不是财富，要看人会不会使用它。例如，一支笛子对于会吹它的人是财富，而对于不会吹它的人，则无异于毫无用处的石头。""即使是钱，

① 亚里士多德．政治学［M］．北京：商务印书馆，1961：20.

② 瓦罗．论农业［M］．北京：商务印书馆，1982：48-49.

③ 瓦罗．论农业［M］．北京：商务印书馆，1982：50.

对于不会使用它的人也不是财富。”① 再如，亚里士多德认为真正的财富就是对国对家有用的物品，也就是“为一个家庭或一个城邦所用的工具的总和”②。

（2）反对大商业和高利贷。例如，柏拉图虽然承认商业的必要性，但对商人采取鄙视的态度，认为雅典人不应该从事这种不体面的职业。他认为商人是唯利是图的人，主张通过法律对其利润予以适当限制。柏拉图还极力反对高利贷，主张禁止放债取息和抵押放债。他认为借贷应是友谊行为，不应索取利息。再如，亚里士多德不仅反对商业资本，也特别反对高利贷。他认为，经商和放债，无限度地聚敛金钱，不合自然。为财货而求财货，放债取息乃是社会最恶劣的经济活动。他说：“顺乎自然地由植物和动物取得财富，事属必需，这是可以称道的；……在交易中损害他人的财货以牟取自己的利益，这不合自然而是应该受到指责的。至于‘钱贷’则更加可憎，人们都厌恶放债是有理由的，这种行业不再从交易过程中牟利，而是从作为交易的中介的钱币身上取得私利。……所谓‘利息’正是‘钱币所生的钱币’。……在致富的各种方法中，钱贷确实是最不合乎自然的。”③ 又如，古罗马思想家贾图认为取息牟利之罪等于杀人，故有“取息乎抑杀人乎”之言。

（3）重视农业。农业是奴隶制自然经济的基础，所以奴隶主思想家都非常重视农业，重农思想在奴隶主经济学说中占有极重要的地位。例如，色诺芬就说：“农业是其他技艺的母亲和保姆，因为农业繁荣的时候，其他一切技艺也都兴旺；但是在土地不得不荒废下来的时候，无论是从事水上工作或非水上工作的人的其他技艺也都将处于垂危的境地了。”他还认为“最富足的人也不能离开农业。因为从事农业在某种意义上是一种享乐，也是一个自由民所能做的增加财产和锻炼身体的手段”。他还说：“对于一个高尚的人来说，最好的职业和最好的学问就是人们从中取得生活必需品的农业。”“靠农业谋生乃是最光荣、最好和最愉快的事情。”“农业似乎能使从事农业的人具有豁达的胸襟，任何其他行业都赶上不它。”④

柏拉图把农业视为他的理想国的经济基础。亚里士多德认为遵循着营生

① 色诺芬．经济论［M］．北京：商务印书馆，1961：2，3.

② 亚里士多德．政治学［M］．北京：商务印书馆，1961：24.

③ 亚里士多德．政治学［M］．北京：商务印书馆，1961：31-32，436-437.

④ 色诺芬．经济论［M］．北京：商务印书馆，1961：16，18，20，48.

的目的，家主应以合乎自然的经营即农牧为主。他认为只有顺乎自然地由植物和动物取得财富，才事属必需，才是可以称道的。瓦罗认为农业是一种既必需又重要的技艺。古罗马基督教思想家奥古斯丁认为农业高于一切行业，农业是所有手艺中最纯洁的手艺。

四、关于商品、货币的观点

古希腊和古罗马的奴隶制经济基本上是自然经济，但商品货币经济有一定的发展，商业和高利贷资本已很盛行，这使古代奴隶主思想家在商品、货币方面的看法有着天才的创见，这些创见在历史上成为政治经济学这门科学的历史出发点。其主要表现在以下四个方面：

（一）关于商品二因素的思想

色诺芬和亚里士多德最早模糊地发现了商品的二因素。色诺芬指出物品有使用和交换两种功用。他认为一支笛子对于会吹它的人是财富，对于不会吹它的人则毫无用处，只有把它卖掉才是财富。这个例子说明色诺芬已经知道物品具有可用和可卖两种用途。不过，他在概念上还不明确。亚里士多德在色诺芬的基础上明确指出："我们所有的财物，每一件都可以有两种用途。财物是同一财物，但应用的方式有别，其一就是按照每一种财物的本分而作正当的使用，另一则是不正当的使用。以鞋为例：同样是使用这双鞋，有的用来穿在脚上，有的则用来交易。……其它一切财物的情况相同，都可以兼作易货之用。"① 显然，亚里士多德关于商品二因素的思想要比色诺芬明确得多，这是他的贡献。当然，色诺芬和亚里士多德都不是从商品出发，而是从财富或财物出发的；同时都未提出商品二因素的概念，因此只能说他们最早模糊地发现了商品的二因素。

（二）关于商品交换的发展过程

亚里士多德还论述了商品交换的发展过程，他把交换的发展过程分为三个阶段：①物物交换（W—W）；②以货币为媒介的交换（W—G—W）；③以赚钱牟利为目的的贩卖（货值）（G—W—G′）。在此基础上进一步出现"钱贷"（G—G′）。亚里士多德认为物物交换和以货币为媒介的交换是为了生活的需要，是小商业，属正当营生范围，合乎自然；而以牟利为目的的贩卖是大商业，属非正当营生范围，是不自然的，应该受到指责，至于钱贷则更

① 亚里士多德．政治学［M］．北京：商务印书馆，1961：25.

可憎。

亚里士多德关于商品交换发展过程的观点对后人是很有启示的。当然他把贩卖和钱贷指责为不合乎自然的东西，这是不科学的。

(三) 对价值形态的最早分析

亚里士多德是经济学说史上最早分析价值形态的人。他指出，交换的各种物品本来是不等的，但在交换中必须是一种均等关系，这样交换才能实现。“没有等同性，就不能交换”①。他认为货币就是这种均等关系的基础。因为各种商品都是以货币为尺度的，货币使一切物可以公约。假设甲代表房屋，乙代表十明尼，丙代表一张床，甲等于乙的半数，即一座房屋等于五明尼，而一张床等于乙的十分之一，即一明尼，那么多少床等于一座房屋是明白的，即五张床等于一座房屋。亚里士多德认为，在货币产生以前交换就已发生，所以用五张床交换一座房屋，还是用五张床的货币价值交换一座房屋，这是没有什么不同的。也就是说，他认为五张床等于一座房屋无异于五张床等于若干货币（五明尼），或者说，他认识到商品与货币相交换无异于商品与商品相交换。

亚里士多德在商品的价值表现中发现了等同关系，又指出了商品的货币形态（五张床=五明尼）不过是简单价值形态（五张床=一座房屋）的进一步发展的形态，这是他天才的创见。这种思想对后人是很有启示的。但是，他认为货币是交换均等的基础，这是错误的，商品交换均等性的基础是劳动而不是货币。

(四) 关于货币的产生和职能

在货币问题上，亚里士多德认为货币是交换发展的必然产物，他说：“这种简单的交易（物物交换）的继续发展，我们就可料想到它会演变而成比较繁复的另一种致富方法（‘获得钱币’的方法）。[人们逐渐需要作远距离的交易。] 一地的居民有所依赖于别处居民的货物，人们于是从别处输入本地所缺的货物，而抵偿这些输入，他们也得输出自己多余的产品：于是 [作为中间媒介的] ‘钱币’就应运而生了。[钱币制度的来历是这样的：] 凡生活必需品往往是笨重而难于运输的，大家因此都希望有某种本身既属有用而又便于携带的货物作为交售余物及购取所缺货物的中介货物。于是人们发现铁、银以及类似的金属合乎这种要求。起初这些金属就凭大小轻重来计值；最后，

① 转引自：马克思恩格斯全集 [M]. 23卷. 北京：人民出版社，1956：74.

为了免除大家分别秤量的烦劳，每块既经秤量的金属就各个加上烙印，由这种烙印表明其价值。”① 由此可见，亚里士多德已认识到：①货币是交换发展的必然产物，是物物交换遇到困难的必然产物；②货币是从商品群分离出来宜于充当交换媒介的商品。亚里士多德的这些见解无疑是正确的，对后人是很有启迪的。

在货币的职能方面，亚里士多德虽然提到了货币的价值尺度、流通手段、贮藏手段和支付手段的职能，但未进行论证。

五、关于柏拉图的共产主义

柏拉图在《理想国》一书中提出理想国家，认为每个人在这样的国家里应该执行一种最适合自己天性的职务，这个国家应由三个阶层组成。第一个阶层是执政者哲学家，其主要职能就是管理领导国家。第二阶层是卫士，其职责是保卫国家和作战，这个阶层不从事经济活动。第三个阶层是自由民阶层，这个阶层包括农民、手工业者、商人等。他们从事经济活动，为其他阶层提供生活资料。在柏拉图的三个阶层中没有奴隶，因为他把奴隶等同于牲畜而非人看待。柏拉图主张对后两个阶层实行共产主义制度，废除私产，消灭家庭，实行共产共妻共子，公共食堂，饮食同餐。他说：“一国在公民生活上与法律习惯上，应当视为最完美的就是全国能完全实现‘朋友间不分你我’的古语。倘使妻子儿女及财产，均能属于公有，一切私人性质的生活，均能取消，甚至耳、目、手、足都能公有，如是则视听相共，工作相共，同忧同乐，全国成为整个的一体，在道德方面，亦可谓达于登峰造极之境。”②

很显然，柏拉图的共产主义是一种为了加强奴隶主统治的共产主义，是奴隶主阶级的共产主义。这种共产主义不仅同科学共产主义不同，同空想社会主义也不同。它不过是奴隶制的理想化而已。资产阶级学者常常利用柏拉图的共产主义攻击科学共产主义，这完全是徒劳的。

第二节　中世纪封建主阶级的经济思想

关于封建主阶级的经济思想，这里只评介对西欧封建社会产生重要影响

① 亚里士多德．政治学［M］．北京：商务印书馆，1961：26.

② 转引自：张毓珊．经济思想史［M］．北京：商务印书馆，1948：2.

的托马斯·阿奎那。他是十三世纪欧洲著名的神学家及经院哲学和蒙昧主义的典型代表，他出生在意大利，是著名神学家马格努的学生。他的代表作是《神学大全》，他的经济思想是西方封建主阶级经济学中最典型、最系统、最富有代表性的。因此，我们在这一节就着重讲他的经济思想。

关于阿奎那的经济思想，特别值得我们注意的有两点：①他关于为封建农奴制辩护的观点；②他关于公平价格的观点。本节我们只就这两个问题进行评述。

一、关于为封建农奴制辩护的观点

阿奎那经济思想的一个主要内容就是竭力为封建农奴制辩护。为了替封建农奴制辩护，首先，他从体力、智力差别出发以分工为借口用神学观点论证封建社会等级的自然合理性。他认为上帝创造宇宙万物，本有高低之分。因为人具有某种程度的智力，因而天意要使根本缺乏智力的禽兽服从人的支配，禽兽虽无智慧，但还懂点事，因而天意就把它们放在植物和其他一切无知的东西之上。由于同样的理由，人们之间也应有高低贵贱之分，才智杰出的人自然应享有支配权，智力较差而体力较强的人天意自然让其充当奴仆。也就是说，他认为社会分为不同等级是上帝的意旨、天意的安排，是人们智力体格差别的必然结果，是完全自然而合理的。

其次，他用神学观点为封建社会存在的不平等进行辩护。他引用了古代奴隶社会古罗马基督教著名思想家奥古斯丁的观点，认为上帝造人本来是自由和平等的，但是由于人的祖先亚当和夏娃的罪恶，上帝才决定对人进行惩罚，使人沦落为奴隶并受奴役。所以，农奴制的不平等也不违反上帝的意旨，也是自然而合理的。

再次，他竭力维护封建私有制，反对公有制。早期教会思想家一般都主张财产公有而反对私有，他们认为财产私有是违反自然的。阿奎那则认为，按照教义，私有制当然是不好的，但要看人们如何利用自己的财富。财产私有并不违反自然，它实际是对自然的一种补充。正像人生下来赤身裸体，自然没有给衣服，衣服是人造的。私有制也不是自然规定的，它是具有人类理性的人为生活而采用的办法，是人创造出来的，是对自然的补充。而人类理性是出自上帝的意旨，因此私有制同样是自然而合理的。阿奎那还认为私有制是一种必要的制度。他认为人的本性决定了人对获取自己的东西比对获取大家共有的东西更为关心，如果让人们有私心而只关心自己的事情，人类的事务将会管理得更有秩序；只有那些联合地和共同地占有某种东西的人们中间，才最容易发生纠纷。

最后，他还为封建主阶级不劳而获的剥削生活辩护。他认为劳动有贵贱之分，体力劳动是低贱的，是“下等人”即奴隶和农奴所做的事情；脑力劳动是高尚的，是“上等人”即奴隶主和封建主做的事情。阿奎那认为这种分工是完全合理的，正像工蜂采蜜制腊而蜂王则免去这种劳动一样。他以此为封建主阶级不劳而获的剥削生活进行辩护。

二、关于公平价格的观点

中世纪封建主思想家关于“公平价格”的思想对西欧经济思想的发展有重要的影响，这种影响一直持续到十九世纪。有的学者认为，如果说中世纪的经济思想有什么贡献的话，那就是“公平价格”理论。因此，这里要专门讲一讲中世纪思想家关于公平价格的经济思想。

关于公平价格的观点在古希腊和古罗马奴隶主思想家的著作中就已经出现过。例如，亚里士多德就曾从伦理道德观点出发探讨过商品应该以什么价格进行交换才算公平的原则。在罗马法和罗马法学家的著作中，已有公平价格的概念，当时，他们认为，所谓公平价格就是某段时期内典型的、不受市场影响的价格，这是大多数人进行交易所依据的价格，这种价格有时也叫“通行价格”。早期教会思想家奥古斯丁也谈到公平价格的问题。他说，我不知道有这样的人，即当他购买抄本时，看见卖主不知抄本的价值，而他自然而然地付给卖主以公平价格。

在中世纪，随着商品经济的发展，价格问题引起了人们的广泛关注。教会思想家继承并进一步论证了公平价格的思想。例如，阿奎那的老师、中世纪神学家马格努在给亚里士多德《伦理学》一书作注时，就依据小商品生产的经验，认为公平价格就是同生产物品的“劳动和费用的数量”相等的价格，各种职业的存续就是以这种公平价格为基础的。如果交换的价格不能同生产物品的劳动和费用的耗费相等，那么生产该产品的行业就会消失。马格努模糊地看到了价格和耗费劳动之间的联系，可以说其中包含着劳动价值论的最早萌芽。不过，马格努是从伦理道德观点出发来探讨价格问题的，他给公平价格披上了一件宗教伦理的外衣。

阿奎那关于公平价格的观点是多元的。他一方面接受了他的老师的见解，承认商品交换是以耗费劳动为依据的，认为公平价格就是以耗费劳动量为基础的商品与商品或商品与货币之间的均等。例如，他在《亚里士多德的〈尼科马赫伦理学〉诠释》一书中认为，在用房屋交换鞋子的时候，应当为房屋多付代价，因为造房屋的人“在劳动的耗费和货币的支出上都超过鞋匠”。他在《神学大全》一书中又认为，把物品卖得高于其价值或隐瞒出售物品的缺点，都是欺骗行为，是破坏公平价格的行为。但另一方面他又为封建主和教会在等价交换之外牟利进行辩护，把价格与等级制相联系，认为只有使卖主获得“相当于他的等级地位的生活条件”的价格，才是“公平价格”。因此，同一商品可以由各个不同等级按照不同的价格出售，这也是公平价格。同时，他还认为商品价格取决于商品对人们提供的效用，从而取决于人们对商品的“某种评价”。他说：“可出卖的物品的价格，不是取决于它们在自然界中的地位，而是取决于它们的用处。”因此，“物品的公平价格不是绝对固定的，而是要取决于某种评价”，物品的卖价比它的价值“稍多一点或稍少一点，并不算是破坏公平所要求的均等”。他还说：“公平价格不仅根据所出卖的物品来决定，而且还根据由于出卖所给卖主的损失来决定。”当一个人急需某物品时，他买到它就有利益，而另一人失掉这件物品就有损失，因而卖主把该物品的价格卖得高于它的价值，不算违反公平价格。这样阿奎那就把公平价格变成了主观范畴，从而也就偏离了他的老师关于耗费劳动和费用是公平价格的基础的思想。

阿奎那对公平价格的这种前后矛盾的解释反映了他为封建主阶级利益辩护的立场。当他反对商人通过贱买贵卖来再分配封建主从农奴身上榨取的剩余产品时，他就按照他老师的教导把公平价格说成是与生产商品的劳动和费用相等的价格；当他为封建主高价出售从农奴身上剥削得来的剩余产品辩护时，他又把公平价格说成是一个主观范畴，把公平价格说成是由人们对物品效用的主观评价决定的，把公平价格说成是同卖主的等级地位、生活条件相符的价格。这里我们可以看出，从某种意义上说，阿奎那是主观价值论的老祖宗。

阿奎那有时还认为公平价格是由供求关系决定的。例如，他说，“一个卖主把小麦拿到粮价较高的地方以后，发现还有很多人带来更多的小麦”，这时小麦的价格就会下降，而卖主所得到的价格仍然是公平价格。阿奎那的这种观点也偏离了他老师的见解，是一种倒退的庸俗的见解。

第三节 重商主义的经济学说

重商主义是西欧封建制度解体、资本主义生产方式产生时期的最早的资产阶级经济学说。它产生于十五世纪，全盛于十六十七世纪，开始瓦解于十七世纪下半期。它代表着资本原始积累时期商业资产阶级的利益和要求，它对资本主义生产方式进行了最初的考察和最早的理论探讨。它的著名经济理论是关于财富即货币以及财富产生于流通领域的理论，关于对外贸易中的货币差额论和贸易差额论。重商主义的经济理论从总的方面看虽然不能算是科学的，马克思称它为“当时真正的庸俗经济学”①，但在历史上它对于促进资本主义生产方式的产生和封建制度的瓦解还是起到了一定的进步作用，同时，它的某些观点也是有科学价值的，至今仍有意义。因此，为了系统地了解欧美资产阶级经济学说的全部历史发展过程，并从中吸取应有的教益，不可不研究重商主义的经济学说。

一、重商主义发展的两个阶段

西欧重商主义的发展大体经历了两个阶段，即十五世纪到十六世纪中叶的早期重商主义阶段和十六世纪下半叶到十七世纪中叶的晚期重商主义阶段。

早期重商主义的著名代表在意大利有伽斯巴罗·斯卡卢非（1519—1584）；在法国有安徒安·德·孟克列钦（1575—1622），他是经济学史上第一个明确使用“政治经济学”这个概念的人，他的著作就叫作《献给国王和王太后的政治经济学》（1615 年）；在西班牙有马里亚纳（1573—1624）；在英国有约翰·海尔斯（？—1571）和威廉·斯塔福德（1554—1612），他们在其著作《对我国同胞某些控诉的评述》（1581 年）中明确主张在对外贸易中实行“多卖少买或不买”的原则。

晚期重商主义的著名代表在意大利有安东尼·塞拉；在奥地利有菲力普·威廉·洪尼克（1638—1713）；在法国有让·巴蒂斯特·柯尔培尔（1619—1683），他对法国路易十四政府的政策影响很大，被称为柯尔培尔主义；在英国有爱德华·米散尔顿（？—1654），他在《商业循环论》一书中第一次采用“贸易平衡”这个概念；在英国还有托马斯·孟（1571—1641），他的著作

① 马克思恩格斯全集［M］. 25 卷. 北京：人民出版社，1956：884.

《英国得自对外贸易的财富》被马克思称为重商主义的“福音书”。

二、重商主义的一般特征

西方重商主义的发展尽管分成两个阶段，其代表人物也很多，但是它在这两个阶段仍然存在以下共同的特征：

第一，把流通领域，特别是外贸流通领域作为研究对象。

第二，采用“粗浅的现实主义”和实用主义的研究方法，重商主义只关注流通领域观察到的表面现象并对之进行叙述，以满足于实用，而不是深入经济生活内部，透过现象探索经济运动的内在规律和本质。

第三，理论上重视商业，特别是对外贸易，主张通过贸易顺差实现一国货币财富的增加。

第四，在理论的阶级立场上，代表商业资产阶级的利益和要求。

第五，具有强烈的“民族主义性质”。它宣称它是促进民族利益的，为了狭隘的民族利益而主张损害别的民族的利益，甚至把掠夺别的民族的战争歌颂为崇高的事业①。

三、重商主义的基本经济观点

西欧重商主义尽管发展过程呈现两个阶段，但这两个阶段的重商主义者在基本经济观点方面则是基本一致的。这些基本观点就是：

(1) 他们认为财富的主要形式就是货币，增加财富的主要方法就是积累货币。许多早期重商主义者甚至认为财富的唯一形式就是货币，积累财富的唯一方法就是积累货币。

(2) 他们认为无矿国家财富的直接源泉是流通领域，特别是外贸流通领域。商业是致富之源，利润就是从此产生的。利润是一种让渡收入，是贱买贵卖的结果。

既然重商主义者认为财富就是货币，那么很自然地他们就会认为，没有金银矿藏的国家的财富的直接源泉就是流通领域，商业就是获得财富的手段，利润就是从流通领域产生的。

法国晚出世的重商主义者甘尼尔（1758—1836）的言论最能代表重商主义的这个观点。他在其著作《政治经济学体系》（1809年）一书中这样讲：

① 托马斯·孟．贸易论［M］．北京：商务印书馆，1982：22.

“只有交换或商业，会把价值给予物品”，“所以财富是由商业发生。”

重商主义者乔塞亚·蔡尔德在其著作《贸易新论》（1694 年）中说：商业是使国家致富的手段。

他们认为对外贸易是增加货币财富的主要手段。在他们看来，因内流通领域不能增加一国财富，因为在国内流通领域中甲之所得即乙之所失，国家财富并没有增长；而对外贸易中的贱买贵卖，必会使金银流入国内，增加国家的财富。因此只有对外贸易才是增加一国财富的真正源泉。他们都狂热地鼓吹大力发展对外贸易，要求政府采取各种手段支持对外贸易。他们认为生产是从属于外贸、服务于外贸的部门，他们关心生产只是为了发展对外贸易。

例如，托马斯·孟说：“对外贸易是增加我们的财富和现金的通常手段。”“除了通过对外贸易以外，我们就没有其他手段可以用来获得现金，这是任何一个有判别力的人所不能否认的，因为我们并没有出产金银的矿藏。”“货币产生贸易，贸易增多货币。”他认为转口贸易是“财富增多的一种更为重要的手段”。他说：“如果要生活得好，要繁荣和富裕起来，我们必须想方设法地通过贸易来出售我们的多余产品，换回外国货币和我们需要的物品。”他认为，国内流通领域“在这个人之所失就是另一个人之所得的原则之下”，是不会增加一个国家的财富的①。

重商主义者达芬南说：国内贸易并不能使整个国家更富裕，只是在个人财产的相对数量上有所改变而已；对外贸易却给国家的财富带来了净增益②。

（3）他们都认为要通过对外贸易增加货币财富，就必须在外贸中保持出超和顺差。

例如，海尔斯和斯塔福德认为不是一般的对外贸易就能获得财富，而是出超的贸易才能获得财富。因此，在外贸中必须严守“多卖少买”“多收少支”的原则。他们说：“我们必须时刻注意，从别人那里买进的不超过我们出售给他们的；否则，我们自己将陷于穷困而他们将日趋富足。”

托马斯·孟说：“我们必须时时谨守这一原则：在价值上，每年卖给外国人的货物，必须比我们消费他们的为多。”他还说：“向国内输入或向国外输出的财富的多少，是取决于对外贸易在价值上的顺差或逆差的。”“在同外国

---

① 托马斯·孟．英国得自对外贸易的财富［M］．北京：商务印书馆，1961：4，13，14，15，60；托马斯·孟．贸易论［M］．北京：商务印书馆，1982：36-37.

② 转引自：罗尔．经济思想史［M］．北京：商务印书馆，1981：66.

进行的贸易中，最大的问题莫过于进口大于出口，而在经过很大努力后仍不能扭转这种局面。这种局面的出现必然导致国家日趋明显的贫困。正象出超肯定能使我们致富，使我们的货物和金钱增加一样，入超必然造成相反的后果。”他强调转口贸易的意义，说：“进口货物指的是在我国消费掉的货物。那些经我国转运到外国去的货物非但不损害，反而通过增加陛下的关税收入、贸易和臣民的就业机会对我国大有裨益。”①

英国重商主义者威廉·塞西尔也说：“再没有比进口的商品多于输出的商品对英国更有害了。”②

（4）他们都主张国家干预经济生活，以法令等形式保护国内工商业，促进对外贸易顺差的实现。重商主义者认为生产从属于外贸、服务于外贸的部门，他们主张大力发展对外贸易，要求政府采取各种手段支持对外贸易。例如，建立关税壁垒，实行保护关税政策，鼓励本国商品出口，积极扶植本国工业生产发展，鼓励对进口商品重新加工再出口（出口时可退回进口时缴纳的税金）等。

以上就是重商主义的基本经济观点。在这四个方面早期重商主义和晚期重商主义都是基本一致的。所谓基本一致，就是说还有区别。区别表现为以下四点：

第一，他们对货币财富的看法有所不同。早期重商主义者以守财奴的眼光看待货币财富，以为一切购买都是货币的减少，一切售卖都是货币的增加，因而双手抱着心爱的钱袋，狂热地追求货币的贮藏。他们都主张严禁货币出口，反对借贷，主张尽量少买，最好不买。晚期重商主义者则以真正资本家的眼光看待货币财富，认为货币可以产生货币，主张容许货币出口和借贷，容许把货币当成诱鸟放出去，让它飞翔和运动，以便把别国的更多货币引回来。托马斯·孟对这种货币的运动有一个形象的说法，他说：“如果我们只看见农夫在播种时期把很多优良谷物撒播到地里去的行为，我们一定会把他看做一个狂人而不是农夫，但如果我们再考察他在收获期间的劳动，我们就会发现，他的（播种）行为是既有价值又有很大的收获的。收获才是他努力的

---

① 托马斯·孟．英国得自对外贸易的财富［M］．北京：商务印书馆，1961：18；托马斯·孟．贸易论［M］．北京：商务印书馆，1982：40.

② 转引自：罗尔．经济思想史［M］．北京：商务印书馆，1981：73.

目的。”①

第二，他们对多卖少买原则的理解有所不同。早期重商主义者和晚期重商主义者都主张多卖少买，多收少支，但早期重商主义者对少买少支的理解绝对化，主张尽量少买少支，最好不买不支。晚期重商主义者则对少买少支的理解比较相对，他们主张在卖大于买、收大于支的总前提下，应当容许大量购买、大量支出。但要保证进口货币多于流出货币，并且要少消费进口货，以保证总的贸易顺差的实现。他们甚至不反对暂时的入超出现，主张从长期看，从总的方面看。

第三，他们对发展生产的关心程度有所不同。早期重商主义者不太关心生产。晚期重商主义者则比较关心服务于对外贸易的生产，他们主张发展本国工业以扩大转口贸易，他们把发展生产看成发展流通的必要条件。所以，马克思又称晚期重商主义为重工主义，当然他们是为重商而重工。

第四，他们的经济指导思想有所不同。早期重商主义者的经济指导思想是货币差额论，他们是重金主义者、货币主义者。因为他们主张以货币贮藏形式将金银货币积累起来，严禁金银出口，力图通过调节货币的运动来达到增加财富的目的。晚期重商主义者的经济指导思想是贸易差额论，他们是真正的重商主义者。因为他们极力主张发展有利的对外贸易，扩大商品输出，限制商品输入，力图通过调节商品的运动来达到积累货币财富的目的。

四、对重商主义的简要评论

首先，我们应当看到重商主义在理论上基本是不科学的，它混淆了货币和财富、货币与资本的概念，掩盖和歪曲了财富、价值和剩余价值的真正源泉。但它也有某些有价值的观点，也有一些可以借鉴的观点。例如，它关于要进行出超和顺差的外贸观点，关于国内流通领域甲得即乙失的观点。同时，它第一次宣布财富就是交换价值，不自觉地透露出资本主义生产方式的使命就是赚钱。这些观点都是可取的。

其次，我们也应当看到重商主义绝不是“简单的幻想和完全的虚构”，它有它自己的历史存在的权利，它的出现在历史上仍是一种进步。它反映了在封建社会末期资本主义产生时期的新兴资产阶级发展商品货币关系、发展资本主义生产方式、积累资本的强烈愿望，它对于促进商品货币关系的发展、

① 转引自：斯密．国民财富的性质和原因的研究［M］．下卷．北京：商务印书馆，1979：4.

促进资本主义关系的发展、促进资本的原始积累都起了一定的作用。它对资本主义生产方式进行了最早的理论探讨，打破了中世纪神学教条的禁锢，用货币财富观取代了自然财富观，用物质利益来解释经济活动的动机和目的。它第一次用资产阶级的观点，对财富的性质、源泉，以及增加财富的途径和条件，进行了系统的考察，把经济学从神学教条中解放出来。它推动着人们去探讨经济问题，考察社会经济现象，给后来的经济学的建立以借鉴和启示。

重商主义虽不是真正科学的资产阶级经济学，但它是资产阶级经济学的“前史”。这是资本主义生产关系刚刚产生、还不成熟的反映，是资产阶级经济学产生和发展的必经阶段。

第一篇

资产阶级古典经济学

第二章　英法资产阶级古典经济学的产生

——威廉·配第和布瓦吉尔贝尔的经济学说

资产阶级古典经济学是资产阶级政治经济学发展过程中的一个重要阶段。它产生于十七世纪中叶，完成于十九世纪上半期。它在英国从威廉·配第开始，到李嘉图结束；在法国从布瓦吉尔贝尔开始，到西斯蒙第结束。

资产阶级古典经济学是资本主义生产方式成长时期的资产阶级经济理论体系。它代表着新兴产业资产阶级的利益和要求；它反对封建主义，歌颂资本主义，竭力促进资本主义生产的发展；它着重研究资本主义经济的现实运动，试图揭示资本主义生产方式的内在联系。

资产阶级古典经济学是资产阶级真正科学的政治经济学，它本身除了科学的内核之外，还有庸俗的和错误的因素。马克思批判地继承了它的科学因素，摒弃了它的庸俗因素，经过艰苦的科学研究，创立了马克思主义政治经济学。

本章论述资产阶级古典经济学的产生。

第一节　英国资产阶级古典经济学的产生

一、英国古典经济学产生的历史条件

英国古典经济学产生于十七世纪中叶。这是资本主义经济关系在英国迅速发展的时期。当时，农业虽然在国民经济中还占主要地位，但纺织业、采煤业、冶金业、制盐业、造纸业、造船业等工业生产都有显著的发展（例如，煤产量当时就占全欧产量的五分之四）。工业的发展大大促进了商业和外贸的发展，使商业资本开始从属于产业资本，流通过程对生产过程的依赖越来越明显。资本主义性质的工场和农场迅速发展起来，城乡均发生新的阶级分化，资产阶级和无产阶级的队伍日益壮大起来。资本主义的发展同封建制度发生

了尖锐的矛盾，它要求冲破封建关系的束缚，要求经济自由，要求摆脱国家干预。这样，重商主义就失去了存在的基础，它同工业生产优势的矛盾日益凸显，它越来越不能满足产业资本发展的需要，于是重商主义日益破产并逐渐退出历史舞台，适应资产阶级需要的资产阶级古典经济学应运而生。

由于英国资产阶级古典经济学是从威廉·配第开始的，配第是英国资产阶级古典经济学产生时期具有代表性的经济学家，这一节我们要重点评介配第的经济学说。

二、配第的经济学说

（一）配第的生平著作和方法

配第（1623—1687），十七世纪英国古典经济学产生时期的经济学家，英国资产阶级古典经济学的创始人。他在政治上是一个掠夺成性、毫无品德的人，但在政治经济学方面则是一个开创新局面的人。

配第出生于一个手工业者家庭，一生中从事过多种职业，当过学徒、医生，讲授过医学，还研究过数学，讲过音乐，是一个博学多才的人。他还曾担任爱尔兰土地测量总监。

他的主要经济学著作有：《赋税论》（1662 年）、《献给英明人士》（1664 年完稿，1691 年出版）、《政治算术》（1672 年完稿，1690 年出版）、《爱尔兰的政治解剖》（1672 年完稿，1691 年出版）、《货币略论》（1682 年完稿，1695 年出版）。

他在方法论上的特征是以事实、感觉、经验为依据，着重经济量的考察和分析，从中探求经济活动的内在规律性。正如他自己讲的："我进行这种工作所使用的方法，在目前还不是常见的。……即用数字、重量和尺度来表达自己想说的问题，只进行诉诸人们的感觉的议论，借以考察在自然中有可见的根据的原因。"① 他还强调要对地租、房租和货币租金（利息）"所有的神秘的性质加以分析"②。

配第的经济理论散见于他的多本经济学著作中，因而很不完整、很不系统。值得注意的经济理论是他的价值论、地租论、地价论，其主要功绩在于他最先提出了劳动价值论的一些最基本的命题，为古典经济学奠定了基础。

---

① 威廉·配第．政治算术［M］．北京：商务印书馆，1961：8.

② 威廉·配第．赋税论［M］．北京：商务印书馆，1978：40.

（二）配第的价值论

配第是经济学史上第一个研究劳动价值论的人，他在政治经济学方面的最主要贡献也正是在这个方面。他是劳动价值论的奠基人，为劳动价值论做了很好的基础工作。

首先，他把商品价格区分为“自然价格”和“政治价格”。正如他所阐述的，“自然价格”实际上指的是商品价值，“政治价格”实际上指的是商品的市场价格。这就无意识地在实际上把商品的价值和价格区别开来了。

配第有时还把价值区分为自然价值和人为价值，认为“谷物与白银之间的比率，只表示人为的价值，而不表示自然的价值”①。这也表明他实际上区分开了价值和价格。

其次，他认为商品的价值由生产商品的耗费劳动决定，并把这种耗费劳动归结为劳动时间，认为生产商品时耗费的劳动时间是决定商品价值的基础。例如，他说：“自然价值的高低，决定于生产自然必需品所需要人手的多少。”“假如一个人在能够生产一蒲式耳谷物的时间内，将一盎斯从秘鲁的银矿采出来的白银运到伦敦来，那么，后者便是前者的自然价格。”②

最后，他还观察到了商品价值和劳动生产率之间的关系，并认为单位商品价值量与劳动生产率成反比关系。正如他所阐述的：“如果发现了新的更丰富的银矿，因而获得二盎斯白银和以前获得一盎斯白银同样容易，那么，在其他条件相等的情况下，现在谷物一蒲式耳售价十先令，和以前一蒲式耳售五先令，同样低廉。”他还说：“谷物的价格，在一个人能生产十人所需的谷物的时候，要比一个人只能生产六人所需的谷物的时候，来得低廉。一百个农民所能做的工作，如果由二百个农民来做的话，谷物价格就会上涨一倍。”③

以上三点是配第关于劳动价值论的重要思想和贡献，但是由于历史条件限制等原因，配第的价值论也有一些缺点和错误。

第一，他没有界定关于劳动价值论的明确意识和概念。在这方面他还处在不自觉状态，这样，他就必然会在许多概念上出现混乱。例如，他经常把价值同交换价值混为一谈，有时还把价值同价格混为一谈，甚至有时把价值同使用价值混为一谈。他讲谷物价值时，并不是讲谷物的内在价值，而是讲

---

① 威廉·配第．赋税论［M］．北京：商务印书馆，1978：88.

② 威廉·配第．赋税论［M］．北京：商务印书馆，1978：48，88.

③ 威廉·配第．赋税论［M］．北京：商务印书馆，1978：48，88.

一定量谷物和一定量白银相交换的量的比例，即交换价值。这样，他就把价值和交换价值混在一起，而没有从交换价值中再抽象出价值来。他不了解一种商品价值可以通过任何其他商品的价值表现出来，只是后来才普遍通过黄金白银来表现。他一开始就把交换价值表现在黄金白银上，一旦商品价值用货币来表示这就是商品的价格，在他看来这是商品的自然价格（价值）。这就把价值与价格又混同起来。至于他把价值同使用价值混同的事例我们下边将要谈到。

第二，他还未彻底摆脱货币主义的影响。例如，他认为只有生产金银的劳动才生产交换价值，生产其他商品的劳动只有同生产金银的劳动相交换时，才表现为价值。这方面他强调："我认为它（谷物）值多少货币，就看另一个在同一时间内专门从事货币生产与铸造的人，除去自己费用之外还能剩下多少货币。"① 这里也反映出他不懂得劳动的二重性，没有正确认识具体劳动和抽象劳动的区别。在他的思想中把生产金银的具体劳动从生产其他商品的具体劳动中抽出来，当成了生产价值的抽象劳动，把生产金银的特种的实在劳动叫作生产交换价值的劳动。

第三，他没有把劳动价值论的思想贯彻始终。他除了提出劳动价值论的思想观点以外，还提出了由劳动和土地共同创造价值的观点。例如，他说："所有物品都由两种自然单位——即土地和劳动——来评定价值。""土地为财富之母，而劳动则为财富之父和能动的要素因素。"② 这个公式从使用价值看是可以成立的，但从价值看则是不正确的。他甚至还认为："一个成年人平均一天的食物，而不是一天的劳动，乃是衡量价值的共同尺度。"③ 显然，这些观点都同他在劳动价值论上的正确观点相矛盾。

（三）配第的工资论

配第的工资论虽然从总的方面来看是不科学的，但还是有一些有价值的见解。这些见解主要表现在以下几个方面。

第一，他意图说明工资的自然基础。配第像在商品市场价格背后寻找自然价格一样，力图寻找工资的自然价格。这种思路从理论上讲是对的，方向是正确的。

---

① 威廉·配第．赋税论［M］．北京：商务印书馆，1978：41.

② 威廉·配第．赋税论［M］．北京：商务印书馆，1978：42，66.

③ 威廉·配第．爱尔兰的政治解剖［M］．北京：商务印书馆，1964：58.

第二，他把工资同维持工人的生活资料联系起来，认为工资就是由劳动者为了生存、劳动和传种接代所必需的生活资料的价值决定的，它只能等于维持工人生活所必需的生活资料的价值。他认为工人每日工资的价值，是由工人“为了生存、劳动和传种接代”所必需的生活资料的价值决定的①，这是一个极有价值的见解，它对于把工资论建立在劳动价值论的基础之上来说是一个贡献。

第三，他不自觉地把工人的劳动区分为必要劳动和剩余劳动，认为工资就是工人在必要劳动时间内创造的价值，而工人的剩余劳动就是资产阶级社会收入的源泉。这实际上就把工资确定为劳动力的价值，把资产阶级社会的收入归结为工人的剩余劳动。

配第在工资论上的主要缺点和错误是，他不懂得劳动与劳动力的区别，在概念上自然把工资称为劳动的价格。这当然是不正确的，这是资产阶级经济学家的通病。

（四）配第的地租论

配第的地租论也就是他的剩余价值论。

配第没有利润概念，只有地租和利息的概念，而他认为利息是地租的派生物，同时他在论述地租时又往往将其与工资相对起来，因此他的地租论实际上说明的是剩余价值问题。配第是经济学史上从剩余价值的特殊形式提出剩余价值问题的第一人。

配第在地租论方面的首要贡献就是他把自己的地租论基本上建立在他的劳动价值论的基础之上，把地租归结为工人的剩余劳动，认为在劳动生产率一定的条件下，地租量则以劳动量为转移。这就比较正确地说明了地租的来源和它的性质。在他看来地租就是总产量扣除生产费用（种子加工资）后的余额。如他所说：“假定一个人能够用自己的双手在一块土地上面栽培谷物……，我认为，这个人从他的收获之中，扣除了自己的种子，并扣除了自己食用及为换取衣服和其他必需品而给予别人的部分之后，剩下的谷物就是这一年这块土地的当然的正当的地租。”“如果上述各郡花费比现在所花的更多的劳动来改良土地，使土地丰产……，那么地租就会因收成的增加超过所用劳动的增加而成比例地上涨。”② 这里配第是从劳动引出地租，而不是从自

① 威廉·配第．爱尔兰的政治解剖［M］．北京：商务印书馆，1964：57.

② 威廉·配第．赋税论［M］．北京：商务印书馆，1978：41，50.

然引出地租，并且他明确指出地租是人手（劳动）创造的、超过劳动生产费用后的余额。这就比较正确地说明了地租的来源和性质。

配第在地租论方面的第二个贡献就是他指出了地租与工资的对立关系，认为这两者是反比例关系。他在著作中这样阐述道："在这里应该注意的是，随着各种产业和新奇技艺的增加，不是农业衰落，便是农民工资上涨，其结果一定要造成土地地租的下跌。"① 他举例说：假定小麦价格一蒲式耳为五先令即六十便士，而土地地租为土地收成的三分之一，这样，在六十便士中，就要有二十便士归于土地，四十便士归于农民。但是，假如农民的工资上涨八分之一，也就是每日由八便士涨到九便士的话，这时，在一蒲式耳小麦的价格中，农民所分到的份额，就由四十便士增加到四十五便士。其结果是，土地的地租，就要由二十便士降为十五便士。这里配第把总收获量的价值分为两部分，即工资和地租（漏掉了不变资本价值），认为在价格不变的情况下，工资上涨，地租就相应下跌；反之，如果地租上涨，工资则相应下跌。这就在实际上揭露了地租与工资的对立关系，也就是地主、资本家同工人的对立关系。

配第在地租论方面的第三个贡献就是他初步论述了级差地租问题。他从同等肥力的地段的不同位置，从它们对市场的不同距离引出级差地租。他举例："假如维持伦敦或一支军队所需的谷物，必须从远离四十英里的地方运来，那么，在伦敦或离这支军队驻扎地一英里以内的地方栽培的谷物，除其自然价格之外，尚应加算将谷物运输三十九英里所需的费用。""因此，结果就是，靠近人口稠密的地方（即为了维持其居民生活而需要很多土地的地方）的土地，由于上述理由，比距离远而土质相同的土地，不仅能产生更多的地租，而且所值的年租总数也更多一些。" 此外，他还论述了由于追加劳动而引起的级差地租，但不明显②。配第的地租论也有如下几个缺点和错误：

第一，他不了解资本主义地租是剩余价值的特殊形态，是剩余价值超过平均利润的余额，而把地租看成全部剩余价值。这当然是不正确的。这不仅不符合事实，以部分混同全部，而且把剩余价值的一般形态同特殊形态相混淆。

第二，他着重地租量的分析，没有着重从生产关系的角度分析地租，致

① 威廉·配第．政治算术［M］．北京：商务印书馆，1961：32.

② 威廉·配第．赋税论［M］．北京：商务印书馆，1978：46，47，50.

使他把独立生产者产品的剩余部分也叫地租。前面我们所举的他在《赋税论》中讲的例子①就是证明。显然他那里讲的仅仅是一个独立的劳动生产者，而不是出租土地的地主。这就把地租仅仅归结为一种剩余量的关系，而不是阶级关系，不是人与人之间的关系。

第三，他没有把他在地租论方面的正确思想始终如一地坚持到底。例如，他有时还认为地租是自然的恩赐。

（五）配第的利息论

由于配第没有利润这个范畴，因此他不是从利润引出利息，而是从地租引出利息。他把利息看成地租的派生形式，认为占有货币的人如果不能取得利息，就会购买土地而取得地租。

配第认为所谓利息就是对货币所有者由于贷出货币而受到的不方便的补偿。他说："什么是利息或息金呢?""这指的是，你由于在约定的时期内，不论自己怎样迫切需要货币也不能使用你自己的货币而获得的报酬。"又说："假如一个人在不论自己如何需要，在到期之前都不得要求偿还的条件下，出借自己的货币，则他对自己所受到的不方便可以索取补偿……这种补偿，我们通常叫做利息。"②

关于利息的自然标准，配第认为："在安全没有问题的情况下，它至少要等于用借到的货币所能买到的土地所产生的地租；但是，在安全不可靠的情况下，除单纯的自然利息之外，还必须加上一种保险费。"他强调："不论在什么地方，什么时候，要违背俗世的习惯，努力于限制利息，都是没有理由的。"

在配第看来决定利息率的因素有两个：第一个是地租量，即同量货币所能买到的土地带来的地租量高，利息率也就高，反之利息率就低；第二个是货币的供求状况，供过于求，利息率低，求过于供，利息率高。"利息的自然降低是由于货币增加的结果"③。

配第力求探讨利息的自然标准，这在方向上无疑是对的，它对当时的反封建斗争来说也是有进步意义的。但是对一些概念的论述存在问题：第一，他的利息概念是不正确的。因为利息是职能资本家付给借贷资本家的一部分剩余价值，是工人阶级创造的剩余价值的一种转化形式。他称利息为货币所

① 威廉·配第．赋税论［M］．北京：商务印书馆，1978：40，41.

② 威廉·配第．赋税论［M］．北京：商务印书馆，1978：45，125.

③ 威廉·配第．政治算术［M］．北京：商务印书馆，1961：73.

有者借出货币所受到的不便的补偿，这就掩盖了利息的本质。第二，他把借贷资本和货币相混淆，掩盖和歪曲了借贷资本的本质。第三，他认为利息率决定于地租量也是不正确的。因为实际上利息率决定于平均利润率和借贷资本的供求关系。利息率的最高限不能超过平均利润率。在平均利润率一定的条件下，利息率则取决于借贷资本的供求状况。由于配第没有利润概念，他当然也就不可能在利息问题上得出正确的结论。

（六）配第的地价论

在地价问题上配第有一种独到的见解是值得人们注意的，这就是他力求找出土地价格的自然基础，并认为土地价格就是一定年限地租的总和。他说："我认为任何一块土地自然所值的年租年数，等于这三代人通常可以同时生存的年数。我们估计英格兰这三代人可以同时生存的期间为二十一年，因此土地的价值也大约等于二十一年的年租。"又说："我认为，在所有权有保障，并能确实可靠地享有年租的地方，土地的价值就等于二十一年的年租。"①

配第的地价概念无疑是不尽正确的，因为土地价格的高低取决于地租数量和银行存款利息率的高低（用公式表示就是：地价=地租/利息率），而不是只取决于地租数量。但是，配第力求在劳动价值论和地租论的基础上探求土地价格的自然基础，同时他把地价看成是一定年限的地租，认为购买土地不过是购买一定年数的地租，这里有合理的内核，即他接触到了地价的本质：地价无非是资本化的地租。这是很有科学价值的见解。

第二节　法国资产阶级古典经济学的产生

一、法国古典经济学产生的历史条件

法国古典经济学产生于十七世纪末十八世纪初，即封建王朝路易十四统治时期，比英国晚了半个世纪。

法国古典经济学的产生是同资本主义因素在法国的发展，要求冲破封建束缚，要求克服重商主义政策给法国带来的灾难密切相关的。

在十七世纪末十八世纪初，法国社会的资本主义因素虽很微弱但已经有所发展。那时封建关系仍占统治地位，封建行会制度和封建割据严重束缚生

① 威廉·配第. 赋税论［M］. 北京：商务印书馆，1978：43.

产的发展。这同资本主义工商业的发展产生了严重的矛盾。资本主义因素的发展要求冲破封建枷锁的束缚。同时，由于那时封建王朝极力推行重商主义政策，加剧了农业的衰退和农民的破产，给法国经济带来严重灾难。这对资本主义的发展也造成了许多困难。在这种情况下，法国资产阶级政治经济学的代表人物就自然而然地把矛头指向重商主义和封建枷锁，批判重商主义和不利于生产发展的赋税政策，并大力宣传重农理论、自由放任和自然秩序理论。这样，法国资产阶级古典经济学就应运而生。

法国古典经济学是从布瓦吉尔贝尔开始的，它的产生同布瓦吉尔贝尔的名字是分不开的，因此讲法国古典经济学的产生，就必须讲布瓦吉尔贝尔的经济学说。

二、布瓦吉尔贝尔的经济学说

（一）布瓦吉尔贝尔的生平著作

比埃尔·布瓦吉尔贝尔（1646—1714），法国资产阶级古典经济学的创始人，重农学派的先驱。他生活在法国封建制度日趋瓦解、濒于死亡的时期，即路易十四统治的时期。他出生在法国鲁昂，曾当过法国地方议会的法官和路易十四的经理官。他虽然身为路易十四的法官和经理官，但却常常热情地替被压迫阶级说话。他是一个能开创新局面的改革家，他的著作都是以力图寻求法国经济衰退原因和提出改革、救治方案为内容的，都是针对当时法国存在的问题而写的。

他的主要经济学著作有：《法国的详情》（1695 年或 1697 年）、《法国的辩护书》（1707 年）、《谷物论》（约 1697 年）、《论财富、货币和赋税的性质》（1705 年）。

布瓦吉尔贝尔像配第一样也未创立一个完整的理论体系，他的经济观点也散见于他的许多著作之中。但他提出的许多经济观点却永远闪耀着火花。最值得人们注意的是他的重农论、价值论、再生产理论和市场经济论。

（二）布瓦吉尔贝尔的重农观点

布瓦吉尔贝尔在他的著作中认为，当时法国经济衰败、人民贫困的一个主要原因在于税重谷贱而使农业遭到破坏，使农民破产，所以他常常以农业和农民辩护者的姿态出现，呼吁保护农民，减轻赋税，适当提高谷价，重视农业的发展。值得后人注意的是，他提出了农业是国民经济的基础的理论。可以这样说，他的理论为说明农业是国民经济的基础提供了良好的理论依据。

他强调：

第一，农业是国民经济其他行业产生的基础。他认为农业"是各行业所由产生的基础"①，其他"两百种职业，全都是由土地产物所派生的；土地或多或少地能够丰产，以供消费……这种情况引起这些职业的出现，从最需要的行业如面包师和裁缝开始，结尾则是喜剧演员……"。"土地的产物，主要是小麦，为各行各业的建立准备了条件。"② 因为只有农业为其他行业"提供生计"，其他行业"只有从农民那里才可得到食物"③。

第二，农业繁荣是其他一切行业繁荣的基础。他说："耕种者的繁荣昌盛是一切其它等级的财富的必要基础。"农业繁荣，其他行业也繁荣；农业衰落，"各行各业也一起衰落下去"。"要是土地变为象非洲沙漠那样不毛之地，那么，这二百种职业中就会有一百七十种以上散伙或消灭掉。""因为全国没有一个行业不是靠土地的产品来维持生存的。"④

第三，农业是国家一切财富的来源。他认为："土地原是其它一切财富之本"，"法兰西一切财富的来源，就是土地的耕种"⑤。

第四，农业推动着商品交换，决定着万物的节奏。一切交易价格比价都要以土地生产物尤其是小麦为准则⑥。

第五，农业是军队的支柱。他认为农产品（面包、肉等）不仅"是生命的唯一支柱，同样也是军队的唯一支柱"。

布瓦吉尔贝尔关于农业是基础的思想比古代思想家大大向前发展了一步，他的重农观点要比古代思想家系统、深刻得多。这里尤其值得注意的是，布瓦吉尔贝尔与古代的思想家不同，他更加重视农业但并不轻视手工业和商业。他认为工商业也是国民经济中不可缺少的部门，所以他说："全国的一切行业也是互相关联，彼此不可或缺的。""农业和商业是哺育整个社会的两个器

---

① 布瓦吉尔贝尔．谷物论［M］．北京：商务印书馆，1979：12.

② 布瓦吉尔贝尔．论财富、货币和赋税的性质［M］．北京：商务印书馆，1979：101，102.

③ 布瓦吉尔贝尔．法国的辩护书［M］．北京：商务印书馆，1983：84.

④ 布瓦吉尔贝尔．谷物论［M］．北京：商务印书馆，1979：21，22，23；布瓦吉尔贝尔．法国详情［M］．北京：商务印书馆，1981：71.

⑤ 布瓦吉尔贝尔．法国的辩护书［M］．北京：商务印书馆，1983：100；布瓦吉尔贝尔．谷物论［M］．北京：商务印书馆，1979：17.

⑥ 布瓦吉尔贝尔．法国的辩护书［M］．北京：商务印书馆，1983：62，80；布瓦吉尔贝尔．谷物论［M］．北京：商务印书馆，1979：12.

官”，必须使商业也无间断地继续下去。而古代思想家如色诺芬和柏拉图，虽然都重视农业（色诺芬称“农业是其他技艺的母亲和保姆”，柏拉图认为农业应成为理想国的经济基础），但色诺芬对手工业采取鄙视的态度，他称手工业为“粗俗的技艺”；柏拉图则鄙视商业，认为雅典人不应该从事这种不体面的职业。可见，布瓦吉尔贝尔关于农业是国民经济的基础的思想要比前人全面、辩证得多。

当然，他关于农业是基础的理论也带有时代的局限性，因而也存在一些缺点。例如，他认为农业是一切财富的来源，是一切财富之本，这种观点显然是不正确的。另外，他没有看到也不可能看到工业的主导作用。

（三）布瓦吉尔贝尔的价值观点

布瓦吉尔贝尔在价值论方面虽然思想上不自觉、概念上不明确，但他的价值观点也有不少闪光的地方。这主要表现在：

第一，他区分了市场价格和“真正价值”，宣称要探求市场价格背后的真正价值。因为他认为真正价值就是公平价格。

第二，他提出了“比例价格”的概念，认为各种商品之间客观地存在着一种比价，这种比价的基础就是土地产品尤其是小麦的价格。

第三，他把价值的源泉归结为人的劳动，并把决定价值的劳动归结为劳动时间。这个观点主要是在他论述财富和收入源泉问题时不自觉地反映出来的。他说：“小麦的生产既不是侥幸得到的，也不是大自然的无偿赐予；它是继续劳动的结果，是用金钱购买的生产资料投入耕种的结果。”“他的时间和他的劳动是他收入的唯一来源，同时也是国家和国王收入的唯一来源。”①

在这里布瓦吉尔贝尔虽然是谈财富和收入问题，但财富和收入实际上是与价值相联系的，因此，我们据此分析说，他把价值归结为人的劳动和劳动时间。当然，他实际上是把农业劳动归结为价值源泉，而不是把一般劳动归结为价值源泉。这是他观点的缺陷。同时，布瓦吉尔贝尔已经认识到决定商品价值的劳动，不仅包括直接劳动（活劳动），还包括间接劳动（死劳动）。

第四，他不自觉地触及决定商品价值量的社会必要劳动的第二层含义。他认为：“一切交易则以土地生产物，尤其是小麦作为准则。因为，如上面所说过的那样，它是各行业所由产生的基础；因为没有一种行业的失调能够不同时将它的不幸立刻地或逐渐地反应到其它一切行业上去，它们形成了一条

---

① 布瓦吉尔贝尔．论财富、货币和赋税的性质［M］．北京：商务印书馆，1979：95，102.

财富的链条，只有组成链条的各个环节连接在一起的时候才有价值，一旦从中脱掉一个环节，它们就会失去价值，至少会失去最大部分的价值。”[①] 他还强调：“各种货物的价值必须始终保持一定的比例，只有这样的协调才能使各种货物一起生存，它们的生产才能经常彼此相互促进。”[②] 他认为在自由竞争条件下，一个部门如果投入劳动过多，从而产品过多，价格就会下跌；反之，一个部门如果投入劳动过少，从而产品不足，价格就会上涨。只有劳动在自由竞争下按照正确的比例分配于各部门，真正价值才能实现。可见，他实际上认为各种商品只有按照社会客观需要的比例来进行生产，也就是各个商品生产者只有按社会需要的正确比例在各个特殊生产部门投入自己的劳动，才能使商品按照真正价值即公平价格出售，才能真正实现自身所包含的价值。否则，如果不按比例投入劳动，不按比例生产，商品就不能按真正价值（公平价格）出售。他认为这种比例（平衡）是通过竞争实现的[③]。

第五，他看到了价值规律对生产的调节作用。例如，他说：“人们不能否认小麦的价格是使土地的耕作的精粗按照它的升降而定的准确的晴雨表。”如果小麦价格太贱，“使农民大受损失，那么就会来一个索性完全不种”。如果小麦价格稍贱，农民就会不施肥或“把小麦浪费在全不相干的用途上，如用小麦喂马”。相反，“异常的高价使得最劣等的土地也得到精耕细作而带来利润”[④]。又说：“由于小麦价格低贱不能补偿生产费用，造成大部分土地荒芜，而其余的土地又没有很好施肥，从而使法兰西每年小麦减产五十万‘矛’和人民收入丧失五亿，并且由于这一首要产品停止流通，结果使一切休戚相关工业职业也随之而停顿。”[⑤]

布瓦吉尔贝尔的这些闪闪发光的思想为劳动价值论的奠基工作做出了不可磨灭的贡献。他的缺陷主要是思想不自觉，概念不明确，未形成体系，一些概念混淆（如价值与使用价值，价值与交换价值，价值与财富往往混淆在一起），许多问题未涉及（如对创造价值的劳动的分析，价值质的分析等），同时他把商品价值看成永恒的范畴，只认为农业劳动创造价值。

---

① 布瓦吉尔贝尔．谷物论［M］．北京：商务印书馆，1979：12-13.

② 布瓦吉尔贝尔．论财富、货币和赋税的性质［M］．北京：商务印书馆，1979：100.

③ 布瓦吉尔贝尔．论财富、货币和赋税的性质［M］．北京：商务印书馆，1979：97.

④ 布瓦吉尔贝尔．谷物论［M］．北京：商务印书馆，1979：41.

⑤ 布瓦吉尔贝尔．法国详情及补篇［M］．北京：商务印书馆，1981：102.

（四）布瓦吉尔贝尔的生产观点

布瓦吉尔贝尔经济学说中值得人们重视的还有一点，即他的生产观点。在这方面我们要特别注意他的如下几个观点。

第一，他提出了均衡生产的理论。布瓦吉尔贝尔反复强调社会生产按比例发展的客观性、重要性，他认为国民经济各个部门都是“互相关联，彼此不可或缺的”，因此各部门“之间保持协调就是绝对必要的……要是一环脱节，那么由于它们间相互的联系，全部组织就会遭到破坏”①。他说没有一种行业的失调能够不同时将它的不幸立刻地或逐渐地反映到其他一切行业上去，“一个文明和宏伟的王国之所以富裕，在于保持王国内的各行各业的共存共荣，并使它们彼此相互依靠，相互推动，如一个时钟的部件那样”②。他还认为：“一个国家，尤其是法国，他的富足就在于保持了今天为数达到两百多种的一切职业，它们的存在是彼此息息相关的，时时刻刻互相关联，而且都同样地相依为命。”这些部门、行业的生产、交换都是“按业已指出的使所有的人都有利可图并必须按比例等条件进行的，否则，稍有失调现象便会马上蔓延开来，破坏整个整体”③。他甚至认为均衡“是财富唯一的源泉”④。

第二，他强调社会生产中农业的基础作用，这种均衡是以农业为基础的均衡。这方面前边已评介过，这里不再重述。

第三，他看到了社会生产中流通的作用，认为商品和货币的不断流通和周转是社会再生产顺利进行的一个必要条件。他说：没有人不是按照一种严格的条件购买他邻人的货物或者他的劳动成果，这条件就是，卖者将进行和买者同样多的购买。如其不然，他就会站不住脚。因为，流通的停顿，不仅会使货物化为乌有，甚至还会导致他本人财产的损失，使他处于无力买回他所需要的东西的境地，被迫宣告破产而关店停业。所以，即使要付出重大的代价，也必须使商业无间断地继续下去。

布瓦吉尔贝尔又说：财富就在于一方把自己多余物给另一方以换回对方充裕的东西这种连续不断的交换；一旦没有了这种可能，或者不如说没有了

---

① 布瓦吉尔贝尔．法国详情及补篇［M］．北京：商务印书馆，1981：70，72.

② 布瓦吉尔贝尔．论财富、货币和赋税的性质［M］．北京：商务印书馆，1979：112-113.

③ 布瓦吉尔贝尔．法国的辩护书［M］．北京：商务印书馆，1983：62，63.

④ 布瓦吉尔贝尔．论财富、货币和赋税的性质［M］．北京：商务印书馆，1979：109.

这种贸易，一个国家虽处于绰有余裕的境地，却立即变得贫困不堪①。因为要有交易和不断的流通才能维持社会的正常生活，而在交易和流通中，要有完全协调的比例关系，一旦比例失调，不论原因何在，一切就会同时停顿下来②。

第四，他还强调社会再生产环节中消费的作用，认为没有消费就没有收入，就没有财富，也就没有生产和再生产。在他看来，“世上一切财物，要是不被消费的话，都是一无用处的。”法国“公共收入减少的真正原因是消费的不足”。（又说：“消费是任何财富的要素”，“世上的一切财富，只是由消费所组成；地上最美味的果实和最珍贵的食物一旦未被消费，则只是粪便而已”。）国民收入的增长与消费的增加成正比例关系。在一个物产丰富的国家，只要有大量的消费就能得到很多收入。消费和收入只是一种同样的事物；破坏消费就是破坏收入。因此，“一个国家的居民并不一定要开支少于收入，这就是国家的利益之所在。”③

布瓦吉尔贝尔的社会生产观点为科学的生产理论做出了不可磨灭的贡献。这些观点至今都是有现实意义的。

（五）布瓦吉尔贝尔的货币观点

布瓦吉尔贝尔的货币观点与其价值观点、生产观点、重农观点相比要逊色得多。值得人们注意的有如下几点：

第一，他想在保存商品生产条件下废除货币，这对后人是有影响的。

第二，他认为货币不是财富，而是消费的奴仆。

第三，他认为货币必须不停地运动，没有看到货币的静止（贮藏）是它的运动的条件。

第四，他对货币拜物教进行了某些批判和揭露，这是有参考价值的。他说货币本来是消费的奴仆，但却变成了上帝、刽子手、专横暴君和吸血鬼，人们把它当作偶像来膜拜。

第五，他看到了货币流通量的规律，即货币量决定于商品价格和货币周转速度。

---

① 布瓦吉尔贝尔．法国的辩护书［M］．北京：商务印书馆，1983：62.

② 布瓦吉尔贝尔．法国详情及补篇［M］．北京：商务印书馆，1981：42.

③ 布瓦吉尔贝尔．法国详情及补篇［M］．北京：商务印书馆，1981：12，27，47，50；布瓦吉尔贝尔．法国的辩护书［M］．北京：商务印书馆，1983：23.

（六）布瓦吉尔贝尔的市场经济观点

布瓦吉尔贝尔的经济思想是重商主义的对立物。法国晚期重商主义者柯尔贝尔于1661—1683年任路易十四的财政总稽核，是当时法国政府财政经济政策的主要决策人。他未留下重要著作，是一个重商主义的实践家。他极力推行重商主义政策，忽视农业，以牺牲农民利益为代价来发展工商业，结果使法国农民濒临破产，农业日益凋敝，法国财政经济状况日益恶化，法国工商业的发展受到阻碍。布瓦吉尔贝尔目睹此情，以法国农民辩护者的姿态反对重商主义，批判其国家干预政策，力主自由放任，以创造发展法国农业和工商业的宽松环境。

布瓦吉尔贝尔多次提出自然规律的概念，强调社会经济运行具有自己的规律性，人们只能听任自然规律的安排，按自然规律行事，而不能违背自然规律，否则，“大自然就会对违抗者施加惩罚”①。因为在他看来，“整顿经济秩序的权力只属于大自然”，“只有大自然才能够安排平衡，所以不要妨碍大自然的作用”②。他继续强调：“大自然珍惜它自己的安排，当它一旦看到由于外来的干预，人们对它的光辉和它的安排的明智表示不信任时，它就会马上降下一场大乱来进行报复。”③

布瓦吉尔贝尔坚决反对国家干预，认为自然规律具有自动调节的特性，国家无须插手干预经济运行。只有大自然，而绝不是政府能够恰如其分地对人们的经济活动加以必要的整顿。在这里大自然起着主要的作用，甚至几乎起唯一的作用。局外人的插手干预，不管来自何方，没有不坏事的。如果人们不去干预而听任自然的发展，国家是会继续富裕的。“大自然甚至是这样仁慈，只要社会中稍微有一点混乱的迹象出现，它就会自动地设法加以调整。”④因此，他要求当时的法国政府放弃对经济运行的重商主义干预，“停止对自然采取十分粗暴的行动”。

在他看来，自由竞争就是一种自然规律，认为市场机制通过自由竞争就能恰如其分地调节社会经济的运行，使社会生产各部门保持比例平衡，使交换双方都得到利益，使社会各阶层都得到最大满足。他批判了柯尔贝尔的禁

① 布瓦吉尔贝尔．论财富、货币和赋税的性质［M］．北京：商务印书馆，1979：110.

② 布瓦吉尔贝尔．谷物论［M］．北京：商务印书馆，1979：70-71.

③ 布瓦吉尔贝尔．论财富、货币和赋税的性质［M］．北京：商务印书馆，1979：106.

④ 布瓦吉尔贝尔．论财富、货币和赋税的性质［M］．北京：商务印书馆，1979：117.

止谷物出口从而导致谷贱伤农的政策，力主取消谷物出口的禁令，要求实行谷物自由输出而禁止谷物输入，并要求对小麦的出口“在任何时候都听任其自由而不课税”①。

布瓦吉尔贝尔对古典市场经济理论的奠基做出了不可磨灭的贡献。这主要表现在：①他主张自由放任，反对国家干预，在当时对于发展社会生产是有利的，并具有反封建性，因而是有进步意义的。②他关于按自然规律办事和按比例生产的观点，关于市场机制对社会生产具有调节作用的观点，反映了市场经济的普遍原理，具有重要的理论意义和实践意义。

他的缺陷在于：①他的市场经济理论概念不明确，未形成体系，许多问题未涉及；②他关于自然的概念披着封建外衣且具有神秘色彩，如他有时说的，“大自然……那不是别的，不过是上帝、造物主”②。

---

① 布瓦吉尔贝尔．谷物论［M］．北京：商务印书馆，1979：9.

② 布瓦吉尔贝尔．谷物论［M］．北京：商务印书馆，1979：65.

第三章　法国资产阶级古典经济学的发展

——重农学派的经济学说

第一节　重农学派概述

一、重农学派的形成

这里讲的重农学派，不是一般的重农思想，不是古代中世纪的重农思想，而是十八世纪下半叶在法国所形成的一个资产阶级古典经济学流派。它是在法国资产阶级革命准备时期、法国经济面临危局、农业衰落、财政处于绝境、矛盾激化和约翰·罗[①]的重商主义政策破产的条件下形成的。十七世纪下半叶法国封建剥削加重和柯尔培尔重商主义政策的实行，造成农业衰落，农民贫困破产，国家财政濒于绝境。十八世纪初为了挽救这种危局又实行约翰·罗的信用货币制度，即大量发行纸币，用纸币代替金属货币，清偿债务，使法国财政经济危机更加严重。为了挽救法国，重农主义的思潮就又发展起来了。重农学派正是在这种条件下形成的。

重农学派的主要代表人物有：魁奈（1694—1774），重农学派创始人、理论家和领袖。他出生于租地农场主家庭，父亲是个律师。魁奈幼年没有受过良好的教育，早年丧父后即去巴黎独立谋生，当过学徒，十六岁学医，曾在巴黎一外科医学校和巴黎大学学习并研究医学及其他科学（数学、哲学、化学、植物学等），不久即获得外科医生资格。1744 年他荣获庆得逊大学医学博士头衔，55 岁时成为路易十五的宫中侍医。由于给王子看病有功，赐为贵族。他在医学、生理学方面都有著述。他近 60 岁时开始研究经济问题。他的经济

---

① 约翰·罗（1671—1729），英国资产阶级经济学家和金融家。1716 年自荐于法国统治者，得到重用，于 1719—1720 年任法国财政大臣。

著述甚多，最著称的是《经济表》（1758 年）。由于《经济表》很难懂，魁奈被人称为“难懂的作家”。

老米拉坡（1715—1789），重农学派的组织者。他出身贵族地主家庭，马克思称他为“守旧的怪人”，他是通过与魁奈争论而认识魁奈并成为魁奈信徒的，重农学派的会议就经常在他家里召开。他著有《人民之友》（1756 年）等书。

杜邦·奈穆尔（1739—1817），重农学派的宣传家。他出身贵族家庭，曾任法国殖民地马提尼克的财政总监，主编重农学派杂志《公民历书》，还编辑出版魁奈文集《重农主义》（1768 年），著有《魁奈医生的学说，或他的社会经济学原理概述》等书。“重农主义”这个概念是他第一次提出来的。

杜尔阁（1727—1781），法国重农学派的理论家和实践家，后期代表和发展者。他虽然不愿承认自己是重农学派的人，但实际上他是魁奈信徒中最有建树的一个人。他出生在一个接近大工商业的资产阶级化的贵族家庭，他的父亲曾任巴黎商会会长和巴黎市市长，他本人曾任法国一个省的督抚，在路易十六时还任过海军部部长和财政部部长。他对魁奈经济学说有重要的发展，对经济科学有不可磨灭的贡献。他的代表作是《关于财富的形成和原因的考察》（1766 年）。

二、重农学派的特点

重农学派有如下四个显著的特点：

（一）重视农业生产

他们都认为农业是主要甚至是唯一生产财富的部门，是唯一生产纯产品的部门，是国家经济和一切财富的基础，是国民经济中居于首要地位的部门。他们极力反对重商主义，认为流通领域不会创造财富。他们认为加工工业也不生产财富，采矿业则创造财富。

（二）强调自然秩序

他们把自然秩序作为政治经济学的对象，把自然秩序论作为指导思想和自己理论体系的基础和核心。重农学派认为在人类社会和自然界都存在着一种自然秩序，这种自然秩序是由上帝所创造的永恒的自然规律所确立的一种客观存在，它与人为秩序相对立。人为秩序指由人的意志所决定的各种经济制度和法令规章等。人为秩序符合自然秩序，人为秩序就是合理的、好的；反之，就是坏的。他们认为人们必须服从和遵守自然秩序，政治经济学就是

"研究自然秩序的科学"。他们说他们自己的理论是合乎这种自然秩序的，资本主义制度是合乎自然秩序的，中国的封建制度也是合乎自然秩序的。重农学派关于自然秩序的观点虽然带有神秘主义和客观唯心论的色彩，把规律说成是上帝创造的，这当然是不对的。但是，他们承认客观规律的存在，说："在这个世界上，一切的东西，都是受自然规律的支配"①，认为政治经济学就是研究经济规律的，这无疑是对的；同时，他们又认为人必须遵守和服从客观规律，按规律办事，这无疑也是对的；至于说社会经济规律是永恒的，这就讲得太绝对了，实际上只有少数规律是任何社会都存在、都适用的，多数规律都是在一定条件下一定阶段存在的规律。把所有规律说成是永恒的，这当然是错误的。

（三）披着封建外衣

重农学派的理论和政策在本质上代表着资产阶级的利益，但他们的学说在形式上却披着一层封建外衣，特别是魁奈的学说，更带着比较浓厚的封建外观。例如，他们的理论分析证明农业的资本主义经营方式比封建主义经营方式优越，它更有利于社会财富和纯产品的生产；但是他们在口头上却宣称他们的理论是为了挽救濒临崩溃的封建制度，实现开明君主专制的。再如，他们的自然秩序说主要在于说明资本主义制度是合乎自然秩序的，但又说当人为秩序违背自然秩序时需要贤明的君主出来恢复和维持自然秩序，还说中国封建王朝是服从自然秩序的范例。又如，他们所讲的纯产品实际上就是农业工人劳动创造的剩余价值，但他们有时又把这归结为自然的恩赐。此外，他们主张只对地主的收入征税，而不对农场主征税，但他们又把这种征税主张说成有利于增加法兰西封建王国的收入和促进王国的经济繁荣。可见，重农学派的理论是资产阶级性质和封建外衣的结合。

重农学派的封建外观欺骗了法国的统治者和广大群众，当时法国的社会上层把魁奈的学说当成时髦的东西，倍加推崇。启蒙学派则认为魁奈等人的学说是不革命的，是维持封建王朝的。重农学派的学说也欺骗了他们自己。甚至某些当代资产阶级经济学家也受了骗，如乔安·罗宾逊就认为"重农主义者卫护地主的利益"②。

（四）具有严密组织

以魁奈为首的重农学派不仅有他们的学说，而且有政策纲领和严密的组

---

① 魁奈经济著作选集［M］．北京：商务印书馆，1979：314.

② 乔安·琼·罗宾逊．现代经济学导论［M］．北京：商务印书馆，1982：50.

织，他们不仅是一个经济学流派，而且是一个政治和学术团体。从 1767 年至 1776 年，他们每周定期在老米拉坡家开会，讨论他们即将发表的论文和主张，讨论经济问题。他们还自办刊物，发行宣传重农主义的小册子和他们的主张。这些在资产阶级政治经济学史上是很罕见的。

三、重农学派在经济学史上的地位

重农学派在经济学说史上占有极为重要的地位。首先，它是资产阶级古典经济学的一个重要流派。他们把经济学的研究从流通领域转变到生产领域，为分析资本主义生产关系奠定了基础。他们在经济理论上也做出了许多重要的贡献：第一次系统地从经济上分析了资本主义社会的阶级关系，第一次系统地分析了社会资本的再生产和流通，并在资产阶级经济学家中达到了最高成就；第一次区分开了商品的二因素，即使用价值和交换价值，指出商品是二因素的矛盾统一体；第一次初步分析了价值形态的发展过程，比亚里士多德更为系统地论述了货币的产生。其次，他们在法国历史上影响也很大，从魁奈最初发表有关经济著作起到杜尔阁被免除财政大臣职务止，这个流派在差不多 20 年的时间里占据着法国经济学界的支配地位。

第二节　魁奈的经济学说

一、魁奈关于经济学对象的观点

魁奈认为政治经济学是“作为社会制度的基础的伟大科学”，它“的目标在于通过研究保证人类社会能使支出再生和持续的自然规律，以使支出达到可能的最大的再生产”①。魁奈在这里虽然未明确认识到政治经济学是研究生产关系及其发展规律的科学，但明确指出政治经济学是研究社会制度基础、研究生产和再生产的自然规律的科学。这是魁奈对人类经济科学的一个贡献。

---

① 魁奈经济著作选集［M］. 北京：商务印书馆，1979：245，404.

二、魁奈的重农理论

重农理论是魁奈整个经济理论的核心，其他经济理论都是在此基础上展开的。

魁奈认为农业“是整个国家经济的基础”，也是“一切财富的基础”，是“国家的基础”①。

为什么说农业是国家和国民经济的基础呢？魁奈从如下四个方面论证了这个问题。

（1）农业是工商业发展的基础。他说：“只有农业能够供给手工业和商业以材料，而且供给这二者以生活资料”。“这二种职业，只有依靠农业才能存续。”“商业和手工业一样，不过是农业的一个分支，离开了农业的商业，不过是一个不完全的观念。”“商业的进步和农业的进步是携手并进的。”“没有农业的发展，贸易的成就是没有结果的。”②

（2）农业是国民生活的基础。他说“只有农业才是满足人们需要的财富的来源”，只有农业才生产“国民的生活资料”，“无论什么工作者，都必须首先有土地的产品供他们消费，以维持其生存”③。

（3）农业是国家收入的基础。他说：只有农业“是王国收入的源泉”，是王国收入的基础④。

（4）农业是国家安全的基础。他说：“只有农业才能创立保卫财富的必需的武装力量”，只有农业的发展才能产生出“国家的实力”和社会的安宁，“只有从事农业的民族，才能够组成稳固和持久的国家。”⑤

魁奈关于农业是基础的理论基本上正确地反映了农业和国民经济其他部门的关系，因而基本上是正确的。他的错误和缺点在于有时认为农业是财富的唯一源泉，是收入的唯一源泉。

三、魁奈的价值理论

魁奈的价值论尽管是不够科学的，但他在价值论上的一些观点是值得后

---

① 魁奈经济著作选集［M］. 北京：商务印书馆，1979：39，215，406.

② 魁奈经济著作选集［M］. 北京：商务印书馆，1979：65，94，183.

③ 魁奈经济著作选集［M］. 北京：商务印书馆，1979：69，374，408.

④ 魁奈经济著作选集［M］. 北京：商务印书馆，1979：39，202.

⑤ 魁奈经济著作选集［M］. 北京：商务印书馆，1979：69，406，408.

人注意的。

（一）关于商品财富的观点

他认为所谓商品就是能满足人们需要的可卖财富。他说：“所谓商品财富，我们指的是能够按决定其销售价值的价格交换成货币的那些东西。财富之所以成为售卖财富或商品财富，是由于这种财富顾客需要它，其持有者能够把它出售。因此并不是所有能满足人们需要的物质都是可以售卖的财富，例如空气等①就不属于商品财富。魁奈的这个观点是接近正确的，如果再把劳动这个因素加进去，说商品是能满足人们需要的可以交换的劳动产品，那就更正确了。

（二）关于商品价格和使用价值

他区分开了价格和使用价值，说“物品的价格表示着商品财富的销售价格。不应当把商品财富的价格同它的使用价值混为一谈”。他还说：“必须把有使用价值而没有出卖价值的财物，和有使用价值和出卖价值的财富加以区别。”② 他还把商品看成是使用价值和交换价值的矛盾统一体。说：“作为商品来看的农作物，是货币财富和实物财富的综合体。”“把小麦作为商品来看，对于出卖者说，是货币财富，对于购买者说，则是实物财富。”③ 魁奈的这些观点也是接近正确的观点。

（三）关于交换价值和价值

魁奈有时候还无意识地区分开了交换价值和价值。他把价值称为基础价格或真正价值，把交换价值称为售卖价格、售价，认为“商品的基础价格是由生产或创造该商品所需的费用所决定的”，或者说“基础价格是由生产它们所需的支出构成的”，商品的售价就围绕着这种基础价格上下波动，“如果商品的售价低于生产商品的成本，那么就要亏本，如果售价能提供相当的盈利，使生产能够继续维持下去或者更加扩大，那么就可以认为商品很值钱”。但有时他又颠倒了价值和价格的关系，说什么“价值应当反映真正的价格”，“小麦的价值，完全依存于它的价格”，“价值只有通过价格才能规定下来”④。

魁奈有时还看到了商品价值同人类劳动的联系。例如，他说：“未开垦的

---

① 魁奈经济著作选集［M］．北京：商务印书馆，1979：118.

② 魁奈经济著作选集［M］．北京：商务印书馆，1979：119，361.

③ 魁奈经济著作选集［M］．北京：商务印书馆，1979：89.

④ 魁奈经济著作选集［M］．北京：商务印书馆，1979：98，123，161，182，199.

土地，没有任何实际的价值，只有通过劳动才能使它具有价值。”①

魁奈把交换价值与价值予以适当区分，又看到了价值和劳动的联系，这些都是对劳动价值论的贡献。他的缺点在于：①概念还不够明确、科学；②没有把自己的正确观点坚持到底（例如，认为纯产品是自然创造的）；③没有把生产费用归结为劳动时间，这比配第、布瓦吉尔贝尔还退了一步。

（四）关于等价交换

魁奈还提出了等价交换的学说，认为在自由竞争下交换是按等价原则进行的，互相交换的商品具有相等的生产费用。“因此人们如果持有一种商品财富，就可以通过货币在二者价格相等的基础上取得另外一种财富。”“双方都归着于等价交换……交换并不曾生产任何东西。……相互遵从同一的条件，同一的交换规律。”②

魁奈认为等价交换是一条客观规律，价值是在生产领域产生和决定的，这些观点是正确的。这对重商主义者的错误观点是一个有力的批判。

（五）关于价格的决定

魁奈认为价格不是任意决定的，而是遵循着一定的客观规律。③ 这种观点也是正确的。由上面我们对魁奈价值论的评介看，魁奈的价值论尽管不是很科学，但还是属于劳动价值论类型的，而且对劳动价值论是有贡献的，他堪称一个劳动价值论者。过去学术界只讲魁奈没有科学的价值论，不讲他在价值论上的贡献，不讲他基本上还属于劳动价值论者，这是值得商榷的。

四、魁奈的纯产品理论

纯产品理论是以魁奈为首的重农学派的一个重要理论，这实际上是他们的剩余价值理论。

魁奈把财富增加和财富相加区别开来，认为前者在农业部门实现，后者则在工业和其他部门实现，后者不能增加财富的数量。只有农业部门是能增加财富、生产纯产品的部门，工业和商业部门都是不结果实、不生产纯产品的部门。

按照魁奈的解释，所谓纯产品就是农业收获量扣去生产费用后的剩余产

① 魁奈经济著作选集［M］．北京：商务印书馆，1979：409.

② 魁奈经济著作选集［M］．北京：商务印书馆，1979：119，431.

③ 魁奈经济著作选集［M］．北京：商务印书馆，1979：119，120.

品。用他的原话说就是从农业收获中“扣除其在作物上的劳动支出以及其他支出的剩余的产品”，或者说就是农产品中“扣除用于耕作的劳动费用和其他必需支出后多余的土地产品”。他认为，这种纯产品也就是“构成国民收入的每年创造的财富”，“它构成国家的收入和土地所有者的收入”。这种纯产品是“依靠人们的劳动而由土地产生的”，是“土地的恩惠”，“自然的恩惠”，但决定因素是人的劳动，“因为土地的肥力……决定于人的劳动和他们的积极性”。①

魁奈在农业这个特殊生产领域认识到了剩余价值的问题，他指出财富的真正源泉、剩余价值的真正源泉不在流通领域而在生产领域，而且指出在创造财富、创造纯产品的因素中人的劳动是决定因素，这就为揭示剩余价值的产生奠定了一定的基础，应当说这是魁奈的功绩。

但是，他把纯产品仅仅看成是农业部门创造的，并与自然的恩赐联系起来，认为纯产品是土地所有者占据的地租，这则是不正确的。因为实际上剩余价值不仅存在于农业部门，工业部门也有；它并不是自然的恩赐，而是雇佣工人的剩余劳动创造的；地租仅仅是剩余价值的一种具体形态。

此外，他把工资排除在国民收入之外，认为纯产品就是构成国民收入的财富。这是不正确的。

五、魁奈的阶级结构理论

魁奈在纯产品学说的基础上建立起了他关于资本主义社会的阶级结构学说。

他根据自己的纯产品学说把资本主义社会的阶级分为三个基本阶级，即生产阶级、地主阶级、不生产阶级。

所谓生产阶级，就是从事农业耕种的人们，即生产纯产品的人们，它包括农业劳动者和租地农场主。这个阶级是资本主义社会居于重要地位的阶级，其中租地农场主是最重要的。

地主阶级，就是不从事生产劳动而提供土地、凭借土地所有权而占有纯产品的阶级，它包括地主及其从属人员、国王、官吏、什一税享受者等。他们以地租和赋税形式从农业中取得纯产品。

不生产阶级，又称不结果实的阶级，就是从事工商业而不创造纯产品的

① 魁奈经济著作选集［M］．北京：商务印书馆，1979：176，177，189，220，411，413.

人们，它包括工商业部门的工人和资本家。

魁奈关于资本主义社会阶级结构的学说是对资本主义社会阶级关系的最早的经济分析，其合理内核就是从对纯产品（即剩余价值）的关系来分析资本主义社会阶级关系。其缺点在于：第一，划分阶级所依据的标准不够科学，即没有依据生产资料的占有关系来划分阶级。第二，他的阶级结构学说没有全面正确地反映资本主义社会的生产关系和阶级关系。例如，他把农业资本家和农业工人混在一起都称为生产阶级，把工商业资本家和工商业工人混在一起都称为不生产阶级，这就抹杀了工人阶级和资产阶级的本质区别，掩盖了两者的阶级对立和阶级斗争。这当然是不正确的。再如，他认为农业资本家和农业工人都提供纯产品，这又掩盖了农业资本家对农业工人的剥削关系。第三，他在逻辑上还不够彻底，因为如果按对纯产品的关系划分阶级，那么地主阶级也应算为不生产阶级，但是魁奈没有这样做。同时，他有时又把地主阶级称为生产者，把从事采矿业和外贸业的人们也称为生产者①，这在逻辑上是混乱的。

六、魁奈的资本理论

魁奈根据他的纯产品理论，认为只有投入农业的资本才是生产资本，而工业资本则不是生产资本，商业资本更不是生产资本。因为他认为只有农业是生产纯产品的，工商业部门一般不生产纯产品。魁奈的这种观点当然是片面的，因为实际上工业领域也生产剩余价值，所以投入工业部门的资本也是生产资本。

魁奈把投入农业的资本区分为“年预付”和“原预付”，他认为这两部分是不同的。第一，年预付，就是当年支付的投资，如种子、肥料、工资；而原预付就是开办农场时或其后数年才支付一次的购置农业设备的基本投资，如房屋、农具、耕畜、仓库等。第二，在社会再生产中，年预付的价值在当年生产物价值中可全部一次得到补偿；而原预付的价值则要在数年内一部分一部分逐渐地从生产物价值中得到补偿。第三，原预付“的价值约比年预付大五倍”。

魁奈把资本看成是用于农业生产的物质资料，这在当时是有进步意义的，因为这样就把资本与生产联系起来，这对于反对重商主义关于流通领域产生

① 魁奈经济著作选集［M］．北京：商务印书馆，1979：151，152，156.

财富的谬论，从生产领域探求财富的源泉是有意义的。但是从理论上说魁奈的上述观点终究是错误的，因为资本不单是物质，还是一种生产关系。

魁奈把生产资本划分为“年预付”和“原预付”，实际上就是划分为固定资本和流动资本（撇开他把农业资本家的利润也当作工资而列入年预付这个错误不论），这对于研究和分析说明资本循环和再生产是很重要的。因此这是魁奈的一个贡献。

魁奈比后来的斯密高明的地方是没有把流动资本和流通资本混为一谈，他认为货币既非固定资本也非流动资本。但是他忽视了资本的货币形式，这是错误的。因为从产业资本的周转过程看，资本是不断地顺次经历三个阶段采取三种形态，即货币资本、生产资本和商品资本，货币资本是流通过程的一个必然的资本形态。

七、魁奈的再生产理论

魁奈的再生产理论集中地表现在他的《经济表》中。因此，讲魁奈的再生产理论，实际上也就是讲他的《经济表》。

《经济表》是魁奈最主要的著作，也是魁奈所有著作中最难懂的著作。魁奈自己就说过：“要以明确的论证来把握这个表是困难的。”① 老米拉坡曾被这个表折磨得大流其汗。所以我们要对魁奈的《经济表》作较详细的说明。

魁奈的《经济表》有“原表”“略表”“图式”三种，如果细分，则有四十种以上。我们这里所用的《经济表》，是经过鲍威尔②修正了的经济表，而不是魁奈的《经济表的分析》中所附的“经济表的图式”，也不是《经济表》的第一版“原表”、第二版的表和第三版的表③。但这个修正表既符合魁奈《经济表》的原意，又把各阶级间的流通过程表现得连贯而简明。所以我们就采用这个表来进行说明。

鲍威尔的修正表略表如表 3-1 所示。

---

① 魁奈经济著作选集［M］．北京：商务印书馆，1979：220.

② 鲍威尔（1865—1934），奥地利经济学家、统计学家，他于 1890 年从巴黎国家档案馆保存的重农学派组织者老米拉坡文件中发现了魁奈的《经济表》，后来在他发表的论文中附上了他自己修正的经济表略表。

③ 魁奈经济著作选集［M］．北京：商务印书馆，1979：216，223.

表 3-1　鲍威尔的修正表略表

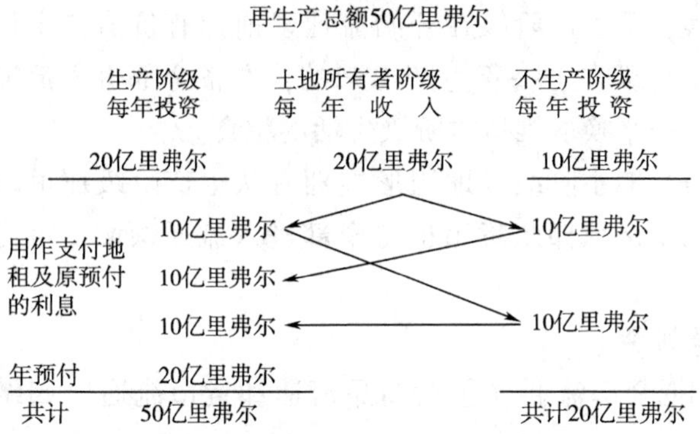

现在我们分以下几个问题来评介魁奈的《经济表》。

（一）《经济表》说明的中心问题

《经济表》所要说明的中心问题是资本主义社会的社会总资本的再生产和流通过程，正如马克思所指出的那样，它是“重农学派对一国总财富的生产和流通的观念”。具体来说，它所讲的问题主要就是全部农产品如何在三个阶级间（即全社会中）进行分配和流通，以便为再生产创造条件，使社会再生产得以顺利进行。

（二）《经济表》分析的前提

魁奈在分析社会资本的再生产问题时提出了如下几个前提：①交换按等价原则进行，价格不变；②生产规模不变（即简单再生产）；③流通只限于在国内进行，把外贸舍掉；④社会上普遍实行的是资本主义大农业经济，把小农经济舍掉；⑤社会上只存在三个阶级，商品和货币通流只在这三个阶级之间进行，各阶级内部流通被舍掉。

（三）《经济表》的出发点

《经济表》的出发点是全社会上年的全部农产品，即年农业总产品五十亿里弗尔，从实物形式看，其中有四十亿里弗尔粮食，十亿里弗尔工业原料；从价值形式看，其中有二十亿里弗尔年预付，十亿里弗尔原预付，二十亿里弗尔纯产品。也就是说，《经济表》把生产阶级上年所生产的全部农业产品作为再生产分析的起点和出发点。

根据经济表，在当年流通以前，在生产阶级手中掌握的五十亿里弗尔农产品，将有三十亿里弗尔进入全社会流通，另外二十亿里弗尔将在生产阶级内部流通。此外，生产阶级手中还有上年收回的二十亿里弗尔货币以地租形式交给地主阶级。

根据经济表，不生产阶级在开始流通以前拥有价值二十亿里弗尔的工业产品。这是这个阶级在上一年生产出来的，准备全部进入流通领域，以一半换取工业原料，一半换取维持本阶级生活的粮食。

根据经济表，地主阶级以地租形式拥有从生产阶级那里取得的二十亿里弗尔货币。这二十亿里弗尔货币也将全部进入流通领域，对再生产和流通起杠杆作用。

（四）流通过程

《经济表》把全部流通（包括商品流通和货币流通）归结为五条线、五个行为。

1. 土地所有者阶级拿出十亿里弗尔货币向生产阶级购买粮食作为生活资料，这样十亿里弗尔货币流回到生产阶级手中，价值十亿里弗尔的农产品流入土地所有者手中，结果实现了农产品的五分之一。

2. 土地所有者阶级又拿出十亿里弗尔货币向不生产阶级购买工业品作为生活资料，这样十亿里弗尔货币流入不生产阶级手中，而价值十亿里弗尔的工业品流入土地所有者手中，结果实现了工业产品的二分之一。

3. 不生产阶级用从土地所有者阶级手中流入的十亿里弗尔货币向生产阶级购买消费品（粮食）。这样这十亿里弗尔货币流入生产阶级手中，而价值十亿里弗尔的农产品（粮食）流入不生产阶级手中，结果又实现了农业产品的五分之一。

4. 生产阶级用十亿里弗尔货币向不生产阶级购买工业品作为生产资料。这样，十亿里弗尔货币流入不生产阶级手中，价值十亿里弗尔的工业品（生产资料）流入生产阶级手中，结果又实现了工业品的另一半。

5. 不生产阶级以十亿里弗尔货币向生产阶级购买农产品作为工业原料。这样，这十亿里弗尔货币又流回生产阶级手中，而价值十亿里弗尔的农产品（工业原料）则流入不生产阶级手中，结果又实现了农产品的五分之一。

（五）流通结果

以上五个流通行为的结果如下。

1. 土地所有者阶级以他们在流通前所取得的二十亿里弗尔货币的地租，换得了十亿里弗尔农产品和十亿里弗尔工业品的生活资料，这样就可以满足他们一年的生活需要。

2. 不生产阶级用他们在上一年制造的二十亿里弗尔的工业品换得了价值

十亿里弗尔的农产生活资料和价值十亿里弗尔的农产工业原料。这样他们就既实现了其全部工业品，也为下一年生产准备了条件，可以重新开始工业生产了。

3. 生产阶级用上年生产的价值三十亿里弗尔农产品（二十亿里弗尔消费品，十亿里弗尔工业原料），换得价值十亿里弗尔的工产生产资料和二十亿里弗尔货币。此外，他们手中还拥有自产的二十亿里弗尔农产品作为种子和本阶级的生活资料不进入社会流通。这样，农具等工产生产资料补偿了他们在上一年里所耗费的“原预付”；而没有进入社会流通的二十亿里弗尔农产品则补偿了他们的“年预付”（种子、工资）；流回的二十亿里弗尔货币可以作为地租交给地主。这样，他们上一年生产的全部五十亿里弗尔农产品都得到了实现，又为新的生产过程准备了条件，新的生产过程就可以重新开始了。

（六）对《经济表》的简要评论

以上就是魁奈《经济表》的基本精神。可以看到，魁奈的《经济表》的确是一个很有创见的杰作。

重农学派对魁奈的《经济表》评价很高。米拉坡说它是人类的三大发明之一（三大发明，即语言文字、货币和经济表）。奈穆尔则认为，自《经济表》之后经济学才成为一门精密的科学。

马克思主义者对《经济表》评价也很高。认为这是在经济学史上对社会资本再生产和流通过程的第一次系统分析，是宏观经济分析的第一次试验，是第一张宏观经济分析的曲线图，它对人类的经济科学做出了不可磨灭的贡献。正如马克思所讲的：“这是一个极有天才的思想，毫无疑问是政治经济学至今所提出的一切思想中最有天才的思想。”①

《经济表》对再生产理论的贡献主要有如下几点。

第一，他规定的几个前提条件是很必要的，从方法上讲也是正确的。因为：①在分析再生产时，既然是按各个阶级之间的流通进行分析，而各阶级间进行的交易都合算成一个总量，这样当然不必考虑价格脱离价值的变动情况。同时，这样也可以避免使问题复杂化，而把复杂问题表达得简单明了。正如魁奈自己所讲的：“这样精巧考虑所制定的表，省略去很细节的部分，把非常错综复杂的构想描绘出来。”② ②由于简单再生产是扩大再生产的基础，

① 马克思恩格斯全集［M］.26卷Ⅰ. 北京：人民出版社，1956：366.

② 魁奈经济著作选集［M］. 北京：商务印书馆，1979：222.

说明了简单再生产就比较容易说明扩大再生产和萎缩再生产。而分析简单再生产是最困难的。因此，魁奈首先把注意力集中到分析简单再生产方面，这是很必要、很正确的。③至于舍掉外贸和各阶级内部的流通，舍掉小农经济，这些也是为了使问题表达得简单明了所必要的。这表现了魁奈在再生产分析方法上的独创。这些前提和假定，撇掉了社会再生产过程中一些具体而又复杂的外在联系，使《经济表》的分析更能反映社会资本再生产过程的内在联系和本质。

第二，他从社会总产品出发，选用商品资本循环的公式，这也是正确的。正如马克思指出的："W′……W′是魁奈《经济表》的基础。他选用这个形式，而不选用P……P形式，来和G……G′（重商主义体系孤立地坚持的形式）相对立，这就显示出他的伟大的正确的见识。"① 为什么说他从社会总产品出发分析社会资本的再生产是正确的呢？因为分析社会资本的再生产和流通的实质就是要解决社会总产品的实现问题。为什么选用W′……W′这个商品资本的循环形式是正确的呢？①因为这个公式反映了社会再生产的出发点——社会总产品；②因为这个公式既包括了资本的流通过程也包括了一般商品的流通过程；既包括了生产消费也包括了个人消费，这个公式清晰地表现了社会资本运动的形态；③因为这个公式清晰地表现了社会产品的实现过程，以及社会再生产得以进行的条件。

第三，他把资本主义生产过程表现为再生产过程，把流通过程表现为再生产过程的形式，把货币流通表现为资本流通的一个要素；同时，他又把各个阶级收入的来源，资本和所得的交换，再生产消费和个人消费都包括在再生产过程中；此外，他还把生产的两大部门（工业和农业）之间的流通，表现为再生产过程的要素。所有这些对于科学地分析社会资本的再生产和流通，都是很有价值的。

第四，他把分配、交换和消费都表现为再生产过程的要素。他认为离开了分配、交换和消费就不可能有社会再生产。他说："事实上，再生产和支出的更新，是依赖于支出，支出的支付，支付的方向，以及在社会所有的动脉中，同样数额的有规则的支付流通的不断进行。""有卖才有再生产"，"消费是再生产的必不可少的条件"，"经常的消费引起产品的经常再生产"，"消费

① 马克思恩格斯全集［M］. 24卷. 北京：人民出版社，1956：115.

的减少结果会引起生产的缩减”①。

第五，他的《经济表》还表现了再生产的实质，即把再生产过程表现为价值补偿和物质替换过程。

第六，他的《经济表》不仅反映了物质资料的再生产，也反映了生产关系的再生产。

所有这一切都对科学地分析和认识社会资本的再生产和流通，有极重要的科学价值。

当然《经济表》也是有缺陷的，主要缺陷是：

其一，他片面地把农业看成唯一的生产部门，从而错误地把工业产品排斥在社会总产品之外（社会总产品实际是七十亿里弗尔，他说是五十亿里弗尔）。

其二，他没有把社会生产科学地分为两大部类，即生产资料的生产和消费资料的生产，这样就不可能全面地分析社会再生产过程（例如，工业部门和农业部门内部的流通就无法在经济表中表现出来）。

其三，他没有把工业中的“原预付”和这种“原预付”的更新表现出来，也没有给工业中留下任何工业品归个人消费。这是不正确的。

其四，他把原预付的折旧基金和利息混为一谈。

其五，他关于货币流通量的计算是不准确的，实际上不需要三十亿里弗尔，只需二十亿里弗尔就够了。

第三节　杜尔阁的经济学说

一、杜尔阁的价值理论

在价值论方面，杜尔阁首先继承了魁奈把价格和价值区分开来的正确观点。他把价格区分为现行价格和基本价格，认为前者由供求关系决定，后者由工人在商品上所花费的东西决定，后者构成前者的最低限。他说：“我们必须区分两种价格，一种是由供求关系规定的现行价格，另一种则是基本价格，这种基本价格，就一种商品来说，就是工人在这件商品上所花费的东西。……虽然基本价格不是现行价值的直接因素，然而它却是一种最低限度，

① 魁奈经济著作选集［M］．北京：商务印书馆，1979：143，155，186，218，286.

现行价值决不能降落到这一限度之下。”“假如你提高了这种基本价值……必然会使现行价值上涨。”[①] 杜尔阁这里讲的基本价格（或基本价值）实际上是由生产费用决定的价值，现行价格（或现行价值）实际上是由供求关系决定的价格。这里他把价值与价格区分开来是有意义的，但在价值与价格的关系上却是不明确，甚至是有些混乱的。

在价值论方面，杜尔阁比魁奈进步的地方主要表现在：①他明确地把商品价值归结为工人为商品花费的东西，即劳动耗费。魁奈的观点不像杜尔阁这么简单明了。②他历史地探讨了交换的起源，认为土地占有的差别和需要的差别引起了交换。他说：“在平均分配土地，使每个人只拥有维持他自己生活所必需的土地这个假定下，是不可能有商业的。”“土壤的差别和需要的多样性导致了土地产品和其他产品的交换。”[②] 由此可见，杜尔阁看到了商品交换的历史性，而魁奈则未考察这个问题。③他初步探讨了价值形态的发展史，比较正确地论述了货币的产生。他不仅触及了简单的物物交换形式，而且论述了扩大价值形式、一般价值形式和货币价值形式[③]。他认为在扩大价值形式下，每种商品都是一定量的各种其他商品的等值物，一定数量的某种商品将是一定数量的每种其他商品的等值物。但是，并非每种商品都是一种同等便利的衡量价值的尺度。因此，实际上人们就必然优先选择那些在质量上不易发生重大差别，从而其价值主要是与数目或数量相关联的商品。这样就发展为一般价值形态。在这种价值形态下，人们会把一只中等年龄和中等身体状况的羊的一般价值作为他们的估价单位。这样，用羊只来表达价值就变成了一种习惯说法，而“一只羊”这个词，在商业用语中就单纯地意味着一定的价值；这使听见这个词的人在心目中不仅有一个关于一只羊的概念，而且还有被看作是这一价值的等值物的一定数量的各种其他更普通的产品的概念；这一表达方式最后将被用来完全代表一种虚构的和抽象的价值，而不是被用来代表一只真正的羊。最后，杜尔阁还论述了货币价值形态，他说：“在一切商品中，黄金和白银这两种金属，是质量最便于鉴别、数量最易于分割，能永久保存而不变质，能以最低廉的运费把它们运输到一切地方去的东西。”于是“由于自然之理，黄金和白银构成了货币，而且构成了具有普遍性的货币；

① 杜尔阁．关于财富的形成和分配的考察［M］．北京：商务印书馆，1961：92，93.

② 杜尔阁．关于财富的形成和分配的考察［M］．北京：商务印书馆，1961：17.

③ 杜尔阁．关于财富的形成和分配的考察［M］．北京：商务印书馆，1961：37，39，42.

这件事与一切习俗和一切法律都不相干。”① 这样他就把货币的产生看成是交换和价值形式发展的必然产物。应当说，杜尔阁的这个观点在古典经济学中是最高成就。

杜尔阁还认为货币的产生不仅“产生了买主和卖主之间的区别”，还“大大促进了不同社会成员之间各种不同劳动的分工”，“大大地加速了社会的进步”②。

这里，杜尔阁初步系统地分析了价值形态的发展过程，把货币看成是价值形态发展的必然产物，这是他的贡献。他的缺陷在于：①举例混乱；②没有明确地把货币看成是交换矛盾的产物，这是他不如亚里士多德的地方；③对简单价值形态未进行分析；④他没有提出价值形态的概念。

在价值论方面，杜尔阁比魁奈退步的地方主要是他提出了主观价值论的庸俗观点。这就是他有时认为商品价值是由买卖双方的意见一致决定的。他说：“由于双方都是他们在交换中所要交出的东西的主人，所以每一方都必须就他对他所交出的那种商品的爱好和他对他所希望收进的那种商品的欲望加以衡量，据以决定被交换的东西的各自数量。”“如果我们把每一次的交换行为当作一种孤立的、单独存在的现象来看待的话，那么，每一种被交换的物品的价值，除了协议双方互相平衡的需要或欲望以及资力以外，便没有其他衡量尺度，而物品的价值只能由当事人双方意见的一致来规定，而不由任何其他东西来规定。”③ 杜尔阁的这种主观价值论观点同他接受的魁奈观点（即价值由生产费用决定）相矛盾，他的这种庸俗观点后来被庸俗经济学家所欣赏。

二、杜尔阁的资本理论

杜尔阁认为所谓资本就是为了利润而积累起来的价值。他说：“积累起来的价值就是所谓资本”，而积累的目的在于“获得更多的利润”。杜尔阁还认为资本不仅可以表现为工业等物质资料，而且可以表现为货币。他说：“凡是想要积累财富的人便必然会尽先去寻求货币。”④

---

① 杜尔阁．关于财富的形成和分配的考察［M］．北京：商务印书馆，1961：37-43.

② 杜尔阁．关于财富的形成和分配的考察［M］．北京：商务印书馆，1961：46.

③ 杜尔阁．关于财富的形成和分配的考察［M］．北京：商务印书馆，1961：35-36.

④ 杜尔阁．关于财富的形成和分配的考察［M］．北京：商务印书馆，1961：47，51，54.

这种资本概念是接近正确的，它比魁奈大大前进了一步。因为魁奈仅仅把资本看成是能带来纯产品用于农业生产的物质资料，他还没有把资本同其物质形态区别开来；同时魁奈不认为货币是一种资本形态。

关于资本的起源，杜尔阁认为是节俭、内行、积极。显然这是一种庸俗观点。

三、杜尔阁的分配理论

（一）杜尔阁的地租论

杜尔阁认为地租就是“土地所提供的超出土地耕种者的工资、利润和其垫支的利息以外的东西”。他认为“土地离开了劳动，便不能生产任何东西”，因此，“土地所有者除了通过土地耕种者的劳动以外，什么都得不到”，地租完全是土地所有者本人“不从事耕种劳动而利用别人的双手”而得到的收益。地主占有这种别人劳动所提供的收益就可以“不必劳动”而生活①。

显然，杜尔阁的地租观要比魁奈进步得多。

1. 杜尔阁把地租从纯产品概念中抽象了出来，认为地租是土地所提供的超出工资、利润、利息以外的东西，是纯产品的一部分；而魁奈则将地租和纯产品混在一起，认为地租就等于纯产品，地租是全部纯产品。

2. 杜尔阁把地租归结为土地耕种者的剩余劳动的一部分；而魁奈则有时把地租归结为自然的恩赐，有时又把地租归结为土地耕种者的全部剩余劳动。

3. 杜尔阁明确地把地租归结为地主不劳而获的收入；而魁奈尽管有这种思想，但未用明确的语言把这种思想表达出来，甚至有时还把地主说成是生产者。

（二）杜尔阁的利润论

关于利润，杜尔阁有两种观点：①利润是资本家用“资本不劳而获的收入”；②利润是对资本家的“照料、他的劳动、他的才智和他所承担的风险”的报酬②。显然，第一种观点是正确的，是对资本主义剥削关系的揭露，也是对魁奈的发展；第二种观点则是庸俗的，它歪曲了利润的本质和源泉，掩盖了资本主义剥削关系。但即使是第二种观点，杜尔阁也是作为一个独立的范畴来考察的，相比魁奈，这算是一个进步。因为在魁奈那里利润还没有作为

---

① 杜尔阁．关于财富的形成和分配的考察［M］．北京：商务印书馆，1961：25，27，33，83.

② 杜尔阁．关于财富的形成和分配的考察［M］．北京：商务印书馆，1961：55，74.

一个独立范畴来考察。

（三）杜尔阁的利息论

杜尔阁认为利息是利润或地租的一个分支，它是货币资本家出卖货币使用权的收入，利息率由货币资本的供求关系决定①。这些观点虽然不十分正确，但却比魁奈大大前进了一步。在魁奈那里，利息与折旧基金混为一谈，他不理解货币也是一种资本形态；同时魁奈并没有把利息作为一个独立范畴来考察。

（四）杜尔阁的工资论

杜尔阁认为“就工人的工资来说，基本价格就是工人的生活资料使他花费的东西”，而决定工资现行价格的“只是供给与需求的关系”②。这种观点也是近似正确的，因为他把他的工资论建立在自己比较正确的价值论的基础之上。

四、杜尔阁的阶级结构理论

在资本主义社会阶级结构方面，杜尔阁虽然从大的方面接受了魁奈的观点，也把资本主义社会的阶级分为生产阶级、地主阶级、不生产阶级；但是，他并没有停止在魁奈的水平上，他发展了魁奈的阶级结构学说，使魁奈的这个学说大大向前发展了一步。这主要表现在以下几个方面。

（1）他对不生产阶级和生产阶级进行了再划分，把不生产阶级划分为工业资本家和工人两个阶级，把生产阶级划分为农业资本家和工人两个阶级。这种划分比较符合资本主义社会的现实，比较接近科学的阶级划分。如果再向前走一步，把农业资本家和工商业资本家合并为一个资本家阶级，把农业工人和工商业工人合并为一个工人阶级，把资本主义社会的整个阶级划分为资本家阶级、工人阶级、地主阶级，那就更正确了。这是英国资产阶级古典经济学家亚当·斯密所完成的。

（2）他分析了雇佣劳动阶级产生的条件，认为雇佣阶级的出现是土地和劳动者的分离。他说，在最初的时代里，还不能把土地所有者和耕种者区别开来，事实上，他们原来并不是两种不同的人。只是当有人“圈占土地”，“一切土地才不再是大家公有的东西，私有土地制度才建立起来。”“到了最

① 杜尔阁．关于财富的形成和分配的考察［M］．北京：商务印书馆，1961：62，66，68，83.

② 杜尔阁．关于财富的形成和分配的考察［M］．北京：商务印书馆，1961：92.

后，一切土地都找到了主人，那些没有得到产权的人最初没有其他办法，只能从事薪资阶级的工作，用他们双手的劳动从从事耕种的土地所有者那里换取剩余的农作物。”“这样一来，土地所有权就可以同耕种劳动分离开来”①。他的结论是，正是产权占有的不平等，使“土地耕种者和土地所有者分离开来”，结果产生了雇佣劳动阶级。杜尔阁的这个观点也是比较正确的。必须指出的是，杜尔阁这里所指的雇佣劳动阶级，不仅包括他所讲的单纯工人，还包括租地农场主，这当然是错误的。

（3）他分析了资本家阶级、工人阶级和地主阶级的各自特点，在一定程度上揭露了剥削阶级和被剥削阶级之间的对立关系。他认为农业资本家和工商业资本家就是占有资本提供垫支、购买工人劳动、主要依靠利润生活的人们。他们为了赚取更多的利润，积累资本，压低工人工资。货币资本家则是“不必劳动而且不必占有土地就可以致富”、靠利息过活的人们②。工人阶级就是“一无所有”“只有双手和辛勤劳动”，靠出卖劳动、挣工资而生活的“单纯工人”③。地主阶级就是占有土地，“不从事耕种劳动而利用别人的双手来使他们的土地提供收益”的阶级④。

杜尔阁对资本主义社会各阶级特点的认识基本上是正确的。他初步突破了魁奈仅仅从人们对纯产品的关系来划分阶级的局限性，而实际上已开始把人们在社会生产中的地位和相互关系，以及人们对生产资料的占有关系作为划分标准。同时，他在一定程度上揭露了剥削阶级和被剥削阶级之间的对立关系。这在当时来说是难能可贵的，对经济科学是一个重大贡献。

综上所述，杜尔阁的确发展了魁奈的经济学说，这主要就是：第一，他关于价值形态发展过程的初步探讨，关于货币的产生；第二，他关于资本的概念以及关于货币也是生产资本的一个形态的观点；第三，他关于地租、利润、利息、工资的概念以及把利润、利息作为一个独立范畴的观点；第四，他关于资本主义社会阶级的再划分以及关于雇佣劳动产生的条件和雇佣劳动者的特征的观点。杜尔阁发展了魁奈的经济学说，对经济科学有重大贡献，所以我们说他是法国十八世纪后半期的一个最重要的经济学家。

---

① 杜尔阁．关于财富的形成和分配的考察［M］．北京：商务印书馆，1961：22，24.

② 杜尔阁．关于财富的形成和分配的考察［M］．北京：商务印书馆，1961：21，34，54，55，57.

③ 杜尔阁．关于财富的形成和分配的考察［M］．北京：商务印书馆，1961：21，51，55.

④ 杜尔阁．关于财富的形成和分配的考察［M］．北京：商务印书馆，1961：33.

第四章　英国资产阶级古典经济学的发展

——亚当·斯密的经济学说

从威廉·配第到亚当·斯密，英国资产阶级古典经济学有很大的发展，这一章就讲这种发展。

第一节　从配第到斯密英国经济思想的发展概况

从配第到斯密间隔了一个世纪，在这段时间，英国资产阶级古典经济学沿着配第开辟的道路继续前进，有许多重要的发展。这种发展主要表现在以下五个方面。

一、约翰·洛克把利息归结为对别人劳动的占有

约翰·洛克（1632—1704），十七世纪英国古典经济学家、哲学家。他的主要经济学著作是《论降低利息和提高货币价值的后果》（1691 年）。他对配第经济学说的发展主要就是他把利息归结为对别人劳动的占有。

约翰·洛克虽然像配第一样，也是从地租引出利息，也是把利息称为货币租金，但是，他对利息的认识要比配第深刻得多。他认为，每个人的劳动果实都理应归自己所有。但是，一旦社会上出现对货币占有的不均等，拥有货币的人就能凭出借货币，从他的债务人的劳动收入中获得一定的利息。他写道：“货币是一种不生不长、不能产生任何东西的物品。但是它却能通过契约把一个人的劳动的报酬转移到另一个人的口袋中去。”① 这样洛克就把利息与劳动联系起来，把利息归结为对别人劳动的占有，从而在事实上把利息的来源也就归结为劳动。这就比配第的利息观点大大前进了一步。

① 约翰·洛克．论降低利息和提高货币价值的后果［M］．北京：商务印书馆，1979：33.

配第只是讲出租货币像出租土地一样应得到收入，这种收入就是利息；利息是货币的租金，是对货币所有者由于贷出货币而受到的不方便的补偿；认为利息量至少要等于用借到的货币所能买到的土地所产生的地租，在安全不可靠的情况下还必须加上一种保险费。配第没有明确地把利息与劳动联系起来。洛克的缺陷则是还没有把货币与资本区别开来。

二、达德利·诺思把利息理解为资本的租金

达德利·诺思（1641—1691），十七世纪英国经济学家，大商人。他的主要经济学著作是《贸易论》（1691 年）。他对配第经济思想的发展主要表现在他实际上区分了货币和资本，第一次明确使用了资本概念，第一次正确地把利息理解为资本的租金。诺思正确地指出，利息率的提高，是由于资本的缺乏而不是由于货币的缺乏。他说："利息不过是资本的租金"，它是那些拥有资本但没有必要的才干或者怕辛苦而没有将资本用于商业而出借资本所得到的东西[①]。诺思把利息同资本联系起来，把利息归结为资本的租金，认为利息率的变动取决于资本量的变动，这就比配第和洛克都把利息称为货币租金，都把利息率的变动归结为流通中货币量的变动的观点，大大前进了一步。

三、约瑟夫·马西把利润作为一个独立范畴，把利息看成利润的派生物

约瑟夫·马西（？—1784），十八世纪英国经济学家。他的经济学著作是《论决定自然利息率的原因》（1750 年）。他对英国资产阶级经济学发展的贡献主要是他第一次把利润作为一个独立范畴，并明确指出利息是利润的一部分。他说："不是自己使用自己的货币，而是把自己的货币借给别人去营利，让别人把这样得来的利润拿出一部分交给货币所有者。"因此，"借债人为所借货币支付的利息，是所借货币能够带来的利润的一部分"，"自然利息率是以利润为基础"，它"是由工商业企业的利润决定的"[②]。这样马西就突破了配第、洛克和诺思把地租作为基本范畴，从地租引出利息的框架，第一次把利润作为一个独立范畴，作为剩余价值的基本形式，把利息作为利润的派生

---

① 达德利·诺思．贸易论．引自：马克思恩格斯全集［M］．26 卷Ⅰ．北京：人民出版社，1956：395.

② 马克思恩格斯全集［M］．26 卷Ⅰ．北京：人民出版社，1956：402，403.

物。这就比配第、洛克、诺思在认识资本主义经济关系方面大大前进了一步。马西比诺思退步之处是他混淆了资本与货币。

四、大卫·休谟模糊地把交换价值的源泉归结为一般劳动

大卫·休谟（1711—1776），十八世纪英国著名的哲学家、历史学家和经济学家。他的经济观点主要散见于他的著作《政治论丛》（1752 年）所收集的经济学论文之中。他是亚当·斯密的老师和朋友，他在任英国驻法大使馆秘书期间与法国重农学派也有来往。他对英国古典经济学的贡献主要是他把交换价值的源泉归结为人类的一般劳动。他认为“世上一切都是用劳动购买的”①。这里虽然在概念的表述上不够正确，但不明确地把世上一切财富（当然包括价值）的源泉归结为人的一般劳动，这比之配第认为只有生产金银的劳动创造价值的观点来说，无疑是个进步。

大卫·休谟经济观点中还有一点值得注意，即他的货币数量论。他是十八世纪货币数量论的著名代表。他认为货币的价值取决于流通中的货币量，认为商品价格也取决于流通中的货币量。货币量增多，货币价值降低，商品价格上涨；货币量减少，货币价值增高，商品价格下降。这种观点当然是错误的，因为货币价值和商品价值都是由生产时所耗费的劳动量决定的，价格是由商品价值同货币价值之间的关系决定的。

五、詹姆斯·斯图亚特初步区分了生产交换价值的劳动和生产使用价值的劳动，并做了建立政治经济学体系的尝试

詹姆斯·斯图亚特（1712—1780），十八世纪英国资产阶级经济学家。他的主要经济学著作是《政治经济学原理》（1767 年）。他对英国古典经济学的发展有重要的贡献。

斯图亚特比其前辈和后辈杰出的地方在于他看到了“表现在交换价值中的特殊社会劳动和获取使用价值的实在劳动之间的区别”②。他把创造交换价值的劳动叫作产业劳动，而把创造使用价值的劳动叫作实在劳动，并认为作为创造交换价值的产业劳动和作为创造使用价值的实在劳动是不同的。请注意，他这里所讲的产业劳动相当于马克思讲的具体劳动，而他所讲的实在劳

① 马克思恩格斯全集［M］. 26 卷Ⅰ. 北京：人民出版社，1956：400.

② 马克思恩格斯全集［M］. 13 卷. 北京：人民出版社，1956：48.

动则相当于马克思讲的抽象劳动。因为他曾经把银器中的银叫作商品的内在价值，而把商品中包含的劳动时间叫作商品的使用价值。这里虽然概念混乱不清，但他认为生产使用价值和生产交换价值的劳动不同，这比配第来说终究是个进步，对后人把这两种劳动加以科学区别，从具体劳动中抽象出抽象劳动是很有启发的。

斯图亚特对英国资产阶级古典经济学还有一个值得注意的贡献，即他是第一个建立了资产阶级经济学整个体系的英国人。他的代表作《政治经济学原理》系统地阐述了政治经济学的基本范畴、基本原理。可惜的是他的理论体系带有浓厚的重商主义色彩，因此，真正建立资产阶级政治经济学体系的人是亚当·斯密。

综上所述，从威廉·配第到亚当·斯密之间英国资产阶级古典经济学的发展，主要表现在如下几个方面：

第一，研究的重心逐渐由地租转到利息、利润范畴。

第二，把利息归结为资本的租金，归结为对别人劳动的占有，归结为利润的派生物。

第三，把生产交换价值的源泉模糊地归结为人类的一般劳动。

第四，对生产交换价值的劳动与生产使用价值的劳动做了模糊的区分。

第五，进行了建立政治经济学体系的尝试。

第二节　亚当·斯密的经济学说

一、亚当·斯密的生平著作

亚当·斯密（1723—1790），英国工场手工业开始向机器大工业过渡时期的资产阶级古典经济学家，古典经济学理论体系的创立者，古典经济学的杰出代表。

亚当·斯密1723年6月5日出生于苏格兰克卡尔第的一个海关职员家庭。他的父亲是一位律师、军法官和海关监督，还曾任过苏格兰大臣的私人秘书。斯密1740年毕业于格拉斯哥大学，同年到牛津大学学习，在牛津他学习、研究了七年。毕业后，于1748年到爱丁堡大学任讲师，1751年到格拉斯哥大学任教授，1787年起任该校校长。在格拉斯哥大学任教期间，斯密结识了一些科学家、哲学家和经济学家，其中，发明家瓦特和经济学家休谟对他影响很大。斯密还应聘过英国财政大臣汤中德的养子巴克勒公爵的家庭教师，随其到欧洲大陆旅行考察了三年时间。其间曾与法国重农学派的杰出代表魁奈和杜尔阁有过交往，受其影响颇大。斯密在1764年夏天开始写《国民财富的性质和原因的研究》（简称《国富论》），1767年写成，1776年3月9日正式出版，从开始写作到正式出版，整整花费了12年时间。他于1790年7月17日逝世，终年67岁。斯密一生未娶，同其生母相依为命。他生活中有三大乐趣，即博览群书、孝顺生母、广交朋友。

斯密是对英国影响颇大的一个历史人物。很长一个时期，他的著作是人们引经据典的对象，是英国政府制定经济政策的依据。在国会和政府讨论问题时，一旦发生争论，论敌往往为对方引出斯密的话而折服得五体投地、哑口无言。至今在英国及世界许多地方，人们仍然怀念他，有人甚至希望他能再回来。英国诗人华尔渥在他的诗中高呼："亚当·斯密，你现在活着该多好，英国需要你！"

斯密的主要经济学著作是《国富论》。这部著作不仅是斯密的代表作，也是资产阶级古典经济学的一本重要文献。

亚当·斯密还有一部经济学著作是《关于法律、警察、岁入及军备的演讲》（简称《演讲》），这是他在格拉斯哥大学任教时的一部分讲义，后来由坎南整理出版。要全面研究斯密的经济学说，不可不读这部著作。

斯密的研究方法是二重的：一方面，他探索各种经济范畴的内在联系，探寻资本主义社会现象的经济基础；另一方面，他又往往在竞争现象的表面上打转转，满足于对表象的描写、分类和叙述。这两种方法在斯密的著作中安然并存、相互交错、自相矛盾。斯密经济理论中的科学贡献与第一种研究方法紧密地联系在一起，庸俗成分、错误则与第二种方法紧密地联系在一起。总之，他在理论上的矛盾、混乱都同他的二重研究方法紧密相连。

二、亚当·斯密的分工理论

亚当·斯密非常重视分工问题，他的代表作《国富论》就从分工谈起（《国富论》第一篇前三章都是论分工的），他的另一著作《关于法律、警察、岁入及军备的演讲》中也有大量的篇幅讨论分工。

斯密为什么非常重视分工呢？这是因为他认为分工是经济增长、国家富裕的一个根本原因。他说："劳动分工是国家财富增长的一个大原因"，"在劳动没有分工的野蛮国家，一切东西全是为了满足人类的自然需要。但在国家已经开化，劳动已经分工以后，人们所分配的给养就更加丰富。”“促进国家的富裕的正是分工。”①

分工为什么会促进国家富裕呢？斯密认为这是因为分工能提高劳动生产力，促进社会生产的发展。他说：“劳动生产力上最大的增进，以及运用劳动时所表现的更大的熟练、技巧和判断力，似乎都是分工的结果。”“有了分工，同数劳动者就能完成比过去多得多的工作量，其原因有三：第一，劳动者的技巧因业专而日进；第二，由一种工作转到另一种工作，通常须损失不少时间，有了分工，就可以免除这种损失；第三，许多简化劳动和缩减劳动的机械的发明，使一个人能够做许多人的工作。”② 为了论证分工的优越性，斯密还以制针手工工场和社会上各企业、各部门生产者之间的分工为例进行说明。

斯密还论述了分工与交换的关系问题。在多数场合他常常认为，分工是交换引起的，分工又受交换的限制。他说分工“不是人类智慧的结果”，而是“互通有无，物物交换，互相交易”这种“人类倾向所缓慢而逐渐造成的结果”。“分工的直接根源乃是人类爱把东西互相交换的癖性”。在论述了引起分工的原因以后，斯密又指出：“分工起因于交换能力，分工的程度，因此总要受交换能力大小的限制，换言之，要受市场广狭的限制。”③ 他有时还认为分工引起交换、促进交换。例如，他说：“分工一经完全确立，……一切人都要依赖交换而生活，或者说，在一定程度上，一切人都成为商人，而社会本身，严格地说，也成为商业社会。”④ 斯密在分工与交换关系问题上之所以提出自相矛盾的观点，可能与他的二重研究方法有关。

斯密虽然极力颂扬分工，但也不掩盖分工在资本主义社会的弊端。他指出：“在文明社会，虽然实行分工，但却没有平等的分工，因为许多工人没有工作。财富的分配并不是依据工作的轻重。一个商人的工作很轻，但他的财富比他所雇用的全体店员的财富还大，而这些店员的财富，又比同数量的工匠的全部财富大六倍，虽然后者的工作多于前者的工作。在屋内安闲地工作的工匠，比不歇地劳累地走来走去的苦工更有钱。这样，负担社会最艰难劳

① 坎南．亚当·斯密关于法律、警察、岁入及军备的演讲［M］．北京：商务印书馆，1962：177，179，187.

② 亚当·斯密．国民财富的性质和原因的研究［M］．上卷．北京：商务印书馆，1979：5，8.

③ 亚当·斯密．国民财富的性质和原因的研究［M］．上卷．北京：商务印书馆，1979：12，16；坎南．亚当·斯密关于法律、警察、岁入及军备的演讲［M］．北京：商务印书馆，1962：184.

④ 亚当·斯密．国民财富的性质和原因的研究［M］．上卷．北京：商务印书馆，1979：20.

动的人，所得的利益反而最少。”他还指出，分工使大多数人民的职业局限于少数极单纯的操作，往往单纯到只有一两种操作，使他们没有机会来发挥他们的智力或运用他们的发明才能来寻找解除困难的方法，结果变成最愚钝、最无知的人①。

很明显，斯密关于分工能够促进社会生产力提高的观点，关于分工的程度受市场广狭的限制的观点，关于分工引起交换、促进交换的观点，关于文明社会分工不平等以及分工使劳动者片面发展的观点，都是正确的。但他认为人们的交换倾向引起分工则是错误的。这是因为，第一，这种观点颠倒了分工和交换的关系。第二，把分工产生的客观原因归之人性。实际上分工是社会生产力发展的必然结果，不是人性的产物；是分工引起了交换，而不是交换引起了分工（当然交换的发展促进分工）。同时，斯密把工场手工业内部分工与社会分工混为一谈也是不科学的。

关于国际地域分工问题斯密也有一些论述，这个问题将在有关部分详述。

三、亚当·斯密的货币理论

斯密是在论述了分工之后和即将论述价值问题之前论述货币问题的（《国富论》第一篇第四章论货币的起源及其效用，第五章才开始论商品价值、价格等问题）。这说明他对货币的本质是不清楚的，说明他不懂得货币问题同价值问题的内在联系。斯密的货币观点大体说来有如下一些内容。

（一）关于货币的起源

斯密认为货币是人们为了克服交换困难的产物。他说，分工一经完全确立，一个人自己劳动的生产物便只能满足自己欲望的极小部分。他的大部分欲望，须用自己消费不了的剩余劳动生产物，交换自己所需要的别人劳动生产物的剩余部分来满足。于是，一切人都要依赖交换而生活，或者说，在一定程度上，一切人都成为商人，而社会本身，严格地说，也成为商业社会。但是，最初的交换是很不灵便的。例如，甲想出卖自己消费不了的商品，乙想购买甲想出卖的部分商品。但乙手中并未持有甲想买的商品。这样他们之间的交易就不能实现。“然而，自分工确立以来，各时代各社会中，有思虑的人，为了避免这种不便，除自己劳动生产物外，随时身边带有一定数量的某

① 坎南．亚当·斯密关于法律、警察、岁入及军备的演讲［M］．下卷．北京：商务印书馆，1962：179；亚当·斯密．国民财富的性质和原因的研究［M］．北京：商务印书馆，1979：338-339.

种物品，这种物品，在他想来，拿去和任何人的生产物交换，都不会被拒绝。"① 斯密认为，这种不被别人拒绝能和任何人的生产物进行交换的商品就是货币。由于斯密没有科学的价值形态学说，因此他不可能全面地、科学地论述货币的起源，但是他这里的观点是有科学因素的，因为他在这里已看到物物交换的矛盾并从这种矛盾的发展说明货币的起源。

（二）关于货币材料的演变

斯密还历史地论述了货币材料的演变。他说，为了克服交换的不便"而被人们先后想到并用过的媒介物品"很多，如牲畜、盐、兽皮等，"然而，不论在任何国家，由于种种不可抗拒的理由，人们似乎都终于决定使用金属而不使用其他货物作为媒介"。斯密认为贵金属（金银）是最好的货币材料，这是因为它们有如下的优点：①"不易磨损"；②"能任意分割"；③"便于携带"；④"价值最易确定"②。

（三）关于货币的职能

关于货币的职能，斯密着重论述了货币作为流通手段的作用。他说，货币是流通的大轮毂，是商业上的大工具。但是斯密也看到了货币的其他职能。例如，他说："货币是交易的媒介，又是价值的尺度。"③ 在《国富论》的其他地方他还谈到了货币的别的职能。在《关于法律、警察、岁入及军备的演讲》中，他不仅谈到了货币的五种职能，而且正确地指出了货币两种基本职能的关系。他说："由于金银成为价值的尺度，它也就成了交易的工具。"④

由于他非常看重货币的流通手段的职能，所以他又极力颂扬纸币。他说："以纸代金银币，可以说是以低廉得多的一种商业工具，代替另一种极其昂贵的商业工具，但其便利，却有时几乎相等。有了纸币，流通界无异使用了一个新轮，它的建立费和维持费，比较旧轮，都轻微得多。"⑤ 他也看到了滥发纸币的可能性和危害性。他说："我们又必须承认，有了这种设施，国内工商业，固然略有增进，但用比喻来说，和足踏金银铺成的实地相比，这样由纸币的飞翼飘然吊在半空，是危险得多的。管理纸币，若不甚熟练，不用说了，

① 亚当·斯密．国民财富的性质和原因的研究［M］．上卷．北京：商务印书馆，1979：20-21.

② 亚当·斯密．国民财富的性质和原因的研究［M］．上卷．北京：商务印书馆，1979：21；坎南．亚当·斯密关于法律、警察、岁入及军备的演讲［M］．北京：商务印书馆，1962：198.

③ 亚当·斯密．国民财富的性质和原因的研究［M］．上卷．北京：商务印书馆，1979：1.

④ 坎南．亚当·斯密关于法律、警察、岁入及军备的演讲［M］．北京：商务印书馆，1962：198.

⑤ 亚当·斯密．国民财富的性质和原因的研究［M］．上卷．北京：商务印书馆，1979：268.

即使熟练慎重，恐仍会发生无法制止的灾祸。”①

（四）对斯密货币学说的简要评论

首先，我们应看到他的货币观点中有许多观点是正确的。这主要表现在：第一，他把货币看成物物交换矛盾的产物，把货币的产生看成是一个客观过程；第二，他把货币看成是商品群中分离出来的商品；第三，他看到了货币的五种职能和货币的两种基本职能，并把货币的流通手段职能看成是从价值尺度职能派生出来的；第四，他认为货币材料之所以固定在贵金属上是因为它有许多优点，最适合做货币材料；第五，他关于滥发纸币的可能性和危险性的观点，不仅有理论意义，而且有深远的实践意义。以上这些后来都被马克思加以科学提炼而吸收到自己的货币学说体系之中。

其次，我们也要看到斯密货币论的缺点。主要是：第一，他只是从交换过程的表象论货币的产生，而没有深入商品内在矛盾之中探讨货币的产生；第二，他不懂得货币是价值形态发展的结果，因而没有分析价值形态发展的过程和矛盾；第三，他不懂得货币的本质，不懂得货币是充当一般等价物的特殊商品，因而他在未分析论述商品价值问题前就直接论货币问题了。

四、亚当·斯密的价值理论

斯密的价值论在他的经济学说中占有非常重要的地位。他的分配理论就是建立在这个理论基础上的，他的再生产理论则是以这个理论为出发点的。他的价值论对古典经济学的价值理论的发展有不可磨灭的贡献，对庸俗经济学的价值论也有不可忽视的影响。因此，对他的价值论我们要做重点的评介。

（一）关于商品的二因素

在“引论”中我们曾经讲过，古代奴隶主思想家色诺芬已经知道物品有使用和交换两种功用。亚里士多德更明确指出，所有财物都有两种用途（本分——正当使用，交易——不正当使用）。魁奈则明确指出，“不应当把商品财富的价格同它的使用价值混为一谈”。这里虽未提出交换价值的概念，但他是从交换价值的发展形态——价格上把握交换价值的。因此，我们曾说过他实际上已经区分了商品的二因素。

亚当·斯密继承了前人的成果，并把前人关于商品二因素的理论向前发展了一步。他说：“应当注意，价值一词有二个不同的意义。它有时表示特定

① 亚当·斯密．国民财富的性质和原因的研究［M］．上卷．北京：商务印书馆，1979：295.

物品的效用，有时又表示由于占有某物而取得的对他种货物的购买力。前者可叫做使用价值，后者可叫做交换价值。使用价值很大的东西，往往具有极小的交换价值，甚或没有；反之，交换价值很大的东西，往往具有极小的使用价值，甚或没有。”① 这里斯密明确地提出交换价值的概念，并把使用价值和交换价值在概念上加以明确区分，还指出商品交换价值的大小同商品使用价值大小无关，这是斯密的贡献。但是斯密关于商品二因素的观点也是有缺点和错误的：第一，他不了解价值的本质，他不是从商品出发来区分商品的二因素，而是从“价值”一词的含义出发来区分商品的二因素，把商品的使用价值和交换价值作为“价值”一词的两种含义来理解和说明；第二，他对交换价值的解释是错误的，因为交换价值是一种使用价值同另一种使用价值相交换的量的比例，而他把交换价值称为“由于占有某物而取得的对他种货物的购买力”；第三，他不懂得交换价值与使用价值的内在联系，不懂得使用价值是交换价值的物质承担者，不懂得没有使用价值的东西绝不会有交换价值。他认为没有使用价值但交换价值却很大，显然是不对的。

（二）关于价值源泉和价值量

在价值源泉和价值量问题上，斯密的观点是多元的。他有时认为商品的价值由生产商品的耗费劳动决定，有时认为商品的价值由购得劳动决定，有时认为商品的价值由三种收入即工资、利润、地租决定，有时又认为商品的价值由劳动者的自由、安乐、幸福的牺牲决定。正如马克思所指出的那样，我们在斯密的书中，“不但看到两种，而且看到三种，更确切地说，甚至四种尖锐对立的关于价值的看法，这些看法在他的书中相安无事地并存和交错着”②。

1. 商品价值由耗费劳动决定。首先斯密认为商品价值是由生产商品所耗费的劳动决定的，他说：“任何一个物品的真实价格，即要取得这物品实际上所付出的代价，乃是获得它的辛苦和麻烦。”③ 这里的“真实价格”就是商品的价值，这里的“辛苦和麻烦”就是劳动耗费。所以，他在另一处又说“劳动是商品的真实价格”，“不论何时何地，凡是难于购得或在取得时需花多量劳动的货物，价必昂贵；凡是易于购得或在取得时只需少量劳动的货物，价

① 亚当·斯密．国民财富的性质和原因的研究［M］．上卷．北京：商务印书馆，1979：25.

② 马克思恩格斯全集［M］．20卷．北京：人民出版社，1956：254-255.

③ 亚当·斯密．国民财富的性质和原因的研究［M］．上卷．北京：商务印书馆，1979：26.

必低廉”。斯密还说：“只有本身价值绝不变动的劳动，才是随时随地可用以估量和比较各种商品价值的最后和真实标准。”① 这就是说，斯密认为价值的源泉是生产商品所耗费的劳动，价值的真实而普遍的尺度也是耗费劳动，因此，商品价值由生产商品所耗费的劳动决定。

斯密还把耗费劳动归结为劳动时间，用劳动时间来计算耗费劳动，并把耗费劳动时间多少与商品价值量大小联系起来，认为商品价值量与耗费劳动时间成正比。他说：“获取各种物品所需要的劳动量之间的比例，似乎是各种物品相互交换的唯一标准。……所以，一般地说，二日劳动的生产物的价值二倍于一日劳动的生产物，两点钟劳动的生产物的价值二倍于一点钟劳动的生产物，这是很自然的。”②

斯密还分析了简单劳动和复杂劳动的问题，并把复杂劳动看成是倍加的简单劳动。他说：“要确定两个不同的劳动量的比例，往往很困难。两种不同工作所费去的时间，往往不是决定这比例的唯一因素，它们的不同困难程度和精巧程度，也须加以考虑。一个钟头的困难工作，比一个钟头的容易工作，也许包含有更多劳动量；需要十年学习的工作做一小时，比普通业务做一月所含劳动量也可能较多。”“一点钟艰苦程度较高的劳动的生产物，往往可交换两点钟艰苦程度较低的劳动的生产物。”“如果某种劳动需要非凡的技巧和智能，那末为尊重具有这种技能的人，对于他的生产物自然要给与较高的价值，即超过他劳动时间所应得的价值。”③

斯密认为商品价值的源泉是生产中所耗费的劳动，商品的价值就由这种劳动来衡量和决定，他把商品价值量的大小与生产商品的劳动时间联系起来，并指出了简单劳动和复杂劳动的区别，认为复杂劳动是简单劳动的倍加，这些观点都是正确的、科学的，这比配第和法国重农学派都向前进了一步。但是，斯密关于耗费劳动决定价值的理论也是有缺陷的：第一，概念上还不够明确。第二，他关于耗费劳动的理解有时是庸俗的。例如，他有时认为在农业上这种耗费劳动也包括自然和牲畜的劳动，这种劳动也“有它的价值”④；有时认为资本家也是劳动者，耗费劳动也包括资本家的劳动；有时又把耗费

① 亚当·斯密．国民财富的性质和原因的研究［M］．上卷．北京：商务印书馆，1979：29.

② 亚当·斯密．国民财富的性质和原因的研究［M］．上卷．北京：商务印书馆，1979：42.

③ 亚当·斯密．国民财富的性质和原因的研究［M］．上卷．北京：商务印书馆，1979：27，42.

④ 亚当·斯密．国民财富的性质和原因的研究［M］．上卷．北京：商务印书馆，1979：333.

劳动解释为“安乐、自由与幸福”的牺牲。这些庸俗成分后来都被资产阶级庸俗经济学所接受和发展。第三，他着重价值量的研究，不懂得价值的质，只知道价值的源泉是劳动，但不知道是什么劳动创造了价值，不懂得劳动的二重性。

2. 商品价值由购得劳动决定。以上是斯密的比较正确的劳动价值观点，斯密还有一种错误的观点，即他认为商品的价值由商品在交换中所购得的或支配的劳动量来决定。他说：“一个人占有某货物，但不愿自己消费，而愿用以交换他物，对他说来，这货物的价值，等于使他能购买或能支配的劳动量。”“劳动是第一性价格，是最初用以购买一切货物的代价。世间一切财富，原来都是用劳动购买而不是用金银购买的。所以，对于占有财富并愿用以交换一些新产品的人来说，它的价值，恰恰等于它使他们能够购买或支配的劳动量。”① 所以，他认为商品的价值也可以说由购得的劳动量决定。

斯密的这个观点是非常错误的。

第一，他把价值的形成引到流通领域，从而混淆了价值的形成与价值的实现。商品是生产过程制造的，商品价值是生产领域创造和形成的。商品在交换中换得等量劳动，这是在流通领域内发生的事情，这是商品价值得到社会承认从而得到实现的问题。斯密认为商品价值由商品换得的劳动量决定，这就把商品价值的形成从生产领域引入流通领域，同时也混淆了价值的形成与价值的实现。显然这是错误的。

第二，他把价值与交换价值相混淆，颠倒了因果关系。应当承认，在简单商品生产条件下，从社会过程看，生产者在生产商品中所耗费的劳动量与他用商品在交换中所换得的商品中所凝结的劳动量是相等的。但是人们绝不应当由此得出结论：商品的价值由购买劳动决定。价值是凝结在商品中的商品生产者的社会劳动，它只能由生产商品时耗费的劳动量决定和衡量。归根结底，在商品交换中所换到（所购买）的劳动量是商品的交换价值，不是商品的价值；交换价值是价值的表现形式，是一个商品价值在另一其他商品使用价值上的表现，交换价值的内容是价值，它反映、表现价值，它是由价值决定的。斯密说商品价值由购买劳动决定，这就等于说交换价值决定价值，显然这说明他不仅不懂得价值和交换价值的区别，而且颠倒了价值和交换价值的因果关系。

---

① 亚当·斯密．国民财富的性质和原因的研究［M］．上卷．北京：商务印书馆，1979：26.

第三，他陷入一种毫无意思的循环论。按照斯密的说法，他所指的购买劳动有时指物化劳动，有时指活劳动（也就是指劳动力这个商品，斯密把劳动力与劳动相混淆）。如果指活劳动，那么这种劳动当然也是商品，也有价值，它的价值也由劳动决定。这样就陷入了劳动决定劳动的循环论。如果指购买到的其他商品量，这就又会陷入 A 的商品价值由 B 商品量决定，B 的商品价值由 A 商品量决定这样一种毫无意义的循环论。

总之，斯密有两种劳动价值观点，认为价值由耗费劳动决定的观点是比较正确的，而认为价值由购买劳动决定的观点是错误的。

这里要注意一点，在上述两种劳动价值观点中，斯密强调耗费劳动决定商品价值。他虽然认为在资本主义以前的社会里，耗费劳动与购得劳动是相等的，因此说商品价值由耗费劳动决定与说商品价值由购得劳动决定是一样的，是一回事；但他又强调购得劳动是由耗费劳动决定的。他说："在这种社会状态下，劳动的全部生产物都属于劳动者自己。一种物品通常应可购换或支配的劳动量，只由取得或生产这物品一般所需要的劳动量来决定。"①

3. 商品价值由三种收入决定。斯密认为价值由耗费劳动量决定的价值法则在资本主义社会以前的社会是起作用的，用他的原话讲就是："在资本积累和土地私有尚未发生以前的初期野蛮社会，获取各种物品所需要的劳动量之间的比例，似乎是各种物品相互交换的唯一标准。"② 而在资本主义社会，价值法则是不适用的，它已不起作用。因为这时资本家要求从商品的售卖或劳动对原材料增加的价值上得到一种利润，地主要求从与土地有关的商品中得到地租，这时"劳动的全部生产物，未必都属于劳动者……一般用于取得或生产任何一种商品的劳动量，也不能单独决定这种商品一般所应交换、支配或购买的劳动量"。这时商品的价值最终就由工资、利润和地租这三种收入构成，而这三个组成部分各自的真实价值，仍由各自所能购买或所能支配的劳动量来衡量③。这时三种收入就成为商品价值的源泉，商品价值就由三种收入决定。他说："工资、利润和地租，是一切收入和一切可交换价值的三个根本源泉。""一种商品价格，如果不多不少恰恰等于生产、制造这商品乃至运送这商品到

① 亚当·斯密．国民财富的性质和原因的研究［M］．上卷．北京：商务印书馆，1979：42.

② 亚当·斯密．国民财富的性质和原因的研究［M］．上卷．北京：商务印书馆，1979：42.

③ 亚当·斯密．国民财富的性质和原因的研究［M］．上卷．北京：商务印书馆，1979：43，44，46.

市场所使用的按自然率支付的地租、工资和利润，这商品就可以说是按它的自然价格的价格出售的。”“商品这样出卖的价格，恰恰相当于其价值，或者说，恰恰相当于出售这商品的人实际上所花的费用。”工资、利润、地租就是垫付的实际费用①。这就是斯密的庸俗生产费用价值论。

斯密的三种收入决定价值的观点是错误的、庸俗的。原因在于：第一，他混同了价值的决定和价值的分配。第二，他混同了价值的决定和价值的增值。第三，他混同了商品价值和新创价值。第四，他混同了价值和生产价格。第五，他歪曲了价值的真正源泉。第六，他歪曲了生产费用的概念，掩盖了剥削关系。

这里必须指出的是，斯密在由耗费劳动决定价值的观点转到三种收入决定价值观点的过程中也有一个功绩，这就是他觉察到了价值规律同资本增值的矛盾，这对后人是有启示的。后人只要解决等价交换与资本同劳动交换从而使资本增值的问题，解决价值转化为生产价格的问题，区分劳动与劳动力，斯密遇到的矛盾就可以解决了。

（三）关于价值规律问题

在论述了价值决定问题之后斯密还论述了价值规律及其发生作用的形式，这是他价值理论的重要组成部分。

斯密是通过分析市场价格与自然价格的关系来论述价值规律及其作用形式的。但把价格区分为自然价格和市场价格，所谓自然价格，就是指按自然率支付的工资、利润和地租构成的价格，也就是商品的价值。他说：“一种商品价格，如果不多不少恰恰等于生产、制造这商品乃至运送这商品到市场所使用的按自然率支付的地租、工资和利润，这商品就可以说是按它的自然价格的价格出售的。”“商品这样出卖的价格，恰恰相当于其价值，或者说，恰恰相当于出售这商品的人实际上所花的费用。”② 所谓市场价格，就是“商品通常出卖的实际价格”，即受供求关系影响的价格③。斯密说：“这两种价格从表面看来似乎没有相互的关系，但其实却是息息相关的。”④ 商品必须按照

① 亚当·斯密．国民财富的性质和原因的研究［M］．上卷．北京：商务印书馆，1979：43，44，46，47，49，50.

② 亚当·斯密．国民财富的性质和原因的研究［M］．上卷．北京：商务印书馆，1979：49-50.

③ 亚当·斯密．国民财富的性质和原因的研究［M］．上卷．北京：商务印书馆，1979：50.

④ 坎南．亚当·斯密关于法律、警察、岁入及军备的演讲［M］．北京：商务印书馆，1962：188.

自然价格（价值，实际是生产价格）出售是一条必然的规律，供求关系和各种意外事件尽管能影响市场价格波动，但它总是围绕着自然价格上下波动，它总是向着这个中心。供不应求，市场价格高于自然价格；供过于求，市场价格低于自然价格；供求一致，市场价格与自然价格也就相等。他说："自然价格可以说是中心价格，一切商品价格都不断受其吸引。各种意外的事件，固然有时会把商品价格抬高到这中心价格之上，有时会把商品价格强抑到这中心价格以下。可是，尽管有各种障碍使得商品价格不能固定在这恒固的中心，但商品价格时时刻刻都向着这个中心。"① 在这里斯密虽然把价值与生产价格相混淆，在商品价值构成中又漏掉不变资本价值，但他认为，价值是中心价格，市场价格时刻向着这个中心，围绕着这个中心上下波动，这是一种规律性的现象。这就不仅在实际上论述了价值规律，而且论述了价值规律发生作用的形式。这是斯密不可磨灭的功绩。

斯密还分析了价值规律的作用。他指出，当市场上供大于求时，市场价格就低于自然价格，资本家就会从原用途撤回部分资本，减少生产；当市场上求大于供时，市场价格就高于自然价格，资本家便会增加资本来增产这种商品。从这里我们可以看出，斯密已经认识到价值规律对生产的调节作用。当然，他的缺陷是只看到价值规律的有利作用，而未看到价值规律的负面影响。

五、亚当·斯密的分配理论

（一）三个阶级和三种基本收入

为了说明斯密的分配理论，有必要先谈谈他关于资本主义社会阶级结构的理论。

关于资本主义社会阶级结构的理论，我们在前面评介重农学派的经济学说时曾经说过，魁奈是第一个从经济上分析资本主义社会阶级结构的人；杜尔阁发展了魁奈的阶级结构学说，他接近正确地分析了资本主义社会的阶级。现在，我们要指出，亚当·斯密是资产阶级经济学史上第一个较为正确地分析和描述了资本主义社会阶级结构的人，他把重农学派的阶级结构学说向前大大地发展了一步。

斯密把资本主义社会划分为三个基本阶级，即工人阶级、资本家阶级和

① 亚当·斯密．国民财富的性质和原因的研究［M］．上卷．北京：商务印书馆，1979：52.

地主阶级，并对这三个阶级进行了具体分析。他说工人阶级是“靠工资过活的阶级”，是政治上、经济上地位都很低的阶级，他们“在繁荣社会中不能享得地主阶级那样大的利益，在衰退的社会中却要蒙受任何阶级所经受不到的痛苦”，他们“能发言的，很不多见，其议论受到尊敬的，更为少闻”。① 资本家阶级是“靠利润为生的人”，他们的“一切规划和设计，都是以利润为目标”，“他们这般人的利益，从来不是和公众利益完全一致。一般地说，他们的利益，在于欺骗公众，甚至在于压迫公众。事实上，公众亦常为他们所欺骗所压迫”。② 地主阶级“算是一个特殊阶级。他们占有土地，不用劳动，不用劳心，更用不着任何计划与打算，就自然可以取得收入。这一阶级所处的安乐稳定地位，使他们自然流于懒惰”③。

与上述三个基本阶级的划分相适应，斯密把资本主义社会的收入区分为三种基本收入，即工资、利润和地租。

斯密的上述观点是正确的、科学的。

但是，斯密对三种基本收入的具体观点是二元的甚至多元的，科学的见解同庸俗的见解往往交错在一起。现在让我们具体地分析一下斯密关于三种基本收入的分配论。

（二）斯密的工资论

1. 两种工资定义。斯密认为所谓工资就是“来自劳动的收入”④，但在资本主义以前的社会，工资就是劳动者所生产的全部生产物，那时“劳动生产物构成劳动的自然报酬或自然工资”，“劳动的全部生产物属于劳动者”⑤。在资本主义社会，由于地主、资本家要从劳动产品中扣除地租和利润，因此工资只是劳动生产物的一部分，是“劳动的价格”⑥。前者是他的第一种工资定义，后者是他的第二种工资定义。

把工资称为劳动的收入，把资本主义社会的工资称为劳动者所创造的劳动生产物的一部分，即劳动生产物中扣除地租、利润后的剩余部分，这无疑是有科学价值的。首先，他区分了劳动收入和非劳动收入。其次，他暴露了

---

① 亚当·斯密．国民财富的性质和原因的研究［M］．上卷．北京：商务印书馆，1979：241，242.

② 亚当·斯密．国民财富的性质和原因的研究［M］．上卷．北京：商务印书馆，1979：242，243.

③ 亚当·斯密．国民财富的性质和原因的研究［M］．上卷．北京：商务印书馆，1979：241.

④ 亚当·斯密．国民财富的性质和原因的研究［M］．上卷．北京：商务印书馆，1979：47.

⑤ 亚当·斯密．国民财富的性质和原因的研究［M］．上卷．北京：商务印书馆，1979：58.

⑥ 亚当·斯密．国民财富的性质和原因的研究［M］．上卷．北京：商务印书馆，1979：29，59.

资本主义剥削关系。但斯密的工资定义也是有错误和缺陷的：①他把资本主义社会以前的劳动收入也称为工资，这就把工资看成是一种自然范畴、永恒范畴，而不是看成经济范畴，看成一种关系，同时也抹杀了独立劳动者收入与雇佣工人收入之间的区别。②他把工资称为“劳动的价格”，混淆了劳动与劳动力，掩盖了资本主义剥削关系，这同他把工资确定为劳动生产物的一部分的定义显然是矛盾的。

2. 工资额的决定。亚当·斯密着重分析了资本主义社会的工资，他认为劳动这个商品也像别的商品一样有它的自然价格和市场价格。它的自然价格就是维持工人及其家属所必要的生活费用，包括：①维持工人在劳动期间的生活费用；②工人受教育训练的费用；③工人“赡养家室”“传宗接代”的费用；④补偿工人不能长命的风险费。他说：“如果一个人所得的收入，足以维持他在劳动时期的生活，足以支付他的教育费，足以补偿不能长命和营业失败的风险，那么，他就得到了劳动的自然价格。”① 又说：“需要靠劳动过活的人，其工资至少须足够维持其生活。在大多数场合，工资还得稍稍超过足够维持生活的程度，否则劳动者就不能赡养家室而传宗接代了。”② 劳动的市场价格就是由供求关系，特别是由劳资双方竞争决定的工资。斯密认为，“劳动者的普通工资，到处都取决于劳资两方所订的契约”③。他相当正确地描述了劳资双方的竞争和利害关系，他说：“这两方的利害关系绝不一致。劳动者盼望多得，雇主盼望少给。劳动者都想为提高工资而结合，雇主却想为减低工资而联合。”但在一般争议情况下，资方往往处于有利地位。其原因是：①“雇主的人数较少，团结较易”。②雇主“的结合为法律所公认，至少不受法律禁止。但劳动者的结合却为法律所禁止”。③“在争议当中，雇主总比劳动者较能持久。”“地主、农业家、制造者或商人，纵使不雇用一个劳动者，亦往往能靠既经蓄得的资本维持一两年生活；失业劳动者，能支持一星期生活的已不多见，能支持一月的更少，能支持一年的简直没有。”④ 斯密认为，尽管在劳资双方争议中资方往往处于有利地位，但劳动工资还是有一定的标准，“在相当长的期间内，即使最低级劳动者的普通工资，似也不能减到

---

① 坎南．亚当·斯密关于法律、警察、岁入及军备的演讲［M］．北京：商务印书馆，1962：191.

② 亚当·斯密．国民财富的性质和原因的研究［M］．上卷．北京：商务印书馆，1979：62.

③ 亚当·斯密．国民财富的性质和原因的研究［M］．上卷．北京：商务印书馆，1979：60.

④ 亚当·斯密．国民财富的性质和原因的研究［M］．上卷．北京：商务印书馆，1979：60.

这一定标准之下”①。这个标准就是劳动的自然价格，劳动的市场价格就围绕着它上下波动。这里斯密的功绩就是：第一，他关于劳动自然价格的观点已接近劳动力价值的认识；第二，他关于劳资双方竞争及其对工资的影响的观点反映了真实关系，其观点是正确的。他的缺点在于：第一，他把劳动力与劳动相混淆，因而不能再向前跨越一步，不能认识工资的本质；第二，他在劳动的自然价格中塞进了所谓利润的东西。他在《国富论》中把这部分利润叫作需要特殊技巧和熟练的职业工人学习费用的“普通利润”，在《演讲》一书中叫作“风险费”②，这是斯密的糊涂观点。

3. 工资的形式。斯密认为工资的主要形式有两种，这就是名义工资（货币工资）和实际工资（实物工资），他的概念叫劳动的名义价格和真实价格。他说：“按照通俗的说法，劳动也像商品一样可以说有真实价格与名义价格。所谓真实价格，就是报酬劳动的一定数量的生活必需品和便利品。所谓名义价格，就是报酬劳动的一定数量的货币。劳动者是贫是富，其劳动报酬是坏是好，不与其劳动的名义价格成比例，而与其劳动的真实价格成比例。”③ 这里除了把劳动力与劳动混同外，斯密的基本观点是正确的。

斯密主张对工人提高工资，以改善下层阶级的生活状况。他说：“社会最大部分成员境遇的改善，决不能视为对社会全体不利。有大部分成员陷于贫困悲惨状态的社会，决不能说是繁荣幸福的社会。而且，供给社会全体以衣食住的人，在自身劳动生产物中，分享一部分，使自己得到过得去的衣食住条件，才算是公正。”又说：“劳动报酬优厚，是国民财富增进的必然结果，同时又是国民财富增进的自然征候。反之，贫穷劳动者生活维持费不足，是社会停滞不进的征候，而劳动者处于饥饿状态，乃是社会急速退步的征候。”④ 斯密的这些观点也是正确的。

总之，亚当·斯密的工资论既有科学的成分，也有庸俗的成分，但是前者是占主导地位的。

（三）斯密的利润论

1. 斯密的利润概念。斯密的利润概念也是多元的。首先，他从劳动价值

---

① 亚当·斯密．国民财富的性质和原因的研究［M］．上卷．北京：商务印书馆，1979：62.

② 亚当·斯密．国民财富的性质和原因的研究［M］．上卷．北京：商务印书馆，1979：93；坎南．亚当·斯密关于法律、警察、岁入及军备的演讲［M］．北京：商务印书馆，1962：191.

③ 亚当·斯密．国民财富的性质和原因的研究［M］．上卷．北京：商务印书馆，1979：29.

④ 亚当·斯密．国民财富的性质和原因的研究［M］．上卷．北京：商务印书馆，1979：67，72.

论出发，认为利润是对工人劳动对原材料增加的价值的一种扣除，是工人劳动所创造的新价值在补偿劳动工资后的余额。他说："资本一经在个别人手中积聚起来，当然就有一些人，为了从劳动生产物的售卖或劳动对原材料增加的价值上得到一种利润，便把资本投在劳动人民身上，以原材料与生活资料供给他们，叫他们劳作。与货币、劳动或其他货物交换的完全制造品的价格，除了足够支付原材料代价和劳动工资外，还须剩有一部分，给予企业家，作为他把资本投在这企业而得的利润。所以，劳动者对原材料增加的价值，在这种情况下，就分为两个部分，其中一部分支付劳动者的工资，另一部分支付雇主的利润，来报酬他垫付原材料和工资的那全部资本。""制造业工人的工资，虽由雇主垫付，但事实上雇主毫无所费。制造业工人把劳动投在物上，物的价值便增加。这样增加的价值，通常可以补还工资的价值，并提供利润。"① 很明显，斯密这里讲的利润实际是剩余价值，因为这里的利润是工人劳动新创价值扣除工资后的余额，这里的利润是与可变资本相对的。

斯密的上述利润观点中有如下几点是应该充分肯定的：第一，他把利润看成是在资本出现后的一个范畴。第二，他把利润看成是工人的劳动创造，他认为工人的劳动能创造出大于工资价值的价值，利润的源泉就是工人的剩余劳动，他事实上把工人的劳动区分为两部分，正是根据这一点，马克思说亚当·斯密"认识到了剩余价值的真正起源"②。第三，他把利润看成是雇主因占有资本从而能支配工人的劳动而得的报酬。他认为利润不是雇主劳动的收入，而是对工人劳动所创造价值的一种扣除。第四，他认为资本家在工人工资上是毫无所费（无垫付）的。因此，资本家占有利润就是对雇佣工人剩余劳动的无偿占有。这些观点都是对后人有启发的。

其次，为了进一步说明利润不是资本家劳动的报酬，斯密还相当深刻地批判了监督工资论。他说："也许有人说，资本的利润只是特种劳动工资的别名，换言之，不外是监督指挥这种劳动的工资。但利润与工资截然不同，它们受着两个完全不同的原则的支配，而且资本的利润同所谓监督指挥这种劳动的数量、强度与技巧不成比例。利润完全受所投资本的价值的支配，利润的多少与资本的大小恰成比例。"③ 他指出，当工厂由受雇职员管理时，把利

---

① 亚当·斯密．国民财富的性质和原因的研究［M］．上卷．北京：商务印书馆，1979：43，303.

② 马克思恩格斯全集［M］．26卷Ⅰ．北京：人民出版社，1956：58.

③ 亚当·斯密．国民财富的性质和原因的研究［M］．上卷．北京：商务印书馆，1979：43.

润看成雇主的监督工资就更显得不合理。应当看到，斯密对监督工资论的批判是正确的。

在上述利润论方面，斯密的缺点在于：第一，他把剩余价值同其转化形式利润相混淆，把利润同平均利润相混淆。这不仅表现在概念上把他在实际上谈的剩余价值叫作利润，而且表现在他在同一段话中把同一个利润既与工资相对又与全部资本相对。第二，他没有以科学的劳动价值论为基础来说明剩余价值究竟是怎样产生的。

最后，斯密还有另一些利润概念，即他认为利润是资本家辛苦运用资本的报酬，是资本家“投资危险及困难的报酬”；他还认为利润是“资本所生的收入”，是资本家“生活资料的正当来源”①。很明显，斯密的这些利润观与前一种利润观是根本对立的，是非常庸俗、非常错误的。因为，他把利润看成资本家劳动的报酬，看成资本家冒险的报酬，看成资本所生的东西，看成资本家的合理收入，这就歪曲了利润的本质，掩盖了利润的真正来源，掩盖了资本家对工人的剥削关系。

2. 利润变动的趋势。斯密还论述了利润变动的趋势。他说：“资本的增加，提高了工资，因而倾向于减低利润。在同一行业中，如有许多富商投下了资本，他们的相互竞争，自然倾向于减低这一行业的利润；同一社会各种行业的资本，如果全都同样增加了，那末同样的竞争必对所有行业产生同样的结果。”② 这里斯密指出了随着资本主义的发展必然会出现利润率下降的趋势，这对后人是有启发的。但他的观点也是有错误的：第一，他把利润率与利润量相混淆。他谈的应是利润率下降的趋势，而不是利润量下降的趋势。第二，他对利润率下降原因的解释是不正确的。利润率下降趋势出现的根本原因是资本有机构成的提高，而不是资本家的竞争。资本家之间的竞争只是使利润转化为平均利润的原因。

（四）斯密的利息论

对于利息斯密有两个定义，一种是他认为利息是从利润分出来的派生收入，他说：“有资本不自用，而转借他人，借以取得收入，这种收入，称为货

---

① 亚当·斯密．国民财富的性质和原因的研究［M］．上卷．北京：商务印书馆，1956：47，50，89-90；亚当·斯密．国民财富的性质和原因的研究［M］．下卷．北京：商务印书馆，1979：406，407.

② 亚当·斯密．国民财富的性质和原因的研究［M］．上卷．北京：商务印书馆，1979：80-81.

币的利息或利益。出借人既给借用人以获取利润的机会，借用人就付给利息作为报酬。由借款获得的利润，一部分当然属于冒险投资的借用人，另一部分则当然属于使借用人有获取利润机会的出借人。利息总是一种派生的收入……"① 还有一种定义就是，利息是借贷资本的价格，是使用生息资财"所必须支付的价格"②。前一种定义把利息作为利润的派生物，作为扣除利润后的纯收入，这是对的。因为他所指的纯收入实际上就是工人劳动所创造的新价值，即扣除利润后的一部分剩余价值。后一种定义把利息作为借贷资本的价格，混同了借贷关系与一般商品关系，因而是错误的。

斯密还分析了借贷关系，他说："贷出取息的资财，出借人总是看作资本。出借人总希望借贷期满，资财复归于己，而在借期中借用人因会使用这资财，要付他年租若干。""贷借的事情，实际就是出借人把自己一定部分土地和劳动的年产物的使用权让与借用人，听他随意使用。"③ 斯密从借贷资本家的心理状态谈利息是不对的，但他认为借贷资本给借用人实际上就是出借人把资本的使用权让与借用人，这种观点是对的。

斯密还论述了利息率下降的原因。他看到了利息率下降的趋势，认为利息率下降的原因主要有两个：一是生息资本量增加，二是资本利润（率）下降。他说："贷出生息的资财增加了，使用这种资财所必须支付的价格即利息必然低落。"又说："因使用资本而造成的利润既然减低了，为使用资本而付给的代价，即利息率，非随之减低不可。"④ 这里除了把利息称为生息资本的价格，把利润量与利润率、平均利润率相混淆外，斯密的基本观点是正确的。因为在资本主义社会，事实上利息率的最高限度不能超过平均利润率，它随着平均利润率而变化；在平均利润率一定的情况下，利息率决定于借贷资本的供求关系。

（五）斯密的地租论

1. 四种地租概念。斯密的地租论是多元的，在他的地租观点中既有正确的见解，也有错误的庸俗的见解。他的地租概念概括起来有四种：

（1）斯密认为地租是工人劳动生产物的一种扣除，是地主不劳而获的收

① 亚当·斯密．国民财富的性质和原因的研究［M］．上卷．北京：商务印书馆，1979：47.

② 亚当·斯密．国民财富的性质和原因的研究［M］．上卷．北京：商务印书馆，1979：324.

③ 亚当·斯密．国民财富的性质和原因的研究［M］．上卷．北京：商务印书馆，1979：321，323.

④ 亚当·斯密．国民财富的性质和原因的研究［M］．上卷．北京：商务印书馆，1979：324，325.

入。他说："土地一旦成为私有财产，地主就要求劳动者从土地生产出来或采集到的几乎所有物品中分给他一定份额。因此，地主的地租，便成为要从用在土地上的劳动生产物中扣除的第一个项目。"又说："一国土地，一旦完全成为私有财产，有土地的地主，像一切其他人一样，都想不劳而获，甚至对土地的自然生产物，也要求地租。"地租是其"所有者不用亲自劳神费力，便可享得的收入"①。这是斯密的第一种地租概念。这种地租概念是他的比较正确的地租观，原因在于：第一，在这里他把资本主义地租确定为在土地私有和资本积累后出现的一个范畴，这就在一定程度上把资本主义地租看成一个历史范畴；第二，他的这种地租概念建立在他的劳动价值论的基础上，他事实上把地租确定为工人的一部分剩余劳动；第三，他把地租确定为地主凭借土地私有权不劳而获的收入，从而把地租归结为地主对工人剩余劳动的无偿占有。这样，他的这个地租观就比较正确地确定了资本主义地租的性质和源泉，暴露了资本主义地租的剥削本质。

斯密的这种地租观也有它明显的缺陷，即他不理解地租与利润、与剩余价值的关系，因而认为地租是工人无偿劳动的第一种扣除，利润是第二种扣除。这是实际关系的颠倒。

(2) 斯密还有他的第二种地租观，即他认为地租是使用土地的价格，是一种垄断价格。他说："作为使用土地的代价的地租，自然是租地人按照土地实际情状所支给的最高价格。"又说："作为使用土地的代价的地租，当然是一种垄断价格。"它完全不与地主改良土地所支出的费用成比例。他不同意把地租看成"地主用来改良土地的资本的合理利润或租息"，因为"对于未经改良的土地，地主也要求地租"②。马克思认为斯密的这个地租定义是正确的③。为什么说这个定义是正确的呢？从什么意义上说是正确的呢？为了回答这个问题，就必须分析斯密讲的"最高价格"和"垄断价格"指什么。斯密这里讲的"最高价格"和"垄断价格"就是指超过自然价格的市场价格。他认为地租总是土地生产物的市场价格超过自然价格的余额。他说："如果普通价格超过这限度，其剩余部分自然归作土地地租。若不超过这限度，货物虽可运

① 亚当·斯密．国民财富的性质和原因的研究［M］．上卷．北京：商务印书馆，1979：44，59；亚当·斯密．国民财富的性质和原因的研究［M］．下卷．北京：商务印书馆，1979：403.

② 亚当·斯密．国民财富的性质和原因的研究［M］．上卷．北京：商务印书馆，1979：136-138.

③ 马克思恩格斯全集［M］．26卷Ⅱ．北京：人民出版社，1956：388，389.

往市场售卖，但不能提供地租。价格是否超过这限度，取决于需求。”地租的高低是价格高低的结果[①]。斯密的这个地租概念的科学价值在于：第一，他指出了地租是通过农产品的市场价格（普通价格）超过自然价格（生产价格）而实现的。这里他的提法虽不正确，但通过农产品价格高去说明地租的实现，是有参考价值的。第二，他指出市场价格能否超过自然价格，关键取决于需求，这是符合实际的。第三，他把地租看成土地私有权垄断的结果。马克思正是在这些意义上说斯密的这个地租观点是正确的。

这个地租观的缺陷在于：第一，他不懂得绝对地租是土地产品价值高于生产价格的结果，而认为是市场价格高于自然价格的结果；第二，他用流通领域的加价来解释地租的实现，这就歪曲了地租的真正源泉。

（3）斯密的第三种地租观，即认为地租是地主阶级得自土地的自然报酬，是“完全来自土地的收入”[②]。这种地租观是错误的，因为它割断了地租同雇佣工人剩余劳动的联系，把地租看成理所应得的东西，从而掩盖了地租的剥削性质。

（4）斯密的第四种地租观，即认为地租是自然的产物，是自然的恩赐。他说：“在农业上，自然也和人一起劳动；自然的劳动，虽无须代价，它的生产物却和最昂贵的工人生产物一样，有它的价值。……农业上雇用的工人与牲畜，不仅像制造业工人一样，再生产他们消费掉的价值（或者说，再生产雇用他们的资本）及资本家的利润，而且生产更大的价值。他们除了再生产农业家的资本及利润外，通常还要再生产地主的地租。这种地租，可以说是地主借给农业家使用的自然力的产物。”[③] 又说：“土地地租的付给，是因为使用了一种有生产力的东西，支付地租的土地，自己产生地租。”[④] 在这里斯密认为工人的劳动能创造更大的价值，这是对的；但是他认为自然也劳动，认为地租是自然力即土地等的产物，这显然是非常庸俗、非常错误的。他歪曲了地租的真正来源，掩盖了地租的剥削性质，也混淆了使用价值和价值。

2. 斯密在地租论上的其他贡献。斯密在地租论上还有两点贡献值得一提：第一，他不仅研究了绝对地租，还研究了级差地租，这比后来的李嘉图要高

① 亚当·斯密．国民财富的性质和原因的研究［M］．上卷．北京：商务印书馆，1979：138.

② 亚当·斯密．国民财富的性质和原因的研究［M］．上卷．北京：商务印书馆，1979：47.

③ 亚当·斯密．国民财富的性质和原因的研究［M］．上卷．北京：商务印书馆，1979：333.

④ 亚当·斯密．国民财富的性质和原因的研究［M］．下卷．北京：商务印书馆，1979：401-402.

明一些（李嘉图否认绝对地租，认为劣等地无地租）。关于绝对地租前边已评介过，现在介绍一下他关于级差地租的论述。他说："不问土地的生产物如何，其地租随土地肥沃程度的不同而不相同；不问其肥沃程度如何，其地租又随土地位置的不同而不相同。"① 这里的地租就是级差地租。第二，斯密认为谷物地租决定其他地租。他说："生产人类粮食的耕地的地租，支配着其他大部分耕地的地租。任何特殊产物所提供的地租，不会长久低于大部分耕地的地租，因为那土地定会立即改为他用；要是任何特殊产物所提供的地租，通常高于大部分耕地的地租，那是因为适合于这产物的土地过少，不能供应其有效需求。"② 斯密的这个观点是正确的，马克思认为这是斯密的巨大功绩之一。

六、亚当·斯密的生产劳动理论

斯密认为增加生产劳动者人数是促进国民财富的一个积极因素，所以，他很重视对生产劳动和非生产劳动问题的研究。斯密关于生产劳动和非生产劳动的定义也是二重的。他一方面认为能够生产利润并直接与资本相交换的劳动是生产劳动，反之就是非生产劳动；另一方面又认为能够生产物质产品、生产商品的劳动是生产劳动，反之就是非生产劳动。他的这两种观点交错并存。他说："有一种劳动，加在物上，能增加物的价值；另一种劳动，却不能够。前者因可生产价值，可称为生产性劳动，后者可称为非生产性劳动。"③

根据这个标准，斯密认为，家仆的劳动不能延续雇用他们和维持他们的基金的存在。他们的维持和雇用，全由主人出费用；他们所搞的工作，在性质上并没有偿还这种费用的可能。他们的工作，大都是随生随灭的事务，不固定在亦不实现在任何可卖商品上，以补偿他们工资及维持费的价值。反之，工匠、制造业工人与商人的劳动，却自然而然地固定在并实现在可卖商品上。因此，他把工匠、制造业工人及商人，归为生产性劳动者，而把家仆归为无生产或不生产的劳动者。根据上述标准，斯密认为国家官吏、君主、海陆军

① 亚当·斯密．国民财富的性质和原因的研究［M］．上卷．北京：商务印书馆，1979：140.

② 亚当·斯密．国民财富的性质和原因的研究［M］．上卷．北京：商务印书馆，1979：152.

③ 亚当·斯密．国民财富的性质和原因的研究［M］．上卷．北京：商务印书馆，1979：303.

人、牧师、律师、医师、演员等的劳动也是非生产性劳动①。

斯密的观点比重商主义和重农学派大大前进了一步。重商主义者认为商业劳动（特别是外贸劳动）是生产劳动，重农学派认为农业劳动是生产劳动。斯密的定义突破了按生产部门来区分生产与非生产的框架，认为不管任何部门只要能生产价值和利润或者能生产物质产品或商品的劳动都是生产劳动，否则就是非生产劳动。

斯密的第一种生产劳动的定义是从生产关系出发的，在资本主义限度内是正确的。因为他把生产劳动确定为生产价值和利润与资本相交换的劳动，这反映了资本主义生产的本质。同时，他又把非生产劳动确定为直接与收入相交换的劳动，这也反映了资本主义社会生产关系的实际。

斯密的第二种生产劳动的定义是从生产力角度出发的，如果认为这就是资本主义的生产劳动，当然是不科学的。因为他把生产劳动确定为生产物质产品或商品的劳动，这不仅把资本主义生产混同于一般商品生产，甚至混同于一般生产，从而掩盖了资本主义生产的本质；而且使他自己陷入矛盾之中，使他的第一种定义和第二种定义打起架来。例如，按照他的第一种定义，小商品生产者的劳动由于不生产利润，因而不是生产劳动；但按照他的第二种定义，小商品生产者的劳动由于生产物质产品，因而又是生产劳动。

当然，如果从“生产一般”出发定义生产劳动，那么认为生产物质产品的劳动是生产劳动，生产非物质产品的劳动是非生产劳动，则是有参考价值的。

斯密关于生产劳动和非生产劳动的具体划分有些也是与他的定义相矛盾的。例如，家仆的劳动被他划归为非生产劳动，因为他认为这种劳动不生产物质产品。如果这指的是家仆倒茶端饭等类劳务，当然是对的；但家仆的劳动不止这些，他们还要为雇主缝衣做饭，而这种劳动则会固定和实现在某种物质产品上。再如，他认为演员的劳动是非生产劳动，就他的后一种定义来说是相符的，但就前一种定义来说就不符了，因为演员的劳动也会给资本家创造价值和利润。

斯密关于生产劳动与非生产劳动的观点反映了他强烈的反封建性。他把君主与其官吏、海陆军的劳动称为不生产劳动，认为“雇用许多工人，是致

① 亚当·斯密．国民财富的性质和原因的研究［M］．下卷．北京：商务印书馆，1979：241-242；亚当·斯密．国民财富的性质和原因的研究［M］．上卷．北京：商务印书馆，1979：304，332.

富的方法，维持许多家仆，是致贫的途径”[①]。这些观点都表现了他强烈的反封建性。

七、亚当·斯密的资本理论

斯密认为增加资本是促进国民财富的另一个重要因素，所以他也很重视资本理论的研究。

（一）资本定义

斯密对资本概念有两种不同的观点。

1. 他认为资本是对劳动的支配权，是获取利润的手段。他说：资本一经个别人手中积聚起来，当然就有一些人，为了从劳动生产物的售卖或劳动对原材料增加的价值上得到一种利润，便把资本投在劳动人民身上，以原材料与生活资料供给他们，叫他们劳作。“私人利润的打算，是决定资本用途的唯一动机。”他还说，资本财产对资本家提供的权力“是对于当时市场上各种劳动或各种劳动生产物的支配权”[②]。

斯密的这个定义包含着如下科学的因素：第一，资本的唯一动机是获取利润；第二，资本是对劳动的支配权，资本家获取利润不是因为他劳动，而是因为他占有资本，从而能支配工人的劳动。这就接近了资本是一种生产关系的认识。斯密的这些科学因素为马克思后来的科学研究提供了思想材料。斯密这个定义的缺点在于抽象力不够，他从未给资本下一个概括的定义。

2. 他认为资本是为了继续生产取得收入而积累起来的预储资财。他说：“在彻底实行分工之后，一人自己劳动的产物，便仅能满足自身随时发生的需要的极小部分。其他大部分需要，必得仰赖他人劳动的产物来供给。这种产物必由购买而得。购买的手段即是他自己的产物……。但在购买以前，不仅自己劳动的产物要已经作成，还要已经卖掉，所以至少在这两件事情能够办到以前，必须先在某个地方储有各色各样的货物，足以维持他的生活，并提供材料和工具供他使用。”又说：“他所有的资财，如足够维持他数月或数年的生活，他自然希望这笔资财中有一大部分可以提供收入；他将仅保留一适当部分，作为未曾取得收入以前的消费，以维持他的生活。……他希望从以

---

① 亚当·斯密．国民财富的性质和原因的研究［M］．上卷．北京：商务印书馆，1979：303.

② 亚当·斯密．国民财富的性质和原因的研究［M］．上卷．北京：商务印书馆，1979：43，47，344.

取得收入的部分，称为资本。”① 这里斯密把作为再生产的资财与作为个人消费的资财加以区别，认为前者作为资本可以获得收入（即利润），后者作为目前消费不能获得收入（利润），这是有参考价值的。但是，他把资本定义为资财，即物质资料和货币，这就掩盖了资本的本质，因此是错误的、庸俗的。

（二）资本来源

斯密认为资本的来源在于节俭。他说：“资本增加的直接原因，是节俭，不是勤劳。诚然，未有节俭以前，须先有勤劳，节俭所积蓄的物，都是由勤劳得来。”又说：“增加财产的最适当的方法，就是在常年的收入或特殊的收入中，节省一部分，贮蓄起来。”“节俭可以增加社会资本，奢侈可以减少社会资本。”② 很明显，这是对资本积累本质的歪曲，是荒谬的“勤俭发家论”，是非常庸俗、非常错误的。实际上，资本的原始积累是对劳动人民的残酷掠夺，资本的正常积累则是剩余价值的资本化。

（三）资本分类

斯密把资本分为固定资本和流动资本。他认为所谓固定资本就是不必经过流通和更换主人就能取得利润的资本，如用来改良土地、购买工具的资本；流动资本就是必须不断流通和更换主人才能提供利润的资本，如商人的资本。他说：“资本可用来生产、制造或购买物品，然后卖出去以取得利润。”这种只有依靠不断的流通或不断的交换，“才有利润可图。因此，这样的资本可称为流动资本”。又说：“资本又可用来改良土地，购买有用的机器和工具，或用来置备无须易主或无须进一步流通即可提供利润的东西。这样的资本可称为固定资本。”他认为“商人的资本便全然是流动资本”。他还说，固定资本的“特性是不必经过流通，不必更换主人，即可提供收入或利润”，而流动资本的“特性是要靠流通、要靠更换主人而提供收入”③。

斯密在经济学说史上第一次明确提出固定资本和流动资本的概念，这是他的贡献。这对于考察社会资本的再生产和实际指挥生产来说都是有意义的。这比之重农学派把农业资本分为原预付和年预付来说是大大前进了一步。这

① 亚当·斯密．国民财富的性质和原因的研究［M］．上卷．北京：商务印书馆，1979：252，254.

② 亚当·斯密．国民财富的性质和原因的研究［M］．上卷．北京：商务印书馆，1979：310，314，318.

③ 亚当·斯密．国民财富的性质和原因的研究［M］．上卷．北京：商务印书馆，1979：254，255，257，258.

种进步主要表现在概念的普遍化方面。

但是，斯密对这两个概念的区分标准和解释则是不科学的，其缺点和错误是很明显的：第一，他以资本取得利润的方式（即是否经过流通来取得利润）为标准把资本划分为固定资本和流动资本，这是不对的。科学的划分标准和方法应是根据资本价值转移到新产品上去的方式。第二，他只注意到了资本物质形态的运动，而忽视了资本价值形态的运动，因此他说固定资本不必经过流通即可取得利润，这是不符合实际的。实际上固定资本作为生产资本在价值形态上必须不断地转化为商品资本、货币资本才能取得利润，它是这样不断地在运动着。第三，他把商业资本称为流动资本，说商人资本全然是流动资本，这既混同了商业资本与生产资本，也混同了流通资本与流动资本。第四，他不懂得资本的更重要的分类是不变资本和可变资本的划分。

八、亚当·斯密的再生产理论

斯密在魁奈之后也探讨了社会资本的再生产问题，不过从总的方面看他并没有继承魁奈的科学成果，在此基础上继续前进，而是比魁奈倒退了；同时，斯密也没有系统地论述过社会资本的再生产问题，他的再生产理论多是以零星的、模糊的甚至错误的形式分散在他的著作中。但是，他的错误观点对以后的资产阶级经济学影响很大，他的教训、他遇到的困难和问题对后人有很大的启发。因此，我们还应该重视斯密的再生产理论。马克思和列宁在再生产问题上除了重视魁奈以外，也都很重视斯密。

（一）斯密教条

要分析社会资本的再生产就必须首先解决社会总产品的价值构成和物质构成问题，但亚当·斯密对社会总产品的价值构成问题的回答是错误的。他认为社会总产品由工资、利润和地租这三种收入构成，不认为其中还应当包括生产资料的价值。他说："一国土地和劳动的全部年产物，或者说，年产物的全部价格，自然分解为土地地租、劳动工资和资本利润三部分。"① 在这里，斯密显然是漏掉了生产资料的价值。斯密的这个错误见解被后来的几乎所有资产阶级经济学家所遵循，所以马克思称它为"斯密教条"。

人们会问：斯密这样一个聪敏的大经济学家怎么会在分析社会总产品的价值时，漏掉了生产资料的价值呢？应当指出的是，斯密在事实上是看到了

① 亚当·斯密．国民财富的性质和原因的研究［M］．上卷．北京：商务印书馆，1979：240.

这一部分价值，但他认为在考察个别企业的产品价值时应考虑、计算生产资料的价值，而在考察社会总产品、社会资本再生产时则不必考虑、计算生产资料的价值，因为这部分价值归根结底还可分解为三种收入。他以谷物价格为例说明这个问题。他说："也许有人认为，农业家资本的补充，即耕畜或他种农具消耗的补充，应作为第四个组成部分。但农业上一切用具的价格，本身就由上述那三个部分构成。就耕马说，就是饲马土地的地租，牧马劳动的工资，再加上农业家垫付地租和工资的资本的利润。因此，在谷物价格中，虽必须以一部分支付耕马的代价及其维持费，但其全部价格仍直接或最后由地租、劳动及利润这三部分组成。"① 实际上斯密在这里只说明了耕马的价格由三种收入构成，并未说明生产资料价值的不存在。正如马克思所指出的："斯密把我们推来推去，但在任何地方都没有指出一个实际的投资，表明这个投资的产品价格最终全部分解为这三个部分，这始终不过是一种遁辞。"②

斯密教条的主要错误是：第一，在分析商品价值时，他混同了商品价值和劳动新创造的价值，丢掉了不变资本的价值；第二，在分析社会生产时，混同了社会总产品和国民收入。这样就堵塞了他正确分析社会资本再生产的道路。由于他以这个教条为出发点考察社会资本再生产，所以他不仅没有比魁奈前进一步，反而倒退了。

（二）总收入和纯收入

分析社会资本再生产，就是要分析社会总产品在价值上如何补偿，在物质上如何替换，如果在产品价值中漏掉了不变资本的价值，那么，这种分析就根本无法进行下去。这一点斯密自己实际上也觉察到了，所以，他在分析社会资本再生产时又偷偷地将生产资料的价值塞了进来。斯密是借助"总收入"和"纯收入"的区别这种概念游戏把生产资料的价值从后门塞进来并摆脱他的教条带来的困难的。

亚当·斯密把一个社会的收入分为"总收入"和"纯收入"。他指出，一国土地和劳动的年产物的全部价值，虽如此分归各居民，而成为各居民的收入，但是，正如个人私有土地的地租可以分为总地租和纯地租一样，国内全部居民的收入亦可分为总收入和纯收入。那么什么是总收入？什么是纯收入呢？他说："一个大国全体居民的总收入，包含他们土地和劳动的全部年产

① 亚当·斯密．国民财富的性质和原因的研究［M］．上卷．北京：商务印书馆，1979：45.

② 马克思恩格斯全集［M］．25 卷．北京：人民出版社，1956：953.

物。在总收入中减去维持固定资本和流动资本的费用，其余留供居民自由使用的便是纯收入。换言之，所谓纯收入，乃是以不侵蚀资本为条件，留供居民享用的资财。这种资财，或留供目前的消费，或用来购置生活必需品、便利品、娱乐品等等。”① 可见，他所说的总收入就是全部年产物，即社会总产品；纯收入就是“在总收入中减去维持固定资本和流动资本的费用”以后的余额。斯密关于总收入和纯收入的概念是不科学的，因为按照科学的见解，总收入应是社会总产品减去补偿不变资本以后的余额，即 $V+M$；而纯收入则应是从劳动新创造价值中减去可变资本以后的余额，即 M。但是他终究在总收入的概念内把在商品价值中漏掉的生产资料价值引了进来，并在简单再生产的条件下分析了固定资本和流动资本价值的补偿问题。应当说这是一个值得注意的进步。

斯密在分析了总收入和纯收入后，紧接着又分析了两种劳动生产部门（即生产生产资料的部门和生产消费资料的部门）再生产过程中物质替换和价值补偿的特点问题。他说：“很明显，补充固定资本的费用，决不能算在社会纯收入之内。有用的机器，必待修补而后能用；营业上的工具，必待修补而后能工作；有利可图的房屋，必待修缮而后有利可图。这种修葺所必要的材料，以及把这种种材料制为成品所需要的劳动产品，也都不能算作社会上的纯收入。固然，这种劳动的价格，也许会成为社会纯收入的一部分，因为从事此种劳动的工人，可能要把工资的全部价值作为留供目前消费的资财。但就别种劳动说，那就不仅劳动的价格归入这种资财，而且劳动的产品，也归入这种资财；劳动的价格归入工人留供目前消费的资财，劳动的产品则成为别人留供目前消费的资财。”② 这里斯密实际上把社会生产区分为生产生产资料和生产消费资料两大部门，并且分析了这两大部门在价值补偿和物质替换方面的特点：生产生产资料的部门，其物质产品不能算作社会纯收入，但其中劳动的价格则可作为社会纯收入的一部分；而生产消费资料的部门，劳动的价格和劳动的物质产品都可作为社会纯收入。这些对后人是有启发的。不过，斯密并没有在概念上明确地把社会生产分为两大部类，也没有明确认识到部类内部的交换和两大部类之间的交换问题。也就是说，他没有以抽象的、普遍化的、明确的概念把他看到的问题概括出来。但是有一点必须肯定，由

① 亚当·斯密．国民财富的性质和原因的研究［M］．上卷．北京：商务印书馆，1979：261，262.

② 亚当·斯密．国民财富的性质和原因的研究［M］．上卷．北京：商务印书馆，1979：262-263.

于斯密从价值补偿和物质替换两个方面考察了简单再生产问题，因此从这方面讲，他还是把再生产理论提到了新的高度，他还是比魁奈前进了一步，虽然总的来说他比魁奈退步了。

总之，亚当·斯密在再生产理论上的贡献就是他实际上把社会生产区分为两大部类，并分析了这两大部类在价值补偿和物质替换上的特点，这是他比魁奈进步的地方。他的错误就是斯密教条。

九、亚当·斯密的市场经济理论

斯密对人类经济科学的一个重大贡献就是他关于市场经济的理论。他较早地全面论述了市场运行机制问题，论述了关于发展商品经济和市场经济的途径和目标，论述了市场经济与伦理道德、法制建设的关系问题。

（一）关于市场运行机制

斯密认为，在市场经济条件下，社会经济机体中客观地存在着一种自动运行的机制，要发展商品经济和提高社会的生产力，就必须自由放任地让市场机制去自动调节社会资源的配置。

他指出，要发展商品经济和不断提高社会生产力，就必须建立“一切产业部门间的自然均衡”，做到按比例均衡生产。他说，由于殖民地贸易的独占，英国大部分的资本违反自然趋势，流入殖民地贸易，这就破坏了英国一切产业部门间的自然均衡，使英国“有些像一个不健全的机体，其中，有些重要生理器官长得过大，以致容易发生许多危险的疾病”，而“人为地造成的一个大血管过分的膨胀，并迫使过大部分的产业与商业流入这个血管。这样，这大血管要是略有停滞，就会使全部政治组织陷于最危险的紊乱中”。他主张要“一步一步地，把一切产业部门，恢复到自然的、健全的，并为完全自由制度所必然建立、亦仅能由完全自由制度加以保持的比例”①。他认为，在市场经济条件下，要实现国民经济发展所要求的客观比例，实现均衡生产，就必须让市场运行机制自动地充分发挥作用，让经济人在市场舞台上自由地充分表演，国家不应乱加干涉。

斯密关于市场运行机制的论述主要包括以下几个方面。

1. 关于利益机制。斯密关于市场运行机制的理论建立在对经济人分析的基础之上。他认为，经济人有三个特征：第一，他们生活在以私有制为基础

① 亚当·斯密．国民财富的性质和原因的研究［M］．下卷．北京：商务印书馆，1979：175-176.

的市场经济环境之中，是市场经济的主体；第二，他们积累了一定量的资本；第三，他们是有理性的，其一切经济活动的目的都是追求自己的利益。“我们每天所需的食料和饮料，不是出自屠户、酿酒家或烙面师的恩惠，而是出于他们自利的打算。”① 为了追求自己的利益，经济人经常分析观察市场供求状况、竞争状况、价格状况和利润率的变化，以判断并随时调整投资方向。其结果必然会促进生产要素流动，实现资源的优化配置，从而促进社会公共利益，实现个人利益与社会利益的完美结合。他说：“各个人都不断地努力为他自己所能支配的资本找到最有利的用途。固然，他所考虑的不是社会的利益，而是他自身的利益，但他对自身利益的研究自然会或者毋宁说必然会引导他选定最有利于社会的用途。”“他受着一只看不见的手的指导，去尽力达到一个并非他本意想要达到的目的。也并不因为事非出于本意，就对社会有害。他追求自己的利益，往往使他能比在真正出于本意的情况下更有效地促进社会的利益。”“个人的利害关系与情欲，自然会使他们把资本投在通常最有利于社会的用途。但若由于这种自然的倾向，他们把过多资本投在此等用途，那么这些用途利润的降落，和其他各用途利润的提高，立即使他们改变这错误的分配。用不着法律干涉，个人的利害关系和情欲，自然会引导人们把社会的资本，尽可能按照最适合于全社会利害关系的比例，分配到国内一切不同用途。”② 可见，斯密把经济人对自身利益的追求及市场条件下的利益机制，看成是实现社会资源优化配置、促进国民经济增长的一个重要因素。

2. 关于竞争机制。斯密认为，在市场经济条件下必然存在着竞争。他极力主张自由竞争，认为竞争可以激发经济人的主观努力，促进资源的优化配置，促进国民财富的增长。

斯密指出，要实现均衡生产，就必须实行经济自由，即凡对发展经济有益的事业，都应任其自由，广其竞争，让市场机制自动调节，而不要乱加限制和干涉。只有实行经济自由，即自由放任、自由竞争、自由流动、自由贸易、自动调节，才能调动人们发展商品经济的积极主动性，使资源合理配置，促进个人利益和社会利益的结合，从而促进商品经济的发展。他说：世界上最富有的国家是那些人民最勤劳并享受最大限度自由的国家，最好的政策

① 亚当·斯密．国民财富的性质和原因的研究［M］．上卷．北京：商务印书馆，1979：14.

② 亚当·斯密．国民财富的性质和原因的研究［M］．下卷．北京：商务印书馆，1979：25，27，199.

“是听任事物自然发展”的政策。“一种事业若对社会有益，就应当任其自由，广其竞争。竞争愈自由，愈普遍，那事业亦就愈有利于社会。”原因在于：第一，只有自由竞争才能使人们更加努力工作。他说：“如果竞争是自由的，各人相互排挤，那么相互的竞争，便会迫使每人都努力把自己的工作弄得相当正确。”“竞争和比赛往往引起最大的努力。”① 第二，只有自由竞争，才能促进物美价廉。他说，允许“人民自由贸易，有关货物的价格必廉，行使独占，这些货物的价格必贵”。“要使商业利润降低至相当水准，唯一的方法，就是让一般投机冒险者不时起而竞争。”竞争者愈少，“他们自己就能贱买贵卖”；竞争愈激烈，他们“抬高价格的可能性”就会“变得更小”；相互竞争，就会促进商品益臻完善，“益趋低廉”②。第三，只有自由竞争，才能及时调节市场供求关系变化，从而促进市场价格变化、利率变化，促进社会资源流动，实现资源优化组合，实现均衡生产。他指出，自由竞争迫使竞争者不但需要时刻留心注意市场需求情况的变动，而且需要时刻留心注意竞争情况或供给情况的变动，并根据市场供求变动情况而“运用巧妙的手腕和正确的判断力，使各色货物的数量，都能适应需求、供给和竞争各方面的变动情况”，纠正失误的配置，把生产要素投向社会需求旺盛的地方，投向对自己和社会都有利的地方。“这是俨然从事一种不断变化着的战争，非不断注意着警惕着，就无胜利希望。”③

斯密指出，只有自由放任，自由竞争，让那一只看不见的手指导人们的经济行为，商品经济发展过程中所发生的问题才可以自动解决，经济发展所需的条件（比例）才可通过自动调节实现。这正像人身上会有各种疾病，“但人身上总似有一种莫明其妙的力量，可以突破一切难关，恢复原来的健康”④。社会经济机体也同人的机体一样，有一种莫明其妙的力量可以突破一切经济难关，自动调节经济的发展。这种力量就是那一只看不见的手，即人对物质利益的追求和市场机制规律的作用所产生的力量。

---

① 亚当·斯密．国民财富的性质和原因的研究［M］．上卷．北京：商务印书馆，1979：303；亚当·斯密．国民财富的性质和原因的研究［M］．下卷．北京：商务印书馆，1979：319，320.

② 亚当·斯密．国民财富的性质和原因的研究［M］．下卷．北京：商务印书馆，1979：298-299，315；亚当·斯密．国民财富的性质和原因的研究［M］．上卷．北京：商务印书馆，1979：158.

③ 亚当·斯密．国民财富的性质和原因的研究［M］．下卷．北京：商务印书馆，1979：25，27，199，315.

④ 亚当·斯密．国民财富的性质和原因的研究［M］．上卷．北京：商务印书馆，1979：315.

3. 关于价格机制。斯密把价格区分为自然价格与市场价格，认为自然价格就是按自然率支付的生产费用（工资、利润、地租）构成的价格；市场价格就是“商品通常出卖的实际价格”，即受供求关系影响的价格①。“这两种价格从表面看来似乎没有相互的关系，但其实却是息息相关的。”② 商品的市场价格不仅由商品的自然价格决定，还受供求关系及各种意外事件（如自然灾害、政策变化等）影响。但商品的自然价格是中心价格，市场价格不断受其吸引。各种意外的事件有时会把商品市场价格抬高到这个中心价格之上，有时又会把市场价格强抑到中心价格之下，使得市场价格不能固定在这恒固的中心，但市场价格却时刻向着这个中心③。这里斯密虽然把价值与生产价格相混淆，在商品价值构成中又漏掉了不变资本的价值，但他认为价值是商品价格的基础和中心，市场价格固然受供求等因素影响而经常变化，但它总是被这个中心吸引，并围绕着这个中心上下波动。这不仅揭示了价格机制，实际上也揭示了价值规律及其发生作用的形式。这是斯密的一个很重要贡献。

斯密还论述了价格机制对社会资源的调节作用。他指出，当市场上供过于求时，市场价格就低于自然价格，经济人的利益就会受到损失，他们就会从原用场撤回部分资本甚至撤回全部资本，减少该产品的生产，甚至停产、转产；当市场上求大于供时，市场价格就会高于自然价格，经济人就会得利，他们便会增加该产品的投资，扩大生产规模，增产这种产品。这样，社会资源就会通过不断流动而实现合理配置。

斯密特别强调要按价值规律办事，实行正确的价格政策，以便让市场机制自然地调节生产和消费，从而实现生产的自然均衡。除进出口货物以外，他极力反对政府使用法律或章程人为地把商品的价格抬高到自然价格（即价值）之上，或人为地把价格压低到自然价格之下。他说：“正象把市价抬高到自然价格之上的措施不利于国家的富裕，使市价跌到自然价格之下的措施也有相同的影响。”因此，最好的政策，还是听任事物自然发展，让市场价格随供求关系在价值上下自然波动来调节生产和消费，既不给予某些货物以特殊津贴，也不给予另一些货物课以重税。否则，就必然会破坏“生产的自然平

① 亚当·斯密．国民财富的性质和原因的研究［M］．上卷．北京：商务印书馆，1979：49-50.

② 坎南．亚当·斯密关于法律、警察、岁入及军备的演讲［M］．北京：商务印书馆，1962：188.

③ 亚当·斯密．国民财富的性质和原因的研究［M］．上卷．北京：商务印书馆，1979：50-54.

衡”，最终妨碍商品生产的发展[①]。

（二）关于发展市场经济的途径

亚当·斯密全面地论述了发展商品经济和市场经济的途径。

第一，必须不断提高劳动生产率，增加商品量和提高经济效益。为此，就必须增加和改良机械工具，加强劳动分工，加强企业管理，增加生产性投资，并根据国际分工，因地制宜，扬长避短，趋利避害，积极生产效益高的商品。

第二，必须不断疏通流通渠道，做到货畅其流。他指出，“分工一经完全确立，……一切人都要依赖交换而生活”，这样，“一国的富裕”就不仅“在于货物的数量”，还在于商品“交换的便利”[②]。为此就必须疏通流通渠道。他认为“财富流通极少的地方，所可取得的财富极少”；反之，“财富流通极多的地方”，所取得的财富也极多。

斯密指出，要疏通流通渠道，就必须建立和完善市场体系，为此就必须：①发展商业。他说发展批零商业是“为全社会的福利”所不可缺少的，而城市商业的发展，则是改良和开发农村所绝对必要的，它“为农村的原生产物提供一个巨大而便易的市场，从而鼓励了农村的开发与进一步的改进”[③]。②发展金融业，开办和发展银行，发行货币。因为慎重的银行活动，可使死资财变成活资财，换言之，变成工作所需的材料、工具和食品。因此，“银行是有益于商业的机构，限制银行是很坏的政策”。而货币则是“商业上的大工具，有了它，社会上的生活必需品、便利品、娱乐品，才得以适当的比例，经常地分配给社会上各个人”，“货币好象一国的公路，它本身不生产米麦和青草，但它能促进米麦和青草在国内的流通”。[④] ③大力发展外贸业。因为通过外贸，国家就可以输出本国所不需要的年产品的剩余部分，换回本国所需

---

① 坎南．亚当·斯密关于法律、警察、岁入及军备的演讲［M］．北京：商务印书馆，1962：194，195，196.

② 亚当·斯密．国民财富的性质和原因的研究［M］．上卷．北京：商务印书馆，1979：20；坎南．亚当·斯密关于法律、警察、岁入及军备的演讲［M］．北京：商务印书馆，1962：203.

③ 亚当·斯密．国民财富的性质和原因的研究［M］．上卷．北京：商务印书馆，1979：330，370-371.

④ 亚当·斯密．国民财富的性质和原因的研究［M］．上卷．北京：商务印书馆，1979：265，295；坎南．亚当·斯密关于法律、警察、岁入及军备的演讲［M］．北京：商务印书馆，1962：204，207-208.

要的其他产品，使国内的“剩余物品有了价值”，“给国内消费不了的那一部分劳动成果开拓了一个比较广阔的市场”。他批判了重商主义错误的外贸政策，主张“实行门户开放并允许自由贸易”，认为对外实行自由贸易是促进国富的途径之一。他积极主张鼓励货币出口，说“政府禁止铸币出口，这对英国商业非常不利”；“如果我们能想出一个方法把一半的货币运往外国换成货物，而同时又能供应国内流通的需要，我们便可大大增加国家的财富”。他甚至主张取消进出口关税，认为“进口税和出口税也妨碍商业”①。

斯密认为，要疏通流通渠道，还必须不断发展交通运输业。他指出发展商品经济的一个障碍就是“交通的不便”。因此，为了发展商品经济，就必须发展为“便利一般商业”所需的“良好的道路、运河和可通航河流”等。在“一切改良中，以交通改良为最有实效”。因为交通便利，就可以“减少运输费用，使僻远地方与都市附近地方，更接近于同一水平”；就可以促进僻远“广大地区的开发”；就可以打破“都市附近农村的独占”，促进都市商品的自由竞争；就可以“对都市附近农村的农产物”，“开拓许多新市场”。这样，就可以促进商品经济和市场经济的发展②。

第三，必须不断积累资本。他认为，要发展商品经济和市场经济，提高劳动生产率，没有必要的资本是不行的。他说：“任何社会实际雇用的有用劳动量的增加，必完全取决于雇用有用劳动的资本的增加”，即“增加维持生产性劳动者的基金”。又说：“要增加同数受雇劳动者的生产力，唯有增加那便利劳动、缩减劳动的机械和工具，或者把它们改良。不然，就是使工作的分配更为适当。但无论怎样，都有增加资本的必要。”③ 因此，必须不断地积累资本。他说：“增加财产的最适当的方法，就是在常年的收入或特殊的收入中，节省一部分，贮蓄起来。”“预蓄的资财愈丰裕，分工就能按比例地愈细密”，从而就能增加生产性劳动者人数，提高劳动生产率。而要积累资金，就必须正确处理积累和消费的关系，指导人们的消费，提倡节俭，反对奢侈浪费妄为，特别要反对政府的奢侈妄为。他主张国家和人民都要量入为出。他

---

① 亚当·斯密．国民财富的性质和原因的研究［M］．下卷．北京：商务印书馆，1979：19；坎南．亚当·斯密关于法律、警察、岁入及军备的演讲［M］．北京：商务印书馆，1962：204，212，244.

② 坎南．亚当·斯密关于法律、警察、岁入及军备的演讲［M］．北京：商务印书馆，1962：242；亚当·斯密．国民财富的性质和原因的研究［M］．上卷．北京：商务印书馆，1979：140.

③ 亚当·斯密．国民财富的性质和原因的研究［M］．下卷．北京：商务印书馆，1979：243；亚当·斯密．国民财富的性质和原因的研究［M］．上卷．北京：商务印书馆，1979：315-316.

说："一个人所消费的如果超过他从劳动所得的收入，那么，除非他有其他生活之道，必定会弄到山穷水尽。同样的，一个国家所消费的如果超过它所生产的，它也必定会变得贫穷。""无论就哪一个观点说，奢侈都是公众的敌人，节俭都是社会的恩人。""妄为的结果，和奢侈相同。""地大物博的国家，固然不会因私人奢侈妄为而贫穷，但政府的奢侈妄为，却有时可把它弄得穷困。"他主张引导人们把收入花费在比较耐久的物品上，因为那不仅较有利于蓄积，又较易于养成俭朴的风尚。"费财于耐久物品，由于助长有价商品的蓄积，所以可奖励私人的节俭习惯，是较有利于社会的资本的增进；由于所维持的是生产者而不是不生产者，所以较有利于国富的增长。"① 这里，亚当·斯密把资本家的资本的一般来源说成是节约，歪曲了资本积累的实质，这当然是错误的；但如果我们把"资本"一词理解为"资金"，这里却包含着合理的内核，即要发展经济就必须积累资金，而节约也是积累资金、促进国富的一个途径。

第四，必须实行正确的赋税政策。为了促进商品经济和市场经济的发展，亚当·斯密极力主张实行有利于调动商品生产者积极性，有利于发展商品生产，促进商品流通的赋税政策。他提出了赋税的四项原则：①公平的原则。即"一国国民，都须在可能范围内，按照各自能力的比例，即按照各自在国家保护下享得的收入的比例，缴纳国税，维持政府"。②确定的原则。即"各国民应当完纳的赋税，必须是确定的，不得随意变更。完纳的日期，完纳的方法，完纳的额数，都应当让一切纳税者及其他的人了解得十分清楚明白"。③便利的原则。即"各种赋税完纳的日期及完纳的方法，须予纳税者以最大便利"。④经济节约的原则。即"一切赋税的征收，须设法使人民所付出的，尽可能等于国家所收入的"。要尽力设法"阻止大部分已收到的赋税的滥用与中饱"，防止中间勒索舞弊而增加人民的负担。在赋税理论上，斯密还提出了赋税应有利于发展生产的原则。根据这个原则，斯密认为道路税不宜过重，否则就会妨害商品流通和商业的发展，妨害生产。他说："税路之设，在于便利国内一般商业，设使通行税像这样不断增加起来，那么原以利商的，却成

---

① 亚当·斯密．国民财富的性质和原因的研究［M］．上卷．北京：商务印书馆，1979：253，311，313，314，318，320，321；坎南．亚当·斯密关于法律、警察、岁入及军备的演讲［M］．北京：商务印书馆，1962：218.

为商业的大病。”①

第五，必须反对政府对经济运行干涉过多和胡乱干涉的行为。为了给发展商品经济和市场经济营造一个良好的、宽松的环境，斯密主张政治要修明，对市场经济的运作不要过多干涉，更不要胡乱限制。他认为许多国家的“富裕不能很快增长”的原因之一在于政治不修明，社会缺乏民主、自由、平等的气氛，清王朝的中国就是一例。

斯密坚决反对政府的管制经济，反对政府对经济运行的瞎指挥、乱干涉，认为这是一种妄为，同奢侈一样浪费资财，妨碍生产，减少社会收入，是公众的敌人。

亚当·斯密还坚决反对贸易保护主义，他的自由放任理论正是在不断批判贸易保护主义的过程中发展起来的。

第六，必须健全法制。他认为，要发展商品经济和市场经济，法律保障是绝对不可缺少的。法律的任务就是保证优化的竞争环境和市场秩序，“扶持”天然的自由。“商业的另一个重大阻碍是有关契约的法律的不完备性”。他主张废除当时在英国实行的阻碍劳动力自由流动的学徒法和居住法，废除限嗣继承法、长子继承法以及其他限制土地财产自由转让的法规，废除不利于自由贸易的关卡税制，废除一切特惠或限制自由贸易的法规，建立有利于自由贸易的法规。他说：“一切特惠或限制的制度，一经完全废除，最明白最单纯的自然自由制度就会树立起来。每一个人在他不违反正义的法律时，都应听其完全自由，让他采用自己的方法，追求自己的利益，以其劳动及资本和任何其他人或其他阶级相竞争。”斯密认为，同发展商品经济要求相适应的法制建设极端重要，它是发展商品经济和市场经济所不可缺少的一环。例如，他在谈到中国清王朝时就明确指出：中国的财富“已完全达到该国法律制度所允许有的限度，但若易以其他法制，那末该国土壤、气候和位置所可允许的限度，可能比上述限度大得多”②。

第七，必须更新观念。他指出：“鄙视商人的心理，大大妨碍了商业的开

① 亚当·斯密. 国民财富的性质和原因的研究［M］. 下卷. 北京：商务印书馆，1979：289，384，385，510.

② 坎南. 亚当·斯密关于法律、警察、岁入及军备的演讲［M］. 北京：商务印书馆，1962：242；亚当·斯密. 国民财富的性质和原因的研究［M］. 上卷. 北京：商务印书馆，1979：87，351-352；亚当·斯密. 国民财富的性质和原因的研究［M］. 下卷. 北京：商务印书馆，1979：42，253.

展。"[①] 过分重视农业，忽视外贸商业的自然经济观念，必妨碍商业的发展。

斯密关于发展商品经济和市场经济途径和条件的理论，虽然不可避免地带有时代的特点，并打上了资本主义的烙印，但它终究不同程度地反映了发展商品经济和市场经济的一般规律，因而包含着科学的内核并具有深远的意义。

（三）关于发展市场经济的大目标

亚当·斯密提出了发展商品经济和市场经济的大目标，即通过市场调节，优化社会资源配置，发展社会生产，达到"富国裕民"的目的。他指出，发展商品经济和市场经济就是为了"增进本国的富强"，或者说就是"第一，给人民提供充足的收入或生计……第二，给国家或社会提供充分的收入。……总之，其目的在于富国裕民"[②]。斯密还提出了"富国裕民"的两个标志，一是物博价廉。他认为一国的富裕不在于货币数量的多少，而"在于货物的数量和物物交换的便利"，即在于"商品丰富，买卖方便，物博价廉"。物博就可以提高一国人均必需品、便利品和娱乐品的比例。价廉就能以少量劳动换得大量商品，以同量货币购得多量的商品，或以少量货币购得同量的商品。斯密还看到了价廉与物博的关系，他说："价廉实际上即等于物博。"[③] 二是劳动者有充足的报酬。他说："社会最大部分成员境遇的改善，决不能视为对社会全体不利。有大部分成员陷于贫困悲惨状态的社会，决不能说是繁荣幸福的社会。"[④]

（四）关于发展市场经济与伦理道德的关系

亚当·斯密还论述了发展市场经济与伦理道德的关系。他一方面指出发展商品经济和市场经济有利于促进伦理道德的进步。他说："一旦商业在一个国家里兴盛起来，它便带来了重诺言守时间的习惯。""推广诚实和遵守时间的道德的乃是商业。""在大部分人民都是商人的时候，他们总会使诚实和守时成为风尚。因此，诚实和守时是商业国的主要优点。"斯密还认为发展商品经济和市场经济有利于预防犯罪。他说："建立商业和制造业是防止犯罪的最好政策，因为商业和制造业有助于增进人们的自立能力。一般地说，从商业和制造业所赚的工资，比从任何其他方面赚得的工资来得高，结果人们就变

① 坎南．亚当·斯密关于法律、警察、岁入及军备的演讲［M］．北京：商务印书馆，1962：241.

② 亚当·斯密．国民财富的性质和原因的研究［M］．上卷．北京：商务印书馆，1979：342；亚当·斯密．国民财富的性质和原因的研究［M］．下卷．北京：商务印书馆，1979：1.

③ 坎南．亚当·斯密关于法律、警察、岁入及军备的演讲［M］．北京：商务印书馆，1962：174，203.

④ 亚当·斯密．国民财富的性质和原因的研究［M］．上卷．北京：商务印书馆，1979：72，75.

得更诚实。人们如有可能从正当的、勤劳的途径赚到更好的衣食，谁愿意冒险干拦路贼的勾当呢?"[①] 另一方面，他又指出，随着资本主义商品经济和市场经济的发展，也会产生一些不良现象。这主要表现在：第一，"它使人们的见识变得狭隘"，"思想受到束缚，以致缺乏高瞻远瞩的能力"。第二，它使"教育大受忽视"。同分工相联系的商业的发展，给儿童提供了工作和挣工资的机会，这就使"教育被轻视，至少被忽视"。第三，它"使人豪气消沉，一点没有尚武精神"。随着商品经济的发展，大部分人为保卫国家而打仗的"勇气都消失了"，"他们的心思不断用在享乐方面，因此变得懦怯，没有须眉气概"[②]。斯密还指出，随着资本主义商品经济和市场经济的发展，"极大多数人都成为财富和显贵的钦佩者和崇拜者"，从而使他们的道德情操败坏。他提醒人们："如何补救这些缺点，是值得认真注意的事。"[③]

亚当·斯密这样一分为二地看待市场经济与伦理道德的关系，这对后人无疑是个启示。我们认识社会主义市场经济与精神文明的关系，也应当一分为二地看，如此才算全面，才对我们的事业兴旺有益。

（五）对斯密市场经济理论的简要评论

1. 亚当·斯密是古典市场经济理论的奠基人和主要代表。古典市场经济理论的基本框架和核心内容在他那里已经完全构成，他以后的萨伊、马歇尔以及许多新自由主义代表（如哈耶克、弗里德曼等）基本上都是在他构筑的自由市场经济舞台上进行各自的独特表演的。现代市场经济理论的奠基人凯恩斯和现代市场经济理论的集大成者萨缪尔森也是在亚当·斯密市场经济理论的基础上来进行革命和综合的。因此，研究市场经济理论演变必须特别重视斯密的市场经济理论，不懂得斯密的自由放任市场经济理论，也就无法弄清楚萨伊和马歇尔的市场经济理论，无法弄清楚新自由主义，无法弄清楚凯恩斯和萨缪尔森的现代市场经济理论。

2. 亚当·斯密关于让市场机制配置社会资源的理论，关于发展市场经济的途径和条件的理论，关于市场经济大目标的理论，关于发展市场经济与伦

① 坎南．亚当·斯密关于法律、警察、岁入及军备的演讲［M］．北京：商务印书馆，1962：173，242，260，261.

② 坎南．亚当·斯密关于法律、警察、岁入及军备的演讲［M］．北京：商务印书馆，1962：261，262，263，264，265.

③ 坎南．亚当·斯密关于法律、警察、岁入及军备的演讲［M］．北京：商务印书馆，1962：265.

理道德关系的理论，都不同程度地反映了市场经济的共同机理，它不仅完全适用于自由竞争阶段的资本主义市场经济，而且在不少方面也适用于资本主义现代市场经济，对于发展社会主义市场经济也有一定的启迪意义。因为资本主义现代市场经济是在自由放任市场经济的基础上发展起来的，而社会主义社会也是一种市场经济社会，社会主义市场经济同资本主义市场经济既有本质区别的一面，也有相联系的一面。就市场运行机制、运行规则来说，所有的市场经济都是相通的。同时，由于斯密是生活在商品经济还不发达阶段的经济学家，而我国目前正处在商品经济不发达阶段，处在建立市场经济体制的初始阶段。这样，亚当·斯密关于发展市场经济理论中那些反映市场经济共性的部分，自然就会以不同形式不同程度地适用于发展我国的社会主义市场经济。我们必须从我国的实际出发，认真研究斯密关于发展市场经济的理论，从中汲取应有的教益，以促进我国市场经济的健康发展。

3. 亚当·斯密的市场经济理论存在许多缺陷，主要表现在：第一，他没有用明确的概念揭示市场机制。他只是告诉我们有一只“看不见的手”在调节着经济人的活动，但这只“看不见的手”究竟指什么，在他那里并没有明说。在《国富论》中谈到“看不见的手”的地方，他似乎直接指的是经济人对私利的追求，而不是市场机制①。但在《国富论》更多的隐句中却又似乎指的是市场机制和市场规律。第二，他过于崇拜自由放任，而对政府干预的作用看得过于消极。这虽然与他所处的时代有关，他主要反对的是重商主义的国家干预，反对封建主义，这无疑是有进步意义的；但从理论上断然否定国家干预，完全推崇自由放任，总不能说是科学的。第三，他只看到经济人私人利益与社会利益的一致性，而未看到两者之间的矛盾性。这是不全面的。

十、亚当·斯密的经济自由主义理论

经济自由主义是斯密经济理论体系中的一个基本思想，也是他经济政策主张的一个基本原则。斯密的这个理论主要包括以下内容：

(1) 自由放任。在《国富论》中斯密发挥了他的自由放任思想，他认为，社会经济机体中客观地存在着一种自然趋势，存在着“一只看不见的手”，这是“一种莫明其妙的力量”，它指导着人们的活动，调节着资本、劳

① 亚当·斯密．国民财富的性质和原因的研究［M］．上卷．北京：商务印书馆，1979：14；亚当·斯密．国民财富的性质和原因的研究［M］．下卷．北京：商务印书馆，1979：25，27，199，240.

动力等生产要素的自由流动和配置，使人们趋利避害，使社会能突破一切难关，实现按比例均衡生产，实现个人利益与社会利益的结合①。因此，最好的经济政策是自由放任，不加任何干预的政策。一种事业若对社会有益，就应当任其自由，广其竞争。应当让资本和劳动寻找自然的用途，既不能违反自然趋势，特别鼓励某种特定产业，把社会上大部分的资本投入这种产业；又不能违反自然趋势，特别限制某种特定产业，强迫原投资本离开这种产业。最好的政策，还是听任事物自然发展，既不给予津贴，也不对货物课税②。

亚当·斯密还坚决反对国家对私人经济活动的干预，认为国家的职能只可局限于保护社会、保护公民、管理公共事业与征收赋税，不可任意加大国家的职能③。

（2）国际分工，自由贸易。斯密不仅主张在国内实行自由放任，而且主张在国际范围内也实行这种自由放任主义。他认为在国际范围实行分工并实行自由贸易，如同在一国内部实行自由贸易一样是合乎自然的，对提高劳动生产率、实现国际范围内的资源合理配置是有利的。他说："如果外国能以比我们自己制造还便宜的商品供应我们，我们最好就用我们有利地使用自己的产业生产出来的物品的一部分向他们购买。""只要甲国有此优势，乙国无此优势，乙国向甲国购买，总是比自己制造有利。"④显然，斯密在国际分工和国际贸易问题上所坚持的是绝对成本和绝对利益原则。

亚当·斯密的经济自由主义既有科学的因素，也有错误的因素。其科学因素就是：第一，他看到经济发展有其自然的趋势，即客观规律；第二，他主张发展经济要注意发挥优势，扬长避短，讲求效益。其错误就是：第一，他崇拜自发性，否定和抹杀国家能利用规律来调节经济运行的主观能动性；第二，他离开历史条件抽象地论述国际分工和绝对成本原则，这不仅在实际上行不通，而且是为强国掠夺弱国服务的。

---

① 亚当·斯密．国民财富的性质和原因的研究［M］．下卷．北京：商务印书馆，1979：25，27，28，197-199；亚当·斯密．国民财富的性质和原因的研究［M］．上卷．北京：商务印书馆，1979：91，315.

② 亚当·斯密．国民财富的性质和原因的研究［M］．上卷．北京：商务印书馆，1979：303；亚当·斯密．国民财富的性质和原因的研究［M］．下卷．北京：商务印书馆，1979：252；坎南．亚当·斯密关于法律、警察、岁入及军备的演讲［M］．北京：商务印书馆，1962：196.

③ 亚当·斯密．国民财富的性质和原因的研究［M］．下卷．北京：商务印书馆，1979：252-253.

④ 亚当·斯密．国民财富的性质和原因的研究［M］．下卷．北京：商务印书馆，1979：28，30.

第五章　英国资产阶级古典经济学的完成

——李嘉图的经济学说

第一节　李嘉图的生平著作和其经济学说的历史背景

一、李嘉图的生平著作

李嘉图（1772—1823），英国资产阶级古典经济学的完成者和杰出代表。他1772年4月19日出生在伦敦，其父亲是一个证券交易所经纪人。李嘉图从小学习商业，14岁前曾到荷兰上学两年，此后随父亲从事证券交易所的经纪人工作。李嘉图是一个热爱科学、知识渊博的人，他25岁时即以全部精力用于科学研究，热心研究数学、物理学、化学、矿物学、地质学，他曾创办过一个私人实验室，从事电学和光学的研究。他是皇家地质学会创办人之一。1798年他读了斯密的《国富论》后，开始对经济学产生兴趣，转而研究经济学。

他的主要经济学著作是《政治经济学及赋税原理》（1817年），另外他还有许多有关货币问题、谷物价格问题的论著。《政治经济学及赋税原理》出版后两年，李嘉图即被选为英国议会下议院议员。

李嘉图也是一个喜欢广交朋友的人，他与詹姆斯·穆勒、马尔萨斯、麦克库洛赫等人来往都很密切，并从中得到不少教益，他在学术上的成就就与此很有关系。据说他的《政治经济学及赋税原理》的写作与出版就与老穆勒的帮助很有关系。

他于1823年因耳病去世，享年52岁。

二、李嘉图经济学说的历史背景

李嘉图是英国产业革命时期的资产阶级经济学家。

从斯密的《国富论》出版到李嘉图的《政治经济学及赋税原理》出版，中间间隔了四十一年（1776—1817年）。这期间，英国的产业革命蓬勃发展，英国的社会经济状况发生了很大的变化。李嘉图的学说就是在产业革命的巨浪中，在英国社会经济大变动中形成的。

关于李嘉图经济学说产生的背景，值得注意的有如下几点。

（一）产业革命蓬勃发展

英国的第一次产业革命是从1760年开始到1830年完成的。其中，1797年到1815年是英国“大工业的狂飙时期”，即蓬勃发展的时期。当时在英国，技术革新和发明，以及新工厂、新城市、新工业中心的建立，犹如雨后春笋。经过这段时间，英国工业大为发展，开始成为“世界工厂”，对外输出和扩张力量大为加强，产业资产阶级的力量也随之大为发展。李嘉图理论体系的建立恰恰处在英国工业革命蓬勃发展和接近完成的时期。

（二）货币信用制度紊乱

英国的货币信用制度本来是巩固而稳定的，但在法国1789年革命后，由于英国连年对法作战，造成国库空虚，不得不用超量发行纸币来弥补战费的开支，并于1797年停止银行券的兑换，结果造成货币贬值，物价上涨，这种情况非常不利于产业革命的进行，从而对资产阶级极为不利。资产阶级迫切要求改革货币信用制度，恢复银行券的兑现，稳定通货。这种情况推动着李嘉图，使他不得不花费很多精力研究通货问题。李嘉图最初的论著有许多是论述货币银行问题就反映了这种情况。当时通货问题引起了激烈的争论，形成了两派：一派叫通货学派（参加者包括李嘉图、托伦斯等），他们认为银行兑换券是金币的代表，主张银行券的发行应随金准备的增减而增减，以保证物价稳定，形成发展工商业的有利环境；另一派叫银行学派（参加者包括图克、富拉尔顿等），他们不赞成银行兑换券的发行，认为银行不能把流通所不需要的银行券发出去，因而不需要以金准备来严格限制银行券的发行。

（三）谷物法存废的斗争

英国议会于1815年通过了一项保护谷物贸易的法令，限制和禁止外国谷物输入（该法令规定，国内谷价低于80先令1夸特时，不能输入外国谷物），这个规定把国内谷物价格维持在很高的水平上，对地主阶级非常有利，而对工业资产阶级极为不利。于是英国展开了一场关于谷物法存废的斗争。这种情况推动着李嘉图投入反对谷物法的斗争中，并为此而深入研究经济理论。李嘉图的一些论著论述谷物价格问题就反映了这一斗争。

（四）工人运动还处在初级阶段

在李嘉图的时代，随着工业革命的蓬勃发展，工人阶级的力量也日益壮大，工人的组织和斗争已开始出现（例如，为提高工资待遇而进行的示威游行、罢工已经出现）。但当时工人运动尚处在初级阶段，工业资产阶级同地主阶级的矛盾仍是主要矛盾。这种情况一方面使李嘉图在研究当时的社会经济问题时，像斯密一样可以基本上做到无所顾忌和畅所欲言，不掩盖矛盾；另一方面也推动着他对社会经济问题进行更深入的研究。

第二节　李嘉图的经济学说

由于李嘉图是英国古典经济学的集大成者，而他的经济理论又是马克思政治经济学理论来源的重要组成部分，因此，学习和研究李嘉图的经济学说有极为重要的意义。

一、李嘉图的研究方法

李嘉图在政治经济学的研究方法方面继承了从配第以来的优良传统，纠正了斯密在方法论上的混乱和动摇，前后一贯地坚持运用了抽象法，并把古典经济学的抽象法发展到空前的高度。抽象法有科学的抽象法和非科学的抽象法，李嘉图的方法就主要点来说是比较科学的抽象法。他首先从资本主义社会现象中抽象出价值决定于耗费劳动这一规定，然后再由此出发来分析更为具体的其他经济范畴（如工资、利润、地租等），进一步探讨资本主义社会的内在联系。显然，这种抽象法从主流方面看是科学的，它比斯密的二重研究方法要进步得多。

但是，李嘉图在运用抽象法上也存在着一些缺点，即抽象过度，或者抽象不及。例如，他研究的是资本主义生产关系，但有时却把资本主义内容抽象掉了，结果把资本主义这个历史性的生产关系永恒化、绝对化，把资本主义关系变成了最一般的关系，认为人类社会自古以来就有商品、资本、利润，原始社会的猎人和渔夫都是资本家，他们手中的棍棒、弓箭、渔具都是资本，使这些历史范畴变成了永恒范畴。这是抽象过度的错误。因为他在方法上存在着这种抽象过度的缺陷，所以他所注意的是各个范畴之间量的差别，而不注意质的差别，他从来不研究这些范畴的历史起源和它们的发展过程。这样就使他的抽象法与历史相矛盾。

他的抽象法也有抽象不及（即抽象力不够）的缺陷。例如，他没有明确地前后一贯地从交换价值中抽象出价值，没有从价值形式中抽象出价值实体，没有从具体劳动中抽象出抽象劳动，没有从剩余价值的具体形式中抽象出剩余价值的一般形式，他常常把事物的具体形式和一般形式混淆在一起。

李嘉图在政治经济学研究方法上的优点是他在经济理论上做出贡献的主要原因之一，而他在研究方法上的缺陷则是他在经济理论上存在缺陷的主要原因之一。因此，搞清楚李嘉图的研究方法对于认识李嘉图的经济学说是有意义的。

二、李嘉图的价值理论

李嘉图在经济理论上的最重要贡献就是他批判和纠正了他的先辈和同时代人在价值理论上的错误和混乱，继承了他的先辈的优秀成果，始终如一地坚持了劳动价值论。他把资产阶级古典经济学的劳动价值论发展到高峰。劳动价值论，是他在政治经济学研究上的一个最主要的成果。

李嘉图同他的前辈不同，他把自己的价值论放在政治经济学体系的突出地位。他认为价值论是分配论和其他理论的基础，价值论是解剖资本主义经济关系的起点和出发点，所以他在其代表作《政治经济学及赋税原理》一书的第一章就讲价值问题（第一章题目就叫作《论价值》），然后再讲其他问题。这在古典经济学中是很独到的（《国富论》第一篇前三章都是论分工问题，第四章论货币问题，第五章至第七章才论价值和价格问题）。马克思后来就吸取了李嘉图的这个见解。

李嘉图的价值论主要包括以下几个方面的内容。

（一）关于商品二因素的关系

李嘉图在价值论上的一个贡献在于他把商品的使用价值和交换价值作为商品的不可缺少的两个因素，认为效用虽然不能成为交换价值的尺度，但对于交换价值是绝对不可缺少的。这样他就接近认识到使用价值是交换价值的前提和物质承担者这样的真理。

前边我们曾讲过，关于商品的使用价值和交换价值，斯密在概念上已经明确区分开来了，但是，第一，他不是从商品出发而是从“价值”一词的概念出发来区分使用价值和交换价值的；第二，他认为无使用价值的东西也有交换价值，甚至交换价值更大。这说明他不懂得商品二因素的联系，不懂得使用价值是交换价值的前提和物质承担者。

李嘉图接受了亚当·斯密关于使用价值和交换价值在概念上的明确区分，纠正了斯密的缺点和错误，指出效用虽然“不能成为交换价值的尺度”，但对于交换价值来说“是绝对不可少的”，“一种商品如果全然没有用处，或者说，如果无论从哪一方面说都无益于我们欲望的满足，那就无论怎样稀少，也无论获得时需要费多少劳动，总不会具有交换价值”①。这样他就不仅与效用论划清了界限，而且把商品交换价值和使用价值联系了起来，接近明确指出商品的使用价值和交换价值是商品的两个不可缺少的因素，使用价值是交换价值的前提和物质承担者这样的真理。

然而李嘉图到此止步，关于商品二因素理论他再没有前进一步。在这方面他的缺陷有二：第一，他没有明确地始终如一地从交换价值中再抽象出价值，他常常把交换价值和价值混在一起（他的交换价值概念，有时指价值，有时则指交换价值）。例如，他说：“当我说商品的交换价值、或任一商品所具有的购买力时，我总是指不受偶然或暂时原因扰乱时所具有的购买力，这就是它的自然价格。”② 这里价值同交换价值就混淆在一起。但在他 1821 年给特罗尔的信中则又初步地区分了价值和交换价值：“商品生产所耗费的劳动不是它的交换价值的尺度，而是它的实在价值的尺度。……交换价值决定于实在价值，从而决定于生产所耗费的劳动。”③ 可惜，他不是始终如一地坚持这种观点。第二，他既没有从概念上明确指出商品就是使用价值和交换价值、价值的统一体，使用价值是交换价值和价值的前提和物质承担者；更没有看到商品二因素的矛盾，把商品看成二因素的矛盾统一体。

（二）关于价值的源泉和价值量的决定

李嘉图在价值论上的最主要贡献就是他始终如一地坚持耗费劳动决定商品价值的观点。

1. 关于绝大部分商品价值问题。李嘉图把商品区分为两部分：大宗商品和稀有商品。前者指大部分商品，即能无限生产的商品；后者指极少数商品，即稀有商品。他认为绝大多数商品的价值来源于生产商品的劳动，其价值“决定于生产所耗费的劳动”，人的劳动就是这类商品价值的基础。他说：在

① 李嘉图．政治经济学及赋税原理［M］．北京：商务印书馆，1962：7.

② 李嘉图．政治经济学及赋税原理［M］．北京：商务印书馆，1962：76.

③ Ricardo. The works and correspondence of David Ricardo［M］. Cambridge：Cambridge University Prsee，1981.

大多数商品中的“每一种商品价值的涨落都和它的生产的难易成比例，换句话说，就是和它的生产上所使用的劳动量成比例”①。极少数商品的价值来源于“它们的稀少性”，其价值“单只由它们的稀少性决定”（如罕见的雕像和图画，稀有的书籍和古钱等），“它们的价值与原来生产时所必需的劳动量全然无关，而只随着希望得到它们的人的不断变动的财富和嗜好一同变动”。②

李嘉图高明的地方在于他把研究范围限于能够无限地再生产的商品的价值，即绝大部分商品，而把稀有商品暂时放在一边。他说：“说到商品，商品的交换价值以及规定商品相对价格的规律时，我们总是指数量可以由人类劳动增加，生产可以不受限制地进行竞争的商品。”③ 这是李嘉图的功绩。他的缺陷在于他把一般商品价值同垄断条件下形成的价格混为一谈，并且认为这种价格同原来生产这种商品时的耗费劳动全然无关。事实上他这里谈的是稀有商品的价格问题，而不是价值问题；这种稀有商品的价格不是与原耗费劳动全然无关的，而是有关的（它构成这种商品价格的最低限，它也是这种商品价格的一个构成部分）。

2. 关于斯密等人的错误。李嘉图为了坚持劳动决定价值的原理，还批判了亚当·斯密等人的错误和混乱。他认为商品的价值是由生产商品的耗费劳动决定的，“体现在商品中的劳动量规定商品的交换价值”。生产商品的劳动量增加，就一定会使商品的价值增加；劳动量减少，也一定会使商品价值减少。其他违背这个规定的提法都是错误的。

他批判了斯密在劳动价值论上的动摇和混乱。首先，他批判了斯密关于购买劳动决定价值的观点。他说亚当·斯密“精确地说明了交换价值的原始源泉，他要使自己的说法前后一贯，就应该认为一切物品价值的大小和它们在生产过程中所投入的劳动量成比例；但他自己却又树立了另一种价值标准尺度，并说各种物品价值的大小和它们所能交换的这种标准尺度的量成比例。……这里所说的劳动已经不是投在任何物品生产上的劳动量，而是该物在市场上所能换得的劳动量”。李嘉图指出耗费劳动和换得劳动“两者并不相等”，亚当·斯密把这两者等同是错误的④。

① 李嘉图．政治经济学及赋税原理［M］．北京：商务印书馆，1962：9，232.

② 李嘉图．政治经济学及赋税原理［M］．北京：商务印书馆，1962：7-8.

③ 李嘉图．政治经济学及赋税原理［M］．北京：商务印书馆，1962：8.

④ 李嘉图．政治经济学及赋税原理［M］．北京：商务印书馆，1962：9.

李嘉图认为购买劳动与耗费劳动“并不相等”，购买劳动不能作为决定价值的标准尺度，这是对的；但是他对斯密购买劳动的批判没有抓住要害。因为斯密并不认为耗费劳动和购买劳动在资本主义社会是相等的，他从耗费劳动转到购买劳动的根本原因在于他混淆了劳动和劳动力，把工人同资本家的交换看成资本和劳动的交换。因为李嘉图自己也不懂得劳动同劳动力的区别，所以他不可能抓住斯密在这个问题上的要害。

其次，李嘉图批判了斯密的三种收入决定价值的观点。李嘉图认为，商品价值分解为工资、利润、地租是商品价值的分割问题，但这种分割无论如何也不能影响商品的相对价值[①]。也就是说，价值分割与价值决定是两回事，价值分割不能影响价值的决定，价值大小的决定与价值量的分割无关。李嘉图的这个观点是正确的。

再次，李嘉图还批判了斯密认为劳动时间决定价值的法则不适用于资本主义社会的观点，他认为这个法则既适用于早期社会，也适用于近代社会。李嘉图的这个观点基本上是正确的。

李嘉图对斯密错误的批判对坚持发展劳动价值论是有重大意义的。正如马克思指出的，李嘉图能够把斯密的混乱肃清，“这是他的大功绩”[②]。

除了批判斯密在劳动价值论上的混乱和动摇外，李嘉图为了坚持劳动价值论还批判了萨伊的效用论和萨伊等人的供求论。

李嘉图认为，效用对于交换价值来说虽是绝对不可缺少的，但却不能成为交换价值的尺度。他指出萨伊“始终忽视了使用价值和交换价值之间有根本的区别”[③]。李嘉图对效用论的批判也是正确的，他既强调了效用对于商品价值来说是必不可少的前提，又同效用论划清了界限，维护了劳动价值论。

李嘉图对供求论的批判也是值得注意的。他说：“真正最后决定任何两种商品的相对价值的是它们的生产成本，而不是各自的产量，也不是购买者之间的竞争。”“受竞争影响而数量又能适当增加的商品的价格，最后都不取决于供求情况而取决于生产成本的增减。”他还说：“最后支配商品价格的是生产成本，而不象人们常常说的那样是供给与需求的比例。在商品的供给未按需求的增减而增减以前，供求比例固然可以暂时影响商品的市场价值，但这

① 李嘉图．政治经济学及赋税原理［M］．北京：商务印书馆，1962：18.

② 马克思．剩余价值学说史［M］．1 卷．北京：人民出版社，1978：162.

③ 李嘉图．政治经济学及赋税原理［M］．北京：商务印书馆，1962：7，243.

种影响只是暂时的。”“商品价格完全取决于供给对需求或需求对供给的比例的看法，几乎成了经济学上的公理，并且在这门科学中也成了许多谬误见解的根源。”①

李嘉图对供求论的批判也是正确的。在批判供求论时他公开点了两个人，一个是萨伊，另一个是布卡南，但他的结论也适用于马尔萨斯等人。

3. 关于决定商品价值的劳动。在批判斯密等人价值论方面的错误、坚持耗费劳动时间决定商品价值的同时，李嘉图还进一步具体分析了决定商品价值的劳动。在分析中他大大发展了古典经济学的劳动价值论。这方面有如下三点值得注意：

第一，他指出劳动复杂程度的区分不影响耗费劳动决定商品价值的原理。在分析决定商品价值的劳动时，李嘉图接受了斯密的正确观点，实际上也把劳动区分为简单劳动和复杂劳动，他的发展在于他强调指出，这种区分不会动摇耗费劳动决定商品价值的原理。例如，他说：“当我说劳动是一切价值的基础，相对劳动量是几乎唯一的决定商品相对价值的因素时，决不可认为我忽视了劳动的不同性质，或是忽视了一种行业一小时或一天的劳动与另一种行业同等时间的劳动相比较的困难。”② 劳动的复杂程度是否影响耗费劳动决定商品价值的原理，是资产阶级庸俗经济学家向劳动价值论发难时常常提到的一个问题，因此李嘉图的强调是有重要意义的。

第二，他把生产商品所耗费的劳动分为直接劳动和间接劳动（即活劳动和死劳动），认为商品的价值不仅包括活劳动创造的新价值，还包括死劳动转移到新产品中去的旧价值。他说：“影响商品价值的不仅是直接投在商品上的劳动，而且还有投在协助这种劳动的器具、工具和工场建筑上的劳动。”“生产出来的商品的交换价值与投在它们生产上的劳动成比例；这里所谓劳动不仅是指投在商品的直接生产过程中的劳动，而且也包括投在实现该种劳动所需要的一切器具或机器上的劳动。”李嘉图还认为，间接劳动只是转移价值，并不创造价值。他说：“较为耐用的工具只有一小部分价值转移到商品中去，而较不耐用的工具却有更大的一部分价值实现在它所协助生产出来的商品之中。”③ 在商品生产过程中，生产资料的价值跑到哪里去了，它在生产商品的

① 李嘉图．政治经济学及赋税原理［M］．北京：商务印书馆，1962：294，327，330.

② 李嘉图．政治经济学及赋税原理［M］．北京：商务印书馆，1962：15.

③ 李嘉图．政治经济学及赋税原理［M］．北京：商务印书馆，1962：17，18，19.

价值中起何作用，是劳动价值论必须解决的一个重要问题。李嘉图基本上解决了这个问题，这是他的一个贡献。他的缺陷是漏掉原料、燃料等部分价值。

第三，他还认为决定商品价值的劳动不是个别劳动，而是社会必要劳动。但他理解的社会必要劳动不是平均生产条件下的劳动，而是条件最差的劳动。李嘉图没有提出"社会必要劳动"的概念，但却提出了"必要劳动量"的概念，他认为绝大部分商品的价值是由它们"所必需的劳动量"[①] 决定的。这里必需的劳动量是指最不利条件下的劳动量。他说："一切商品，不论是工业制造品、矿产品还是土地产品，规定其交换价值的永远不是在极为有利、并为具有特种生产设施的人所独有的条件下进行生产时已感够用的较小量劳动，而是不享有这种便利的人进行生产时所必须投入的较大量劳动；也就是由那些要继续在最不利的条件下进行生产的人所必须投入的较大量劳动。这里所说的最不利条件，是指所需的产量使人们不得不在其下进行生产的最不利条件。"[②]

这里，李嘉图提出商品价值由社会必要劳动量决定的原理是正确的，他认为社会必要劳动就是指按社会所需要的产量投入的劳动量，这也是对的，指出这一点也是很有意义的；但他一般地认为社会必要劳动就是最坏条件下的劳动，这则是错误的，这是把农业产品价值的决定一般化的结果。

李嘉图在分析决定价值的劳动方面尽管有以上三点贡献，但也存在着缺陷，除了对社会必要劳动概念的错误理解外，主要是：①没有劳动二重性的理论，从而也不能解决直接劳动创造新价值和间接劳动转移旧价值如何在同一过程进行的问题。②关于创造价值的劳动，他有时把商人的劳动包括在内，有时甚至把自然的劳动也包括在内[③]。这是他的糊涂观念。

（三）关于李嘉图价值论遇到的两大矛盾

由于李嘉图混同了价值和生产价格，混同了劳动和劳动力，所以他的劳动价值论遇到了资产阶级不可克服的两大矛盾，这就是价值规律同等量资本获得等量利润的矛盾，价值规律同资本与劳动相交换从而产生利润的矛盾。

李嘉图自己发现了这些矛盾，但他是把这当成价值规律的"例外"而看待的，他也无法解决这些矛盾。李嘉图的反对派紧紧抓住这些矛盾不放，最

---

① 李嘉图．政治经济学及赋税原理［M］．北京：商务印书馆，1962：7，8.

② 李嘉图．政治经济学及赋税原理［M］．北京：商务印书馆，1962：60.

③ 李嘉图．政治经济学及赋税原理［M］．北京：商务印书馆，1962：19，62.

后导致李嘉图学派的瓦解。

只有马克思才解决了这些矛盾，并批判地继承了李嘉图价值论的科学成分，克服了李嘉图价值学说的缺陷。李嘉图学说还有一些缺陷，即：他只看重价值量的研究，而没有着重分析价值的质；他把商品价值看成永恒的范畴，从来不研究商品和价值的历史起源和历史发展过程。

三、李嘉图的市场机制理论

李嘉图承认市场价格受供求关系影响会发生与价值的暂时或偶然背离，他认为这种现象与商品价值由耗费劳动决定的法则并不矛盾。他说："在一般情况下，没有一种商品能长期继续恰好按照人类的需要和愿望所要求的数量得到供给，所以也没有一种商品能免除价格上偶然的和暂时的变动。"① 但他不同意由此得出结论说商品的价格完全取决于供求关系，因为"最后支配商品价格是生产成本，而不象人们常常说的那样是供给与需求的比例"②。

李嘉图分析了市场运行机制，他指出，正是因为市场价格围绕着自然价格上下变动，"资本才能恰好按照必要的数量而不致过多地分配在有人需要的各种商品的生产上。在价格发生涨跌时，利润就会提高到一般水平以上或降到以下。这时资本要不是受到鼓励进入某种发生这种变动的行业，便是受到警告退出这种行业"③。当每一个人都可以把自己的资本爱用到什么地方就用到什么地方的时候，他自然会寻找最有利的行业。如果把资本转移一下可以得到15%的利润，他自然不会满足10%的利润。"所有使用资本的人都希望放弃比较不利的行业而趋向于比较有利的行业。"④ 这样价格变动影响利润变动，结果必然引起资本和劳动从某些行业进入或退出，最后导致生产要素的重新配置，促进生产的发展。

李嘉图认为通过市场运行机制，把生产要素按照社会需要的数量分配到各行各业中去的原理的作用，"要比一般所设想的更为有效"⑤。

李嘉图这里关于市场运行机制的原理，关于价值规律的作用及其作用形

① 李嘉图．政治经济学及赋税原理［M］．北京：商务印书馆，1962：73.

② 李嘉图．政治经济学及赋税原理［M］．北京：商务印书馆，1962：327.

③ 李嘉图．政治经济学及赋税原理［M］．北京：商务印书馆，1962：73.

④ 李嘉图．政治经济学及赋税原理［M］．北京：商务印书馆，1962：73.

⑤ 李嘉图．政治经济学及赋税原理［M］．北京：商务印书馆，1962：74.

式的论述，都是正确的。他的缺陷是只承认价格与价值的暂时和偶然背离，而不承认价格与价值的背离是经常现象。这是不符合实际的。后来马尔萨斯等人正是对此抓住不放，大肆攻击，使李嘉图学派狼狈不堪。

四、李嘉图的分配理论

李嘉图把分配问题作为政治经济学研究的中心问题，他说确立社会产品在地主、资本家和工人间的分配法则，乃是政治经济学的主要问题①。他的代表作《政治经济学及赋税原理》研究的主要问题也就是分配问题，价值学说和赋税学说都是服务于分配这个中心问题的。价值学说是要说明分配问题的基础，赋税学说则说明赋税对收入分配的影响。

李嘉图虽然把分配问题作为政治经济学的中心问题，但他并没有离开生产，并没有割裂生产与分配的关系来研究分配问题，他是要通过分配问题论证有利于资本主义生产发展的条件。因此，马克思说他仍然是一个生产经济学家。

（一）李嘉图的工资论

1. 劳动的自然价格和市场价格。像其他资产阶级经济学家一样，李嘉图也把工资称为劳动的价格。这里他把劳动与劳动力概念混在一起，当然是错误的。实际上工资只是劳动力价值或价格的转化形式。

李嘉图把劳动的价格区分为劳动的自然价格和劳动的市场价格。他说，劳动正像其他一切可以买卖并且可以在数量上增加或减少的物品一样，具有自然价格和市场价格。所谓劳动的自然价格就是“让劳动者大体上能够生活下去并不增不减地延续其后裔所必需的价格”②，它取决于劳动者维持其自身与其家庭所需的食物、必需品和享用品的价格。它随着必需品价格涨落而涨落，食物和必需品涨价，劳动的自然价格也会上涨，这些东西跌价，劳动的自然价格也会下跌。劳动的市场价格就是根据供求比例的自然作用而实际支付的价格。它随着劳动供求关系的变动而变动，劳动稀少时就昂贵，丰裕时就便宜。劳动的市场价格不论能和其自然价格有多大的背离，它还是和其他商品一样，具有符合自然价格的倾向。

从这里我们可以看出：第一，李嘉图把他的劳动价值论作为工资论的基

① 李嘉图．政治经济学及赋税原理［M］．北京：商务印书馆，1962：3.

② 李嘉图．政治经济学及赋税原理［M］．北京：商务印书馆，1962：77.

础。第二，李嘉图这里所讲的劳动的自然价格实际上指的是劳动力的价值，不过他没有在概念上有意识地明确地把这一点表述出来。

2. 工资变动的规律。在分析了劳动的自然价格和市场价格后，李嘉图接着分析了工资变动的规律。

李嘉图认为，影响工资量变动的因素有三个：

第一，货币价值的变动。货币贬值，实际工资下降；货币升值，实际工资提高。李嘉图的这个观点是符合实际的。

第二，劳动的供求情况。劳动的供给多，需求少，工资低；反之，劳动的供给少，需求多，工资高。李嘉图的这个观点虽然是对的，但他把劳动基金论作为解释这个规律的基础，这则是不正确的。例如，他说："当劳动的市场价格超过其自然价格时，劳动者的景况是繁荣而幸福的，能够得到更多生活必需品和享受品，从而可以供养健康而人丁兴旺的家庭。但当高额工资刺激人口增加，使劳动者的人数增加时，工资又会降到其自然价格上去，有时的确还会由于一种反作用而降到这一价格以下。"反之，"当劳动的市场价格低于其自然价格时，劳动者的景况就最困苦；这时，由于习惯而成为绝对必需的享受品就会因贫困而被剥夺。只有在贫穷已经使劳动者的人数减少，或劳动的需求已经增加之后，劳动的市场价格才会再提高到自然价格上，劳动者才会得到自然工资率所将提供的适度享受品"①。如果资本积累的速度大于工人人口增长的速度，则对劳动的需求便会大于供给，从而工资就会上涨。但资本积累的速度赶不上工人人数增长的速度，加之人口的增长必然使粮食等生活资料的价格上涨，即使货币工资随之增加，但其增加速度比不上生活必需品价格上涨的速度，因此工资有下降的趋势。"在社会的自然发展中，劳动工资就其受供求关系调节的范围而言，将有下降的倾向。因为劳动者的供给继续按照相同的比率增加，而其需求的增加率则较慢。"②

第三，生活必需品价格的变动。李嘉图还认为工资的变动要受生活必需品价格变动的影响。他说："不要忘记，工资还要由工资所购买的各种商品的价格调节。"食物和必需品涨价，工资也会上涨，这些东西跌价，工资也会跌落。当人口增加时，这些必需品的价格就不断上涨，这时如果货币工资下降，"那么劳动者就会受到双重影响，而生活资料不久就会完全被剥夺"；如果货

① 李嘉图．政治经济学及赋税原理［M］．北京：商务印书馆，1962：78.

② 李嘉图．政治经济学及赋税原理［M］．北京：商务印书馆，1962：84.

币工资上涨，谷物工资减少，货币工资上涨的速度赶不上必需品涨价的速度，劳动者的生活状况将普遍下降①。李嘉图这里的观点是正确的。

3. 相对工资。在分析工资变动规律时，李嘉图实际上还提出了一个相对工资的概念。他认为，在分析工资变动时应与资本主义生产的发展联系起来，与资本家、地主的收入联系起来进行分析，不能孤立地就工资看工资，不能只看工资的绝对量，还必须看工资的相对量、相对比例。例如，他说："要正确地判断地租率、利润率和工资率，我们不应当根据任何一阶级所获得的绝对产品量，而应当根据获得这种产品所必需的劳动量。由于机器和农业的改良，总产品可能加倍。但如果工资、地租和利润也增加一倍，三者之间的相互比例就会和以前一样，任何一项也不能说有相对的变动。但是，如果工资没有照数增加，没有增加一倍而只增加了一半，如果地租也没有增加一倍而只增加了四分之三，剩下的增量全部归于利润，那么我认为我说利润已提高而地租和工资则都已降低这句话时，是不错的。"②

在分析工资量的变动中，李嘉图分析了相对工资或比例工资；同时又提出了工人工资下降的趋势，这是李嘉图的功绩。但是，他以马尔萨斯人口论和劳动基金论为基础对工资变动的分析说明则是错误的。因为劳动力供求关系的变化及工资水平的高低，并不取决于工人人口的变动，而是取决于产业后备军的大小。同时，劳动基金并不是固定不变的，随着生产发展和资本积累的发展，可变资本部分的绝对量也将会增长。

总之，李嘉图在工资论方面的功绩主要是：第一，他把自己的工资论与劳动价值论联系起来，以劳动价值论作为工资论的基础；第二，他关于劳动的自然价格实际上是指劳动力的价值；第三，他分析了相对工资或比例工资，提出了工资下降的趋势。他的缺陷在于：第一，把劳动与劳动力混同，认为工资是劳动的价格；第二，他以劳动基金论为基础说明供求关系影响工资的变动。

（二）李嘉图的利润论

李嘉图在分析利润量的变化时，基本上把商品的价值只分为利润和工资，撇开了不变资本所体现的价值，所以他讲的利润实际是剩余价值，他的利润论在某种意义上也就是他的剩余价值理论。

① 李嘉图．政治经济学及赋税原理［M］．北京：商务印书馆，1962：77，84，85.

② 李嘉图．政治经济学及赋税原理［M］．北京：商务印书馆，1962：39-40.

在利润论方面李嘉图比亚当·斯密大大前进了一步。这种进步主要表现在：

首先，他坚持和发展了斯密正确的利润观，纠正了斯密在利润观上的多元论。前面讲过，斯密在利润观上是多元的，他虽然比较正确地认为利润是对工人劳动所创新价值的一种扣除；但另一方面又认为利润是资本家辛苦运用资本的报酬，是资本家投资危险及困难的报酬，是资本所生的收入，是资本家生活资料的正当来源。也就是说，斯密的利润论既与劳动价值论相联系，又与资本家劳动论、资本生产力论、风险论等相联系，既有科学观点，也有错误、庸俗的观点。李嘉图的发展在于他接受了斯密的正确观点，抛弃了斯密的错误观点。他把利润论基本上建立在劳动价值论的基础之上，认为利润就是工人劳动创造的商品价值的一部分，是商品中新价值超过工资的余额。

其次，他把利润看成剩余价值的基本形式。他在论述利润问题时，把花在生产资料上的价值撇开不谈，而把利润只与工资相对起来进行考察，说“商品的全部价值只分成两部分：一部分构成资本利润，另一部分构成劳动工资”①。这样他事实上把利润作为剩余价值的基本形式，而认为利息、地租都是利润的派生形式。相比亚当·斯密有时把利润作为剩余价值的基本形式，有时又把地租和利润同时作为剩余价值的基本形式来说，这无疑是一种进步。

再次，他在斯密的基础上进一步揭露了利润和工资的对立关系，明确指出利润和工资是反比例变动的。他说：“任何使工资增加的原因都必然会使利润减低。”② 还说：“当高工资成为普遍现象时，就会同样地损害农场主、工厂主和商人的利润。”③

最后，在利润论方面李嘉图还有一个进步，他不仅提出了利润率下降的趋势，而且认为利润率下降并不排斥利润量的增加。他说：“利润的自然趋势是下降的；因为在社会和财富的发展中，必要的食品增加量是通过牺牲越来越多的劳动获得的。”又说：“我们也要预计到，不论资本的利润率怎样由于土地上的资本积累以及工资上涨而减小，利润总额也会增加。”④

必须指出的是，李嘉图的利润论（剩余价值论）也不是完全科学的利润

① 李嘉图．政治经济学及赋税原理［M］．北京：商务印书馆，1962：92.

② 李嘉图．政治经济学及赋税原理［M］．北京：商务印书馆，1962：100.

③ 彼罗·罗拉法．李嘉图著作和通讯集［M］．4卷．北京：商务印书馆，1980：237.

④ 李嘉图．政治经济学及赋税原理［M］．北京：商务印书馆，1962：101，104.

论，因为他还在概念上把利润和剩余价值相混淆，还不懂得利润从何而生以及如何产生（他着重分析的是利润量的关系，而没有分析利润的来源问题，只是接触到了这个问题），他还把利润率和剩余价值率、利润率和利润相混淆。

（三）李嘉图的地租论

同工资论、利润论相比较，李嘉图在地租论方面的论述是比较充分的，这里涉及地租的性质、源泉和地租量的变化等。

1. 关于地租定义。李嘉图认为地租是被地主占有的工人劳动所创价值的一部分。这个定义正确地表现了地租的性质和起源，因而是正确的。但有时他认为"地租是为使用土地的原有和不可摧毁的生产力而付给地主的那一部分土地产品"①。他这里讲的是除了地主投资资本的利息和利润以外的纯地租。李嘉图的这个地租定义是错误的。原因在于：第一，土地的生产力是一个自然史过程的产物，不是原有的；第二，土地没有不可摧毁的生产力；第三，这个定义没有把地租的真正源泉和剥削性质表示出来，相反容易使人产生误解，似乎地租的源泉在于土地的生产力。看来，李嘉图的这个定义比斯密的科学定义在某些方面还倒退了。

2. 关于级差地租。在资产阶级经济学历史上，李嘉图是对级差地租论述得最充分的一个人。级差地租最先是配第提出的，但是他把地租和剩余价值相混淆，因此他还不能算是级差地租的创始人。亚当·斯密由于多元性的地租论，加之他对级差地租论述极少，因此他也不能算是级差地租的创始人。级差地租的创始人是詹姆士·安德森，但他的地租论不是建立在劳动价值论的基础之上的，而是建立在供求论之上的。李嘉图的贡献在于他不仅论述了级差地租产生的条件，分析了级差地租的两种形态，分析了地租与利润的对立，还把级差地租与劳动价值论联系起来，把这种地租论建立在劳动价值论的基础之上。

李嘉图认为级差地租产生有两个前提条件：一是土地的有限性，二是土地的质量差别（即肥沃程度和位置上的差别）。他说："如果一切土地都具有相同的特性，数量是无限的，质量也完全相同，那么，使用时就无需支付代价，除非是它在位置上具有特殊便利。由此看来，使用土地支付地租，只是因为土地的数量并非无限，质量也不是相同的，并且因为在人口的增长过程

① 李嘉图．政治经济学及赋税原理［M］．北京：商务印书馆，1962：55.

中，质量和位置较差的土地也投入耕种了。”[①] 在这段话中李嘉图指出了级差地租存在的两个条件（土地数量有限，土地质量不同），这是对的，但他否认绝对地租存在则是错误的。

为什么具备这两个条件就会产生地租呢？他认为，这是因为农产品的价格是由劣等地的必要劳动量决定的[②]。这样，和劣等地比较，耕种优等地、中等地就可以获得更多的价值，在补偿生产成本和平均利润外就还有一个余额，这个余额就形成级差地租。

李嘉图的这个观点基本上是正确的，原因在于：第一，他认为农产品的价格是由劣等地产品的必要劳动决定的，这是符合实际的；第二，他实际上指出了级差地租的实质，即它是耕种优等地和中等地的资本家在平均利润之外所获得的一种超额利润。这也是对的。

但是，李嘉图这里的观点也是有缺点的：第一，他的观点是不深刻的，因为他没有再前进一步指出，形成级差地租的根本原因是土地的资本主义经营垄断。第二，他混同了价值和生产价格，他不懂得级差地租量取决于社会生产价格与个别生产价格之间的差额，而认为取决于社会价值与个别价值之间的差额。

李嘉图还分析了级差地租的两种形态。关于级差地租的第一种形态，他认为这是由于土地质量差别而带来的地租。他说：在社会发展过程中，当次等肥力的土地投入耕种时，第一等的土地马上就开始有了地租，而地租额取决于这两份土地在质量上的差别。当三等土地投入耕种时，二等土地马上就有了地租，并且也和前面一样，数额由生产力的差异规定。同时，头等土地的地租将会提高，因为它的地租必然总是高于二等土地的地租，差额等于这两份土地用一定量资本和劳动所生产的产品的差额[③]。关于级差地租的第二种形态，他认为这是在同一块土地上追加资本收益有所差别而带来的地租。他说：“常常出现的情形是：在第二、第三、第四、第五等或更差的土地投入耕种以前，人们能使资本在已耕的土地上生产更多的东西来。我们可能发现，把用在第一等土地上的原有资本增加一倍，产品虽然不会加倍或增加一百夸特，但却可能增加八十五夸特。这个数量超过了在第三等土地上使用同量资

① 李嘉图．政治经济学及赋税原理［M］．北京：商务印书馆，1962：57.

② 李嘉图．政治经济学及赋税原理［M］．北京：商务印书馆，1962：60.

③ 李嘉图．政治经济学及赋税原理［M］．北京：商务印书馆，1962：57-58.

本所能获得的量。”“在这种情形下，资本就宁可用在旧有土地上，而且会同样产生地租，因为地租总是由于使用两份等量资本和劳动而获得的产品之间的差额。”①

李嘉图关于级差地租两种形态的基本观点是正确的。它后来被马克思批判地吸收。但是也有缺陷，主要表现在：第一，他的级差地租论除了与劳动价值论相联系的正确一面外，还与“报酬递减律”这个庸俗理论相联系。例如，他说：“如果优良土地的存在量远多于为日益增加的人口生产粮食所需要的量，或者是在旧有地上可以无限制地使用资本，且无报酬递减现象，那么，地租便不会上涨。”② 第二，他不正确地把级差地租与耕作顺序联系在一起，级差地租的论证并不必要与此相联系。

3. 关于地租与利润的对立。李嘉图在地租论上的贡献还在于他从地租的角度论述了地租与利润的对立。他认为地租、工资、利润都是劳动创造的商品价值的一部分，在劳动者领走工资后，增加地租必然减少利润，减少地租则会增加利润。这样，李嘉图实际上就揭露了资产阶级和地主阶级的矛盾，这在当时来说是有进步意义的。

五、李嘉图的货币理论

货币理论在资产阶级古典经济学理论体系中是比较薄弱的一环，李嘉图也不能例外。他的货币理论在其整个理论体系中是一个次要的部分。

关于他的货币论，我们应当着重把握以下几点：

第一，他认为货币也是商品，其价值由生产其所耗费的劳动量决定。他说：“黄金和白银象一切其他商品一样，其价值只与其生产以及运上市场所必需的劳动量成比例。”③ 这种观点当然是正确的，但是对于货币来说却是极为不够的。因为货币并不是一般的商品，而是充当一般等价物的特殊商品。李嘉图不懂得货币的这个本质，所以他也像他的前辈一样，只着重把货币看成流通的工具，而忽视了货币作为价值尺度、贮藏手段的作用。在此基础上他有时把货币与纸币混为一谈。

第二，联系到货币他提出了正确的价格概念，认为商品的价格无非就是

---

① 李嘉图．政治经济学及赋税原理［M］．北京：商务印书馆，1962：58-59.

② 李嘉图．政治经济学及赋税原理［M］．北京：商务印书馆，1962：59.

③ 李嘉图．政治经济学及赋税原理［M］．北京：商务印书馆，1962：301.

用一定量的具有同样价值的货币表现出来的商品价值。

第三，他认为在一国的商品流通量和商品价值为已知数的条件下，“一国所能运用的货币量必然取决于其价值”①。货币价值越大，所需的货币量越少；反之，货币价值越小，则所需的货币量越大。这种观点是正确的。

第四，由于他不了解货币的本质和货币与纸币的区别，只着重把货币看成流通手段而忽视了货币执行价值尺度、贮藏手段等职能，所以他有时又陷入货币数量论的泥潭，认为商品的价格和货币的价值都取决于流通中货币的数量，货币数量增加，其价值就下降，货币数量减少，其价值就上升，当货币价值下降时物价水平就上涨，货币价值上升时物价水平就下跌。这种观点不仅与他的劳动价值论相矛盾，也与他提出的货币流通量系于货币价值的原理相矛盾。

第五，他认为稳定的通货应当建立在贵金属的基础上。他主张，由银行发行代替金币流通的银行券，一方面要有一个法定额的黄金准备（在法定最高发行额外，每增加发行一英镑银行券，就得有一磅的金币的十足准备），另一方面要能随时自由、无限制地兑现。李嘉图认为稳定的通货必须建立在贵金属的基础上，银行券的无限制自由兑现是稳定银行券币值的必要条件，这是正确的，至少说有科学的因素；但他关于十足现金准备的观点则是错误的，因为银行券只是一种信用货币，不必以十足现金准备为基础。

六、李嘉图的资本理论和再生产理论

（一）李嘉图的资本论

李嘉图不懂得资本的本质和历史性质，认为“资本是一个国家为了未来生产而使用的那部分财富”②，亚当·斯密所讲的原始状态的社会也有资本。李嘉图把资本与其特殊物质形式、一切社会形态生产所需的物质资料都混为一谈，把资本变成一种永恒的范畴。他说：“即使是在亚当·斯密所说的那种早期状态中，虽然资本可能是由猎人自己制造和积累的，但他总是要有一些资本才能捕猎鸟兽。没有某种武器，就不能捕猎海狸和野鹿。”③ 这样，李嘉图就把原始人变成资本家，把他们掌握的棍棒、石头、弓箭也都看成资本。

① 李嘉图．政治经济学及赋税原理［M］．北京：商务印书馆，1962：301.

② 李嘉图．政治经济学及赋税原理［M］．北京：商务印书馆，1962：237.

③ 李嘉图．政治经济学及赋税原理［M］．北京：商务印书馆，1962：18.

这就比亚当·斯密还倒退了一步。

关于资本的分类，李嘉图也像斯密一样，只是把资本区分为固定资本和流动资本，不懂得不变资本和可变资本的划分。

李嘉图在资本论上的功绩在于他正确地认识到了资本在价值形成过程中的作用，认为在生产过程中资本本身并不创造价值，只是将自己的价值或多或少地转移到新产品中去。“较为耐用的工具只有一小部分价值转移到商品中去，而较不耐用的工具却有更大的一部分价值实现在它所协助生产出来的商品之中。”① 在这个问题上他坚持了劳动价值论，这是他的贡献。

（二）李嘉图的再生产理论

李嘉图对再生产的分析基本与斯密一样，他几乎是逐字再生产斯密的理论②。

首先，在再生产问题上他完全接受了斯密的教条，认为一国全部产品最终要分成工资、利润和地租，其价值由工资、利润和地租构成，而把生产资料的价值漏掉。他说：“每一个国家的全部土地和劳动产品都要分成三部分，其中一部分归于工资，一部分归于利润，另一部分归于地租。”③

其次，在接受斯密教条的基础上，他又对资本积累做了错误的解释，把资本积累仅仅看成是剩余产品由生产工人消费，即把剩余价值的资本化仅仅看成是剩余价值转化为劳动力。他说：“一国的产品全部都是要被消费的……当我们说节约收入以增加资本时，意思就是说：所谓增加到资本中去的那一部分收入，是由生产性劳动者，而不是由非生产性劳动者消费的。”④

由于李嘉图像亚当·斯密一样，把一国商品的价值只分解为三种收入，而把生产资料价值和体现这部分价值的产品漏掉，同时他又把积累仅仅看成是剩余产品由生产工人消费，剩余价值的资本化仅是剩余价值转化为劳动力，这样他就堵死了分析社会资本再生产和流通的道路。因为分析社会资本再生产和流通，就是要解决社会产品在价值上如何实现和在物质上如何得到补偿、替换，如果漏掉了不变资本（其物质形态是生产资料），那么再生产的分析就无法进行下去。

---

① 李嘉图．政治经济学及赋税原理［M］．北京：商务印书馆，1962：18.

② 马克思．资本论［M］．2卷．北京：人民出版社，1953：478.

③ 李嘉图．政治经济学及赋税原理［M］．北京：商务印书馆，1962：297.

④ 李嘉图．政治经济学及赋税原理［M］．北京：商务印书馆，1962：128.

虽然李嘉图在再生产理论上有上述严重错误，使他在再生产问题上比魁奈还落后，但他也有一些大体正确的观点。例如，他把收入分为总收入和纯收入，总收入包括工资、利润和地租，纯收入则不包括工资，即相当于我们所说的全部剩余价值，这就比斯密前进了许多（斯密认为总收入即全部年产品，纯收入即扣除固定资本和流动资本维持费后的余额）；再如，他认为资本积累就意味着生产扩大，不是消费决定生产，而是生产决定消费，为了扩大消费，就必须增加生产，而要扩大生产就必须积累。这些观点基本上都是对的。

（三）李嘉图的危机理论

李嘉图否认资本主义有发生普遍生产过剩危机的可能性，而承认局部危机的可能性。他说："产品总是要用产品或劳务购买的，货币只是实现交换的媒介。某一种商品可能生产过多，在市场上过剩的程度可以使其不能偿还所用资本；但就全部商品来说，这种情形是不可能有的。"①

李嘉图为什么会否认普遍危机的可能性呢？原因首先在于他在再生产理论和货币理论上有一系列的错误。

第一，他在再生产理论上接受了斯密的教条，把整个社会产品分解为收入，把整个年产品归结为个人消费，把用来积累的资金归结为工资，他认为资本主义整个社会生产都是直接满足需要的，而需求"是无限的"②，因此，生产绝对不会超过需要，当然也就不会发生普遍危机。正像他说的："由于需求只受生产限制，所以不论一个国家有多少资本都不会不能得到使用。任何人从事生产都是为了消费或销售；销售则都是为了购买对于他直接有用或是有益于未来生产的某种其他商品。所以一个人从事生产时，他要不是成为自己商品的消费者，就必然会成为他人商品的购买者和消费者……。因此，他不可能总是生产没有需求的商品。"③

第二，他在货币理论上不了解货币的本质，只着重把货币当成流通手段，把商品流通看成产品与产品的交换，认为产品总是要用产品来购买，货币只是交换的媒介。因此，买卖总是均衡的，普遍危机不可能发生。他的错误在于只看到资本主义社会生产和流通的统一，没有看到两者的矛盾；只看到买

① 李嘉图．政治经济学及赋税原理［M］．北京：商务印书馆，1962：248.

② 李嘉图．政治经济学及赋税原理［M］．北京：商务印书馆，1962：252.

③ 李嘉图．政治经济学及赋税原理［M］．北京：商务印书馆，1962：247.

卖的统一，看不到两者的矛盾。

当然，李嘉图否认普遍危机的可能性也有历史条件方面的原因，因为在他生前英国还未发生普遍性危机，他逝世于 1823 年，而普遍性危机则发生于 1825 年。

七、李嘉图的国际分工理论和国际贸易理论

（一）关于国际分工和国际贸易的必要性

李嘉图像斯密一样也极力主张国际分工和国际自由贸易。他认为只有实行国际分工和国际自由贸易，才能充分发挥各国的优势，使各国的劳动和资金得到最有效和最经济的分配，使各民族国家利益和人类的幸福结合起来。他说：“在商业完全自由的制度下，各国都必然把它的资本和劳动用在最有利于本国的用途上。这种个体利益的追求很好地和整体的普遍幸福结合在一起。由于鼓励勤勉、奖励智巧，并最有效地利用自然所赋予的各种特殊力量，它使劳动得到最有效和最经济的分配；同时，由于增加生产总额，它使人们都得到好处，并以利害关系和互相交往的共同纽带把文明世界各民族结合成一个统一的社会。正是这一原理，决定葡萄酒应在法国和葡萄牙酿制，谷物应在美国和波兰种植，金属制品及其他商品则应在英国制造。”“如果由于更好地安排劳动，由于使各国都生产与其位置、气候和其他自然或人为的便利条件相适应的商品，并以之与其他国家的商品相交换，因而使我们的享受得到增进，这对人类的幸福说来，其意义就和我们的享受由于利润率的提高而得到增进是完全一样的。”①

（二）关于国际分工和国际贸易应遵循的原则

李嘉图认为，在国与国之间进行的商品交换中，等价交换原则是不适用的。他说：在国际贸易中，一百个英国人劳动的产品可以交换八十个葡萄牙人，六十个俄国人或一百二十个东印度人的劳动产品，因此，“支配一个国家中商品的相对价值的法则不能支配两个或更多国家间互相交换的商品的相对价值”②。他认为从进口观点看，外国生产的商品的价值不决定于该商品在国外生产将所实际耗费的劳动量，而决定于为了换取该商品，本国所提供的商品所包含的劳动量。

---

① 李嘉图．政治经济学及赋税原理［M］．北京：商务印书馆，1962：111，113.

② 李嘉图．政治经济学及赋税原理［M］．北京：商务印书馆，1962：112，114.

李嘉图认为，等价交换原则之所以在国际贸易中失效，主要原因在于国与国之间资本和劳动的自由转移是有限制的，从而竞争是不完全的。他说："经验表明，有种种因素阻碍着资本移出：比方说，资本不在所有者的直接监督下时将会使他发生想象的或实际的不安全感；并且每一个人自然都不愿意离乡背井，带着已成的习惯而置身于异国政府和新法律下。这种种感情使大多数有产者都不愿到外国去为自己的财富寻找更为有利的用途，而宁愿满足于本国的较低利润率。"① 也就是说，他认为等价法则是完全自由竞争的结果，而国际间的自由竞争是不完全的，因此等价法则不适用。

李嘉图认为，国家间的商品交换应主要根据比较成本原则进行，国际间地域分工也可以根据这个原则进行，而不一定要按照绝对成本原则进行。

比较成本论也叫比较利益论。它是关于国际自由贸易和地域分工所遵循的原则的学说，也就是关于必须依照生产成本的相对差别进行国际自由贸易和地域分工的学说。李嘉图认为，最有效的和最有利的国际地域分工应是各个国家生产比较成本有利的商品，即生产本国具有比较优势条件的商品，并以此进行国际间的自由交换，而不是像斯密说的只生产本国具有绝对优势条件的商品。这就是说，一个国家，如果存在着几种具有绝对优势的商品，那么就应当只生产比较最有利的种类；如果存在着几种绝对不利条件下的商品，那么就应当生产其不利条件最小的商品。所谓"两优取其重，两劣取其轻"。这样，两类国家都可以通过国际贸易进行有利的交换。他举例说，假定英国生产一定量的毛呢需要一百个人的一年劳动，酿造一定量的葡萄酒需要一百二十个人劳动一年；而葡萄牙生产同量毛呢需要九十个人劳动一年，酿造同量葡萄酒需要八十个人劳动一年。很明显葡萄牙在两种商品上都占优势。如果按绝对成本学说，按照价值法则，这两种商品都应让葡萄牙生产，英国国内应放弃毛呢和葡萄酒的生产，而把原来生产这两种商品的资本转移到葡萄牙去，国内只应生产其他占绝对优势的商品，以便从葡萄牙交换毛呢和葡萄酒。但由于国际的自由竞争是不完全的，资本和劳动在国家间的转移受到限制，因此在国际贸易中不适用等价交换原则。在这种情况下，国际贸易和国际分工应本着比较成本原则进行。对葡萄牙来说，尽管上述两种商品都占优势，但两种商品比较起来还是酿造葡萄酒更占优势，因此对它来说与其把资本和劳动分散在上述两种商品的生产上，还不如把全部资本和劳动集中生产

① 李嘉图．政治经济学及赋税原理［M］．北京：商务印书馆，1962：115.

葡萄酒。这样就可以用八十人劳动一年生产的葡萄酒换得如自己生产则需九十人劳动一年的毛呢。对英国来说，虽然上述两种商品都处于劣势，但比较起来，生产毛呢比生产葡萄酒来说对它较为有利，就是说生产毛呢对它来说是不利条件最小的商品种类，因此，英国应放弃生产葡萄酒而专门生产毛呢。这样，它就可以用一百人劳动一年生产出来的毛呢，换得若是自己生产则需一百二十人劳动一年才能生产出来的葡萄酒。总之，按照比较成本学说，英国应专门生产毛呢，葡萄牙应专门生产葡萄酒，这样的交换对双方都较为有利。

（三）对李嘉图国际分工和比较成本理论的简要评论

1. 李嘉图的比较成本理论更新了斯密在国际贸易和国际分工理论上的狭隘观念，拓宽了这一领域的视野，为发展国内生产和国际自由贸易提供了一个重要的理论依据。因为，按照斯密的绝对成本论，如果某个劣势国家的产品都处于劣势，那么什么都不应生产，显然这是违背常理，也是不符合实际的。李嘉图的学说纠正了斯密论断的片面性，使国际分工和国际贸易遵循的原则更符合实际，从而促进国内生产和国际贸易的发展。

2. 李嘉图的国际分工和国际贸易理论包含着科学的内核，这就是因地制宜、发挥优势、两利取重、两劣取轻的思想和原则，这是有普遍意义和借鉴作用的。这种原则不仅在国际范围内可用，在国内各地区之间也可以应用。在国际贸易中，各国都应通过对商品的耗费成本和劳动生产率的比较，选择本国具有相对优势的产品出口，选择本国居于相对劣势的产品进口，享受国际分工的利益，达到节约社会劳动和增加价值量的目的。此外，李嘉图在论述过程中触及了国际价值规律的问题，这是具有科学意义的。

3. 李嘉图的国际分工和国际贸易论将富国与穷国、发达国家与不发达国家之间的贸易往来只描述为一种互利关系，这就完全掩盖了强国对弱国、富国对穷国通过不等价交换而进行的剥削，掩盖了其中的矛盾。

第六章 法国资产阶级古典经济学的完成

——西斯蒙第的经济学说

第一节 西斯蒙第的生平著作和其经济学说的历史背景

一、西斯蒙第的生平著作

让·沙尔·列奥纳尔·西蒙·德·西斯蒙第（1773—1842），十九世纪上半期法国著名的经济学家、历史学家和政治家。他的祖先是意大利贵族，十六世纪时定居于法国的多菲尼，1685 年由于宗族迫害，全家迁至日内瓦。西斯蒙第 1773 年出生在日内瓦近郊的一个庄园里，后随家迁居法国。他曾在巴黎上过大学，由于家庭经济情况不佳，中途辍学到里昂学商（当银行职员）。1793—1794 年雅各宾派执政期间，他随全家迁居英国，一年半后又返回瑞士，不久又迁居意大利，他在那里生活了五年。1800 年，他又重返日内瓦，开始了他的著述生涯。他于 1842 年因胃病医治无效逝世，享年 69 岁。

西斯蒙第是资产阶级古典经济学中的一个特殊人物。他虽然出生在日内瓦，是瑞士的一个公民，但由于他生活在瑞士的法语居民区，因而很了解法国，深受法国文化传统的影响。他是法国资产阶级古典经济学的完成者，但他却在许多方面反对英国古典经济学，并以对资本主义制度的怀疑者、批判者的独特方式补充、发展、完成了法国古典经济学。他批判资本主义制度，经常被人们视为空想社会主义者，但他却反对当时的英法空想社会主义，主张用理想化的中小生产方式改良资本主义社会。从他的主要经济学说看，他是法国资产阶级古典经济学的完成者；而从他的阶级立场和对社会的改良结论看，他又是一个小资产阶级经济学家、小资产阶级社会主义者和经济浪漫主义者。西斯蒙第就是这样一个一身三任式的特殊人物。马克思、恩格斯称西斯蒙第学派为“特殊的经济学派”[①]，其道理就在这里。

西斯蒙第既是一个历史学家，又是一个经济学家。他的主要经济学著作有《论商业财富》(1803年)、《政治经济学新原理》(1819年)、《政治经济学研究》(1837—1838年)。如果说在《论商业财富》一书中，西斯蒙第还只是作为亚当·斯密学说的信徒以传播者的姿态出现，那么在《政治经济学新原理》一书中，西斯蒙第就在许多方面以斯密，特别是李嘉图学说的怀疑者、批判者的姿态出现。《政治经济学新原理》不仅是西斯蒙第经济思想发展过程中划时代的著作，也是资产阶级古典经济学文献中划时代的著作。

二、西斯蒙第经济学说的历史背景

西斯蒙第与李嘉图处于同一时代，他们都是产业革命时代的资产阶级古典经济学家。但西斯蒙第终究比李嘉图晚离世近二十年，因而他对资本主义的观察在某些方面要比李嘉图深刻得多。

关于他经济学说的背景，值得注意的有如下四点：

(1) 他“恰好生活在大机器工业在欧洲大陆自刚开始发展的时期”[②]。当时资本主义机器大工业的发展使中小生产者纷纷破产，流浪街头，变成廉价劳力，过着苦难的生活。同时，他在英国生活期间，又目睹机器排挤工人，使大批工人失业，给劳动者带来贫困和灾难。这些都引起了他的注意，对他经济思想的形成和发展产生了极大的影响。他在其著作中较为深刻地论述了资本主义社会劳动者的贫困化问题就反映了这方面的情况。

(2) 在他生活的年代，资本主义世界连续爆发了几次普遍性的生产过剩危机。诸如：1825年英国爆发的资本主义历史上第一次普遍性生产过剩危机，1836—1837年英、法、德、美等国爆发的生产过剩危机，等等。这些情况为西斯蒙第耳闻目睹，对其经济思想的形成和发展也产生了深刻的影响。在西斯蒙第著作中对经济危机问题有较多地描述和较深刻的认识，就反映了这一背景。

(3) 他生活在资本主义社会矛盾日益深化的年代。在西斯蒙第生活的年代，资本主义社会的内在矛盾日益暴露出来，诸如两极积累、分配不公、经济危机周期性出现……说明资本主义的发展并不像斯密、李嘉图所讲的那样，

---

① 马克思恩格斯全集［M］.3卷．北京：人民出版社，1956：593.

② 列宁全集［M］.2卷．北京：人民出版社，1958：199.

在市场机制自动调节下，个人利益与社会利益能够完美结合，资本主义经济能够协调发展。这种情况导致西斯蒙第对斯密、李嘉图理论有某些怀疑，也导致了他对资本主义制度有某种怀疑。

(4) 他长期生活在瑞士法语居民区，法国的社会情况对他影响很大。瑞士和法国当时都是一个小资产阶级、小生产的国家，小生产对西斯蒙第的影响是不可低估的。西斯蒙第在他的著作中常常替小生产者说话就反映了这一背景。

由于西斯蒙第长期生活在瑞士法语居民区，深受法国传统文化的影响，他的经济学说又继承了法国古典学派的传统，所以人们往往称西斯蒙第为法国资产阶级和小资产阶级的经济学家。

第二节　西斯蒙第的经济学说

一、西斯蒙第论政治经济学的对象和方法

西斯蒙第认为政治经济学是“研究一定的国家绝大多数人能够最大限度地享受该国政府所能提供的物质福利的方法的科学”，“人们的物质福利是政治经济学的对象”①。他不同意英国古典学派把政治经济学确定为一门研究国民财富的科学，认为这是只考虑财富本身而忘记了人的错误观点。

其实，英国古典学派关于政治经济学对象的观点是接近科学真理的，至少说包含着更多的科学因素；而西斯蒙第虽然强调社会生产的目的是消费，但他的观点却是片面的。因为，英国古典学派把经济过程当作自然的客观过程来研究，而西斯蒙第则把经济过程当作是由国家管理、指导调节的人为的发展过程；英国古典学派所关注的是财富怎样生产、流通和分配的客观过程，而西斯蒙第所关注的是政府怎样指导和管理财富的生产、流通和分配；这样，英国古典学派所研究的是支配物质资料生产、交换和分配的客观规律，而西斯蒙第所研究的则是政府怎样理财，以增进人们的物质福利的政策方针和原则。由此可见，西斯蒙第把政治经济学与经济政策学、管理学混为一谈。

在政治经济学对象问题上，西斯蒙第有时甚至还把政治经济学与道德学相混淆。例如，他说：“政治经济学不是单纯计算的科学，而是道德的科学。”

---

① 西斯蒙第．政治经济学新原理［M］．北京：商务印书馆，1983：22，414.

“政治经济学大部分是精神科学。除了考虑人们的利润以外，它也应该先考虑到影响人们情感的事情。”①

关于政治经济学的方法，西斯蒙第也坚持同英国古典学派相反的观点，他反对在政治经济学领域采用抽象法，而主张采用历史的经验的方法。他说：“他（指斯密）的英国新学生，陷入了抽象，这就使我们把人遗忘了，而财富正是属于人而且为人所享受的。他们的科学过于空洞，甚至可以说脱离一切实际。他们起初认为使理论摆脱一切次要问题，可以显得更清楚，更容易理解，结果适得其反；英国的新经济学家所写的作品是非常晦涩的，需要费很大力量才能理解，因为我们的脑筋对他们所要求的那种抽象能力是不肯接受的；但是，这种反感本身就是对我们脱离真理的警告……”。“在政治经济学中应该防止绝对的假定，正如应该防止抽象一样。” “而且一切抽象都是欺骗。”②

其实，科学抽象法正是政治经济学的正确研究方法之一，英国古典学派（特别是李嘉图）在政治经济学的研究方法方面的基本主张是正确的，是接近马克思主义的科学抽象法的。他们的缺陷不在于坚持运用抽象法，而在于有时抽象不及、有时抽象过度。西斯蒙第对英国古典学派的批评是站不住脚的。当然，西斯蒙第这里提出的问题值得人们思考。也就是说，不能把抽象法当成政治经济学的唯一方法，政治经济学还需要其他方法补充或同时并用。

西斯蒙第尽管批评抽象法，但他在分析资本主义社会时也使用了这种方法，不过他使用得十分笨拙和十分主观，他有时把资本主义制度的罪过归之于错误的政策方针，有时把伦理道德原则引入政治经济学，把希望寄托于立法、倒退等就是证明。

二、西斯蒙第的价值理论

1949年以前，我国经济学史界有人认为西斯蒙第否认劳动价值论③；1949年后这种观点虽然已经销声匿迹，但不重视西斯蒙第价值理论的倾向却仍然存在，一些经济学史教科书不讲或者轻描淡写西斯蒙第的价值论，恐怕就是这种思想倾向的反映。其实，西斯蒙第不仅坚持了劳动价值论，而且在

① 西斯蒙第．政治经济学新原理［M］．北京：商务印书馆，1983：191，271.

② 西斯蒙第．政治经济学新原理［M］．北京：商务印书馆，1983：47-48，191.

③ 张毓珊．经济思想史［M］．北京：商务印书馆，1948：115.

某些方面比李嘉图还“更进了一步”[①]，他对劳动价值论是有重要贡献的。这主要表现在以下三个方面。

（一）关于商品二因素的关系

在商品二因素问题上，西斯蒙第坚持了英法古典学派先辈们的正确观点，即商品兼具有用性的同时，还具有交换价值或价值。在这方面他比英国古典学派前进的地方在于：第一，他明确指出，商品价值虽然离不开商品的有用性，但“这种价值并非来自有用性”[②]。这就与效用论划清了界限。第二，他强调商品使用价值和交换价值的矛盾和对立，认为“商业把一切物品都归结为使用价值和交换价值的对立”。他还历史地论述了这种对立的产生和发展，指出在商业以前“一个人只为自己劳动”，为自己的消费需要生产，因此“有用性最初是真正的价值尺度”；“但是，自从有商业以后，任何一个人都不只是再为自己劳动了，而是为一个自己所不认识的人劳动了”，“产业家是为他人的消费生产，而不是为自己的消费生产”，这时“对他来说，这些财物只有被他用来交换时才是有用的”，物品的使用价值只是对别人的使用价值，他所注意的只是劳动消耗，即“自己生产自己所提供的那件物品花去多少劳动和时间，这就是售价的基础”。西斯蒙第认为生产与消费的矛盾、社会需求与资本家为利润而生产之间的矛盾都是使用价值和交换价值矛盾的进一步发展和反映[③]。

可见，在商品二因素问题上西斯蒙第实际上指出了二因素的对立统一关系，这不仅比斯密、李嘉图大大前进了一步，而且比魁奈也前进了一步。

（二）关于决定商品价值的劳动

西斯蒙第对劳动价值论的一个重要贡献就是他在同李嘉图的直接论战中，强调指出了“产生交换价值的劳动的特殊社会性质”[④]。这主要表现在以下几点。

---

① 马克思恩格斯全集［M］.4卷.北京：人民出版社，1956：107；马克思恩格斯全集［M］.13卷.北京：人民出版社，1956：51.

② 西斯蒙第.政治经济学概论.转引自：马克思恩格斯全集［M］.46卷.北京：人民出版社，1956：391.

③ 马克思恩格斯全集［M］.46卷.北京：人民出版社，1956：391；马克思恩格斯全集［M］.4卷.北京：人民出版社，1956：107；西斯蒙第.政治经济学新原理［M］.北京：商务印书馆，1983：54，199.

④ 马克思恩格斯全集［M］.13卷.北京：人民出版社，1956：51.

第一，他认为决定商品价值的不是个别劳动时间，而是社会劳动时间，即由社会竞争确定的社会必要劳动时间。他说："交换价值归根到底总是由取得这种东西所必要的劳动量来确定；但不是实际花费的劳动量，而是在今后生产资料可能改进的情况下将要花费的劳动量。这种劳动量虽然很难作精确的确定，但它总是由竞争加以正确地确定……这一劳动量就是出卖者和购买者之间议价的基础。"西斯蒙第甚至还提出了所需要的平均劳动日的概念①。这里，西斯蒙第所提出的社会必要劳动时间虽然与马克思讲的不同，他的社会必要劳动不是当时的社会平均劳动，而是在生产资料改进以后的社会平均劳动；但他终究提出了社会平均劳动的概念，这就比李嘉图的社会必要劳动概念前进了一步。

第二，他认为决定商品价值的劳动必须是为社会所需要、为社会所承认的劳动。为此，生产商品的劳动总量同社会需要总量之间必须保持必要的比例。因为这种比例是消耗了的劳动得到社会承认的必要条件。他指出，在商品生产条件下，"每个人不是为自己劳动，而是为社会劳动"，"价值是代替个人概念的社会概念"，价值的决定是一种"社会鉴定"②。他还强调，商品价值"来自整个社会的需要和足以满足这些需要的劳动量之间或者和将来能够满足这些需要的劳动量之间的关系"③。西斯蒙第在这里实际上指出了社会必要劳动的第二种含义，这是对布瓦吉尔贝尔"真正价值"概念的继承和发展，也是对李嘉图观点的发展④。这里也比较接近马克思关于社会必要劳动的第二种含义的提法。马克思在《资本论》第3卷中这样说："只有当全部产品是按必要的比例进行生产时，它们才能卖出去。社会劳动时间可分别用在各个特殊生产领域的份额的这个数量界限，不过是整个价值规律进一步发展的表现，虽然必要劳动时间在这里包含着另一种意义。为了满足社会需要，只有这样多的劳动时间才是必要的。"⑤

---

① 转引自：马克思恩格斯全集［M］.4卷.北京：人民出版社，1956：107；王亚南.资产阶级古典政治经济学选辑［M］.北京：商务印书馆，1979：740.

② 转引自：王亚南.资产阶级古典政治经济学选辑［M］.北京：商务印书馆，1979：736.

③ 转引自：马克思恩格斯全集［M］.46卷.北京：人民出版社，1956：391.

④ 布瓦吉尔贝尔认为"真正价值"是由"个人劳动时间在各个特殊产业部门间分配时所依据的正确比例来决定"的，而自由竞争是造成这种正确比例的社会过程。李嘉图认为社会必要劳动指按社会所需要的产量所投入的劳动量，不过他是以错误的形式表达这一思想的。

⑤ 马克思恩格斯全集［M］.25卷.北京：人民出版社，1956：717.

（三）关于商品价值概念的历史性

西斯蒙第在劳动价值论上还有一个贡献，即他实际上已认识到商品价值概念的历史性。他指出："在商业兴起之前……产品量的增加就是财富的直接增加。""有用性最初是真正的价值尺度。""但是，从人们……使自己的生活依赖于他们所能进行的交换或商业的时候起，他们便不得不使用另一种估价，即按照交换价值，按照价值来估价，这种价值并非来自有用性……"①

显然，西斯蒙第认为在商品交换出现之前没有商品价值这个范畴，这个范畴只是商品交换出现之后才有的。这种观点无疑是正确的。这也是资产阶级古典经济学家中前无古人的独到见解，是资产阶级古典经济学家中的最高成就。

在价值论上西斯蒙第虽然有以上二点不可磨灭的贡献，但是他像古典学派的其他代表一样，也存在着一些根本性的缺陷。第一，他也只着重价值量的分析，而忽略了价值实体与价值形态的研究；第二，他也不懂得劳动二重性，没有劳动二重性理论，从而也就不能深刻解释商品二因素的矛盾和对立；第三，他把价值和交换价值经常混同在一起；第四，他关于劳动的概念有时是不科学的，他像亚当·斯密、李嘉图一样，有时也认为土地、工厂也劳动，有时认为资本家也劳动，这些劳动都是价值的源泉②。

三、西斯蒙第的资本理论和剩余价值理论

西斯蒙第在经济理论上的重要贡献还在于他在古典学派中创造性地提出了自己的资本理论和剩余价值理论。在这方面，他比亚当·斯密和李嘉图都更接近科学。

（一）资本理论

关于资本理论值得人们注意的有如下几点：

第一，他指出了货币、物质资料转化为资本的前提条件。他说，金钱虽然经常表现为资本，但"资本并不是钱"，"只要人们把金钱留藏起来，就无法产生任何利息"，只有让它脱手生利，它才能变成资本。小麦本身也不是资本，只有资本家"用这部分小麦等换取劳动，或者换取雇工"，让工人以自己的劳动给他生产出产品，"那么，这部分小麦的价值就变成永久的、逐渐增多

① 转引自：马克思恩格斯全集［M］.46卷.北京：人民出版社，1956：391.

② 西斯蒙第.政治经济学新原理［M］.北京：商务印书馆，1983：73，366.

而不会再消耗的东西，这就是一种资本”①。西斯蒙第还批判了那种把资本与金钱混为一谈的错误观点，他认为：“金钱和资本这两个词由于语言上的滥用产生许多混乱和错误，几乎成了同义词。”② 这里，西斯蒙第指出了货币、物质资料转化为资本的前提条件在于剥削雇佣劳动。应当说，这是他的一个很重要的贡献。

第二，他比较科学地确定了资本的概念，认为所谓资本就是“积累起来能够产生收入的部分”，“是不断增大的价值”，“是永久的不会再消失的价值”③。联系到西斯蒙第关于货币、物质资料转化为资本的前提条件的观点，我们完全有理由断定，西斯蒙第实际上已认识到资本就是靠剥削雇佣劳动而不断增大其价值的价值。显然这个认识是正确的，是古典学派中的最高成就。正像马克思所指出的那样，西斯蒙第给资本下的这个定义在古典经济学中是“更为确切”的定义④。

第三，他已初步认识到了资本这个范畴的历史性。他说，“资本是商业的观念”⑤，而商业是历史的范畴，不是从来就有的。这样他就实际上认为资本不是从来就有的，而是一个历史范畴。当然，他仅仅把资本归结为商业的概念，这是不深刻的，是片面的。这就混同了简单商品生产和资本主义商品生产，混同了资本主义社会以前的商业资本、高利贷资本和资本主义社会的资本。

第四，他指出了资本同其物质形态的区别。他认为资本的物质形态和资本的价值形态是既相互联系又相互区别的，资本的物质形态随着生产过程中的一系列交换而不断改变，时而变成小麦，时而变成金钱，时而变成劳动……，但资本则是“永久的、逐渐增多而不会再消耗的东西”，“资本是永久的、不会再消失的价值”，它永久掌握在所有者手里，“只不过是外表形式

---

① 西斯蒙第．政治经济学新原理［M］．北京：商务印书馆，1983：66，90，278，295.

② 西斯蒙第．政治经济学新原理［M］．北京：商务印书馆，1983：278.

③ 西斯蒙第．政治经济学新原理［M］．北京：商务印书馆，1983：65，66；马克思恩格斯全集［M］．47 卷．北京：人民出版社，1956：6.

④ 马克思恩格斯全集［M］．47 卷．北京：人民出版社，1956：170.

⑤ 西斯蒙第．政治经济学概论．转引自：马克思恩格斯全集［M］．47 卷．北京：人民出版社，1956：169.

不同罢了"[①]。

应当指出，西斯蒙第关于资本理论的以上四点贡献在资产阶级古典经济学家中是关于资本理论的最高成就，它不仅高于法国古典学派大师魁奈，也高于英国古典学派大师斯密和李嘉图。因为这三位大师在资本理论方面尽管都有各自的贡献，但是他们都没有指出货币、物质资料转化为资本的前提条件，没有把资本确定为是靠剥削雇佣劳动而不断增大的价值，也都没有指出资本范畴的历史性，没有把资本的物质形态和一般形态区别开来；相反，他们都常常把资本看成是一种物质资料，把资本的物质形态与一般形态相混淆，把资本看成永恒的范畴。这方面最典型的要算李嘉图，他认为原始社会人们所有的棍棒、石头工具、弓箭也都是资本。

在资本理论方面西斯蒙第也有许多缺点和错误，主要有，第一，他没有不变资本和可变资本的理论；第二，他没有明确指出资本就是一种生产关系；第三，他认为最初的资本是资本家的劳动产生的[②]，这种一般性的提法当然是错误的。

（二）剩余价值理论

在剩余价值理论方面，有如下几点值得我们注意：

第一，他在古典学派中第一次明确指出，资本家阶级是靠剥削工人阶级而发财致富的。他说："现代社会是靠无产者过活，靠夺取无产者的那一部分劳动报酬过活。"[③] 在资本主义社会，"社会组织剥夺了劳动者的一切财产，使他除了自己的双手，其他一无所有"。"他（资本家）用机器所做的一切，就都是从工人手里剥削来的。""资本家……的收入是从使唤工人的劳动中产生的。离开工人的劳动，资本家的资本就不能生息。"[④]

第二，他对资本主义剥削进行了某些科学的说明。他在大多数场合都明确指出，在资本主义社会，工人出卖的是劳动力，而这种劳动力的使用（劳动）就会创造出远远超过劳动力本身所值的价值，资本家通常剥削的就是这

---

① 西斯蒙第．政治经济学新原理［M］．北京：商务印书馆，1983：66；马克思恩格斯全集［M］．46卷．北京：人民出版社，1956：216.

② 转引自：马克思恩格斯全集［M］．23卷．北京：人民出版社，1956：638.

③ 王亚南．资产阶级古典政治经济学选辑［M］．北京：商务印书馆，1979：724.

④ 西斯蒙第．政治经济学新原理［M］．北京：商务印书馆，1983：206，286，514.

种额外价值或剩余产品①。同时，他事实上也把工人的劳动分成两部分：一部分是必要劳动；另一部分是剩余劳动，认为资本家通常剥削的就是这种剩余劳动。

他说无产者“除了自己的劳动没有其他收入”。但是，这种商品“只有通过同（资本家手中的）流动资本相交换才有商业价值”，“如果找不到买主，它就毫无价值”②。在这里西斯蒙第比较明确地区分了劳动与劳动力，并认为劳动力商品只有出卖才有价值，这就为他接近科学地说明剩余价值的起源创造了前提。

西斯蒙第还说，“工厂主需要劳动力是为了谋利”，他们“竭力给工人留下一点只能勉强维持生活的东西，却把工人所生产的、超过他生活的价值的一切据为己有”。农场主也是一样，“他们对待农业工人的态度和城市资本家对待工人的态度毫无二致；他们在给工人维持生活的预支费以后，就千方百计地把工人的劳动所得完全攫归己有，只给工人留下勉强维持生活的一部分，以便使工人保存为再劳动所必需的力量”。资本家需要工人，“因为如果工人没有工作，资本家的资本就不能生息；资本家所期望以及他赖以维持生活的收入，是从他使唤别人所进行的劳动中产生的”，“这种劳动可以产生远远超过企业家的垫支及劳动（力）本身所值的收入”③。这样，资本家尽管只消费不生产，但仍然不会变穷，原因在于资本家的“财富获得了一种通过别人劳动而再生产出来的力量”④。

很明显，在这里西斯蒙第已经在事实上明确指出，资本家购买工人劳动力的目的在于谋利，而他们之所以能谋到利，原因在于他们购买到一种商品，即工人的劳动力，获得了一种能使资本“通过别人劳动而再生产出来的力量”，这种力量能够创造出“远远超过企业家的垫支及劳动（力）本身所值的收入”。

这样，西斯蒙第就在事实上接近科学地初步说明了剩余价值的来源和剩余价值的秘密。应当说，这是他在古典经济学中的一种前无古人的独到见解

① 西斯蒙第．政治经济学新原理［M］．北京：商务印书馆，1983：65，298，494；王亚南．资产阶级古典政治经济学选辑［M］．北京：商务印书馆，1979：722，723.

② 西斯蒙第．政治经济学新原理［M］．北京：商务印书馆，1983：80，200，287.

③ 西斯蒙第．政治经济学新原理［M］．北京：商务印书馆，1983：67，74，75，286，298.

④ 马克思恩格斯全集［M］．23卷．北京：人民出版社，1956：622.

和贡献，是高于古典学派大师魁奈、斯密和李嘉图的贡献。魁奈、斯密和李嘉图这些大师或者在地租的形式下，或者在利润的形式下，都对剩余价值的起源进行了某些猜测，但他们都把劳动与劳动力相混淆，没有对剩余价值问题进行像西斯蒙第这样接近科学的说明。

在剩余价值问题上，西斯蒙第的缺陷在于：第一，他没有劳动力商品二重性的理论；第二，他有时还用劳动价值这个不科学的概念；第三，他有时把剩余价值与其具体形态混在一起，特别是与利润混在一起①。这样他就不可能像马克思那样科学地说明剩余价值产生的全部秘密，他甚至连“剩余价值”这个概念也没有提出来，他把剩余价值称为“额外价值”和“剩余产品”。

四、西斯蒙第的分配理论

在分配问题上，西斯蒙第的不少观点虽然同斯密和李嘉图差不多，但是在某些方面他的观点还是比英国古典学派前进了一步。这主要表现在以下几方面。

第一，他明确指出，资本家阶级的收入是一种剥削收入，从而把斯密、李嘉图关于劳动收入和非劳动收入的区分发展为劳动收入与剥削收入的区分。例如，他认为利润是资本家的收入，是“从工人的劳动果实中抽掉”的“最主要部分”，是企业主对工人的掠夺和剥削。他说，“一个企业家的利润有时只是对他所雇佣的工人的一种掠夺……他不肯给工人足够的劳动报酬”，“他用机器所做的一切，就都是从工人手里剥削来的”②。

第二，他明确指出，工资是“凭出卖劳动力为生的人们”的“劳动力价格”③。这就鲜明地指明了资本主义工资的特征，并突破了古典学派大师们把工资称为劳动价格的旧观点。

第三，他实际上已认识到资本主义生产资料占有关系是资本主义分配关系的基础。他认为地主阶级之所以能以地租形式占有劳动者创造的剩余产品，原因在于地主阶级拥有“土地所有权”；资本家阶级之所以能以利润形式占有劳动者创造的剩余产品，原因在于资本家阶级拥有资本；工人阶级之所以为剥削阶级生产剩余产品，原因在于资本家把他们剥夺成无产者，他们一无所

① 西斯蒙第．政治经济学新原理［M］．北京：商务印书馆，1983：68.

② 西斯蒙第．政治经济学新原理［M］．北京：商务印书馆，1983：65，68，206.

③ 西斯蒙第．政治经济学新原理［M］．北京：商务印书馆，1983：64，214.

有，不得不通过出卖劳动力来获得工资[①]。因此他认为，要解决资本主义社会的分配不公和劳动者贫困问题，就必须解决财产过于集中的问题，并使劳动者占有生产资料。

第四，他尖锐而明确地指出了资本主义分配的不合理性和历史暂时性。

亚当·斯密和李嘉图虽然也曾认为非劳动收入是对劳动者所生产的产品或所创造的价值的一种扣除，但是他们基本上都认为，资本主义分配制度是自然而合理的。而西斯蒙第在古典学派中则独树一帜地明确认为，资本主义分配制度是不合理、不公平的，是应该改变的。

西斯蒙第多次明确指出，资本主义分配是“不公平的分配”，是不合理的分配。他写道：“我们十分清楚，而且商业的历史也非常清楚地告诉过我们，劳动产品增加后获得利益的并不是工人……一种不幸的经验也正是这样告诉我们，工人的工资几乎总是按劳动产品的增加的比例而降低的。……能够多享受一些奢华的轻佻幸福的，不过是全国人口的百分之一。”他又说：在资本主义社会，“短工的人数最多”，但“他们的收入比任何人都少，他们的社会地位比任何人都坏；他们创造财富，自己却几乎享受不到财富”。“穷人固然从社会组织中分享了某些福利，而有钱的人——资本家、商人和厂主当然要比穷人所享受的福利多得多。”[②]

第五，他关于救济基金来源的认识是很正确的。他说：“这笔基金是从穷人的标准工资中积累起来的。”[③] 西斯蒙第的这个观点对于那些迷恋于资本主义社会的救济金，并以此来模糊资本主义社会阶级性质的人是有教育和启发意义的。

总之，西斯蒙第在分配论方面的确提出了一些独到的见解，他在这方面比他的先辈斯密和李嘉图终究还是前进了一步。我国有的学者认为西斯蒙第“在分配问题上不会比他的先辈——亚当·斯密或他的论战对手李嘉图有新的进展”，这种评价显然是武断的。

在分配问题上西斯蒙第也有许多错误，这主要表现在：第一，他有时认为地租是来自土地的“农业纯产品”[④]，这与他的价值论、剥削论相矛盾；第

---

① 西斯蒙第．政治经济学新原理［M］．北京：商务印书馆，1983：64，514.

② 西斯蒙第．政治经济学新原理［M］．北京：商务印书馆，1983：226，360，450，472，494.

③ 西斯蒙第．政治经济学新原理［M］．北京：商务印书馆，1983：228.

④ 西斯蒙第．政治经济学新原理［M］．北京：商务印书馆，1983：190，364.

二，他有时把利润称为具有工资的性质、同资本家的熟练技巧和劳动劲头有关的报酬，“是他们劳动的唯一报酬”①。

五、西斯蒙第的再生产理论和危机理论

西斯蒙第对政治经济学的重要贡献还表现在他的再生产理论和危机理论方面。

(一) 关于再生产理论

在再生产理论方面，他的贡献主要表现在以下几方面。

第一，他明确指出生产过程是个不断反复的过程。关于生产过程是个不断反复的过程的思想，在法国古典学派大师魁奈的《经济表》中已经明确地表现出来了，但是魁奈并没有用明确的语言提出这个命题。英国古典学派的大师们也未用明确的语言提出这个命题。在古典经济学中明确地提出这个命题的要算西斯蒙第。例如，他说：“国民财富的发展过程是一条循环往复的路线”，扩大再生产是按“螺旋形变化”进行的再生产②。马克思对西斯蒙第的这个观点是充分肯定的，他说：“如果说既定规模的再生产、简单再生产，表现为圆圈，那么，积累或规模扩大的再生产，正像西斯蒙第正确地指出的那样，表现为螺旋形。”③

第二，他认识到再生产的实质是实现问题。他说：“年收入的总量必须用来交换年生产的总量；通过这项交换，每个人都可以得到自己的消费品，都要取得一笔再生产的资本，要为一项再生产而进行投资，并提出新的要求。如果年收入不能购买全部年生产，那么一部分产品就要卖不出去，不得不堆在生产者的仓库里，积压生产者的资本，甚至使生产陷于停顿。”又说：“财富一旦没有适当用途，就会使同等数量的再生产陷于停顿，得不到再生产的代替。”④ 在这里，由于西斯蒙第接受了斯密教条，认为年收入总量应该用来交换年生产总量，这种提法当然是不科学的，实际上这两者不可能相等，因而年收入总量也不可能交换到年生产总量。但他认为如果年产品不能实现，社会生产就会停顿，社会再生产就无法进行，这种观点则是正确的。这说明

---

① 西斯蒙第．政治经济学新原理［M］．北京：商务印书馆，1983：232，366.

② 西斯蒙第．政治经济学新原理［M］．北京：商务印书馆，1983：79，83.

③ 马克思恩格斯全集［M］.49卷．北京：人民出版社，1956：498.

④ 西斯蒙第．政治经济学新原理［M］．北京：商务印书馆，1983：76，81.

他已认识到社会再生产的实质就是实现问题。毫无疑问，这是他的一个贡献。

第三，他指出了再生产的三种类型，即原有规模进行的生产、扩大规模进行的生产、缩减规模进行的生产①。

第四，他反复强调社会生产必须按比例发展的极端重要性。关于社会生产按比例均衡发展的问题，在布瓦吉尔贝尔、魁奈、斯密的著作中已经论述过了，西斯蒙第继承了这些成果，他的特色在于他特别强调生产与消费、积累与消费的比例关系，把财富与人口的比例关系作为一个很重要的因素，并把按比例发展的重要性提到国家存亡的高度。

他说："我认为，为了谋求所有人的幸福，收入必须和资本一同增长，人口不得超过他们赖以生活的收入，消费必须和人口一同增长，而再生产同进行再生产的资本之间以及同消费它的人口之间都必须成相等的比例。……每当这个或那个比例关系遇到破坏时，社会便陷入浩劫之中。"② 又说："必须用一部分年产品使土地经常保持同样的肥力，用另一部分年产品替换人的劳动所积累的资金，使它保持同样的比例；用第三部分年产品维护全国一切参加劳动的人的生活，使他们保持同样程度的力量；如果年产品不分别用在这些方面，国家就会很快地陷于贫困、破产甚至灭亡。"③ 他还说，"绝对的消费决定着相等的、或扩大的再生产"，"如果使生产发展得过快，生产就会变得有害"。假如生产逐渐增长，每年的替换就只能使人们遭受一些轻微损失，但却能为将来改善条件。假如这种损失很轻微而又分担合适，每个人都会毫无怨言地承担这种损失。但是，假如新的生产和过去的生产很不协调，资本就会枯竭，灾难就会临头，国家就不会进步，而是后退。"国家的支出过多和过少都能导致国家的破产。"④ 把保持再生产的比例和适度的重要性提到有关国家存亡的高度，这在古典学派中是很罕见的。无疑这也是西斯蒙第对再生产理论的一个贡献。

第五，他通过资本主义再生产的分析揭露了资本主义社会的矛盾。例如，他通过再生产的分析揭露了资本家对工人的剥削关系，指出在资本主义社会，富人不生产、只消费但不会变穷，原因在于"财富获得了一种通过别人劳动

① 西斯蒙第．政治经济学新原理［M］．北京：商务印书馆，1983：83，201.

② 西斯蒙第．政治经济学新原理［M］．北京：商务印书馆，1983：10.

③ 西斯蒙第．政治经济学新原理［M］．北京：商务印书馆，1983：363.

④ 西斯蒙第．政治经济学新原理［M］．北京：商务印书馆，1983：83，84，85.

而再生产出来的力量"[①]。他又通过再生产的分析揭露了资本主义社会生产与消费的矛盾，揭露了劳动者生活恶化、消费不足的现象，揭露了资本主义分配制度的不合理性，等等。这在古典学派中也是罕见的。

尽管西斯蒙第在再生产理论上有上述贡献，但还不能说他已建立了科学的再生产理论，因为他在这方面还存在不少缺陷和错误，这主要表现在：第一，他接受了斯密教条，常常把国民收入和年产品混为一谈，认为这两者是等值的，从而在年产品中漏掉了不变资本的价值。虽然他曾说过"最重要的是不应该把年产品和收入混淆起来"[②]，但他似乎未理解这句正确的话，而常常把年产品和收入混为一谈。第二，他认为产品由收入购买，而忽略了生产资料市场对再生产的意义。他事实上把实现问题仅仅看成是由个人消费决定的，不知道还有个生产资料的实现问题。第三，因为他接受了斯密教条，所以他只满足于收入转变为资本，而未探究这个行为的物质条件。第四，他没有将对外贸易暂时舍掉，而企图通过外贸恢复平衡，认为如果资本、收入和消费"这三部分相应的财富之一偶尔超过了另外两种，对外贸易就可以随时来恢复这种平衡"[③]，其实这"只会把问题扯远，把问题从一国移到数国"[④]。

（二）关于危机理论

在危机论方面，西斯蒙第的主要贡献在于他突破了古典经济学的传统观点，认识到普遍性生产过剩危机的必然性，并把危机的根源在一定程度上归之于资本主义制度。他的危机论在资产阶级古典经济学中是水平最高的，是李嘉图等大师们所望尘莫及的。西斯蒙第是经济学史上第一个论述过资本主义经济危机普遍性和必然性的资产阶级古典经济学家。

首先，他指出了资本主义经济危机的性质和基本特征，认为资本主义经济危机就是生产过剩的危机，这种生产过剩危机是普遍的而不是局部的。他说："人们只要随便翻阅一下商业新闻、报纸和旅行家的游记，就可以到处看到这种生产超过消费的过剩现象。"[⑤] 他对这种危机现象进行了相当全面的描述，如工厂没有订货，没有销路，工人没有足够的工资，无数工人完全失业；

① 转引自：马克思恩格斯全集［M］. 23卷. 北京：人民出版社，1956：622.

② 西斯蒙第. 政治经济学新原理［M］. 北京：商务印书馆，1983：75，363.

③ 西斯蒙第. 政治经济学新原理［M］. 北京：商务印书馆，1983：85.

④ 列宁全集［M］. 3卷. 北京：人民出版社，1958：25.

⑤ 西斯蒙第. 政治经济学新原理［M］. 北京：商务印书馆，1983：219.

生产方面的巨大资本都用于生产过剩的产品，而这些产品完全堆积在仓库里，这是当时的恐慌和贫困、生产和消费增长的不平衡日益严重的标志。他批判了萨伊和李嘉图否认普遍危机的错误观点，说："人们遇到的是普遍的停滞"，"我看到的是所有国家都有生产过剩或者说生产和消费不相调和的现象"，"我简直不明白人们今天怎么能不看世界商业中的实际情况而否认这一事实"①。

其次，西斯蒙第还论述了资本主义经济危机的根源，即必然性。他指出生产过剩的危机在资本主义社会以前是不可能发生的，说："我想要解释的工业产品的过剩，在前几个社会阶段是不可能发生的。"而在资本主义社会，他认为这种危机则必然要发生，用他的原话讲就是：市场的饱和"是人们所竭力追求的生产方式的必然结果"②。为什么在资本主义社会这种经济危机必然会发生呢？原因在于资本主义制度有严重的缺陷。这主要表现在：

第一，财产集中在少数私有者手中，使国内消费不足，市场缩小。他说，由于财产集中到少数私有者手中，国内市场就必定要日益缩小，工业就必定日益需要寻求国外市场，因而该国的工业就要受到更加巨大的波动的威胁。

财产集中到少数私有者手中为什么会引起国内市场缩小呢？西斯蒙第对这个问题是这样解释的：财产集中就意味着中小生产者的破产，从而这些中小生产者收入就会减少，消费就会减少；这就意味着对工人分配很少，工人收入不足，消费必然不足；也就意味着只有少数人能增加收入，增加消费，但是这百分之一的富人是无法消费整个劳动阶级的剩余产品的。总之，财产集中在少数私有者手中，必然引起消费不足，因而国内市场必然缩小。他批评那种把消费看成无底洞的观点，说："绝大多数现代经济学家却认为消费是一个无底洞，随时都能吞噬无限的产品，这是一种极大的误解。"③

第二，资本家与工人利益对立，使资本主义社会生产陷入盲目状态。他说："造成市场停滞的唯一原因就是参与共同生产的生产者——老板和工人之间的利益的对立，他们之间的差别，使生产者与消费者之间的差别变得更加严重，老板们所以决定从事生产并不是因为消费者向他们有所要求，而是因为工人以廉价的工资为他们劳动。"④ 这就是说，资本家从事生产所考虑的首

① 西斯蒙第．政治经济学新原理［M］．北京：商务印书馆，1983：223，482，499，502.

② 西斯蒙第．政治经济学新原理［M］．北京：商务印书馆，1983：223，517.

③ 西斯蒙第．政治经济学新原理［M］．北京：商务印书馆，1983：58.

④ 西斯蒙第．政治经济学新原理［M］．北京：商务印书馆，1983：523-524.

先是如何赚钱，而不是首先考虑消费者的需要，这样就会使资本主义社会的生产陷入盲目无政府状态。正如他在另一处所讲的："财富的发展，使工人聚集到大工厂里，他们的技能完全置于大资本家的支配之下……大资本家们剥夺了穷人了解市场需求的一切可能性，……大资本家使工人完全不能了解需要工人产品的消费者的情况。"资本主义制度把劳动者"推到盲目生产中去，这种生产与需求、与购买力都毫不适应"，因此资本主义经济危机是资本主义制度"不良的必然结果"①。

由此可见，西斯蒙第对资本主义经济危机根源虽然更多的是用消费不足去具体解释，但他是把消费不足与资本主义占有制度、分配制度联系在一起的，是与资本主义社会的内在矛盾联系在一起的。正像马克思所指出的："在西斯蒙第看来，危机并不像李嘉图所认为的那样是偶然的，而是内在矛盾的广泛的定期的根本爆发。"② 过去，人们往往把西斯蒙第的危机论仅仅归结为消费不足论，这显然是不够确切的。

西斯蒙第危机论的主要缺陷和错误在于：①他没有认识到资本主义经济危机的最终根源是资本主义的基本矛盾，他太偏重于用生产与消费的矛盾解释危机，而没有把生产与消费的矛盾看成资本主义基本矛盾的表现，与基本矛盾相联系来解释危机。②他没有辩证地看中小生产者的破产同市场的关系。中小生产者的破产虽然有减少这些人的收入从而缩减消费的影响，但也有创造新的国内市场并扩大市场的影响。西斯蒙第只看到了前一面，因而是片面的。

六、西斯蒙第对资本主义制度的批判

西斯蒙第在古典学派中的独到之处还表现在他对资本主义制度进行了有意识的揭露和批判。他批判了资本主义制度的各个方面，揭露了资本主义社会的种种矛盾，在这方面他的功绩也是古典学派中无人可以比拟的。他对资本主义的批判主要表现在以下方面。

（一）对资本主义分配制度的批判

西斯蒙第对资本主义批判得最多的是资本主义的分配制度。正如我们前边所讲过的，他认为资本主义的分配是很不公平、很不合理的，这种不合理、

---

① 西斯蒙第．政治经济学新原理［M］．北京：商务印书馆，1983：420，530.

② 马克思恩格斯全集［M］．26卷Ⅲ．北京：人民出版社，1956：55.

不公平主要表现在创造财富的多数人（穷人）却享受不到多少财富，而不创造财富的少数人（富人）却凭着永久的分配权享受“多得多”的财富①。

（二）对资本主义剥削、压迫制度的批判

西斯蒙第还揭露、批判了资本主义的剥削、压迫制度。他认为资本主义制度是资本家和工人利益对立的制度，是富人压迫、剥削穷人的制度，是奴役工人的制度。在这个社会，资本家阶级“剥夺了劳动者的一切财产，使他除了自己的双手，其他一无所有”。对于厂主来说，只要可以获利就行，至于工人因贫困而羸弱，甚至死亡，他是不管的。他们的利益与他们的工人们的利益是截然不同的，在他们需要工人劳动而与工人订立合同时，他们只考虑用什么方法能以最低的工资来使工人劳动；他们在工人生病、年老时，或者到淡季时，就解雇他们，让公共慈善事业、救济院、英国的本堂区来供应他们的可怜的生活。厂主们串通一气，一致对付他们的工人。厂主用极少的工资来欺骗工人，使工人的身体暴露在恶臭的空气中、棉花毛中或水银汽中。在这个社会，穷人阶级所受的压迫极其严重，而工厂主却休闲自在；工人为了生活必须劳动，而工厂主却能够养尊处优。在这个社会，资本家有时把非常苛刻甚至往往极不合理的条件强加在穷人身上。资本家用机器所做的一切都是从工人手里剥削来的②。

在古典学派的代表人物中，还没有人像西斯蒙第这样明确地批判和揭露资本主义的压迫和剥削。应当说，他在这方面已突破了资产阶级古典经济学的界限。

（三）对资本主义积累的揭露和批判

西斯蒙第还把批判的矛头指向资本主义积累，认为这种积累给资本家、富人带来巨额的财富和福利，却给工人、穷人带来贫困、失业和灾难。他在一定程度上论述了资本主义积累的规律，指出资本主义积累就是两极的积累，即资本家阶级财富的积累和工人阶级贫穷的积累。应该说这也是他的一个贡献，这是亚当·斯密和李嘉图所无法做到的。

他指出在当时作为发达资本主义国家的英国到处都呈现出令人惊异和令人可怕的情景：一面是资本家豪富们坐着豪华的车辆、有无数仆从手执棍棒在街上护卫，带上大批马匹、猎犬，过着奢侈的生活；一面又是成群结队被

---

① 西斯蒙第．政治经济学新原理［M］．北京：商务印书馆，1983：226，360，450，472，494.

② 参见：西斯蒙第．政治经济学新原理［M］．北京：商务印书馆，1983：260，450，514.

人从工厂赶出来的乞丐。在城市里，在首都，在有最豪华的车辆风驰电掣的海德公园周围的街上，十个一群、二十个一伙的产业工人带着失望的神情，四肢无力地在那里死死地坐着，但是他们引不起人们的丝毫注意。他说如果把豪富的“挥霍和穷人的痛苦比较一下，人们就会感到愤怒”①。

他指出在资本主义社会，人数最多的，也可以说，社会上最主要的阶级的痛苦，最近达到了极严重的程度：周围是一片荣华富贵的景象，但是工人和他的妻子儿女却一起被工厂主解雇；张眼可以看到处处摆着他们所需要的食物，但是有钱人却不让他们终生从事劳动以换取面包。西斯蒙第的结论是：在资本主义社会“贫困和富饶并行增加”②，“物质财富越增加，群众的贫困越严重，生产各种财富的阶级越接近一无所有的穷苦境地”③。

西斯蒙第还把这种两极对立的根源归之于资本主义制度。他说，“归根结底，我认为……人们所受的各种灾难是我们的社会制度不良的必然结果。”④

马克思指出，西斯蒙第由于觉察到了资本主义社会雇佣劳动创造财富的过程“作为自身的贫困化过程和它相对立”这种矛盾，“而在政治经济学上开辟了一个时代”⑤。

（四）对资本主义竞争的批判

西斯蒙第还把批判的矛头指向资本主义竞争。他认为资本主义竞争使“一个工厂主的繁荣建筑在自己同行破产的基础上”，把同行变成冤家，竞争还“使工业家们陷入可怕的灾难之中”。他还认为，只有在社会对于商品需求不断增加的条件下，自由竞争才有利于生产，否则竞争将只会使资本雄厚、精明强干的资本家打倒他的竞争对手，抢走买卖，而并不会给消费者带来好处。“需求不增加，则竞争只能使某几个个别人发财致富，而使所有的人蒙受损失。”竞争会给工人带来苦难，因为资本家为了加强竞争实力，必然要节省人工，加班加点，降低工资，用童工和女工顶替男壮工。西斯蒙第主张由国家来限制竞争，利用竞争。

西斯蒙第还批判了英国古典学派关于个人利益与公共利益的自然统一说，

---

① 西斯蒙第．政治经济学新原理［M］．北京：商务印书馆，1983：458.

② 王亚南．资产阶级古典政治经济学选辑［M］．北京：商务印书馆，1979：735.

③ 西斯蒙第．政治经济学新原理［M］．北京：商务印书馆，1983：531.

④ 西斯蒙第．政治经济学新原理［M］．北京：商务印书馆，1983：530.

⑤ 马克思恩格斯全集［M］．26卷Ⅲ．北京：人民出版社，1956：285.

认为这是一种错误观点，他主张对自由竞争、个人利益由国家出面加以适当调节和节制，主张对竞争采取利用和限制并举的政策。他说："个人利益乃是一种强取的利益，个人利益常常促使它追求违反最大多数人的利益，甚至归根结底可以说是违反全人类的利益。"又说："商业财富的发展不需要政府干预的说法是绝对不正确的；政府对商业财富发展的自由竞争完全任其自流，并不会因此就杜绝某种压迫或使多数人免遭过分的痛苦……如果政府对财富的欲望加以调节和节制，它就可能成为一个无限慈善的政府。"①

西斯蒙第是古典学派中第一个反对自由放任主义和主张国家干预的经济学家，他对资本主义竞争实质的揭露是比较深刻的，对放任自由竞争自发自流的观点的批判是正确的，他关于由国家来利用竞争并适当限制竞争的主张是有参考价值的；但他对竞争作用的认识是不全面的，只看到资本主义竞争的负面影响，而对竞争对资本主义经济的强大推动作用则认识不够。

（五）对机器资本主义应用后果的揭露

西斯蒙第对资本主义制度的批判还表现在对机器资本主义应用后果的揭露方面。他认为能节约劳动的技术发明本来是件好事，因为正是通过这样的发明社会才有进步；正是依靠这样的发明，人类的劳动才能满足自己的需要，才能很快地满足自己的欲望，社会才会只用部分人劳动就能获得整个社会的繁荣，并且在供应大量消费品的同时积累大量的财富。但是，在资本主义社会，技术发明给资本家带来利益，给工人却带来灾难。这主要表现在：第一，在资本主义社会，技术发明排挤工人，工人由于被机器所代替，被资本家解雇，就有饿死的危险。列宁说："西斯蒙第……指出了机器排挤人的现象。指出这一点是他的无可争辩的功绩，因为在他著书立说的时代，指出这一点是一个新发现。"② 第二，在资本主义社会，技术发明还降低了工人的实际工资。机器提高了工人的生产能力，强迫工人拿同样的工资，可是每日的劳动时间不仅没有缩短，反而更长了，这实际上等于降低了工人的实际工资。第三，在资本主义社会，技术发明还使工人在恶劣的环境中工作，使工人成为畸形的人，成为机器的一部分。

西斯蒙第的功绩在于他不仅揭露了机器的资本主义应用给工人带来的灾难，还揭露了造成这些灾难的最终根源。他正确地指出，造成这些灾难"并

① 西斯蒙第．政治经济学新原理［M］．北京：商务印书馆，1983：243，246.

② 列宁全集［M］．2卷．北京：人民出版社，1958：143.

非机械科学进步的过错，而是社会组织的问题”，“这是当前的奴役工人的社会组织造成的”。他说：“我请大家注意这一点：我所反对的决不是机器，决不是发明，决不是文明，我们反对的是现代的社会组织。”①

在对机器资本主义应用后果问题上，西斯蒙第的缺陷主要是：他常常把资本主义社会组织的问题主要归之于分配不合理。例如，他说：“在今天，并不是发明不好，而是劳动果实的分配不合理。”“真正的灾难决不是由于机器的改进，而是由于我们对机器的产品所进行的不公平的分配。”② 这是他理论上肤浅性的表现。

（六）对资产阶级国家本质的揭露

西斯蒙第还把批判资本主义的矛头指向资产阶级国家，他揭露了资产阶级国家的阶级本质，指出资产阶级国家的“社会事业费绝大部分都是为保护富人反对穷人而支出的”，资产阶级政府只注意商人的利益，“认为这些人的利益永远符合国家的利益，而且几乎是永远根据他们的意见制定本国的法律”③。这种观点在资产阶级古典学派中是很难得的，应该说这是他的功绩。

七、西斯蒙第的社会理想

（一）西斯蒙第的理想社会

在西斯蒙第看来，当时的资本主义社会矛盾重重，灾难深重，不是一个理想社会，所以他反对当时的资本主义社会制度。他说：“今天的社会，有一无所有的工人，他们的工资是通过竞争决定的，只要老板不需要他们干活了，就会解雇他们，因此我们的反对意见正是针对这样的社会制度提出来的。”“我们反对的是现代的社会组织。”④

西斯蒙第也反对以傅立叶、欧文等人为代表的替无产阶级说话的空想社会主义。他说：“我认为共同参加劳动的人共同分配劳动果实是有缺陷的……那些对人的思想了解或体验得不多而对人类充满热情的人，以合作的名义提出了一个崭新的社会制度，企图利用为完成社会所需的一切工作而组成的团

① 西斯蒙第．政治经济学新原理［M］．北京：商务印书馆，1983：211，450，514.

② 西斯蒙第．政治经济学新原理［M］．北京：商务印书馆，1983：450，514.

③ 西斯蒙第．政治经济学新原理［M］．北京：商务印书馆，1983：246，360.

④ 西斯蒙第．政治经济学新原理［M］．北京：商务印书馆，1983：505，514.

体的利益来代替个人利益。欧文先生是这派学说的最有名的作者……然而，这个学说的原则是不值一驳的。”①

西斯蒙第主张建立一个以中小资本为主、劳动者与资本家合作、工人也有私产并能参加企业入股从而分占利润的社会，即劳资利益调和的社会。他说：我所希望的是把城市的作业拿来和田间的作业那样分给为数众多的独立作坊，而不是只把它汇集在制驭着成百上千工人的一个首领手中；我所希望的是把工场分给为数众多的中等资本家，而不是把它汇集在一个拥有亿万财富的人的手中；我所希望的是，唯愿明智的工人在自己的面前有机会，并且差不多是确定地与他的老板进行联合，以便工人当自己在商业中享有一个股份的时候就去结婚，而不像他今天毫无提前的希望那样要到老的时候才结婚。我所追求的不过是使参加劳动的人能够得到劳动果实的方法，并且使开动机器的人能够从机器上得到利益。如果我最后达到了这个目的，我随后就要根据生产者的利益再提出，不要他们生产人们不需要的产品。只要生产者能够被当作同样的人来看待，他们在唯一的利益的驱使下，永远会按照“休息比做无益的工作更好”的原则来行动。只有当人们能够设法建立一个彼此关心的集体，来代替工业企业家和被雇佣者彼此对立的制度，使农业工人分享土地收入，使产业工人分享自己产品的时候，英国才能安定，产业阶级才能幸福，才有实际而持久的繁荣进步。如果产业阶级像营业店员们那样经过一个见习期后就能在他们老板的商店得到一笔利益，也能在他献出自己血汗的企业中得到一份权利和一份财产，如果一半利润分给出资者而一半利润由参加合作的工人平分，而且希望得到这种升迁的工人不成为合作者就永远不结婚的话，这个产业阶级当然是更为幸福的。“应当寻求更好的方法。必须消灭的不是贫苦阶级，而是短工阶级；应该使他们回到私有者阶级那里去。”②

（二）关于实现理想社会的途径

为了实现自己的理想社会，西斯蒙第还提出了自己的一系列具体主张。这些主张主要包括如下几个方面。

第一，依靠立法改良资本主义社会。他认为资本主义制度不公平、不合理，但他不同意用社会主义推翻它、代替它，而是主张通过立法手段改良它。他说：“完美的社会制度对穷人和富人同样有利，政治经济学教导我们通过改

① 西斯蒙第．政治经济学新原理［M］．北京：商务印书馆，1983：475-476.

② 西斯蒙第．政治经济学新原理［M］．北京：商务印书馆，1983：445-446.

进的办法来保留这种制度，而不是推翻它。……立法者应该考虑的决不是条件的均等，而是在一切条件下的幸福。立法者决不是用平分财产的方法来使人获得幸福，因为这样可能破坏唯一能创造一切财产的劳动的热情，而且劳动只在这种不平均的情况下才能受到鼓舞，劳动热情才能通过劳动而不断恢复。”① 他还说，“为了进行这些改革，我所要求的只是法律上的缓慢的、间接的办法，只要求在老板和工人之间实行一种完全合理的裁判，要老板对他给工人所造成的危害负完全责任。希望法律不断促进遗产的分散，而不推动财产的积聚，希望法律能使老板与工人的关系更加密切，以更长的时间雇佣工人，使工人分享他的利润，获得经济利益和政治利益”②。

第二，支持宗法式农业，保证农业工人有一份财产。他说，政府对农业人口的总任务就是保证工作者有一部分财产，或者是特别优先支持我们所说的宗法式农业。政府应“鼓励小农业”③。

第三，支持小土地所有者和小农场主。他说，如果地主对短工们施行垄断，迫使短工们互相竞争，最后使他们为了非常微薄的工资而从事劳动；如果他们同时利用巨大资本大规模进行工程和经济的管理来挤垮小土地所有者和小农场主，那么，法律就应该采取更直接的方法来支持小土地所有者和小农场主。

第四，把大工场分成为数众多的中等作坊。他说，我所希望的是把城市的作业拿来和田间的作业那样分给为数众多的独立作坊，而不是只把它汇集在制驭着成百上千工人的一个首领手中；我所希望的是把工场的财产分给为数众多的中等资本家，而不是把它汇集在一个拥有亿万财富的人的手中④。

第五，恢复行会组织。他强调，如果各行业可以仅为救济的目的而恢复行会组织，如果各行会的首脑可以完全按照英国的本堂区那样，救助本行业的所有穷人，人们就会结束工人阶级所面临的这种痛苦，结束今天使商业破产的生产过剩和使穷人阶级感到绝望的人口过剩。

第六，提高工人工资。他认为用尽量降低工人工资的办法来增加厂主、商人、私有者的纯收入，是一种错误的政策。因为这“不仅没有好处，而且

---

① 西斯蒙第．政治经济学新原理［M］．北京：商务印书馆，1983：23.

② 西斯蒙第．政治经济学新原理［M］．北京：商务印书馆，1983：477.

③ 西斯蒙第．政治经济学新原理［M］．北京：商务印书馆，1983：462，471.

④ 西斯蒙第．政治经济学新原理［M］．北京：商务印书馆，1983：476.

会大大妨害国家的繁荣。”①

第七，政府干预经济生活。他说：“亚当·斯密一直反对政府干预一切有关增加国民财富的事，我们却一再呼吁政府对此进行干预。”② 商业财富发展不需要政府干预的说法是绝对不正确的；政府对商业财富发展的自由竞争完全任其自流，并不会因此就杜绝某种压迫或使多数人免遭过分的痛苦；如果政府对财富的欲望加以调节和节制，它就可能成为一个无限慈善的政府。

总之，西斯蒙第主张建立一个中小资本为主、劳资利益调和的资本主义社会，而反对大资本统治、剥夺工人和小生产者的社会，实现这个理想社会的办法就是依靠立法进行改良。显然，这是一种改良主义的倒退，是根本行不通的。

① 西斯蒙第．政治经济学新原理［M］．北京：商务印书馆，1983：227，367.

② 西斯蒙第．政治经济学新原理［M］．北京：商务印书馆，1983：460.

第二篇

十九世纪上半期的资产阶级庸俗经济学

第七章　英法资产阶级庸俗经济学的产生

——萨伊和马尔萨斯的经济学说

第一节　庸俗经济学概述

一、资产阶级庸俗经济学的基本特征

马克思把近代资产阶级政治经济学的发展分为两个基本阶段，即古典经济学阶段和庸俗经济学阶段。

资产阶级古典经济学阶段是资产阶级经济学的上升阶段，而庸俗经济学阶段则是资产阶级经济学阶段的衰落阶段。

资产阶级庸俗经济学也叫“鄙俗的政治经济学”①。它具有如下基本特征：第一，它代表走向没落的资产阶级利益或资产阶级化地主的利益，反对无产阶级和人类进步运动，为粉饰资本主义剥削制度服务；第二，它主要描述资本主义社会的表面现象，只反映人与人关系的现象形态，只热衷于表象和假象，而不研究资本主义社会的内部联系；第三，它在理论上反对科学的经济理论，基本上是一种辩护学。庸俗经济学尽管派别和代表人物较多，但总的来讲都具有以上这些特征。

资产阶级庸俗经济学与古典经济学既有区别，又有联系。区别是：第一，古典经济学代表新兴的进步的产业资产阶级的利益，为反对封建阶级和封建制度的残余、促进资本主义发展服务，它并不直接反对无产阶级；而庸俗经济学则代表走向没落的资产阶级和资产阶级化地主的利益，为粉饰资本主义剥削制度、反对无产阶级和人类进步运动服务。第二，古典经济学着重分析资本主义的经济现实，研究资本主义的内在联系和自然规律；而庸俗经济学则主要描述从现象表面所见到的外在联系，而不研究资本主义经济现象的内

① 马克思恩格斯全集［M］. 16卷. 北京：人民出版社，1956：233.

在联系。第三，古典经济学是科学的资产阶级经济学，它坚持劳动价值论和由此得出的其他经济理论；而庸俗经济学则基本上是辩护学，它反对劳动价值论和其他科学理论。

庸俗经济学与古典经济学之间也有联系：它们都是资产阶级的政治经济学，都在维护资本主义制度的利益，都是资产阶级的意识形态；在古典经济学中也有庸俗的因素，庸俗经济学正是在继承、发展这种庸俗因素的基础上产生、发展起来的；在庸俗经济学中也有某些科学的因素。

近代庸俗经济学有其产生和发展的过程，它大体经历两个基本阶段，这就是十九世纪上半期的资产阶级庸俗经济学和十九世纪下半期至二十世纪初的资产阶级庸俗经济学（即向帝国主义过渡时期的庸俗经济学）。

资产阶级庸俗经济学虽然基本上是一种辩护学，但由于它研究的经济现象多数仍是客观存在，它所研究的联系多是经济事物客观的浅层联系，它所得出的结论多数仍有现象根据，其中有不少反映了社会大生产和市场经济共性的东西，所以，它又有较大的实用性和可借鉴性，有部分结论还带有较大的科学性。那种认为庸俗经济学只是一种辩护学，甚至认为庸俗经济学句句庸俗、句句反动的观点是错误的；认为庸俗经济学是科学的经济学，甚至认为是真正唯一科学的经济学的观点，也是错误的。

二、英法资产阶级庸俗经济学产生的条件

英法资产阶级庸俗经济学是十八世纪末、十九世纪初产生的，直到1830年左右它才作为一个独立的体系出现在历史舞台上。

庸俗经济学的产生是以阶级斗争的发展状况为条件的。当资产阶级未夺得政权，无产阶级与资产阶级的阶级斗争还“处于潜伏状态或只是在个别的现象上表现出来的时候”①，当无产阶级还只是作为资产阶级的追随者、配角，它与资产阶级的斗争还只是在后台进行的时候，庸俗经济学只是作为因素、成分而孕育在古典经济学代表人物的观点之中，与古典学派的科学观点自然地和平共处在一起。这方面亚当·斯密就是一个典型代表。但是，随着阶级斗争的发展，当资产阶级已经夺取了政权，当无产阶级与资产阶级的阶级斗争逐渐由后台走向前台，当这种“阶级斗争在实践方面和理论方面采取了日

① 马克思恩格斯全集［M］.23卷. 北京：人民出版社，1956：16.

益鲜明的和带有威胁性的形式”的时候①，庸俗经济学“才作为政治经济学的特殊表现形式从中分离出来”②。

正如马克思所讲的：“1830 年，最终决定一切的危机发生了，法国和英国的资产阶级夺得了政权。从那时起，阶级斗争在实践方面和理论方面采取了日益鲜明的和带有威胁性的形式。它敲响了科学的资产阶级经济学的丧钟。现在问题不再是这个或那个原理是否正确，而是它对资本有利还是有害，方便还是不方便，违背警章还是不违背警章。不偏不倚的研究让位于豢养的文丐的争斗，公正无私的科学探讨让位于辩护士的坏心恶意。”③“城市的无产阶级在里昂鸣起了革命的警钟，农村的无产阶级又在英国扬起了赤旗。海峡的此岸开始散布欧文主义，彼岸则广布圣西门主义与傅立叶主义。庸俗经济学的钟响起来了。”④

三、十九世纪上半期英法庸俗经济学发展的两个阶段及其特点

第一个阶段：十八世纪末到 1830 年。这一阶段的庸俗经济学家，一般都还在表面上打着斯密和李嘉图信徒的旗号，与古典学派还未完全断绝关系。他们多以“注释”“通俗化”的形式，一方面对古典经济学代表的科学观点进行庸俗的解释，另一方面又把古典学派代表人物观点中的庸俗因素加以整理，使之系统化。这个阶段的最初代表人物是打着斯密信徒旗号的萨伊和马尔萨斯，接着是打着李嘉图信徒旗号的詹姆斯·穆勒和麦克库洛赫。

这时的庸俗经济学还未完全占据统治地位，庸俗经济学代替古典经济学居于统治地位，那是在 1830 年以后。

第二个阶段：1830 年到 1850 年前后。这个阶段的庸俗经济学家虽然有的仍自认为是斯密、李嘉图的信徒，但大多都公然宣称要“补充”和“修正”古典经济学。这个阶段最典型的代表人物是西尼耳、巴斯夏，还有一个有争议的特殊的经济学家约翰·穆勒。

这时庸俗经济学已逐渐居于统治地位，并获得初步发展。

① 马克思恩格斯全集［M］. 23 卷. 北京：人民出版社，1956：17.

② 马克思恩格斯全集［M］. 26 卷Ⅲ. 北京：人民出版社，1956：557.

③ 马克思恩格斯全集［M］. 23 卷. 北京：人民出版社，1956：17.

④ 马克思资本论［M］. 1 卷. 北京：人民出版社，1955：747.

第二节 萨伊的经济学说

一、萨伊的生平著作

让·巴蒂斯特·萨伊（1767—1832），经济学家，法国资产阶级庸俗经济学的鼻祖。他 1767 年出生于法国里昂的一个大商人家庭，早年经商，后来去英国求学，也就是在这个时候他接触到亚当·斯密的经济学说。法国资产阶级革命爆发时，他在一家保险公司当秘书。在大资产阶级执政时，萨伊积极参加政治活动拥护革命。但当雅各宾派上台后，他离开革命而成为革命的反对者。

萨伊于 1790 年开始从事著作活动，从 1794 年到 1799 年，他担任《哲学、文艺和政治旬刊》杂志的主编。他在这个杂志上发表了许多文章，得到拿破仑·波拿巴的赏识，被临时派到财政委员会工作，但由于他不同意拿破仑的保护政策，不久即被解职。拿破仑失败后，波旁王朝复辟，政府派他到英国考察工业情况。在英国他曾在格拉斯哥大学讲授过政治经济学，并与李嘉图、边沁有过接触。

萨伊 1819 年任法国工艺学校工业经济学讲师，1830 年任法兰西学院经济学讲师，1832 年 11 月 5 日在巴黎逝世。

萨伊的主要经济学著作有：《政治经济学概论》（1803 年）、《政治经济学问答》（1817 年）、《政治经济学教程》（1828—1830 年）。其中，《政治经济学概论》是他的代表作。

萨伊是以亚当·斯密经济学说的“解释者”和“整理者”的姿态出现的，资产阶级经济学家把萨伊称为“欧洲大陆各国亚当·斯密学说之神父”①，是亚当·斯密学说在欧洲大陆的继承者、普及者。其实亚当·斯密的学说经过萨伊的“解释”“整理”之后，完全改变了面貌，萨伊不过是继承了斯密学说中的庸俗成分，并加以系统化、扩大化而已。萨伊不愧是法国庸俗经济学的创始人。

马克思对萨伊曾做过全面的评价，一方面指出萨伊是亚当·斯密学说的庸俗化者，他“把亚当·斯密的不一贯的说法和错误的意见化为十分一般的词

① 张毓珊．经济思想史［M］．北京：商务印书馆，1948：84.

句”，“把亚当·斯密著作中这里或那里渗透的庸俗观念分离出来”，“作为特殊的结晶”；另一方面，又指出，萨伊同巴斯夏比较，“还算是一个批评家，还算无所偏袒”，“在参与解决经济问题的时候还或多或少地从政治经济学的观点出发”①。马克思还指出，萨伊经济观点中有不少可取的东西②。

二、萨伊的三分法

萨伊认为政治经济学不同于政治学，它像物理学、化学一样是“实验科学的一部分”，它的对象是阐明财富怎样生产、分配和消费。

萨伊主张政治经济学与政治学是两门科学，这无疑是正确的；但他关于政治经济学的观点则是错误的。第一，他以人与物的关系代替人与人的关系的研究，以抽象谈财富的生产、分配、消费代替资本主义生产关系的具体分析，这就否定了政治经济学是研究人与人之间生产关系的科学，也抹杀了资本主义生产关系的历史性和政治经济学的历史性；第二，他把政治经济学描述为像化学、物理学等一样的“实验科学”，这就否认了政治经济学的阶级性。

萨伊根据自己对政治经济学对象的理解，把政治经济学的内容划分为彼此独立的三个部分，即生产、分配、消费。他的《政治经济学概论》就分为三篇：第一篇，财富的生产；第二篇，财富的分配；第三篇，财富的消费。这就是政治经济学史上有名的“三分法”。至于交换，萨伊实际上把它列在生产和消费两篇之中。

资产阶级经济学家认为“三分法”是萨伊的一大功绩。实际上，它虽然使政治经济学的理论说明线条清楚，简单明了，但其基本精神是庸俗的。第一，它抽掉了生产、分配、消费的特殊性和历史性，从而把这些范畴变成抽象的一般形态，把资本主义生产关系变成永恒的东西。实际上，这些范畴都是反映特定生产关系的，生产、分配、消费总是在一定生产关系下进行的生产、分配和消费。而萨伊所研究的正是资本主义的生产、分配、消费。世界上绝无抽象的生产、分配和消费。萨伊把资本主义的生产、分配、消费变成一般的生产、分配、消费，这就把资本主义生产关系变成了永恒的东西。第二，它完全割裂了

① 马克思恩格斯全集［M］.26卷Ⅲ.北京：人民出版社，1956：557.

② 郭志琦.马克思是怎样评价资产阶级庸俗政治经济学的？［J］.经济科学，1984（3）：43，76-78.

生产、分配、消费之间的内在联系，而只在表面联系上打转转，从而否定了生产的决定作用，掩盖了资本主义的剥削性质。萨伊把生产、分配、消费看成彼此独立、并列、等同的关系，完全抹杀了生产的决定作用和其他两方面的反作用。萨伊实际上研究的是资本主义关系，这样也就完全掩盖了剩余价值的真正来源，抹杀了资本主义的剥削性质。

三、萨伊的生产论

萨伊的政治经济学是从研究财富的生产开始的。他认为："所谓生产，不是创造物质，而是创造效用。"生产有三个要素：劳动、资本、自然（特别是土地）。"这三者是创造产品所不可缺少的因素"。一切生产都是用这三个要素的协同活动来创造效用以满足人们的各种需要的过程①。

萨伊根据自己对生产概念的理解，认为一切生产有形产品和无形产品的劳动都是生产劳动，工匠的劳动是生产劳动，科学家、医生、音乐家、诗人、画家的劳动也是生产劳动，冒险家、厂商的劳动也是生产劳动，舞女、妓女、赌徒的活动也是生产劳动。总之，凡是对产品有贡献，对创造效用有贡献的活动都是生产劳动②。

萨伊还把生产劳动分为三种。他说："在一切情形下，都可把劳动区分为三种，理论、应用和执行。……产品是而且必定是这三种劳动的综合结果。"理论劳动是科学家的活动，应用劳动是企业家的活动，执行劳动是工人的事情③。

萨伊的生产理论是极其庸俗、极其错误的。

第一，歪曲了社会生产的实质。生产总是在一定社会生产关系下进行的生产。在社会生产中，人们不仅同自然发生关系，而且人与人之间必然要发生关系。只有在一定的社会关系范围内，人们才能与自然发生关系，才能进行生产。但萨伊的生产理论则完全抽掉了人与人的关系，只留下了人与自然、人与物的关系，这就歪曲了生产的实质，把社会生产变成孤立进行的一般生产。

第二，否定了生产的基础是物质资料的生产。政治经济学上的生产是指

---

① 萨伊．政治经济学概论［M］．北京：商务印书馆，1982：59，75，77.

② 萨伊．政治经济学概论［M］．北京：商务印书馆，1982：86，126-131.

③ 萨伊．政治经济学概论［M］．北京：商务印书馆，1982：81，83.

人们利用生产工具和自然力来改造自然、征服自然、创造具有某种使用价值即效用的物质资料的活动。在这里使用价值（效用）总是同一定的物质相联系的。没有离开物质的效用。萨伊把效用与物质割裂开来是非常错误的。

第三，否定了资本主义生产关系的历史性。萨伊所研究的是资本主义生产，但他故意混淆视听，说什么任何生产都有三个要素：劳动、资本、自然。这就把资本主义生产变成一般生产，变成永恒的东西，从而也就否定了资本主义生产的历史性和特殊性。

第四，掩盖了资本主义生产的剥削性质。资本主义生产就是剩余价值的生产，就是资本家依靠他们占有的生产资料剥削工人阶级所创造的剩余价值的生产。但在萨伊的笔下，资本和劳动、自然这三个要素在自己职能范围内协同进行生产、创造价值。这就完全掩盖了资本主义生产的剥削性质。

第五，歪曲了资本家管理活动的性质。在资本主义生产中，不少资本家是参与企业管理活动的，这种活动完全是为了榨取更多的剩余价值，本质上是一种剥削活动。但萨伊却把资本家的管理活动也描述为创造价值的劳动，把资本家这个剥削者描写成劳动者。显然，这就歪曲了资本家管理活动的性质。

四、萨伊的价值论

萨伊的价值论是混乱的，但以效用论为其特征。

关于价值的性质，他认为价值就是商品的效用。

关于价值的基础和源泉，他也认为是物品的效用。他说："物品的效用就是物品价值的基础"，"人们所给与物品的价值，是由物品的用途而产生的。……当人们承认某东西有价值，所根据的总是它的有用性。"产品的价值"起源于产品的效用"①。

关于价值的源泉，萨伊还有一种讲法，即把价值归因于三要素。他说，"事实已经证明，所生产出来的价值，都是归因于劳动、资本和自然力这三者的作用和协力。其中以能耕种的土地为最重要因素"。他坚决不同意斯密把生产价值的能力仅仅归因于人类劳动，把劳动作为"所生产的价值的唯一尺度"②。

① 萨伊．政治经济学概论［M］．北京：商务印书馆，1982：59，330.

② 萨伊．政治经济学概论［M］．北京：商务印书馆，1982：75-76.

萨伊的逻辑似乎是这样的：价值的基础是效用，价值由效用产生，而效用又由三要素共同创造，因此价值的源泉又可以说是劳动、资本、自然。

关于价值的尺度，萨伊为了摆脱效用论者所遇到的难题，即效用如何衡量的问题，他求助于循环论。他说："价格是测量物品的价值的尺度，而物品的价值又是测量物品的效用的尺度。"但在另一处他又说："我们可通过价格估计价值，但没法子衡量价值。"①

在价值论上萨伊不仅是个效用论者，还是个供求论者。他把价格作为衡量价值的尺度，所以在效用论无法解决价值量问题时，他只好求助于供求论。在这方面，他有时是以谈价格如何决定的面貌出现，有时则直接以谈价值的决定的面貌出现。例如，他说商品和货币的价值"总是和需要量成正比，和供给量成反比"②。

萨伊不仅从效用论出发转到供求论，还从效用论出发转到生产费用论。他认为创造商品价值即效用的不仅有劳动，还有资本和自然，这三个要素在创造商品效用中都提供了服务，也共同创造了各自的收入（工资、地租、利息），它们相当于三要素在创造效用时各自耗费的代价，它们构成创造商品效用的生产费用，商品价值就是由这种效用的生产费用决定的③。

萨伊的价值论是庸俗的。

第一，萨伊的价值论是混乱不堪的。他虽然基本上是个效用论者，但又从效用论出发一会儿转到供求论，一会儿又转到生产费用论。他经常陷入循环论，逻辑混乱，并且经常自我矛盾。

萨伊在价值论方面之所以这样混乱，目的完全在于辩护。正如马克思讲的："把价值了解为什么也不是，当然方便多了。这样，就可以随便把任何东西都包括到这个范畴中去。例如，让·巴·萨伊就是这样做的。"④

第二，在价值的本质问题上，他既混淆了价值与使用价值，也混淆了价值与交换价值、价值与价格；在价值的源泉方面，他混淆了创造价值的因素与创造使用价值的因素；在价值量的决定问题上，他求助于供求论和生产费用论，陷进不能自拔的循环论证的旋涡之中。

---

① 萨伊．政治经济学概论［M］．北京：商务印书馆，1982：60，269.

② 萨伊．政治经济学概论［M］．北京：商务印书馆，1982：255.

③ 萨伊．政治经济学概论［M］．北京：商务印书馆，1982：321-322.

④ 马克思恩格斯全集［M］．23卷．北京：人民出版社，1956：588.

第三，他的效用论、供求论、生产费用论都是庸俗的、错误的。

第四，他在价值论上比斯密大大倒退了一步。他抛弃了斯密在价值论上的科学因素，继承发展了斯密价值论上的庸俗因素。这主要表现在价值源泉、价值与使用价值的区分等方面。

第五，萨伊价值论的直接目的在于：一方面既反对古典经济学的价值论，也反对重农学派的理论；另一方面掩盖资本主义剥削关系，为其富于辩护性的分配理论打下基础。

五、萨伊的分配论

萨伊的分配论是以他的生产论和价值论为基础的。萨伊认为生产有三个要素：劳动、资本、自然（主要是土地），这三个要素在生产中协同工作，各自都提供了生产性服务，共同创造了产品以及产品的效用即价值。因此，每个生产要素理所当然地应该得到各自的报酬。如果这三个要素都是借来的，那么对借用劳动力所付出的代价叫作工资，对借用资本所付出的代价叫作利息，对借用土地所付出的代价叫作地租。如果三要素同属一个人所有，那么，地主、资本家和工人所得到的收入全归他一个人独享。马克思把萨伊的这种观点概括为三位一体公式，劳动——工资，资本——利息，土地——地租。萨伊在分配问题上的具体论述就是从这个基本公式出发的。

关于工资，萨伊有时又称它为“劳动的利润”，他认为这是对劳动的生产性服务的报酬，是劳动的价格。这个报酬的大小和三个因素成比例：第一，工作的危险、困难或疲劳的程度，愉快或不愉快的程度；第二，工作的定期性或不定期性；第三，所需要的技巧或才干的程度。根据这种观点萨伊具体地分析了简单劳动者和复杂劳动者的工资，还分析了舞女等不受人尊重者的工资，政府官吏的工资，临时工的工资，牧师、画家、科学家以及资本家老板等的工资。

关于简单或粗笨劳动者的工资，萨伊认为“这种劳动的工资很少超过绝对必需的生活费用”，这部分生活费包括抚养子女的费用，因为“一个成人是一项累积资本”。临时工的工资应该高一些，“因为这样的工人在有活干时所得到的报酬，必须足够偿付他在没有活干时的费用”。[①]

关于需要通过长时间和代价很高的训练才能从事工作的人的报酬，萨伊

① 萨伊．政治经济学概论［M］．北京：商务印书馆，1982：367.

认为这种报酬“不但包括劳动的工资，而且包括在训练时所垫付的资本的利息”。对于那些“不但需要受过代价很高的训练，还必须具有天然才能”，而其供给总是特别跟不上需求的那些人（如画家、雕刻师），萨伊认为“他们的报酬必然更高”。

关于不受人尊重的工作者的工资（如舞女、滑稽演员等），萨伊同意斯密的观点，即“必须以货币来补偿他们所没有得到的尊重”。

关于科学家的工资，萨伊认为他们的报酬与其劳动不相称，即贡献大，报酬少。其原因是：“他们在一瞬间把那么大数量不容易损耗的产品投入流通，以致从事实地操作的企业非等到很久以后不会向他们要新的供应。”① 显然，他是用供求论来说明这个问题的。

关于企业家（老板、经理或冒险家）的工资，萨伊将其分为两部分：①资本利息，如果他在企业投入资本，那么这部分资本应当获得利息，这部分是他以资本家身份获得的资本的利润；②监督劳动利润（实际是监督工资）。萨伊认为这两部分收入是有区别的，“资本的利润，依存于资本的多寡、投资的安稳性等等”，而“劳动的利润依存于所施展的技巧程度、积极性、判断力等等”②。这里企业家的工资主要指后一部分。

监督工资的多少像其他商品一样由供求关系决定。“这些人的劳动的价格，像一切其他物品的价格那样，是由投入流通的这种劳动的供给或数量对它的需求或需要的比率决定的。”由于企业家所从事的劳动是“高级劳动”“优越劳动”，他“通常必须自己供给所需要的资金”，“他必须掌握监督和管理的技术”，这样就使冒险事业竞争者人数受到限制，即供给受到限制，因而这种劳动的价格就“保持在很高的水平”③。

关于利息，萨伊有时又把它称为“资本的利润”。他认为这是对资本的生产性服务的报酬，是“对于资本的效用或使用所付的租金”。

萨伊认为利息“有两个组成部分，即利息本身与保险费性质的利息”。他说：“利息由资本的租金与补偿资本家所冒全部地或局部地失去资本的风险的保险费组成，但我们也看得清楚，分开或区别这两个组成部分是极其困

① 萨伊．政治经济学概论［M］．北京：商务印书馆，1982：370.

② 萨伊．政治经济学概论［M］．北京：商务印书馆，1982：372.

③ 萨伊．政治经济学概论［M］．北京：商务印书馆，1982：373，378.

难的。”①

关于地租，萨伊有时也称它为“土地的利润”。他认为地租是土地的生产性服务的报酬。“土地有能力改变许多物质，使它们适应于人类使用。……土地对这些货物的生产所起的作用可叫做土地的生产性服务。这就是地主得到利润的由来。”②

不难看出，萨伊的分配论是非常庸俗、非常荒谬的。

第一，它把资本主义制度下人与人的生产关系，完全歪曲为物与物的关系。劳动——工资，资本——利息，土地——地租。这就否定了资本主义分配关系的历史性，把这种特殊的分配方式变成永恒的东西。

第二，它完全割断了资本主义社会剥削阶级收入与工人劳动的内在联系，而宣扬资本家的收入是其资本和劳动共同创造的，地主的收入是其土地创造的。这就赤裸裸地掩盖了资本主义的剥削关系。

第三，它极力鼓吹资本主义社会各阶级利益的调和论，宣扬各阶级都以他所具有的生产要素参与社会生产，协同进行工作，共同创造产品的效用即价值，共同创造自己的收入，因而资本主义的分配是完全公平合理的。这就否定了各阶级之间利益的对立和矛盾。

第四，在工资、利润、利息、地租这些范畴方面，萨伊都只看到表面联系，而掩盖了事物的本质。

六、萨伊的销售论

萨伊的销售论实际上是他的实现论。它在萨伊理论体系中占有非常重要的地位，萨伊自认为这是他最大的贡献，资产阶级经济学家也认为这是萨伊学说中最有创见的部分，是对政治经济学的“巨大贡献”，甚至把这称为“萨伊定律”。

萨伊销售论的基本点如下。

萨伊认为，在交易中，货币只是转移价值的手段，“货币只不过是媒介而已”，货币只在一瞬间起作用。当交易最后结束时，交易总是以一种货物交换另一种货物，产品总是最终以产品购来的，每个卖主同时又是其他商品的买主。

---

① 萨伊．政治经济学概论［M］．北京：商务印书馆，1982：389，400.

② 萨伊．政治经济学概论［M］．北京：商务印书馆，1982：406.

因此，一种产物一经产出，从那时刻起就给价值与它相等的其他产品创造了需求，开辟了销路。

由于生产物总是以生产物来购买，生产会给产品创造需求，所以，买卖必然均衡，供求必然相等，因而生产普遍过剩是不可能的。“除非存在某些激烈手段，除非发生某些特殊事件，如政治变动或自然灾害等。或除非政府当局愚昧无知或贪婪无厌，否则一种产品供给不足而另一种产品充斥过剩的现象，决不会永久继续存在。”①

萨伊不否认个别的、局部的产品过剩现象，但认为这是别的产品生产不足造成的。“正由于某些货物生产过少，别的货物才形成过剩。”他认为这种局部过剩可以通过扩大生产的办法解决，可以通过自动调节解决。他说：“在一切国家，顾客的欲望决定产品的性质。最为人想望的产品就是需求最大的产品。而需求最大的产品，就给资本、劳动与土地生最大利润，因此资本、劳动与土地就优先地用于生产这产品。相反的，当一件产品的需求减少时，生产这产品所得的利润便减少，所以不再生产，现有存货的价格减低，而低的价格刺激消费，因此现有存货不久就消费掉。”② 所以，个别产品的暂时过剩完全可以通过市场机制自动调节予以解决。

最后，萨伊根据他的买卖均衡论得出四条结论：

第一，在一切社会中，生产者越众多，产品越多样化，产品便销得越快、越多和越广泛，而生产所得的利润也越大，因为价格总是跟着需求增长的。

第二，每一个人都和全体的共同繁荣有利害关系。一个企业办得成功，就可帮助别的企业也达到成功。

第三，购买和输入外国货物决不致损害国内或本国产业和生产。

第四，仅仅鼓励消费并无益于商业，所以，激励生产是贤明的政策，鼓励消费是拙劣的政策。

总之，萨伊认为产品总是最终以产品购来的，生产给产品创造需求，开辟销路，因此买卖、供求总是均衡的，因而生产普遍过剩也就不可能发生，个别的暂时过剩也可以通过市场自动调节予以解决。这就是萨伊销售论的基本点。

萨伊的销售论虽然从市场经济的运行机制和生产一般的意义上来说具有

---

① 萨伊．政治经济学概论［M］．北京：商务印书馆，1982：145.

② 萨伊．政治经济学概论［M］．北京：商务印书馆，1982：439.

某些合理的因素（诸如生产会创造产品的需求；供求影响价格，价格影响利润，影响消费，从而影响和调节资源的配置，影响生产），但总的来说是非常庸俗的，是富于辩护性的。

第一，它把商品流通与物物交换相混同，从而否定了简单商品生产的矛盾。

大家知道，物物交换的公式是 W-W，而商品流通的公式是 W-G-W。在前一场合买卖是直接统一的，卖者同时也是买者，因而供求总是平衡的，不会发生生产过剩危机。但是，当货币出现后，卖和买在时间和空间上被分为两个独立的行为，卖与买可能脱节，供求也可能脱节，因此在简单商品生产条件下，在货币充当媒介时，经济危机的可能性就已存在，在货币充当支付手段、贮藏手段后更加剧了这种可能性。

但是萨伊的销售论完全以物物交换代替商品流通，把这两者混淆起来，从而也就否定了简单商品生产的矛盾。

第二，它把在资本流通中反映的资本主义生产关系等同于一般商品流通所产生的简单关系，从而也就否定了资本主义生产过程的矛盾。

众所周知，简单商品生产和资本主义生产、简单商品流通与资本流通之间也存在着根本的区别。前者的基本矛盾是社会劳动和私人劳动的矛盾。这个矛盾发展的结果，会造成局部比例失调，这里只存在经济危机的可能性，并不存在经济危机的现实性。而资本主义生产的基本矛盾是生产的社会性和资本主义私有制之间的矛盾。这个矛盾的发展，必然造成国民经济各个部门比例失调，使无限扩大的生产和相对狭小的消费之间的矛盾尖锐化，结果必然爆发生产过剩的危机。周期性的经济危机是资本主义制度的必然伴侣。

但是，萨伊的销售论把资本主义生产与简单商品生产相混淆，把资本流通与商品流通相混淆，从而也就否定了资本主义生产的矛盾。

第三，萨伊的销售论完全经不起历史和实践的考验，资本主义社会经济危机不断发生的事实已经宣告了萨伊销售论的破产。正如马克思指出的："危机有规律的反复出现把萨伊等人的胡说实际上变成了一种只在繁荣时期才使用，一到危机时期就被抛弃的空话。"①

---

① 马克思恩格斯全集［M］. 26卷Ⅱ. 北京：人民出版社，1956：570.

七、萨伊的消费论

萨伊在《政治经济学概论》第三篇专门讲“财富的消费”问题。关于消费的性质，他认为所谓消费就是消灭产品的效用。“正如生产意味效用的创造，而不意味物质的创造，所以消费意味效用的消灭。”①

关于消费的形式和种类，他认为，消费有时是顷刻完成的（如吃一片肉、吃一块面包）；有时是逐渐完成的（如一座房屋、一只船的消费）；有时“可只是局部的”（如一匹马、一件家具，主人把它出卖时只消费了一部分价值和效用）；有时消费不是出自自愿（如房屋失火，船失事，烧毁存货以免落入敌人手中）；消费可以在生产很久以后进行，也可以在生产中进行（如音乐会或演戏所提供的娱乐）。消费还可以分为生产性消费和非生产性消费，公共消费和个人消费。

关于消费的结果，他认为生产性消费和非生产性消费在直接结果方面“并无二致”，它们都会给其消费物创造需求，使消费品价值归于消灭，但最终结果不一样。萨伊说：“如果消费是非生产性消费，通常能满足某种欲望，但没再生产什么价值。如果消费是生产性消费，那就不能满足什么欲望，但却创造新的价值。”②

在一般的非生产性消费中，萨伊认为最得宜的消费有以下几种：①有助于满足实际需要的消费，即关系到人类生存、健康与满意的消费；②最耐久、好质量产品的消费；③很多人的集体消费；④和道德标准相符合的消费。不明智的消费是个人的浪费和放纵，以及国家完全为报仇而进行的战争。

在《政治经济学概论》第三篇最后几章中，萨伊还讲了个人消费与公共消费问题。

在“个人消费”一章中，萨伊特别强调节约开支和计划花费。他说：“节约者虽只有中等资产，但很富裕，而守财奴与阔绰者虽拥有最大财富却很穷困。”“一个不计划花费的家庭（会）成为环境的牺牲品”。“收入只能通过生产性消费增加绝不能通过奢侈性消费增加。”③

在“公共消费”一章中，萨伊很强调国家开支的成本和效益。他说：“贤

---

① 萨伊．政治经济学概论［M］．北京：商务印书馆，1982：436.

② 萨伊．政治经济学概论［M］．北京：商务印书馆，1982：441.

③ 萨伊．政治经济学概论［M］．北京：商务印书馆，1982：456，459.

明的政府，绝不可为用钱而用钱，而必须仔细研究，每一次满足社会需要所产生的利益，是否超过为获得该满足而牺牲的价值。”①

萨伊消费论的根本错误在于他只谈消费的自然方面，即任何社会的消费都共有的那一面，而不谈消费的社会方面，即人们的消费关系。这样，他就把他所面临的资本主义消费变成消费一般，把资本主义消费永恒化，从而就否定了资本主义消费的历史性质，掩盖了资本主义消费过程的矛盾。

同时，他完全离开资本主义生产、分配、交换关系来谈资本主义的消费关系，这也是错误的。因为消费关系是由生产关系、分配关系、交换关系决定的，尤其是由生产关系决定的。这样，他也就谈不清楚资本主义消费关系的性质、特征。

当然，正因为他着重谈的是消费一般，因此他的一些观点，从消费一般的理论看是有参考价值的，某些观点对我们社会主义国家也是有用的，如关于最得宜消费的观点等。

八、萨伊的财税论

在论述公共消费问题时，萨伊还讲了自己的财税观点。

在“课税”问题上，萨伊主张轻税，反对竭泽而渔。他说：好的国王或政府总是极力设法，尽量减少课税所加于人民的损害，他们厉行节约，不竭泽而渔，只在绝对必要时向人民课税。最好的财政计划是尽量少花费，最好的租税是最轻的租税。过高的税，不论课在必需品或课在奢侈品，都是一种自杀。他还主张实行累进税。

在“国债”问题上，萨伊不主张发行公债。

在国家开支方面，萨伊除主张节约国家开支和注意国家开支的成本与效益外，还主张精减民政、司法费用和陆海军费用，但认为公共教育费用非常必要，不能认为是浪费。

萨伊的财税观点是很有借鉴价值的。

九、萨伊经济观点中可取的点滴

萨伊的经济学说虽然从本质上说是庸俗的，是为资本主义制度辩护的；但其经济观点中也有许多可取之处。

① 萨伊．政治经济学概论［M］．北京：商务印书馆，1982：474.

第一，关于必须尊重自然规律和反对瞎指挥的观点。他说：善用自然力是最高技能，和自然力抵抗则是极端的疯狂。毁灭自然所预定作为我们助手的力，等于毁灭自己的一部分力量。唯一的问题就是，谁最清楚地知道哪种农作物产生最高利润，农民呢？还是政府呢？我们可相当合理地假定农民晓得最清楚。理由是：农民住在当地，把它作为孜孜不懈地研究和调查的对象，对于它的成败，他比任何人有更大的切身关系。政府干涉生产的大危害，并非起因于偶然违反既定的准则，而是起因于对自然法则的不正确看法以及以这些看法为根据所订立的不正确原则。

第二，关于粮食完全依靠进口危险的观点。他说：粮食是任何国家的首要东西。完全依靠遥远的地区取得粮食的供给绝不是慎重和安全的办法。

第三，关于货币的产生及货币材料应具有的特点的观点。萨伊认为，货币是在交换发展、物物交换遇到困难、矛盾的情况下产生的，它是交换发展过程的必然结果。选择某种物品而不要其他物品充当货币的是习惯而不是政府权力。他还认为，最适宜作为货币的物品必须具备以下几个特点：①它必须具有内在的和确实的价值；②它必须具有可以分割为恰恰与所打算购买的价值量大小相等的分量的特质；③它必须不那么多，不易获得；④它必须是人们最愿意接受的物品。萨伊认为金银就最适宜作货币材料，其原因是：①它容易分为相当于所购买东西的价值的分量；②全世界所产的金银都是同质的；③它能抵抗最剧烈的摩擦；④它稀少、昂贵；⑤它能打上印记，证明每块的重量和成色。

第四，关于市价对需求影响的观点。他说：同一产品，在效用虽没有增加但价格降低，即通过较少生产劳动能够取得的情况下，就有较大的需求，因为更多消费者能购买这个产品；相反，在价格增高的情况下，就有较小的需求，因为较少消费者能购买这个产品。

第五，关于劳资斗争中资方处于优势的观点。萨伊认为在资本主义社会的劳资斗争中，雇主处于优势地位。其原因是：就雇主的需要与工人的需要来说，前者没有后者那样紧迫。雇主不雇用一个工人，在几个月，甚至在几年内，还能生存；而工人如果几个星期没有活干，必定陷于穷困。

第六，关于商品交换实际上是交换劳动的观点。他说："交换实际上只是双方所作的生产努力的相互交换。"

第七，关于最得宜消费和不明智消费的观点，关于强调政府开支讲求效益的观点，关于课税要轻、不竭泽而渔的观点。

第八，关于土地所有者的权利来源于掠夺的观点，关于富人是靠牺牲穷人进行储蓄的观点，关于分工限制单个人的能力并使之退化的观点，关于认为通过欺骗行为在国内不能获得利润而在国际贸易中可获得利润的观点①。

第九，关于市场机制的观点。他认为在市场经济条件下，供求关系影响商品的价格波动，商品价格波动又影响利润波动，影响消费，影响生产要素的流动，从而调节社会资源的配置，影响生产②。他虽然以此否认资本主义危机的存在，为资本主义制度辩护，但他关于市场运行机制的观点终究是正确的。

以上这些观点对我们都有参考价值。

第三节　马尔萨斯的人口学说和经济学说

一、马尔萨斯的生平著作

托马斯·罗伯特·马尔萨斯（1776—1834），十八世纪末十九世纪初著名的英国资产阶级经济学家和人口学家，英国资产阶级庸俗经济学的鼻祖。

他 1776 年出生于英格兰萨立州诺克里山庄的一个土地贵族家庭。他的父亲丹尼尔·马尔萨斯是一个拥有相当资产的学识渊博、思想激进的乡间绅士。由于英国当时实行长子继承法，马尔萨斯作为他父亲的次子无权继承遗产，所以他父亲让他学习神学，希望培养他成为一名牧师。

马尔萨斯于 1784 年进入剑桥大学耶稣学院学习哲学和神学，于 1788 年大学毕业后在该校耶稣学院任研究员，在 1798 年加入教籍，在萨立州的奥尔堡教区任牧师，1804 年因结婚而丧失神职。他的《人口原理》一书就是在他加入教籍的 1798 年匿名出版的。

1805 年，英国东印度公司在离伦敦不远的黑立贝里设立了一所东印度学院，马尔萨斯被聘为该校的历史和经济学教授。他在这个学校教书一直到 1834 年去世为止。在此期间，他写了许多经济学论著。他的《政治经济学原

① 参看：马克思恩格斯全集［M］. 42 卷. 北京：人民出版社，1956：75，148；马克思恩格斯全集［M］. 23 卷. 北京：人民出版社，1956：658；马克思恩格斯全集［M］. 26 卷Ⅲ. 北京：人民出版社，1956：112.

② 萨伊. 政治经济学概论［M］. 北京：商务印书馆，1982：439.

理》一书是于1820年出版的。

马尔萨斯所处的时期是英国产业革命已达高潮、英国社会各种矛盾激化的时期。马尔萨斯的人口学说和经济学说正是这种矛盾激化的反映。

马尔萨斯的主要著作有《人口原理》（1798年）、《政治经济学原理》（1820年）、《价值的尺度》（1823年）、《政治经济学定义》（1827年）等，代表作是《人口原理》和《政治经济学原理》。

马克思对马尔萨斯也曾做过全面的评价。他一方面对马尔萨斯的种种谬论进行了严厉的揭露和批判，指出他是一个“土地贵族的职业献媚者”“统治阶级的辩护士”“剽窃能手”“思想极端卑鄙”，他“在科学上的结论，是看着统治阶级特别是统治阶级中的反动分子的‘眼色’捏造出来的”；另一方面，马克思对马尔萨斯的有价值的见解，哪怕是可取的点滴，“十分幼稚的尝试”和“模糊的猜测”，也都给予恰如其分的评价①。

二、马尔萨斯的人口学说

(一) 马尔萨斯人口学说产生的背景

马尔萨斯以人口学说最为著名，他的名字与他的人口理论紧紧相连。

马尔萨斯的《人口原理》一书是1798年匿名发表的，在马尔萨斯生前共再版过六次。

马尔萨斯的《人口原理》是在欧洲大陆和英国阶级斗争尖锐的情况下出版的。它直接攻击的矛头是法国革命和反映劳动人民利益的葛德文的改革思想。威廉·葛德文（1756—1836），英国小资产阶级的改革家，无政府主义的创始人。他1793年写的《政治正义论》一书在当时影响很大。在这本书中他宣布财产私有制造成了人类的贫困和罪恶，违反了人类理性和普遍幸福的原则。他主张废除财产私有制，建立财产公有制，以消除贫富悬殊的现象，使人类回到自然的平等状态。马尔萨斯在《人口原理》一书中反驳说：“葛德文先生在他的全部著作里所犯的重大错误是将人类社会里所难免的一切罪恶和贫困，几乎都归咎于社会制度……。但是这种原因，如果和自然规律及人类情欲所造成的祸害的更为根深蒂固的原因比较起来，实在是微乎其微，并且

① 郭志琦．马克思是怎样评价资产阶级庸俗政治经济学的？［J］．经济科学，1984（3）：43，76-78.

仅仅是表面上的原因。”① 在当时，扑灭工人阶级的反抗，抵制先进思想家的改革理论和法国革命的影响，为资产阶级社会制度所带来的灾难进行辩护，已成为英国统治阶级面临的迫切任务。马尔萨斯的人口学说正是适应英国统治阶级的这种需要而产生的。

（二）马尔萨斯人口学说的基本内容

马尔萨斯的人口学说是从两个抽象的前提出发的，这两个前提就是人的食欲和情欲，用他的话讲就是：“第一，食物为人类生存所必需。第二，两性间的情欲是必然的，且几乎会保持现状。”他认为这两个“公理”“似乎就是我们本性的固定法则”②。

把人作为单纯生物学上的人来看，这两个“公理”当然是普普通通的常识。但是，问题在于从这两个普通常识出发究竟要得出什么结论，要把人们引向何处。让我们看看马尔萨斯从这两个前提出发究竟要得出什么结论。

马尔萨斯在把上述两个普通常识作为出发点以后，接着宣称：由于“大自然用它的最大方和最慷慨的手法广泛地散布了生命的种子；可是它在为抚养它们所必需的空间和滋养料方面却比较吝啬”。由于土地收益递减规律的作用，“人口增殖力，比土地生产人类生活资料力是无限的较为巨大。人口，在无所妨碍时以几何级数率增加。生活资料，只以算术级数率增加”。所以，人口有超过生活资料许可范围而增长的恒常的趋势。马尔萨斯认为这是“神的吩咐”，是“上天通过的一般自然法则”，“人类虽有理性的努力，亦不能避免此法则”③。

那么怎么办呢？马尔萨斯认为“按照人类生存必需食物的自然法则”，人口增长率和生活资料增长率“这两个不平衡力的结果，必须保持平衡”。如何保持平衡呢？他认为光努力增长生活资料不行，这是“让乌龟赶兔子”，因为“由于自然法则的作用，我们不能使生活资料赶上人口而达成适当的比例”。所以，还必须想办法使人口适应生活资料的水平。这些办法就是：第一，预防的抑制，即通过晚婚、不婚等节育办法来压低人口的自然增长率（出生率）；第二，积极的抑制，即通过“各种不卫生的职业，剧烈的劳动和受严寒

① 马尔萨斯．人口原理［M］．北京：商务印书馆，1961：316-317.

② 马尔萨斯．人口原理［M］．北京：商务印书馆，1962：4.

③ 马尔萨斯．人口原理［M］．北京：商务印书馆，1961：2，468；马尔萨斯．人口原理［M］．北京：商务印书馆，1962：5，106.

盛暑的煎迫，极度的贫困，对儿童的恶劣保育，大城市的拥挤，各种各样的过度行为，连串整套的普通疾病和传染病，战争，瘟疫和饥荒”，来增加人口的死亡率①。这就是马尔萨斯提供给人类控制人口增长率的“神丹妙药”。

马尔萨斯还从他的人口学说中得出了几条必然的社会结论。这就是：

第一，资本主义社会中劳动人民的贫困不是资本主义制度造成的，而是人口自然法则造成的，因此革命是不必要的。

马尔萨斯首先把资本主义生产方式的特殊人口规律，编造为人类社会各个历史阶段的普遍规律，然后又应用这个规律来为资本主义社会必然产生的失业和贫困进行辩护。他认为资本主义社会工人的失业和贫困不是资本主义制度造成的，而是人口自然法则造成的，甚至是工人自己造成的，“贫民自身是贫困的原因”。因此，革命是不必要的。

马尔萨斯说，在穷人们本身之间，这种知识（指人口论）的效果更为重要。在经过正确的解释之后，具有最普通的理解力的人都能领会到由人口因素产生的下列真理：①贫困的主要的和最难消除的原因与政府的形式或财产的不平等分配没有多大关系或没有任何直接关系。②因为有钱的人实在没有能力为穷人们找到工作并维持其生活，所以，照情理说，穷人们也就没有权利向富人们需索这些东西。十分明显，如果下层阶级的人都知道这些真理，那么他们就会以更大的耐心来忍受他们所可能遭受到的困苦，就不会由于自己的贫困而对政府和上层社会感到那么不满和愤恨了，在一切场合里也不至于那么容易摆出反抗的姿态或发生骚乱了，如果他们能得到救助的话，不管是来自公家机关的，还是私人的布施，他们就会带着更大的感谢心来领受，并且也会更恰当地重视这种救济。“如果这些真理能一步一步成为家喻户晓的道理（由于意见的互相交流，这在将来大概是办得到的），那么下层阶级的人民，作为一个集体来说，就会成为更温顺的和更守秩序的了。也就不会在缺粮的季节里动辄骚扰滋事，并且由于认识到劳动的价格和养家活口的生活资料问题的解决多半不决定于革命，他们将永远不易受到煽动性出版物的影响了。”这样，上层阶级和中等阶级也就“无须担心那种革命的过火行为了”②。

第二，财产私有制度能有效限制人口，公有制难以实现这一目标。

① 马尔萨斯．人口原理［M］．北京：商务印书馆，1961：9. 我国有些学者认为马尔萨斯没有“积极抑制说”，对此笔者不敢苟同。

② 马尔萨斯．人口原理［M］．北京：商务印书馆，1961：551-552.

马尔萨斯还认为资本主义制度是他所杜撰的永恒的人口规律发生作用而形成的人类社会最好的制度，认为只有这个制度能使人口的增长受到自然的限制，能改善人类的德性，使人类的精力和能力得到最适当的发展；而财产公有制度则难以实现这一点。他说："毫无疑义，从维持一个大家庭的困难的考虑而来的对早婚的自然限制，确实是广泛地在每个文明国家的一切社会阶级中起着作用，并在还可以希望由于下层阶级人民在知识和远虑方面不断改进以后，这种限制还能发生更大的效力。但是这种自然限制办法的运行，完全有赖于私产和遗产法律的存在；而在平等制度和财产公有情况下，这种自然限制的办法只好用某些人为的规章制度来代替了。可是这种人为的规章制度非但其类型大异而且其性质也不自然得多。""不平等的社会状态给善良行为提供自然的报酬，并广泛地普遍地使每个人都希望在社会里往上升，而害怕沦落。这种社会形态无疑是最能发挥人的能力和智慧，并且最有利于人类品德的锻炼和改进。"①

第三，保持劳动者的贫困有利于抑制人口的发展，不应济贫。

马尔萨斯认为，在资本主义社会工人失业和穷困对控制人口增长大有好处，所以他竭力反对救济贫民，反对改善劳动者的生活。

在《人口原理》第一版中他说："英国的救贫法……它的第一个明了的趋势，即是不增加维持人口的食物，而增加人口。""养育院里面的人，一般说，决不能说是社会最有价值的部分，但他所消费的食品量，却会减少社会上更为勤劳更有价值的那一部分人的份额。"在第二版中他更加强调穷人没有要求救济的权利。他说："在一个被占有的世界中出生的人，如果不能从他具有正当要求的双亲那里取得生活资料，以及如果社会并不需要他的劳动，那么他就没有取得最小量食物的权利，事实上他在地球上是多余的，在大自然盛大的宴会上并没有为他设下空的席位，大自然将命令他离开，并且如果他不能取得大自然的某客人的怜悯的话，他会迅速地执行自己的命令的。"② 在第六版中，马尔萨斯认为，穷人"没有权利要求社会给他颗粒粮食"，应"节制慈善，不要大手大脚、有求必应地去救济那些穷人"③。

---

① 马尔萨斯．人口原理［M］．北京：商务印书馆，1961：330，333.

② 马尔萨斯．人口论［M］．北京：商务印书馆，1962：25-26；马尔萨斯．人口原理［M］．北京：商务印书馆，1961：531.

③ 马尔萨斯．人口原理［M］．北京：商务印书馆，1961：495.

（三）对马尔萨斯人口学说的简要评论

首先，马尔萨斯人口学说在理论体系上是庸俗的，原因有四个：第一，马尔萨斯把人当成单纯生物学上的人而抽象地谈论食欲和情欲是错误的。因为人是一个高级动物，一个社会动物，人总是一定社会关系下的人，人是有理智的人。第二，用神的观念为基础来说明人口规律是唯心的、庸俗的。第三，根本不存在人口增长超过生活资料增长率这个自然法则。第四，马尔萨斯人口论的理论基础之一——土地收益递减规律是不存在的。

其次，马尔萨斯人口论在政治倾向上是反动的，他极力为剥削制度辩护，而反对革命；为剥削阶级辩护，而反对劳动人民。

最后，马尔萨斯人口原理中也有某些合理的因素。这主要表现在：第一，他在《人口原理》中承认资本主义社会存在着工人失业、贫困、劳动价格下降这些严重问题。这总比不承认好。第二，马尔萨斯认为人口的发展要受生活资料发展的限制，人口的发展应与生活资料保持一定的比例关系，这些思想是正确的。第三，马尔萨斯主张通过晚婚进行节育，这种主张也是正确的。第四，马尔萨斯认为公有制有利于人口增长，这种观点有一定道理。虽然他是宣扬私有制优、公有制劣这个反动观点，但单就人口增长的可能性来说马尔萨斯这个观点是有一点道理的。第五，马尔萨斯认为中国气候、土壤条件特别适宜于生儿育女，风俗民情鼓励人口增长，这是有参考价值的。

总之，马尔萨斯的人口学说在理论上庸俗，在政治倾向上反动，但其中也有一些可供参考的有价值的观点。

三、马尔萨斯的经济学说

马尔萨斯除了以“人口论”著称外，还有其他经济理论。其中较有影响的是他的价值论、地租论和危机论。

（一）马尔萨斯的价值论

马尔萨斯在价值论上是以拥护斯密而反对李嘉图的面目出现的。他抛弃了斯密价值论中关于耗费劳动决定价值的科学观点，而接受了购买劳动决定价值等庸俗观点。他紧紧抓住李嘉图价值理论体系中的矛盾，即价值规律与劳动和资本相交换从而带来利润之间的矛盾以及价值规律与等量资本得到等量利润之间的矛盾，千方百计地妄图推翻古典学派的劳动价值论。他认为李嘉图关于劳动价值论的“命题和普遍的经验事实”不相符合，服从这一交换法则的商品是极其有限的，而不服从这一法则的品类中却包含着大量的商品。

如果我们研究一下这些品类，就会发现其为数之多，使得该法则可以看成是例外，而例外倒成为法则了[①]。

马尔萨斯的价值论是在接受斯密等价值论中的庸俗观点，反对李嘉图等古典经济学的劳动价值论的基础上拼凑而成的。

1. 关于价值的性质和分类。马尔萨斯认为："有三种不同的价值：①使用价值，这可以解说为物品的内在效用。②名义的交换价值或价格，除特别指明其他物品外，这可以解说为以贵金属来估量的商品的价值。③内在的交换价值，这可以解说为由内在原因所产生的购买力。在没有其他说明的时候，物品的价值总是指这种意义上的价值。"[②]

马尔萨斯关于价值的分类这种提法本身就是不科学的，因为使用价值、价格、价值在内涵上是根本不同的，是不能混淆的，不能讲"有三种不同的价值"。

马尔萨斯通常讲的价值是指内在的交换价值，即"由内在原因所产生的购买力"，即购买劳动。他所谓的"内在原因"就是供求关系和生产成本。这里马尔萨斯完全把价值与交换价值相混淆，是非常错误的。

2. 关于影响和决定价值的原因。马尔萨斯说，商品的"价值恰恰等于根据占有欲望和获得的困难而定的商品的估价……在任何时间和任何地点，商品的估价总是决定于需求和供给的相对状况，而且通常是决定于基本的生产成本"[③]。

马尔萨斯这里所讲的需求就是"人们对于该商品的具有一般购买能力的购买愿望"，它"由需求者为了满足其欲望而愿意和能够付出的货币来表示和衡量"；供给就是"具有出售愿望的待售商品的数量"。马尔萨斯所讲的生产成本（即生产费用）就是耗费劳动（包括积累劳动和直接劳动）加上利润、地租和赋税[④]。

上述引文给人们一个初步印象，似乎马尔萨斯认为价值是由供求关系和生产费用共同决定的。这种看法虽有道理，但不确切。因为在决定价值的因素中马尔萨斯强调的是供求状况，而不是生产费用。第一，他强调供求法则

① 马尔萨斯．政治经济学定义［M］．北京：商务印书馆，1960：13.

② 马尔萨斯．政治经济学原理［M］．北京：商务印书馆，1962：55.

③ 马尔萨斯．政治经济学原理［M］．北京：商务印书馆，1962：55.

④ 马尔萨斯．政治经济学原理［M］．北京：商务印书馆，1962：56，70，112.

是一个普遍命题，而生产成本法则则是一个受到很大限制的命题。他说：供求法则“不论生产方式如何，对一切临时和永久的情况都可以适用”，“就最广泛的一类商品来看，……它们的现行市场价格在决定的时候，不是由生产费用决定，而是由另一种原因（即供求原理）所决定的”。供求关系既可以决定商品的市场价格，又可以决定商品的自然价格；既可以决定自由竞争条件下商品的价值，又可以决定垄断影响下商品的价值①。但是，商品的价值受本身的生产成本决定这一命题却要受到各种限制：①它必须假定利润构成成本的一部分，这一假定的正确性已经受到驳斥了；②它所谈的始终是商品的一般和平均价值，而不是它们的实际与市场价值的变化；③这一说法只限于自由竞争下所生产的商品，而不能应用于受到垄断影响的商品②。第二，他强调供求关系是决定商品价值的主要因素，而生产费用是从属因素。他说，供求关系是“决定市场价格和自然价格的最重要的因素，而生产费用只能处于从属地位，也就是仅仅在影响供求的通常关系的场合，才能对价格发生影响”③。第三，他强调供求关系是一切商品价值的基础。他说：“洛克十分正确地注意了一切价值的基础，认为商品的价值是由本身的量和销路的比例决定的，也就是由供求比例决定的。”马尔萨斯的结论是：“任何商品或所有商品的价值总是决定于供求的对比情况。”④

所以，我们说马尔萨斯在价值论上主要是一个供求论者。不过，马尔萨斯的供求论是把生产费用塞进去的供求论。

用供求关系说明价值、决定价值，这是非常错误的。因为，供求状况只能影响商品价格，只能说明价格围绕着价值上下波动，而绝不能说明价值的本质，不能决定价值。因为价值是由生产商品的社会必要劳动决定的。供求论者的错误首先在于他们把价值与价格，本质与现象相混淆。如果说供求关系决定价值，那么供求一致的情况下价值由什么决定呢？供求论者是回答不了这个问题的。此外，供求论者的错误还在于把价值的起源放在消费者的欲望里，放在流通领域。马尔萨斯用生产费用来补充说明供求决定价值也是错

---

① 马尔萨斯．政治经济学原理［M］．北京：商务印书馆，1962：63；马尔萨斯．政治经济学论文五篇［M］．北京：商务印书馆，1961：84.

② 马尔萨斯．政治经济学论文五篇［M］．北京：商务印书馆，1961：84.

③ 马尔萨斯．政治经济学原理［M］．北京：商务印书馆，1962：64.

④ 马尔萨斯．政治经济学定义［M］．北京：商务印书馆，1960：90；马尔萨斯．政治经济学原理［M］．北京：商务印书馆，1962：222.

误的。因为生产费用本身的价值尚待确定，这样生产费用论只能陷入用价值说明价值的循环论之中；同时，将利润、地租、赋税当作生产费用的一部分，这更是庸俗的。

3. 关于价值的尺度。马尔萨斯极力主张以交换中所购得或支配的劳动作为衡量价值的尺度，而坚决反对以商品生产中所耗费的劳动作为衡量商品价值的尺度。他说：不论何时何地商品的价值都是“由商品在该时该地所能交换或支配的标准劳动量来衡量”的。这里的“标准劳动量”按照马尔萨斯的解释就是指“普通农业劳动”，实际上也就是简单劳动①。

马尔萨斯认为，耗费劳动之所以不能作为决定和衡量商品价值的尺度，原因在于“在我们所知道的社会发展阶段中，这种劳动都没有能够做到这点。在很早的时期，利润就作为供给的一个必要条件，广泛地被考虑在交换价值问题之内。……此外，资本周转的快慢也是一个新的因素，和用在资本上的劳动量全然无关”②。从这里可以看出，马尔萨斯不仅接受了斯密价值论中的购得劳动决定价值、衡量价值的庸俗见解，而且把斯密的观点更加庸俗化。因为在斯密那里购得劳动与耗费劳动是紧紧相连的，前者是价值的外在尺度，后者是价值的内在尺度，内在尺度决定外在尺度；而在马尔萨斯这里，购得劳动实际上被说成内在尺度，被说成价值的决定者，被说成价值本身。马尔萨斯认为价值就是由供求关系所产生的购买力，购得劳动与实际耗费劳动无关③。

4. 关于价值的实现。马尔萨斯认为价值主要靠不生产的消费者实现（这一点将在危机论里讲，这里就不具体讲了）。

（二）马尔萨斯的地租论

马尔萨斯的地租论在其经济学说中占有极其重要的地位。其地租论的主要内容如下。

1. 关于地租的性质和原因。关于地租的性质，马尔萨斯既反对地租是垄断价格的结果，又反对李嘉图认为地租来源于自然吝啬的论断。他认为地租是“总产品价值中扣除各种耕种费用后归于地主的部分”，或者说“是总产品价格中扣除劳动工资和耕种投资利润后的剩余部分”。它是“使用属于地主的

① 马尔萨斯．政治经济学原理［M］．北京：商务印书馆，1962：95，100.

② 马尔萨斯．政治经济学原理［M］．北京：商务印书馆，1962：75.

③ 马尔萨斯．政治经济学原理［M］．北京：商务印书馆，1962：95，255.

土地的肥力的报酬”，是“上帝的恩赐”，是自然对人类的赠与①。

关于地租的原因（即农产品价格中超过生产费用的通常多余部分的起因），马尔萨斯认为有三条：第一，土地的性质。他认为，地租的性质是主要的原因。基于这种性质，土地能够生产出比维持耕种者的需要还多的生活必需品。这就是说，土地具有肥力，使得它能够生产出许多东西，这些东西除抵偿各种耕种费用后还有一个余额，这个余额就是土地地租。第二，生活必需品所特有的性质。基于这种性质，生活必需品在适当分配以后，就能够产生出它自身的需求，或者能够按其生产量的多寡而养成若干需求者，使土地产品经常具有价值。第三，肥沃土地的相对稀少性。总之，基本原因是“土地性质，是自然对人类的赠与”②。

2. 关于地租的意义。马尔萨斯极力为土地私有制和地租辩护，他认为土地私有制会促进土地产品增产和生产者、消费者生活的改善。他说：“如果土地不是私有的话，土地的产品和需求比较起来一定是远不如现在这样多，结果生产者和消费者的生活情况一定也比现在坏得多；如果土地要被占有，就必然有一些人成为土地所有者。”“一个国家在走向高度改良的发展过程中，地主的绝对财富应当逐步地增加”③。

马尔萨斯还认为地租的增长同社会发展的趋势一致，符合一切消费者的利益。对劳动者来说，地租增长，可刺激农业发展，增加农产品的产量，社会供养人口的能力和对于劳动的需求都会跟着增长，而劳动需求的增长是劳动者的“最主要”的“福利”；对资本家来说，地租的增长会刺激农业投资和耕地面积的不断扩大，使农业资本家的利润增多。因此，“地主的利益同国家的利益是分不开的”，“没有一个阶级的利益象地主阶级的利益那样，和国家的繁荣、富强紧密地必然地联系在一起”。“把地租当作没有价值的东西加以拒绝，那是极不明智的。”④

马尔萨斯地租论的辩护性是极其明显的。

第一，他把地租说成上帝和自然对人类的赐与，这就掩盖了地租是农业

① 马尔萨斯．政治经济学原理［M］．北京：商务印书馆，1962：68，116，173.

② 马尔萨斯．政治经济学原理［M］．北京：商务印书馆，1962：119-120.

③ 马尔萨斯．政治经济学原理［M］．北京：商务印书馆，1962：68，159.

④ 马尔萨斯．论地租的性质与发展及其规律［M］．北京：商务印书馆，1962：166-167；马尔萨斯．政治经济学原理［M］．北京：商务印书馆，1962：173，180.

工人创造的剩余价值这个本质，掩盖了地主阶级对农业工人的剥削。

第二，他把地租的存在、发展说成是对整个社会有利的事情，这就掩盖了地主阶级与资产阶级、与劳动者的矛盾和对立。

（三）马尔萨斯的利润论

关于利润的性质，马尔萨斯极力反对亚当·斯密把利润说成是劳动产品的扣除这种正确观点，他认为“利润只是资本家对生产所做的那一部分贡献的公平报酬”，“资本的利润是由商品的价值和生产这种商品所必需的各种垫支的价值之差所构成”。据他所说，由于资本家垫支了过去积累的机器、原料等，提高了劳动生产力，对生产有所贡献，因此他们应得到不受这种帮助和受这种帮助的劳动生产力之间的差额①。

关于利润的来源，马尔萨斯有两种观点。第一，他认为利润来源于流通领域。他说交换“会提高双方产品的价值”，利润就“来自这种价值的增加”，它是购买劳动大于实际耗费劳动之间的差额。为什么流通使价值增加？马尔萨斯用效用论加以解释：“由于交换双方多以其比较不需要的东西换取比较需要的东西，因此交换一定会提高双方产品的价值。”② 第二，他认为利润来源于资本生产力。他说：“物质资本是作为国民收入的重要部分的利润的特定来源”，资本会帮助劳动提高生产力，利润就是对资本家这种贡献的报酬③。

关于利润率，马尔萨斯认为，“利润率是商品的价值与生产这种商品所必需的垫支的价值之差对垫支的价值的比例”，“利润率的变动决定于该商品出卖后的价值和已知的垫支价值之间的差额；而这差额的大小总是决定于供求情况的”。影响利润率的原因主要有两个：第一，最后投放在土地上的资本的生产力；第二，由于偶然的或通常的供求情况而引起的同一数量的劳动产品价值的变动④。

关于利润的实现，马尔萨斯认为利润是由不生产的消费者（主要是地主、牧师等）实现的（详见危机论）。

马尔萨斯的利润论是极为庸俗的。第一，他把利润归结为对资本家生产贡献的公平报酬，这就歪曲了利润的本质，掩盖了资本家对工人的剥削关系。

---

① 马尔萨斯．政治经济学原理［M］．北京：商务印书馆，1962：67，219.

② 马尔萨斯．政治经济学原理［M］．北京：商务印书馆，1962：314，315.

③ 马尔萨斯．政治经济学原理［M］．北京：商务印书馆，1962：35，67.

④ 马尔萨斯．政治经济学原理［M］．北京：商务印书馆，1962：219，223，226.

第二，他把利润归结为流通领域产生的，有时又把利润归结为资本产生的，这就歪曲和掩盖了利润的真正来源，同样掩盖了资本主义剥削关系。第三，他关于交换会提高双方产品价值的观点是一种庸俗的效用论和主观价值论。第四，他的利润论不仅为资产阶级辩护，也为地主贵族辩护。

（四）马尔萨斯的工资论

关于工资的本质，马尔萨斯认为，工资是对劳动者努力的报酬，是对劳动者劳作的报酬。

关于工资量的决定，马尔萨斯极力鼓吹劳动基金论和供求论，他认为工资的高低最终决定于工人的人口数量，决定于供求法则。据他所说，社会生产出来的生活资料是有限的，用来雇用工人的资本也是有限的，工资的价值也是受供求法则调节的，每个工人所分得的数量“总是决定于那无可改变的供求法则的。如果市场上劳动的供给比较不足，地主和资本家就不得不把产品的较大一部分给予每一个工人。但在劳动供给充裕的情况下，长期地酬予这样较大的数量是绝不可能的”①。因此，当工人人口数量少的时候，工资就高一些，工人所得的生活资料就多一些，从而工人的生活就会改善；反之，当工人人口多的时候，工人的工资就低一些，工人取得的生活资料就少一些，从而工人的生活状况就会恶化。据此他得出结论：“劳动阶级的幸福的主要源泉必然是谨慎俭朴的生活习惯”，“穷人们自己的知识和谨慎俭朴是他们普遍而永久地改善自己的境况的唯一手段”。通过抑制劳动人口压缩劳动供给，这是提高劳动价格，使劳动者的“生活状况得到基本的和永久性的改善”的“唯一的方法”②。

马尔萨斯工资论的庸俗性、辩护性是极其明显的。第一，他没有区分开劳动和劳动力，把工资说成是对劳动者劳作的报酬，这就歪曲了资本主义工资的本质，掩盖了资本家对工人的剥削关系。第二，他把雇用工人的资本和生活资料说成是一个不变量，这显然不符合实际。第三，他把资本主义社会里发生的工人们的工资下降和生活贫困归结为工人人口增长太快和自然界提供的生活资料有限，这就掩盖了资本主义剥削制度的罪恶，显然是为资本主义制度辩护的。第四，他把资本主义社会工人们的谨慎俭朴看成是改善自己

---

① 马尔萨斯．政治经济学原理［M］．北京：商务印书馆，1962：232，233.

② 马尔萨斯．政治经济学原理［M］．北京：商务印书馆，1962：218，233；马尔萨斯．人口原理［M］．北京：商务印书馆，1961：469，470.

地位和境况的唯一手段，这实际上也就把工人阶级的斗争说成是毫无意义的事情。

（五）马尔萨斯的危机论

在危机论方面，马尔萨斯与萨伊、李嘉图不同，他承认资本主义社会生产普遍过剩危机的存在。他说，在资本主义社会，生产“过剩显然是普遍的而不是局部的”，萨伊定律“完全没有根据，并且与支配供给和需求的重要原理完全相反”①。

关于危机的根源，他认为是有效需求不足。所谓需求就是人们对于该商品的具有一般购买能力的购买愿望，有效需求就是一种能满足商品供给的自然和必要条件的需求。

马尔萨斯认为，要保证资本主义社会“财富按比例增长”，“使生产能力充分发生作用”，资本主义社会必须具有一个条件，“这就是不受阻碍的对全部产品的有效需求”。为了实现和维持商品的价值，就必须使“消费品与消费者的人数、欲望以及能力之间，或者商品的供给与需求之间”“维持一种适当的比例”，以保证社会有充分的有效需求。否则，生产出来的商品就不能全部售出，社会产品的总价值就不能实现，就会发生生产过剩的危机。

如何保证资本主义社会具有充分的有效需求呢？马尔萨斯认为只靠资本家之间相互买卖和工人工资支出是不行的。因为在资本家相互买卖中，资本家总是一方面是卖者，另一方面又是买者。在卖时取得了利润，在买时又把利润送出去。在充分自由竞争下，买卖双方都实现了平均利润，两者互相抵销。同时，在社会通常状态下，虽然资本家具有把收入消费到必要程度的能力，但没有这种意愿。至于他们的工人们，我们必须承认，即使他们具有这种意愿，也没有这种能力。同时，工资的支出也只能买回生产出来的商品的一部分。而提高工资增加劳动者阶级的消费必然大大增加生产费用，降低利润，不利于社会财富增长。

马尔萨斯认为，要保证资本主义社会具有充分的有效需求，就必须使社会中占适当比例的一部分人从事于私人服务，或者可能以其他方式提出对物质产品的需求，而不直接参与产品的供给。即需要保有一批不从事生产的消费者，使社会“拥有一个庞大的有效需求者阶级”。在这个阶级中，地主无疑地居于显著的地位，还有地主养活的一大批从事私人服务的人，以及政治家、

① 马尔萨斯．政治经济学原理［M］．北京：商务印书馆，1962：262.

军队、法官、律师、牧师、医生等。马尔萨斯认为，这批非生产性消费者的特殊作用在于保持产品与消费的平衡，使全国人民辛勤劳动的成果获得最大交换价值，从而促进财富的增长。因此，他们的存在“绝对必要”，地租、国债、赋税也“绝对必要”①。

马尔萨斯危机论的辩护性是极为明显的。

第一，马尔萨斯承认资本主义社会生产过剩危机的可能性，这比李嘉图、萨伊等来说，无疑是好的；但其目的绝不是有意暴露资本主义生产方式的矛盾，而是要证明地主、地租、土地私有制的绝对必要。

第二，马尔萨斯关于资本主义危机根源的观点是掩盖资本主义基本矛盾的，是用现象掩盖本质。正像马克思和恩格斯指出的：“说危机是起因于有支付能力的消费或有支付能力的消费者的缺乏，完全是一个重复语。”因为，“商品不能卖出，就是找不到有支付能力的购买者或消费者”。这等于是用危机现象说明危机。同时，“群众消费不足，是任何建立于剥削之上的社会形式的一个必然条件……可是只有资本主义的生产形式，才使事情达到危机的地步”②。

四、马尔萨斯经济观点中可取的点滴

马尔萨斯的经济理论从体系和本质上讲，虽然是庸俗的，是为资本主义制度特别是为地主贵族利益辩护的，是反对革命的，应该彻底批判；但其经济观点中也有我们可以借鉴之处，也有可取的点滴。

第一，关于资本的目的。

马尔萨斯承认资本的目的是获得利润。他说：“资本是为了获得利润而在财富的生产或分配中保持或使用的那一部分国家资财或物质财产。”这个定义虽然是错误的，但承认资本的目的是“获得利润”，这一点是可取的。

他又说：“我们有必要注意，从影响人类的一般动机来说，劳动阶级方面的消费能力决不能单独地激励资本的运用。没有一个人会仅仅为了替他工作的人们产生了需求，就去运用资本。非常明显，除非这些人生产出了超过他们的消费的一笔多余的价值。”马尔萨斯这里的观点与他的“让渡利润论”相

---

① 马尔萨斯．政治经济学原理［M］．北京：商务印书馆，1962：312，326，328，337.

② 马克思．资本论［M］．2卷．北京：人民出版社，1955：507；马克思恩格思文集［M］．9卷．北京：人民出版社，2009：302.

矛盾。①他承认资本家运用资本的动机是为了获得“一笔多余的价值”；②他承认这“一笔多余的价值”是工人们在生产领域创造的；③他承认资本家与劳动者之间的交换是不平等的，认为资本能够支配比它自身的价值更大的劳动。这三点是可取的。

第二，关于积累与消费的关系。

在积累与消费的关系上，马尔萨斯虽然也是站在地主贵族立场上为其辩护的，但却提出了一些合理的思想。例如，他说：“没有一定程度的节俭，每年将收入的一部分转化为资本，并且创造出生产超过消费的差额，就不可能实现财富的大量的、持续的增长。但是，十分明显，这些定理并不是漫无止境地正确的；节约的原则，过分强调了，就会破坏生产的动机。假如每个人都满足于最简单的食物，最破敝的衣服和最简陋的住屋，那么其他各种较好的食物、衣服和住屋就肯定不会存在……如果消费超过生产，全国资本就必定减缩，而全国财富一定会由于缺乏生产能力而逐渐被破坏；如果生产大大超过消费，积累和生产的动机一定会由于拥有主要购买手段的人缺乏有效需求而停止。两个极端是明显的，因此，一定有一个中间点，在这一点上，能同时兼顾到生产能力和消费愿望，而最有力地促进财富的增长。”①

前面说资本是通过节俭而增加起来的是庸俗的，但把资本这个外壳扬弃以后却有一个合理的内核，即要正确处理积累与消费的比例，积累与消费都必须适度，节约也必须适当，即无论过分强调哪一方面，都是不正确的。同时，他指出消费对生产的反作用，也是对的。

他说：“浪费确实可以使一个国家衰败，实际支出的缩减，不仅因此而是必要的，而且，当一国的资本和人们对它的产品的需求比较起来显得缺少的时候，就需要暂时节制消费，以便准备资本的供给，因为只有这种资本的供给能够满足将来日益增长的消费需要。争论的焦点是：没有一个国家可能通过长期缩减消费来积累资本而成为富国。”②

这里马尔萨斯肯定了在一定情况下，暂时节制消费的必要性，同时又强调不可能“通过长期缩减消费来积累资本而成为富国”，这种思想是对的。

第三，关于农业与工业的关系。

在农业与工业的关系上，马尔萨斯也是站在地主贵族的立场上，为地主

---

① 马尔萨斯．政治经济学原理［M］．北京：商务印书馆，1962：12-13.

② 马尔萨斯．政治经济学原理［M］．北京：商务印书馆，1962：270.

贵族辩护，但他提出的一些理论观点是值得我们注意的。

他说：在社会的发展过程中，土地给人们提供了主要的保证，使人们不至于仅仅为了取得生活必需品而使用差不多全部的时间，或者整个社会的差不多全部时间。这里包含着农业是国民经济的基础的思想。

他又说：如果我们把工业社会和纯农业的社会状况作一比较，就会发现前者的普遍优越性是无可争辩的；但我们不应该由此推论，工业制度是不会发展得过分的，或者说它所带来的弊端在超过某一限度之后，不可能多于它的优点。“安全比财富更重要；一个大国很容易引起其他国家嫉妒，如果其人民有相当大的一部分要依靠外国谷物供养，那么在紧急需要的时候这种最重要的供应就有突然被截断的危险。”① 这里，马尔萨斯关于忽视农业而过分发展工业危险的观点是可取的。

第四，关于政治对经济的反作用。

他说：“影响国家财富的最重要的基本原因，无疑地必须包括政治方面和道德方面的原因。如果财产权没有一定程度的保障，就不可能鼓励个人的勤劳工作，而财产权的保障主要决定于一国的政治组织、良好的法律及其执行状况。而最有利于勤劳努力和正直品质，因而最有利于财富的生产和维持的那些风尚习惯，主要也决定于这些原因以及道德和宗教的教育。”②

从这里可以看出，马尔萨斯也懂得政治、道德对经济的重要作用。这种思想是合理的，可取的。

第五，马尔萨斯看到斯密、李嘉图在价值论上的矛盾，承认资本主义经济危机的可能性以及对萨伊定律的批判也是可取的，至少是可以利用的。

第六，马尔萨斯关于“利润决定于总产品价值中用来支付所使用的劳动的份额”的观点，关于资本与雇佣劳动之间交换不平等的观点，关于工人的消费是工人为资本家进行劳动的一个条件的观点，关于强调资本主义社会不和谐的观点，等等，也都具有一定的参考价值。马克思对这些也都曾给予恰如其分的评价③。

---

① 马尔萨斯．论谷物法的影响［M］．北京：商务印书馆，1962：14-15，16.

② 马尔萨斯．政治经济学原理［M］．北京：商务印书馆，1962：257.

③ 马克思恩格斯全集［M］．26卷Ⅲ．北京：人民出版社，1956：31-33；马克思恩格斯全集［M］．46卷．北京：人民出版社，1956：288-289；马克思恩格斯全集［M］．46卷．北京：人民出版社，1986：62.

第七，马尔萨斯对“资本利润只是积累劳动的工资”观点的批判。他认为工资和利润是“完全不同的两种东西”，“服从着两套不同的法则”，“不论从哪种观点来看，……我们都毫无理由把资本利润与劳动工资混为一谈”①。这种观点尽管是斯密观点的重复，但应当承认它是正确的。

第四节　十九世纪二十年代的论战和李嘉图学派的解体

十九世纪二十年代（1820—1830 年），在英国经济学界发生了一场激烈的论战。马克思把这段时间称为“英国政治经济学史上一个大的形而上学的时代”，把这场论战称为“一场绝妙的争吵”“滑稽的论战”②。马克思为什么这样讲，这只有在我们研究了这场论战之后才能理解。

一、十九世纪二十年代论战的中心和性质

这场论战是围绕着李嘉图学说展开的，争论的中心问题是李嘉图的价值学说和利润学说。一派以马尔萨斯为代表，他们紧紧抓住李嘉图体系的矛盾不放，极力反对李嘉图的学说，妄图推翻李嘉图的劳动价值论和利润论；另一派以詹姆斯·穆勒和麦克库洛赫为代表，积极拥护李嘉图学说，并通过注释、解说、诡辩的办法同反对派论战。但是，从总的情况看，李嘉图学派并没有解决李嘉图体系的矛盾，促进李嘉图学说的发展，相反却把李嘉图学说庸俗化，从而导致了李嘉图学派的瓦解。

这次论战是在劳资矛盾还隐藏在产业资本和土地贵族矛盾的后面，但利用李嘉图学说为无产者说话的学说已经开始出现的情况下发生的。当时，在英国，大工业刚刚脱离它的幼稚时期，资产阶级还没有完全夺得政权（议会改革案是在 1832 年才通过的），谷物法存废的斗争还在继续进行（1846 年法案规定谷物进口税在三年后方予以减低，在 1849 年除小额登记费外，全部取消），因此，产业资本家与土地贵族的斗争仍是当时的主要矛盾。但是，另一方面，当时在英国劳资矛盾随机器大工业发展和资本积累的发展也有所激化（如工人破坏机器的运动仍在继续，工人斗争迫使政府于 1824 年不得不取消

① 马尔萨斯．政治经济学论文五篇［M］．北京：商务印书馆，1961：77，78.

② 马克思恩格斯全集［M］．26 卷Ⅲ．北京：人民出版社，1956：16.

禁止工人结社法，1829 年第一个全国性的工人组织成立），替工人说话的空想社会主义学说已经出现（如欧文和李嘉图是空想社会主义者），他们利用李嘉图的学说来攻击资本主义制度。这说明劳资矛盾已经接近走向前台。这种情况使某些资产阶级学者开始感到李嘉图学说的进一步发展对资产阶级的危险性，从而起来反对这种学说。以马尔萨斯为代表的土地贵族和一部分资产阶级经济学家对李嘉图学说的发难就恰恰说明了这一点。在这方面，马尔萨斯主义者卡泽诺夫的话最具有代表性。他说："关于劳动是财富的唯一源泉的学说，看来既是错误的，又是危险的，因为它不幸给一些人提供了把柄，他们可以断言一切财产都属于工人阶级，别人所得的部分仿佛都是从工人阶级那里抢来和骗来的。"①

这场论战不仅反映了土地贵族与产业资产阶级的矛盾，也反映了已近前台的劳资矛盾；其既有资产阶级反对无产阶级，保卫资本主义利益的"保卫战"的性质，也有土地贵族与产业资本家阶级相互斗争的性质。

二、马尔萨斯等人对李嘉图学说的发难

（一）马尔萨斯对李嘉图学说的责难

李嘉图学说反对派的主要代表就是马尔萨斯。马尔萨斯为了维护土地贵族的利益，也为了维护资本主义制度，紧紧抓住李嘉图体系的两大矛盾（价值规律同劳资交换从而产生利润的矛盾，价值规律同等量资本获得等量利润的矛盾）不放，妄图从根本上推翻李嘉图的劳动价值论和利润论。

马尔萨斯强调资本与劳动的交换是少量劳动和多量劳动的交换，是不等价交换，因此劳动价值论是不能成立的。他认为一个商品的耗费劳动和支配的劳动是两个不同的量，后者大于前者，后者包括"商品花费的劳动量加利润"。他说："某一商品通常所支配的劳动，等于生产这一商品实际花费的劳动加利润。"② 这就是说，他认为价值法则在劳资交换领域是不适用的，因而劳动价值论不能成立。

马尔萨斯还强调等量资本获得等量利润是通则，而不是例外，据此，他认为李嘉图的劳动价值论也不能成立。众所周知，李嘉图在坚持劳动价值论

---

① 转引自：马克思恩格斯全集［M］.26 卷Ⅲ. 北京：人民出版社，1956：63-64.

② 转引自：马克思恩格斯全集［M］.26 卷Ⅲ. 北京：人民出版社，1956：9；参看：政治经济学定义［M］. 北京：商务印书馆，1960：92.

的过程中曾经遇到一个难题，即两个数量相等的资本，当使用的固定资本的比例不同，资本周转速度不同时，所使用的劳动数量也不同，可是按照平均利润率还是获得等量利润。换句话说，在上述条件下，不同量的劳动的产品，却有相同的“相对价格”；反之，同量劳动的产品，它们的价值似乎不等。因此，他认为价值规律要进行一点“修正”。即认为这些商品在生产后和储存期间价值的增加不能认为是劳动的结果，而只能认为是相当于该商品所花费的资本实际运用时所提供的利润。这当然是正确的。但他又认为各个生产部门的资本构成的不同是偶然的，因此，由耗费劳动以外的因素引起价值的变动是例外的现象。马尔萨斯不同意李嘉图的这种观点，他认为李嘉图关于商品价值决定于其所包含的劳动量这一命题和普遍的经验事实不相符合，李嘉图讲的例外是法则，而法则才是例外。他说：“我们只要略作观察就会相信，纵使根据要求酌量计入事物暂时偏离自然与正常过程的一切因素以后，服从这一交换法则的商品仍然是极其有限的，而不服从这一法则的品类中却包含着大量的商品。诚然，李嘉图先生自己也承认他的法则有相当多的例外。这些例外的品类，就是所用固定资本量不等、耐用程度不同，而所用流动资本的回收时期又彼此不同的商品。如果我们研究一下这些品类，就会发现其为数之多，使得该法则可能看成是例外，而例外倒成为法则了。”① “无论在理论上或在实际上，这一法则的例外情形都比符合这一法则的情形要多得不可比拟。”②

马尔萨斯认为李嘉图关于商品价值由其所包含的人类劳动决定的命题，只有在“假定利润相同，固定资本和流动资本的比例相同，固定资本的使用期限和流动资本的回收时间相同”的条件下，才是正确的。而实际上“这种假定无法运用于大宗商品”，因此，李嘉图的命题只是一种假说和谎言，“显然不正确”，“完全没有用处”③。

马尔萨斯提出新陈葡萄酒劳动量相同但价值不同的问题说明李嘉图价值论的错误。他说：“陈酒所增加的价值，是从构成该价值的附加利润上得来的，其量由垫支资本的时间和一般利润率决定，这是再明显不过的事实。”④

---

① 马尔萨斯．政治经济学定义［M］．北京：商务印书馆，1960：13.

② 马尔萨斯．政治经济学论文五篇［M］．北京：商务印书馆，1961：79.

③ 马尔萨斯．政治经济学定义［M］．北京：商务印书馆，1960：44.

④ 马尔萨斯．政治经济学定义［M］．北京：商务印书馆，1960：47.

他还举出其他例子说明李嘉图劳动价值论是背理的，是一种谎言。他说：如果说商品按其所包含的劳动量互相交换，那就等于说价值五十镑的陈酒所包含的劳动量和筑成就卖的价值五十镑的一道石墙中所包含的劳动相等，这当然是背理的。“如果我们把一棵价值二十五镑的橡树和一堆价值也是二十五镑，但主要由人类劳动构成的铁器相比；如果说这两种物品之所以具有相同的价值，是由于其中所包含的劳动相等，那么根据一般的说法说来，我们便分明撒了一个大谎。”① 最后他得出了推翻李嘉图劳动价值论的结论。他说：“这种情形的确不胜枚举而且十分明显，使人不得不承认。因此，李嘉图先生便一再作出极大的让步和修正；这些修正虽然不足以满足真实情况的要求，也完全足以推翻这样一种假说，即同一个国家等量劳动的产品始终具有相等的价值。”又说：“只要我们还能相信自己的感官认识”，那么我们就会看到，事实绝不是像李嘉图讲的那样，商品是按彼此所包含的劳动量互相交换的②。

马尔萨斯虽然正确地看到在生产价格、平均利润存在的情形下，李嘉图所说的例外成为通则，也看到了资本同劳动交换的不平等性；但他从这些现象出发妄图推翻劳动价值论，这只能证明他对劳动价值论的无知和别有用心。

第一，这说明他根本不懂得劳动力与劳动的联系和区别，不知道工人出卖的商品为何物。

第二，这也说明他根本不懂得生产价格与价值的联系和区别，不懂得生产价格的出现并不是价值法则的否定；相反，它以价值法则为基础，它是价值的转化形态。从全社会看，平均利润总额等于剩余价值总额，平均利润不过是剩余价值在各部门之间重新分配的结果。从全社会看，价值总额也必然和生产价格总额相等。同时，生产价格的变化最终还取决于生产商品的社会必要劳动量的变化。

第三，他把商品的价值和商品作为资本的价值增值等同起来，把商品交换歪曲成资本与雇佣劳动的交换，这样他就把所有买者都变成雇佣工人，把所有买者都变成用直接劳动来同资本家进行交换。这当然是荒谬的。

第四，马尔萨斯紧紧抓住李嘉图体系的矛盾不放，并不是要设法解决这些矛盾，而是要从根本上推翻李嘉图的科学理论，从而推销他的供求价值论和让渡利润论。正如马克思指出的：“马尔萨斯抓住李嘉图本人所强调的并且

---

① 马尔萨斯．政治经济学定义［M］．北京：商务印书馆，1960：47.

② 马尔萨斯．政治经济学论文五篇［M］．北京：商务印书馆，1961：78.

是他最先发现的那些违反价值决定于劳动时间这个规定的矛盾，不是为了解决矛盾，而是为了倒退到完全荒谬的观点上去。”①

（二）贝利对李嘉图学说的责难

在李嘉图反对派中有一个干将，即赛米尔·贝利。贝利（1791—1870）英国资产阶级经济学家、哲学家。他的主要经济学著作是《对价值的本质、尺度和原因的批判研究，主要是论李嘉图先生及其信徒的著作》（1825 年）。他坚决反对李嘉图关于商品价值由耗费劳动决定的理论，攻击李嘉图把相对的东西看作绝对的东西。他认为“物品的价值就是它的购买能力”，“价值除了仅仅表示两个物品作为可交换的商品相互间的比例之外，不表示任何肯定的或内在的东西”，“价值决不是内在的和绝对的东西”。他还认为，“一切在商品交换中间接或直接对人的意识起决定性影响的……情况，都可以看作价值的原因”，“大部分商品的价值是由用在商品上的资本决定的”②。

很明显，第一，贝利在这里把价值与交换价值、价格相混同，以后者来代替前者，从而否定了价值本身。第二，贝利在这里用资本决定商品价值等于用价值决定价值，陷入了不可解脱的循环论。第三，贝利在这里又把问题引入意识领域，这是因为他在理论上走进了死胡同。第四，从思想方法看，贝利在这里只看到了表象，把表象当成本质。

贝利还认为利润也是一种比例，它“只意味着商品的份额或比例”，即价格在生产成本以上的超过额对垫支资本的比例③。

贝利的利润观是从他的价值概念出发的，他的利润观是为了推翻李嘉图关于劳动价值同利润成反比的论断。李嘉图认为工资与利润是劳动创造的新价值中的两部分，这两部分是对立的；而贝利则认为这两部分是互不相干的比例，不能把它们看成两个对立的量。此外，贝利把利润与利润率相混同。贝利的观点极为肤浅，完全抹杀了利润的本质。

贝利的观点虽然是庸俗的，但他终究“最早比较正确地阐明了价值尺度”，这是他的“积极的贡献”。此外，他对詹姆斯·穆勒关于把时间的作用归结为耗费劳动的观点的批判等也是有参考价值的。

---

① 马克思恩格斯全集［M］.26卷Ⅲ.北京：人民出版社，1956：23.

② 转引自：马克思恩格斯全集［M］.26卷Ⅲ.北京：人民出版社，1956：150，157，177，180.

③ 转引自：马克思恩格斯全集［M］.26卷Ⅲ.北京：人民出版社，1956：163.

三、李嘉图学派的解体

在马尔萨斯等人的责难面前，李嘉图学派束手无策，狼狈不堪。他们仓促应战，企图维护李嘉图的学说。但由于他们追求的只是表面、形式上的逻辑统一性，结果不仅没有有力地回击反对派，更是用他们自己的手挖掉了李嘉图学说的基础，拆毁了李嘉图学说的科学大厦，从而导致了李嘉图学派的瓦解。

下面通过分析李嘉图学派两个代表人物如何回击反对派的进攻、如何为李嘉图辩解，通过这两个代表人物在这场论战中的表演，来说明李嘉图学派的瓦解。

（一）詹姆斯·穆勒的表演

詹姆斯·穆勒（1773—1836），英国资产阶级经济学家和历史学家。其主要经济学著作是《政治经济学纲要》（1821 年）。政治经济学史上的四分法就是从他这里开始的，他的代表作《政治经济学纲要》就分为四篇：第一篇论生产，第二篇论分配，第三篇论交换，第四篇论消费。

詹姆斯·穆勒尽管“是第一个系统地阐述李嘉图理论的人”，而且在某些方面“在某种程度上也还是比李嘉图的观点前进了一步，越过了李嘉图本人阐述观点时所划的界限。……例如，他从地租理论做出了反对土地私有权存在的实际结论，他想或多或少直接地把土地私有变成国有”，但“他力求做到的，是形式上的逻辑一贯性。因此，从他这里也就开始了李嘉图学派的解体”①。且看他是怎样“排除”李嘉图体系的“困难”的。

关于李嘉图体系的第一个困难（即价值规律与劳资交换从而产生利润的矛盾），詹姆斯·穆勒企图通过把劳资交换变成普通交易的手法予以排除，从而逃出困境。他把工人和资本家看成是未来产品的共同生产者和共同所有者。未来产品一部分归工人所有，一部分归资本家所有。但在产品完成以前，资本家已经以预付的等价形式——工资——把工人应得的一份产品买去了；反过来说，也就是工人已把自己应得的一份卖给了资本家，取得了等价，即工资。因此，这里工人与资本家之间的交换完全是普通商品所有者之间的交换，是普通商品之间的交换，工人把自己应得的那份商品卖给资本家，资本家把这份商品的等价（工资）给予工人。这里的交换是等价的。至于工人与资本

① 马克思恩格斯全集［M］. 26 卷Ⅲ. 北京：人民出版社，1956：87-88.

家各自应得的比例，穆勒则认为"由竞争来调节"，"随供求关系变化"。穆勒以为经他这一番说明，李嘉图的第一个困难就解决了，实际上这个困难不仅没有解决，反而把李嘉图的理论庸俗化了。原因在于：第一，穆勒把资本与劳动的交换歪曲成普通商品之间的交换，把工人与资本家都说成生产者，说成商品的共有者，这就把工人与资本家的关系从雇佣关系、阶级关系变成一般商品所有者之间的关系，从而也就严重地损害了李嘉图体系的精华。因为李嘉图尽管没有解释劳动与资本之间的交换如何同价值规律相符合，但他的整个理论始终是以资本主义雇佣关系为前提的。第二，李嘉图虽然把劳动力同劳动混淆，使自己陷入困境，但他始终坚持商品价值由劳动量决定，而且还提出了劳动的自然价格概念。他认为"劳动的自然价格是让劳动者大体上能够生活下去并不增不减地延续其后裔所必需的价格"①，认为劳动的价值取决于生产工人最低限度生活资料所耗费的劳动量。也就是说，李嘉图在这里实际上所讲的是劳动力商品的价值，而他在讲劳动的价值（自然价格）时，仍然坚持了劳动价值论。而穆勒为了摆脱困境却求助于供求论，这就背弃了李嘉图的劳动价值论。第三，如果资本家与工人的交换是等价的，那么利润从何而来？穆勒为了解决利润来源又求助于让渡利润论，认为在这笔交易中，买主购买是为了再卖并赚取利润，因此卖者不得不低于商品价值出卖他的商品。这样，李嘉图的整个价值论就被推翻了。

关于李嘉图体系的第二个困难（即价值规律同等量资本获得等量利润的矛盾），穆勒企图通过曲解劳动概念的诡辩法予以解决。他在回答反对派提出的责难时认为，陈葡萄酒之所以较新葡萄酒昂贵，这是因为不仅直接劳动创造价值，间接劳动也创造价值。资本就是积蓄的劳动和间接的劳动。他说，"资本可以用积蓄的劳动这个词来正确地描述"，它"不是用手直接去做的劳动，而是用手所生产的工具间接去做的劳动"。新葡萄酒在窖藏期间，"用手直接去做的劳动"虽然已经结束，但积蓄在酒中的积累劳动仍在劳动着，资本仍在发挥着作用。所以酒的价值不断增加。他说："酒窖中的葡萄酒的例子同自行工作、不需附加劳动而在一年中消耗的一部机器的例子完全吻合。新葡萄酒——这是一部机器，被它的产品——陈葡萄酒——所代替了，还加上同使用在土地上的资本所得的收益相当的一种增加的价值。"② 总之，他认为

① 李嘉图．政治经济学及赋税原理［M］．北京：商务印书馆，1962：77.

② 季陶达．资产阶级庸俗政治经济学选辑［M］．北京：商务印书馆，1963：163-165.

资本是一种积蓄劳动、间接劳动，这种劳动也创造价值，利润就是这种劳动的报酬。陈葡萄酒比新葡萄酒价值多，就是因为资本也在劳动，也在创造价值，因而其价格就高，利润就多。

詹姆斯·穆勒以为他这样就解决了李嘉图体系的第二个困难，坚持了李嘉图的劳动价值论。其实困难不仅没有解决，反而把李嘉图的理论也庸俗化了。第一，他混同了价值和生产价格。陈葡萄酒比新葡萄酒价格昂贵，并非它们的价值不同，而是生产价格不同。他不能解决李嘉图的这个困难，是因为他像李嘉图一样，没有生产价格理论，不懂得价值和生产价格的区别和联系。只要理解利润和剩余价值的关系，理解一般利润率，理解价值和生产价格的联系和区别，这个问题就很好解决。第二，他混同了价值创造过程和价值转移过程，歪曲了价值和利润的真正源泉，掩盖了资本主义剥削关系。资本在剩余价值、利润的生产过程中，只是通过工人劳动转移自己的价值，并不会创造新价值。而穆勒则错误地认为资本也劳动，也创造价值，这就把利润变成劳动的报酬，把资本家这个剥削者变成劳动者，这就比李嘉图反对派“更严重得多地破坏了李嘉图理论的整个基础”①。

（二）麦克库洛赫的表演

约翰·雷姆赛·麦克库洛赫（1789—1864），英国资产阶级经济学家。他的主要经济学著作是《政治经济学原理》（1825年）。马克思认为麦克库洛赫“不仅是李嘉图的庸俗化者，而且是詹姆斯·穆勒的庸俗化者”，“是使这个经济理论解体的最可悲的样板”②。

只要我们看看他围绕李嘉图体系两大矛盾问题的表演，就可以得出结论：马克思的评语是完全正确的。

关于李嘉图体系的第一个矛盾（即价值规律同劳资交换的矛盾），麦克库洛赫企图通过玩弄价值概念予以排除。他把价值区分为“实际价值”和“交换价值”，认为“实际价值”依存于并恰好比例于耗费在商品生产上的必要劳动量，“交换价值”则依存于“商品所换得的劳动量或任何一种商品量”。在通常情况下，即在他所谓的自然市场内，供求平衡，商品与商品等价交换，“实际价值”和“交换价值”相等。这时，劳动与资本也是等价交换的，所以李嘉图关于耗费劳动决定商品价值的观点是对的。但在现实生活中，由于

① 马克思恩格斯全集［M］. 26卷Ⅲ. 北京：人民出版社，1956：19.

② 马克思恩格斯全集［M］. 26卷Ⅲ. 北京：人民出版社，1956：182-183.

供求不一致，因而“实际价值”与“交换价值”也是不一致的。商品绝不会同“生产它所用的劳动正好同样多的劳动”相交换，“事实上，它换得的总是更多，而且正是这个余额构成利润”。如果商品交换，双方劳动量相等，“这就等于贷款而不收任何利息”①。

很明显，麦克库洛赫在这里不仅没有维护李嘉图，反而在帮反对派挖李嘉图学说的基础。原因在于：第一，李嘉图体系第一个矛盾的意义很清楚，如果劳资交换不等价，那价值规律就不是“通则”，不是规律；如果劳资交换是等价的，那么资本家的利润又从何而来？麦克库洛赫的回答恰恰说明了在现实生活中价值规律的不存在。第二，麦克库洛赫把利润归结为在交换中的产物，归结为让渡利润，又把利润归结为资本家的工资，“资本的利润只是积累劳动的工资的别名”②。这样，他就把李嘉图理论糟踏得太不像话了。

关于李嘉图体系的第二个矛盾（即价值规律同等量资本获得等量利润的矛盾），麦克库洛赫企图通过玩弄劳动概念的把戏予以解决。他认为，劳动就是“一种旨在引起某一合乎愿望的结果的作用或操作”，这里既包括着人的劳动，也包括动物、机器、资本、自然的劳动。他说：“有充分理由可以把劳动下定义为任何一种旨在引起某一合乎愿望的结果的作用或操作，而不管它是由人，由动物，由机器还是由自然力完成的。” “在有关价值的一切讨论中……劳动一词表示……人的直接劳动或人所生产的资本的劳动，或兼指两者。”③ 他认为不仅机器在劳动，能创造价值，而且牲畜、自然力也在劳动，也能创造价值。他说：“自然在农业中，有力地帮助着人来劳动”，“自然在其他各种产业部门中，……也是做同样多的事”④。他以所费时间相同的鞋和葡萄酒为例，说明两者消耗的劳动量相等，价值相等。“第一个情况，结果是人力所产生的，第二个情况，结果是自然本身的作用力在酒桶内产生，所以很清楚，生产鞋子并不比生产葡萄酒需要更大的劳动。只不过是不同的力被用来把资本转变为制成品而已，并无其他。”⑤ 他认为陈葡萄酒比新葡萄酒具有较多的价值，是因为前者包含了较多的劳动。麦克库洛赫还认为，商品的价

---

① 麦克库洛赫．政治经济学原理［M］．北京：商务印书馆，1975：119，125.

② 麦克库洛赫．政治经济学原理［M］．北京：商务印书馆，1975：164.

③ 麦克库洛赫．为斯密《国富论》写的注释和补充论述．转引自：马克思恩格斯全集［M］．26卷Ⅲ．北京：人民出版社，1956：195，201.

④ 麦克库洛赫．政治经济学原理［M］．北京：商务印书馆，1975：87.

⑤ 麦克库洛赫．政治经济学原理［M］．北京：商务印书馆，1975：178-179.

值是由劳动生产的与价值是由资本生产的，说法虽不同，实质却是一样的。这都说明是耗费劳动决定商品的价值。他说："一个商品不管它是由人费了一定劳动量备置的资本的损耗所生产的，或者是由直接用于其上的劳动量所即时生产的，这都无关紧要。在这两个情况下，商品都是由完全等量的劳动生产的，如果认为应该用一个较好的术语的话，则可说是由等量的资本生产的。实际上，人的劳动和机器的劳动，并无本质上的不同。人本身就是资本；人是过去劳动的产物，正如人用来做工的工具和机器一样。说商品的交换价值决定于生产所消耗的资本量，这与我试图阐明的理论并无矛盾。"他认为陈葡萄酒的价值高于新葡萄酒的价值就是"通过自然力的媒介""完全借助于资本而生产"的。他不承认李嘉图所讲的例外，说"我看不出有任何好的理由而必须作此例外"①。

麦克库洛赫以为这样就解决了价值规律同等量资本获得等量利润的矛盾，就维护了李嘉图理论，实际上不仅没有解决矛盾，反而帮了李嘉图反对派的忙，把李嘉图理论庸俗化了。

第一，麦克库洛赫的自然、机器劳动论不过是萨伊的"三要素共创价值论"的改头换面。这种理论李嘉图早就批判过。他指出："机器和自然要素可以大大增进一国的财富，但却不会……增加财富的价值。"② 但是打着维护李嘉图旗号的麦克库洛赫却重复着李嘉图已批判过的谬论。这一点连马尔萨斯也看到了③。

第二，他篡改了李嘉图的劳动概念。"李嘉图，象所有值得提到的经济学家一样，……强调指出劳动是人的，而且是社会规定的人的活动，是价值的唯一源泉。"但麦克库洛赫这个自诩为李嘉图学派的人竟放弃了李嘉图的这个理论，而把劳动概念从人类扩大到机器、动物和自然力，把人类的一般劳动是价值的唯一源泉的科学命题篡改成不仅人的劳动创造价值，而且机器、动物、自然力、资本的劳动也创造价值。而这正是李嘉图反对派所妄图坚持的。正像马克思所指出的那样，麦克库洛赫"把作为人的活动而且是社会规定的人的活动的劳动本身与作为使用价值、作为物的商品所具有的物理等等的作用等同起

---

① 麦克库洛赫．政治经济学原理［M］．北京：商务印书馆，1975：177，178，179，181.

② 李嘉图．政治经济学及赋税原理［M］．北京：商务印书馆，1962：248.

③ 见马尔萨斯．政治经济学定义［M］．北京：商务印书馆，1960：46.

来！就是他，把劳动的概念本身都丢掉了！”①

第三，李嘉图始终坚持劳动价值论，麦克库洛赫则表面上坚持、实际上放弃了劳动价值论。他不仅是李嘉图理论的庸俗化者，而且在这方面比老穆勒还走得更远一些（老穆勒只说资本在劳动，而麦克库洛赫则说资本、自然、动物都在劳动，都创造价值）。

综上所述，詹姆斯·穆勒和麦克库洛赫虽然都企图比李嘉图还彻底地维护劳动价值论，但在实际上由于思想浅薄，只追求表面和形式的逻辑一贯性，而只保留了李嘉图理论的躯壳，抛弃了李嘉图理论的科学内容，挖掉了李嘉图理论的基石，庸俗化了李嘉图的理论，终于导致李嘉图学派的解体。

詹姆斯·穆勒和麦克库洛赫虽然都是庸俗经济学家，但他们的某些观点是可取的。例如，詹姆斯·穆勒关于协作“都需要一定的人口密度”的观点，麦克库洛赫关于资本家被追逐利润的狂热左右着的观点，等等。

① 马克思恩格斯全集［M］.26卷Ⅲ.北京：人民出版社，1956：198.

第八章　英法资产阶级庸俗经济学的初步发展

第一节　英法资产阶级庸俗经济学初步发展的历史背景

从十九世纪三十年代到十九世纪五十年代，是英法资产阶级庸俗经济学的初步发展时期。在此期间，资产阶级庸俗经济学通过初步发展而代替古典经济学并逐渐居于统治地位。这时的庸俗经济学家多数都扔掉了“维护古典经济学”的旗帜，撕下了“古典经济学信徒”的假面具，转而公开攻击、修正古典经济学。

这种情况绝不是某个人的主观意志决定的，而是当时的阶级斗争形势决定的。当时，英国资产阶级通过 1832 年的第一次议会改革夺得了政权（这次改革使产业资产阶级占有更多的议会席位），法国资产阶级通过 1830 年的七月革命，推翻了查理十世的统治，也夺得了政权。当时，无产阶级反对资产阶级的斗争和资产阶级反对无产阶级的斗争，都日益采取了公开的、尖锐的形式。1831 年和 1834 年里昂工人的两次武装起义，1848 年法国的二月革命和巴黎工人的六月起义，1836—1848 年英国工人的宪章运动，工人阶级为争取普选权、结社权和改善劳动条件的斗争……，这些都不仅表明了工人阶级的新觉醒，表明了资产阶级与地主的斗争已经开始退居次要的地位，无产阶级与资产阶级的斗争日益上升为主要地位；而且表明无产阶级与资产阶级的斗争采取了日益鲜明和带有威胁性的形式。这种阶级斗争的新形势促进了资产阶级政治经济学的进一步庸俗化，使资产阶级庸俗经济学得到初步发展。

这一阶段英法资产阶级庸俗经济学的主要代表是西尼耳和巴斯夏，这一阶段还有一个争议人物叫约翰·穆勒，他的主要特点是折中混合主义，我们将在下一章评介他的经济学说。

第二节　西尼耳的经济学说

一、西尼耳的生平著作

纳骚·威廉·西尼耳（1790—1864），十九世纪中叶英国资产阶级庸俗经济学家。他出生在一个乡村牧师家庭，1811 年毕业于牛津大学，1819 年从事律师工作。他在 1825—1830 年和 1847—1852 年，两度担任牛津大学教授，并曾先后参加过政府的调查集会结社和罢工运动委员会、修改济贫法委员会、关于爱尔兰人委员会的工作。他的主要经济学著作有：《政治经济学大纲》（1836 年）和《论工厂法对棉纺织业的影响的书信》（1837 年）。他的著名经济谬论是“节欲论”和“最后一小时论”。

二、西尼耳的生产论

西尼耳认为，所谓生产就是使“物质形态发生变化”的活动，即生产产品的活动。他认为生产有三要素：①劳动，就是为了生产的目的，在体力或脑力方面的自觉努力，也就是牺牲安乐。②自然，即自发的自然条件，如土地、河流、矿山、天然林等。③节制（即节欲），它是个人放弃对任一商品做非生产性消费的行为，也就是将劳动用于生产遥远的成果并推迟享乐的行为。西尼耳认为这三个要素是密切联系的，要使人类的节制和劳动有发挥余地，就得借助于与人类力量有所不同的自然力量。劳动不借助于节制的成果——资本——即不能发挥效用；节制不借助于劳动，其自身也起不了作用。

西尼耳的生产论基本上是萨伊生产论的翻版，但比萨伊的生产论更加庸俗化，更加富于辩护性。

第一，他用“节欲”一词代替了萨伊三要素论中的“资本”。他认为“节欲”一词表示资本家的行为，资本则是这种行为的结果。“节欲”一词更能反映资本家对社会生产的贡献。这样，他就比萨伊更露骨地把资本来源说成节欲，把资本家说成是节欲的模范。

第二，他对劳动和节欲的解释都带有主观意识的色彩。在萨伊那里，劳动和资本都还是一种客观存在的东西；而在西尼耳这里，劳动就是安乐的牺牲，节欲则是享乐的牺牲。这样，工人与资本家在生产中都有牺牲，都有贡献。这就更进一步掩盖了资本主义剥削关系。

第三，他公然宣扬资本家也参加创造价值和财富的劳动。“节欲”就是资本家劳动的代名词。

三、西尼耳的价值论

西尼耳认为，价值就是两种物品之间交相存在的一种关系。这种关系就是，在交换中用另一物品的某一数量所能取得的这一物品的数量，即两种物品之间量的比例关系。

他认为构成价值的条件有三个：①效用性。这种效用性不是指“有用事物的内在特质”，而是指“事物对人们的痛苦与愉快的关系”，即它“直接或间接产生愉快的能力”，或者说防止痛苦的能力。②供给有限性，这是最重要的因素。“它对价值的影响的主要根源是人性中两个最有力的要素：喜爱变换和喜爱体面。”供给一般受生产三要素限制，即受劳动、节欲、自然限制，也就是生产成本的限制。③可转移性，即可交换性。他说，只要具备了这三个条件，就可以使物品具有价值，“对价值说来劳动并不是必要的”①。

西尼耳把构成价值的三个条件与供求论糅合起来，又认为商品的价值决定于供求关系。他说，任何两种商品的相互价值必须取决于两类原因：一类是这一商品的需求和供给，另一类则是那一商品的需求和供给。他把前者叫“价值的内在原因”，后者叫“价值的外在原因”②。

西尼耳认为商品的价值“是无法确定的”，但“以货币计的价值，即价格”则是可以计量的。因此，西尼耳在论述问题时往往以价格代替价值。

西尼耳的价值论是非常庸俗的。

第一，他把价值与交换价值、价格相混同，把价值与财富相混同。

第二，他的价值论是主观效用论、供求论、节欲论和庸俗生产费用论的大杂烩，完全歪曲了价值的本质和源泉。

第三，他的价值论的直接矛头指向古典经济学的劳动价值论。

四、西尼耳的分配论

在分配论方面西尼耳基本上同意他的前辈的观点，认为资本主义社会主要有三个阶级（劳动者阶级、资本家阶级、地主阶级）、三种收入（工资、利

---

① 西尼耳．政治经济学大纲［M］．北京：商务印书馆，1986：17，18，24，29，43，147.

② 西尼耳．政治经济学大纲［M］．北京：商务印书馆，1986：31-32.

润、地租）。不过他认为应建立一套新的命名系统，就是说要“加入一些新名词，扩大或缩小一些其他词的含义”。

关于劳动者阶级方面，他仍然沿用了他的先辈的三个词——劳动者、劳动、工资，但他给其中有些词赋予他的所谓新含义。例如，工资，他除了像他的前辈和同时代的其他人一样称之为劳动的报酬外，还称之为劳动者“牺牲安逸的报酬”，其中包括“工作艰苦的报酬”，“危险、苦痛或耻辱这些方面的报酬”①。

关于资本家阶级方面，他认为当时既有的三个词（资本、资本家、利润）中没有一个词能表示资本家的动作，他主张加一个能表示资本家动作的词，这就是“节欲”。他说利润就是“节制的报酬”，即“牺牲眼前享乐的报酬”②。西尼耳认为资本家也劳动，因此，最适当的处理应当是将工资称为单纯劳动的报酬，将利息称为单纯节欲的报酬，将利润称为工资和利息的组合。但他又认为这得不偿失，很不方便。因而他主张仍然将从资本的占有或运用中得来的全部收入包括在“利润”这个词之内，但应除去租金和资本家视察管理劳动的报酬。这就是说，他认为在资本家的收入中，既包括节欲的报酬，也包括视察管理劳动的报酬，利润就是这两部分的总称。

关于自然要素所有者阶级方面，他主张把地主改为“自然要素所有者”，把地租改为“租金”。他认为租金是自然要素所有者的报酬，“是自然力量的代价”，它是“出于牺牲之外的报酬”，即“出于幸运的赐与或自然的赐与”。自然要素所有者获得它“不是由于他曾经有所劳动或有所节制，而只是由于他没有把他可以扣留的东西扣留起来，只是由于他容许人们得以接受自然的赐予”③。

西尼耳分配论的辩护性、庸俗性是极其明显的。

第一，他把工资说成是工人全部劳动的报酬和牺牲安逸的报酬，这就歪曲了工资的本质，掩盖了资本主义剥削关系。

第二，他把利润说成是资本家节欲和管理劳动的报酬，这就歪曲了利润的本质，掩盖了利润的真正来源，掩盖了资本家对工人的剥削。

第三，他把地租（租金）说成是自然力量的代价，是出自幸运的赐与或

① 西尼耳．政治经济学大纲［M］．北京：商务印书馆，1986：138，296.

② 西尼耳．政治经济学大纲［M］．北京：商务印书馆，1986：138，193.

③ 西尼耳．政治经济学大纲［M］．北京：商务印书馆，1986：139，142.

自然的赐与，这就歪曲了地租的本质，掩盖了地租的真正源泉，掩盖了地主对农业工人的剥削关系。

第四，他把资本主义的分配说成是公平合理的和谐分配（工人、资本家都有所牺牲和贡献，地主也有所贡献，因而他们的收入都是合情合理的），这就掩盖了资本主义分配关系的矛盾，掩盖了资本家阶级、地主阶级对劳动者阶级的剥削关系。

五、西尼耳的“节欲论”

以上我们评介了西尼耳的生产论、价值论、分配论，这是搞清楚他的节欲论的基础，因为，西尼耳的节欲论就涉及以上三个方面。

西尼耳节欲论的基本内容是：

第一，他认为节欲是资本家阶级的特有活动，是资本家推迟享乐的行为，资本就是这种行为的结果。

第二，他认为节欲是社会生产的一个要素，是资本家阶级对生产的特有贡献，资本家通过他节欲的结果——资本，在生产中与其他要素紧密结合，共同创造产品、创造财富。

第三，他认为节欲又是价值的构成部分和原因，节欲影响供给，而供给是构成价值的最重要的原因，节欲就通过供给影响价值、决定价值。

第四，他认为节欲又是资本家分配收入的根据，利润（包括利息）就是资本家节欲的报酬。

西尼耳通过他的节欲论，说明由于资本家阶级在生产中，在价值、财富的创造中，牺牲了眼前的享乐，进行了节欲活动，有所贡献，因而得到利润（包括利息）就像工人得到工资一样是完全合情合理的。

不难看出，西尼耳的节欲论完全是一种庸俗的辩护理论。

第一，它美化了资本家阶级，把这个阶级说成了节欲和节约的模范。

第二，它歪曲了资本积累的性质和源泉，把资本家阶级对劳动者掠夺、剥削的结果歪曲成资本家节欲的结果。

第三，它歪曲了利润和利息的本质和源泉，掩盖了资本主义的剥削关系。

第四，它宣扬阶级利益调和论，掩盖了资本主义社会劳资两大阶级的矛盾。

第五，它用阿谀的词句来代替经济学的范畴。正如马克思所指出的：“这真是庸俗经济学‘发现’的不可超越的标本！它用阿谀的词句来替换经济学的范畴。如此而已。”①

六、西尼耳的“最后一小时论”

西尼耳为了替资本家阶级辩护，不仅编造了“节欲论”，还编造了“最后一小时论”。

1836 年，西尼耳被资本家请到曼彻斯特，他在那里的一个大会上做了一个报告。这个报告在 1837 年以题为《论工厂法对棉纺织业的影响的书信》（以下简称《书信》）公开发表。在这个《书信》中，他公然声称，资本家的利润是工厂法所规定的十一小时半的最后一小时创造出来的，如果缩短劳动日一小时，资本家的利润就会消失。他说：“全部纯利润是由最后一小时提供的”，“如果时间每天缩短一小时，纯利润就会消失，缩短一小时半，总利润也会消失。”（总利润指纯利润加折旧）这就是经济学说史上有名的“最后一小时论”。

西尼耳的“最后一小时论”谬误之处和辩护性是十分明显的。

第一，他以资本家的计算次序代替理论科学，抹杀了资本主义生产过程中价值形成过程和价值增值过程的统一，掩盖了价值增值过程的真相。在实际生活中，资本家的计算次序往往是首先从生产物中扣除垫支，剩下的就是利润。西尼耳的“最后一小时论”不过是这种日常俗见的理论化。实际上，工人在生产过程中每小时每分钟都在既转移旧价值，也创造新价值（包括工资和利润），每件产品都既包括转移的旧价值，也包括新创造的价值。资本家对劳动者延长工作时间一小时就可以多得这一小时新创造的剩余价值，缩短一小时就要损失这一小时新创造的剩余价值，而绝不是像西尼耳所讲的那样要损失整个工作日的剩余价值。西尼耳反对缩短工人的工作日就是要为资本家阶级力争多占有工人创造的剩余价值。

第二，西尼耳的“最后一小时论”与他的“节欲论”自相矛盾。按照他的“节欲论”，利润被说成是资本家节欲的报酬；而按照他的“最后一小时论”，利润则被说成是工人的最后一小时劳动创造的。这说明西尼耳这个资产阶级的忠实辩护士，为了替资本主义剥削制度辩护，连起码的逻辑都不顾了。正如马克思指出的：“前面引证的西尼耳的话是很典型的，足以说明一些科学

① 马克思恩格斯全集［M］. 23 卷. 北京：人民出版社，1956：654.

的解释家一旦充当统治阶级的献媚者时就不可救药地堕入愚昧的境地。”①

第三，西尼耳的“最后一小时论”的政治目的在于反对工人阶级为缩短劳动日所进行的斗争，以便使资本家阶级剥削更多的剩余价值。

七、西尼耳经济观点中可取的点滴

西尼耳的经济学说虽然是非常庸俗的，但其经济观点中也有可取之处，主要有如下几点。

第一，关于提高财富生产和防止人口相应增加必须兼顾的观点。他说：“不论什么样的社会改革方案，如果不兼顾到提高财富生产和防止人口作相应增加的两个方面，就不可能是完整的。”②

第二，关于必须加强企业经营管理的观点。他说：“任一企业所具有的有利条件，在很大程度上有赖于经营管理方面的精明和判断力。”③

第三，关于资本家对劳动者像对家畜一样的观点。他说：“他们对待劳动者，就象农夫对待其家畜或奴隶所有人对待其奴隶一样。”④

第四，关于资本主义宗主国对殖民地进行政治经济控制的论述。他说：“它对其殖民地所要求的是，使它本国的生产事业对殖民地产物享有严格得多的独占权。殖民地对欧洲产品的一切需要必须全部取自母国，殖民地产品则必须单是向母国输出。殖民地的首要官吏由它委派，殖民地的内政它得从中干预。它不但禁止其殖民地居民向任何其他市场购买母国可以生产的物品，而且禁止他们自己生产这类产品。它使这些殖民地充满的是它监狱中的渣滓，而治理这些殖民地的却是它贵族中的渣滓。西班牙宫廷下令将墨西哥的葡萄园全部铲除；英国议会不许牙买加停止奴隶买卖，禁止北美殖民地建立铁工厂、毛织厂和制帽厂，甚至不许西印度人自己炼糖。”⑤

第五，关于占有自然因素者未做任何牺牲的观点。他说：占有自然因素的那些人自己没有做任何牺牲，但是以租金形式收取报酬。他们的作为只是伸手接受他人的礼物。

---

① 马克思恩格斯全集［M］.47卷.北京：人民出版社，1956：219.

② 西尼耳.政治经济学大纲［M］.北京：商务印书馆，1986：70.

③ 西尼耳.政治经济学大纲［M］.北京：商务印书馆，1986：157.

④ 西尼耳.政治经济学大纲［M］.北京：商务印书馆，1986：282.

⑤ 西尼耳.政治经济学大纲［M］.北京：商务印书馆，1986：331.

这些观点和材料对我们都有参考价值，我们绝不能因人废言。

第三节　巴斯夏的经济学说

一、巴斯夏的生平著作

弗雷德里克·巴斯夏（1801—1850），十九世纪三四十年代的法国资产阶级庸俗经济学家。他出生在法国南部酿酒区巴荣纳的一个工商业者家庭，十八岁时就在叔父的大商店里学习经商业务，二十五岁即继承祖父给他的遗产经营酿造和贩卖葡萄酒。他曾担任自由贸易协会巴黎协会的秘书，立法会议议员。他是一名职业的辩护士，是自由贸易论的积极鼓吹者，是社会主义运动的敌人。

他的主要经济学著作是《和谐经济论》（1850 年）。在这部书中他竭力鼓吹“社会和谐论”，巴斯夏的名字就与“和谐论”紧紧联系在一起。

二、巴斯夏关于经济学对象的观点

关于政治经济学的对象，巴斯夏有三种提法，他有时说政治经济学是一门研究普遍规律的科学①，有时说“巧妙的机制”是政治经济学的研究对象②，有时又说“政治经济学的研究对象是人”③。这三种提法在他那里是一致的。因为在他那里，社会机制就是普遍规律，而所谓巧妙的机制是由动力、齿轮、弹簧、活力构成的，这些构成部分都与人有关，所以，“政治经济学的主题是人”④。

他认为，政治经济学不是研究人的一切，而是研究人的个人利益。因为这是人的基本动力，许多事情都是个人利益引发的。人是有欲望、情感，知痛苦而避苦求福的人，是有个人利益的人。从经济观点看，需要、努力、满足就是人。需要是目的，努力是手段，满足是整部机器运转机制的综合结果。政治经济学研究的人就是从需要及满足需要的手段这个角度来考虑的人。

① 巴斯夏．和谐经济论［M］．北京：中国社会科学出版社，1995：50.

② 巴斯夏．和谐经济论［M］．北京：中国社会科学出版社，1995：52.

③ 巴斯夏．和谐经济论［M］．北京：中国社会科学出版社，1995：85.

④ 巴斯夏．和谐经济论［M］．北京：中国社会科学出版社，1995：69.

政治经济学还研究人的联合方式，包括分工协作、交换。交换的原因、效应、规律构成政治经济学的内容。有交换必然引出价值，所以，政治经济学也可称为交换理论和价值理论。

巴斯夏认为，政治经济学是一种观察和阐述的科学，它的介入不是为了找出因果，不是为了改变人的意向，也不是为了让人们服从组织和命令乃至建议，而是为了向人们指出幸与不幸，让人们自己做出决定。例如，它看到火在燃烧，告诉大家着火了，并证实着火了，对于其他经济、道德方面类似的现象它也这样做，它深信这样做就行了。在政治经济学看来，人们不愿被火烧死是最基本的、早就存在的事实。

应当看到，巴斯夏把普遍规律和运行机制以及人作为政治经济学的研究对象，这是很有参考价值的；但是他认为政治经济学是观察和阐述的科学，不是为了找出因果关系，不应提出建议和对策，这则是错误的。此外，他认为政治经济学只研究人的个人利益和联合方式，不提研究人与人之间的经济关系，这更是错误的。

三、巴斯夏的交换论和价值论

（一）巴斯夏的交换论

巴斯夏认为，交换问题在政治经济学中居于很重要的地位。交换是价值的必要条件，没有交换，价值就不能产生。政治经济学也可称作交换理论。

1. 关于交换的作用。巴斯夏认为，没有交换就没有社会，社会即交换，社会离不开交换，交换在社会中具有重要的地位和作用。

第一，交换能开发人的能力，通过交换，人们的能力大于需要。“在孤立状态中，我们的需要大于能力，通过交换，我们的能力大于需要。”[①]

第二，交换能节省资本，“交换为资本带来的节省是无法估量的”[②]。

第三，交换能无限地提高自然资源的利用率，使人们更多地利用无偿的自然资源。

第四，交换能使交换双方都得到好处，给整个社会带来幸福与和谐。通过交换，人们互相帮助，互相服务，互利互补，利益和谐，普遍幸福。“每个

---

① 巴斯夏．和谐经济论［M］．北京：中国社会科学出版社，1995：118.

② 巴斯夏．和谐经济论［M］．北京：中国社会科学出版社，1995：109.

人的幸福能增进全体的幸福，全体的幸福能增进每个人的幸福。”①

因此，交换是“最重要、最美好、最具决定性、最多产的和谐”②。应当让交换无拘无束地自由发展，政府不应干预交换。否则，必然会带来一系列弊端。

2. 关于交换机制。巴斯夏认为，在资本主义社会存在着一种巧妙的交换机器或交换机制。这种机制由价格、竞争、利益、交通、货币、记名期票、钞票、银行等构成。他指出：“如能改进交换机制，比方说，中介人索取的费用降低一点，或是开凿一条隧道，或是架设一座桥梁，或是铺设一条大路，或是消除一些障碍，交换就会成倍增长。”③

3. 对巴斯夏交换论的简要评论。巴斯夏关于交换的地位、作用和交换机制的观点有重要的借鉴价值，但他关于交换的和谐性却带有极大的片面性和辩护性。因为，他只看到交换的协作性一面，而未看到交换的矛盾性甚至对立性一面。由于他研究的是资本主义交换，因此他的这种片面性也就转化为掩盖资本主义社会矛盾的辩护性。

（二）巴斯夏的劳务价值论

巴斯夏认为，价值论在政治经济学中具有极其重要的地位，政治经济学也可称为价值理论。

在价值理论上，他既反对效用价值论，更反对劳动价值论，而极力鼓吹劳务价值论。

他认为，价值是对相互提供的劳务的评价，对人们相互提供的劳务的评估就是价值的基础。价值不是产生于劳动，它与劳动无关，价值也不是产生于效用性，而是产生于互换的劳务，价值就是交换的两种劳务之间的关系。价值只同劳务成比例，而不同劳动成比例，价值就是两项交换的劳务之间的比例关系。价值不是独立存在的物质，不是产品所固有的，它只依附于并来源于劳务，价值由劳务决定，由交换双方自由商量决定，由买卖双方讨论决定，竞争的使命是调节价值。价值的基础主要不是转让它的人所付出的劳苦，而是得到它的人所免除的劳苦。劳务的价值不是根据劳务所需或曾经花费的

---

① 巴斯夏．和谐经济论［M］．北京：中国社会科学出版社，1995：120.

② 巴斯夏．和谐经济论［M］．北京：中国社会科学出版社，1995：119.

③ 巴斯夏．和谐经济论［M］．北京：中国社会科学出版社，1995：114-115.

劳动来确定，而是按照劳务所节省的劳动来确定①。

巴斯夏极力反对劳动价值论，认为不能说价值同劳动成正比，也不能说价值趋向于同劳动成正比；认为劳动价值论对劳动界定得过于偏狭，与实际不符，无法解决空气无价值而钻石价值大的难题；认为劳动价值论会使人们产生怀疑地产和资本产权的合法性的危险疑惑。

巴斯夏极力吹嘘他的劳务价值论，认为他的这种价值论比任何价值论都优越。它解决了所有价值论遇到的难题，使各种不同意见的经济学家都会感觉满意。有了他的劳务价值论，一些经济学家的著作应付之一炬，予以“火烧”。他说劳务价值论克服了劳动价值论的两大缺陷：一是一种劳动其本身意义微不足道，但却换得巨大价值（如在海边捡到的钻石）；二是一种持久而繁重的劳动，结果却劳而无益。在海边捡到的钻石未花费多少劳动，但这块钻石在转让时却换得很大的价值。这块钻石价值大不是因为它花费了捡到者的多少劳动，而是因为它使捡到者节省了巨大的劳务，使换得这块钻石的人认为对他提供了巨大的劳务。“虽然这里价值同提供劳务的人所完成的劳动远不成必要的比例，我们却可以说价值同劳务受益人因此省去的劳动是成比例的，而且这本身就是价值规律，是一种普遍规律。”②

在价值论上，巴斯夏的主要特色虽然是劳务价值论，但有时他又抬出供求论。例如，他有时说价值由买卖双方自由商量决定，竞争调节价值；有时说土地价值不仅取决于用于土地的过去劳动（即垫支资本），还取决于需求和供应③。

巴斯夏的价值论有极大的庸俗性和辩护性。

第一，他把价值同价格、交换价值相混淆。所以，他常常把价值只归结为一种比例关系，并认为价值由买卖双方讨论确定，由供求关系决定，由竞争来调节。

第二，他用“劳务”（或“服务”）一词代替“劳动”一词，目的在于把资本家和地主的活动也包括在内，也包括在价值的源泉之中。

第三，他用“劳务”（或“服务”）一词代替“劳动”一词，就是要从

① 巴斯夏．和谐经济论［M］．北京：中国社会科学出版社，1995：93，136，139，140，143，159，160，175，177，222，226，281，342.

② 巴斯夏．和谐经济论［M］．北京：中国社会科学出版社，1995：142.

③ 巴斯夏．和谐经济论［M］．北京：中国社会科学出版社，1995：282.

根本上推翻劳动价值论。而他之所以要推翻劳动价值论，根本原因正如他自白的那样，是惧怕人们怀疑地产和资本产权的合法性。

第四，他的劳务价值论不仅把资本家和地主说成是对价值的创造有重大贡献的人，而且把小偷、强盗、妓女等都说成是对价值创造有贡献的人，因为这些人的活动都会被说成是劳务，他们都会被看作是提供劳务的人。

第五，他的劳务价值论是为他的更具有辩护性的和谐论制造理论依据，从他的劳务价值论必然引出和谐论。

第六，他攻击劳动价值论没有解决钻石黄金价值大、空气无价值的难题，这是他对劳动价值论的无知。

巴斯夏的劳务价值论虽然是庸俗的，但他继魁奈之后认识到商品价值与使用价值的矛盾却是应当肯定的。他说："产品对生产者来说只是一种价值……产品对消费者来说是一种使用性。"① 此外，他对效用论的某些批判也是有参考价值的。

四、巴斯夏的产权论和资本论

（一）巴斯夏的产权论

巴斯夏认为，所谓产权就是把自己的努力归于自己的权利，或以接受同等努力的让与将它出卖的权利。产权是一种关系。产权不仅表现为一块土地、一袋钱币，而且表现为双手、能力、思想，表现为无形的东西。产权的基础是自我提供劳务或以同样方式回报为条件为别人提供劳务的权利。每个人正好是他自己产生的价值的所有者，每个人按照其劳务都变成了产权所有者。在交换过程中比较劳务产生了价值思想，价值又产生了产权。一切产权都是价值，一切价值又都是产权。因此，世界上任何人都有产权，把人区分为产权所有者与无产者，区分为两大对抗阶级是错误的，将产权概念仅仅只应用于资本、地产和可以生利的东西，也是一种错误观念②。

巴斯夏把产权看成是一种关系，将产权概念扩大到无形财产，这无疑是有重要借鉴价值的；但据此而否定和抹杀资本主义社会两大对抗阶级的存在、否定两者的矛盾和对立，这则是庸俗的，是为资本主义剥削制度辩护的。

（二）巴斯夏的资本论

巴斯夏有两个资本概念：①资本就是过去的劳动或劳务，是预备性努力，

① 巴斯夏．和谐经济论［M］．北京：中国社会科学出版社，1995：331.

② 巴斯夏．和谐经济论［M］．北京：中国社会科学出版社，1995：221，226，234，236，242，247.

即资本家和地主对过去劳动或过去劳务的积累；②资本就是生产工具，它的作用就是利用自然界的无偿力量。

他认为，资本来源于节欲，或者说来源于远见、智慧、节俭。在大多数情况下，人单靠劳动和利用自然难以满足自己的需要，还需要资本的帮助。资本意味着人类进步。资本从一开始就致力于把人们从愚昧、需要和专制的桎梏下解放出来。吓跑资本就是在人类的手臂上套上三重锁链。只有不断积累资本，人类才能自我发展、自我提高、自我完善，赢得自由支配的余暇，实现稳定，进而达到思想发展、道德文化提高。劳动力需求的增长，工资的提高以及由此导致迈向平等的进步也取决于资本的迅速增长。因此，工人们应与资本和解，应当好好感谢资本。

巴斯夏还杜撰了一条所谓伟大的和谐的资本规律，并且编造了一堆数字说明资本的增长，不仅对资本家、地主有益，而且对劳动者尤其有益①。我们将在分配论中详细评述这一观点。

很明显，巴斯夏的资本论具有极大的辩护性。

第一，他把资本说成是资本家、地主过去劳务或过去劳动的积累，看成是生产工具，把资本的来源说成节欲。这就歪曲了资本的性质，掩盖了资本主义剥削关系。

第二，他看到资本的历史进步性，这是对的。但据此大肆鼓吹阶级和谐论，认为资本的增长对资本家、地主和工人都有利，对工人尤其有利，因此，工人应与资本家和解，应好好感谢资本家。这充分暴露了巴斯夏这个职业辩护士的嘴脸。

五、巴斯夏的分配论

巴斯夏的分配论建立在他的劳务价值论的基础之上。他认为，资本主义社会各阶级的收入分配是根据他们各自提供的可比劳务进行的，他们所得收入多少则以他们各自提供的劳务价值为基础。工资是对劳动者所进行的现在劳务（或现在劳动）的报酬，利润、利息、地租（他把这三者统称为利息）则是对资本家和地主所进行的过去劳务（或过去劳动）的报酬。他还认为，期限本身就是一种特别劳务，利息（包括租金、地租、定期收益）就是对这种特别劳务的报酬，它的合法性就建立在期限是一种特别劳务这一事实之上。

---

① 巴斯夏．和谐经济论［M］．北京：中国社会科学出版社，1995：212.

根据劳务互换原则，利息是合法的。

他说："出借或转移资本的人，总要为了受让人或接受人的好处而作自我牺牲，或者牺牲立时的满足，把它推迟到几年以后去，或者牺牲某种本来会增加他的生产能力……使他得到好处的劳动手段……这无疑地是提供一种服务，按道理这种服务有权取得报酬。……这种推迟本身就是一种特殊的服务，因为它把牺牲强加给自愿推迟的人，而把好处送给要求推迟的人。因而，一定得有报酬，否则我们就必须放弃社会的最高规律，即以服务换服务的规律。这种报酬依不同情况有各种不同的名称，如租金，地租，年收入等，但它的一般名称则叫利息。"①

巴斯夏断言资本主义社会的分配是一种最公平、最和谐的分配，这种分配充分表现出各个阶级利益的完全和谐一致。他说，资本主义社会存在一条"伟大的、令人钦佩的、令人快慰的、必要的和不可改变的资本规律"，存在一条美妙和谐的不可动摇的福利分配原则。这就是："随着资本的增长，资本从总产品中的绝对提取额增加了，而它的相对份额降低了。相反，劳动从中提取的绝对额和相对份额都增加了。"② 巴斯夏还编造了一堆数字来证明这个规律和法则。

按照他制作的这个表计算，分配给资本家和劳动者的产品的绝对数量都在增加，但相对量则不同，分给资本家的份额逐渐下降，从第一时期的50%下降到40%，再降到35%，最后降到30%；而劳动者得到的份额则递增，从第一时期的50%升到60%，再升到65%，最后升到70%③。

由此，巴斯夏得出结论，在资本主义这个美好的社会秩序中，利润、地租、利息等自然法则，不仅不会引起不和谐，反而会产生和谐；资本家与劳动者的利益是共同的、一致的，资本与劳动，两者谁也离不开谁；资本的存在总比不存在对于劳动更有利，劳资的联合符合他们共同的利益；资本主义分配是"最为巧妙的、最为公平的分配"。因此，工人们与资本家"不要再以不信任和嫉妒的目光互相对视"，应当"融合在一起"，去"实现总的利益"，

---

① 巴斯夏．和谐经济论［M］．北京：中国社会科学出版社，1995：212；季陶达．资产阶级庸俗政治经济学选辑［M］．北京：商务印书馆，1963：214-215。这里把"劳务"一词译为"服务"。

② 巴斯夏．和谐经济论［M］．北京：中国社会科学出版社，1995：212.

③ 巴斯夏．和谐经济论［M］．北京：中国社会科学出版社，1995：212.

那种所谓资本专制的理论是一种“空泛和虚妄”的高论①。

巴斯夏的分配论更进一步暴露了他为资本主义制度辩护的本质。

第一，他把利润、利息、地租和工资都说成是对劳务或劳动的报酬，这就抹杀了资本主义社会劳动者的收入与剥削者的收入的本质区别，掩盖了资本主义剥削关系。

第二，他所谓的和谐分配法则，完全是为了抹杀阶级对立、为资本主义制度涂脂抹粉的谬论，是明目张胆地鼓吹阶级和谐论。

六、巴斯夏的社会和谐论

巴斯夏认为，资本主义社会是一个“美丽的组织”，是一个“美妙和谐的社会”，资本主义社会“充满了和谐”。在这个社会，人们通过交换“互相合作”，“互相帮助，互相替代对方工作，相互提供劳务”，人们的关系是“和谐的关系”。在这个社会，竞争促进公平分配，劳动者与地主、资本家在分配法则支配下得到各自应得的份额，实现“最巧妙最公平的分配”。这种分配是“在天意这种明智的规律下进行的，是在自由的领域中进行的，完全摆脱了寄生虫性质的情感主义的操纵”②。在这个社会，劳动者和资本家、地主的利益完全一致，其利益无可争辩地完全交织在一起。在这个社会，个人利益和竞争的力量巧妙地结合在一起，形成一种不可战胜的推动力，推动社会不断进步，使无偿使用性和共有范畴不断扩大，使个人分享的东西超过他自己提供的劳务，使个人利益与社会利益巧妙结合，使人人为我，我为人人。巴斯夏说：“资本里面存在着一切伟大的自然规律的无可怀疑的音调和标志——和谐。”“资本可以使欲望高尚化”，“可以使努力轻便化”，“可以使我们的享乐纯洁化”，“可以使自然界为我们服务”，“可以使道德变成习惯”，“可以发展社会性”，“可以促进平等”。“资本生活在自由之中”，“资本可以利用最巧妙的方法来实现公平”③。生产力的发展，将自动导致共产主义的和谐。他认为每个商品都有两层效用：一层效用是人力创造的，另一层效用则是自然无偿

① 巴斯夏．和谐经济论［M］．北京：中国社会科学出版社，1995：214，378，384，385，439.

② 巴斯夏．和谐经济论［M］．北京：中国社会科学出版社，1995；季陶达．资产阶级庸俗政治经济学选辑［M］．北京：商务印书馆，1963：220.

③ 巴斯夏．和谐经济论［M］．北京：中国社会科学出版社，1995；季陶达．资产阶级庸俗政治经济学选辑［M］．北京：商务印书馆，1963：221-222.

赐与的。因此，大自然实行的是公有制。随着生产力的发展，社会总产品中公有部分将会不断增加，最终会导致共产主义的和谐，消灭私有制。他说："共产主义者！你们梦想着公有制，你们将会达到公有制！社会制度在占有价值自由交换的条件下会使所有有用之物成为公有。"① 因此，工人们不应再听那些共产主义宣传，不应搞阶级斗争，不应革命。

总之，在巴斯夏的笔下，资本主义社会简直是一个美丽和谐的乐园。

这里巴斯夏的每一句话都表现出维护资产阶级利益、为资本主义制度辩护的色彩。

第一，他极力粉饰资本主义制度，把资本主义制度说成是最美好、最公平、最合理的理想制度。

第二，他极力掩盖资本主义社会的矛盾，否定阶级对立和阶级剥削，宣扬阶级调和论。

第三，他极力鼓吹和平过渡论和共产主义自发实现论，反对阶级斗争，反对革命。

七、巴斯夏的社会机制论

巴斯夏认为，资本主义社会之所以是一个美妙和谐的社会，主要原因在于它具有一种巧妙的社会机制，这种机制由动力、弹簧、齿轮、活力组成，同人的活动紧紧相连，它使资本主义社会健康运行，使个人利益与社会利益完美结合，使人与人和谐一致。

他说，上帝给资本主义社会安排了两个动力：一个是个人利益，另一个是竞争。个人利益是不可战胜的个人主义力量，它像一块磁铁，吸引着周围的一切物体，激励着人们去寻求和发展进步并设法予以垄断。在个人利益驱使下，人们总是并且一定要寻找能使劳务获得最大价值的环境，以自己的较少劳动换取别人较多的劳动。竞争则是一种不可战胜的人道主义力量，它从个人手中夺取进步，使其成为人类大家庭的共同财富。竞争阻止人们将自己的劳务价值提高到最高点，竞争将人们夺得的自然力和新方法、新手段纳入共有与无偿范畴，它使无偿使用性不断扩大，不断进入共有范畴，使无偿使用性变成共同使用性，使价值趋于同劳动成比例。竞争不断地拉平劳务，使

---

① 巴斯夏．和谐经济论［M］．北京：中国社会科学出版社，1995；转引自：鲁德哈德·施托贝尔格．资产阶级政治经济学史［M］．北京：商务印书馆，1963：128.

劳务同努力成比例。竞争使人们离开不毛之地，走向肥沃的乐园。竞争的自身运动越来越达到平等，同时提高社会水平。竞争促进公平分配，它通过博爱关系将个人、家庭、阶级、民族和部族连接在一起，使全人类用较少的辛劳获得相同的满足，用同等的辛劳得到更多的满足。竞争与个人主义这两种力量巧妙地结合在一起，既遏制个人主义的贪婪，又刺激人们去积极劳动，从总体上构成了资本主义社会的协调①。

巴斯夏认为，在巧妙的社会机制作用下，表面看来是对立的竞争活动却导致了一个奇特的和令人宽慰的结果，这就是：无偿使用性的扩大并不断进入共有范畴。人们追求自身的利益，但不自觉地遇到了社会总体利益，并使个人利益与社会总体利益巧妙地结合在一起。全体从个人的进步中得益，个人从全体的进步中获利。每个人在为自己工作时，实际上是在为大家劳动。即使人们受了个人利益的驱动，他们也还是要互相靠近，协调他们的努力，联合他们的力量，互为对方工作，互相提供劳务，互为市场。我为自己的原则在社会秩序中却实现了博爱的准则——我为人人。在社会的自然秩序中，我为人人源于我为自己。我们在让全人类分享我们所取得的进步的同时，我们自己也分享了所有其他人实现的进步。我为自己的原则，受到了强烈刺激的个人主义的全部努力，却沿着我为人人的方向发挥作用。私有财产不但不具有破坏共同财产的反作用，还直接有利于共同财产的不断扩大。事情就是这样“被安排得如此之好”②。

这里，巴斯夏关于资本主义社会运行机制的论述虽然包含着一些合理的点滴（诸如关于利益机制和竞争机制中的动力方面的一些思想，关于社会机制由动力、弹簧、齿轮、活力等构成的观点等），但总的来说表现出了极大的庸俗性和辩护性。第一，他掩盖了资本主义运行机制中的矛盾；第二，他否定矛盾动力论，而极力宣扬个人主义动力论；第三，他宣扬个人利益与社会利益的一致性，而极力否定这两者的矛盾性；第四，他研究的是资本主义经济，但他没有对市场机制展开研究，他甚至离开市场价格机制、供求机制、利润和利息机制，离开社会资源配置来论述社会运行机制，在这方面他比布瓦吉尔贝尔、亚当·斯密和萨伊大大倒退了一步。

---

① 巴斯夏．和谐经济论［M］．北京：中国社会科学出版社，1995：291-292，296，298，302-303.

② 巴斯夏．和谐经济论［M］．北京：中国社会科学出版社，1995：293，302，332，333，335，336，395，438.

八、巴斯夏的自由放任论

由于巴斯夏认为资本主义社会是一个美丽和谐的社会，它具有一个令人叹服的巧妙的社会机制，所以，他极力主张自由放任，反对国家干预。

他说，所谓自由放任，就是顺其自然，让规律起作用，人不要干扰规律，就是尊重自由，尊重人类的创造性。他极力反对政府干预，认为政府的职权范围只能局限在以下三个方面，即维持治安、管理公共事务、征收赋税。超出这个范围，政府干预过多，就是对人的良知、智慧和劳动的侵犯，就是对人的自由的侵犯，就会窒息人的才智，熄灭人类特有的、保证人类进步的火把。政府干预过多还必然会使政府机构庞大，使政府职能偏离，并导致劳动和资本的浪费和误用。要实现社会和谐，就必须实现自由，就必须坚决反对国家干预。

巴斯夏还极力主张自由竞争、自由贸易，反对贸易保护主义。他说，不允许竞争，也就没有自由、民主、平等，也就没有和谐。对别国的嫉妒不仅是一种邪恶的感情，而且是荒诞愚蠢的。损人则害己，用税率、结盟或战争在别人的道路上设置障碍必然阻挠自己前进。

巴斯夏的自由放任论基本上是亚当·斯密自由放任论的法国版，他的特色在于：第一，他明确指出，所谓自由放任，就是顺其自然，让规律发挥作用，国家不要干扰规律的作用，这是他对斯密自由放任论的有效发挥；但他未强调市场机制的作用，未将自由放任与市场机制的作用具体联系起来，这就比斯密倒退一步。第二，他把自由放任论纳入他的和谐论的大体系之内，从而带有为资本主义制度辩护的色彩，这一点使他的自由放任论比亚当·斯密要逊色得多。此外，巴斯夏对贸易保护主义的批判是有参考价值的。

九、巴斯夏经济观点中可取的点滴

巴斯夏虽然是“庸俗经济学辩护论的最浅薄的因而也是最成功的代表”，“是一个职业的调和论者和辩护论者”，但是，他的经济观点也有某些可取之处。

第一，关于不能目睹者反系真理的论断。他认为社会上有可以目睹与不能目睹两种现象，人们绝不能专门将能够目睹的现象作为现象的根据，因为不能目睹反系真理[①]。巴斯夏的这个观点虽然是为其和谐论辩护的，但却包含着真理的成分。规律、本质的东西往往是看不见的，人们看到的往往是外在的现象的东西。

第二，关于“几个人联合起来的力量大于他们分散时的总和”[②] 的观点。这个观点虽然不是巴斯夏的发明，但被他搬来作为和谐论的论据。马克思就说过“协作提高了个人生产力”[③]。

第三，关于经济问题的重心须以消费者的利益为前提的观点。巴斯夏认为，一切经济问题的重心，均须以消费者的利益为前提，他说“消费是政治经济学的最终目标”，“经济学应当从消费者着眼”。巴斯夏的这种观点虽然也是为了说明和谐论的，但有参考价值。

第四，关于“规律是不能发明创造”的观点，关于理论只有与实践一致时人们才相信它的观点，关于“迫于生活的人是不会有真正自由的”观点，关于“不能从个别现象得出普遍的结论”的观点等[④]，无疑都是对的。

---

① 转引自：张毓珊．经济思想史［M］．北京：商务印书馆，1948：174.

② 巴斯夏．和谐经济论［M］．北京：中国社会科学出版社，1995：105.

③ 马克思恩格斯全集［M］．23 卷．北京：人民出版社，1956：362.

④ 巴斯夏．和谐经济论［M］．北京：中国社会科学出版社，1995：319，353，396，487.

第九章 英国资产阶级混合主义经济学的产生

——约翰·穆勒的经济学说

第一节 约翰·穆勒的生平著作和研究方法

一、约翰·穆勒的生平著作

约翰·斯图亚特·穆勒（1806—1873），十九世纪四五十年代英国资产阶级哲学家和经济学家。他是詹姆斯·穆勒的长子，13 岁开始就在他的父亲的指导下，研读了斯密的《国富论》和李嘉图的《政治经济学及赋税原理》。他 14 岁时旅居法国结识了空想社会主义者圣西门。他 17 岁时开始在英国东印度公司任职，一直到 1858 年，先后工作达 35 年。1865—1868 年，他被选为英国国会议员，业余时间进行政治经济学和哲学著述。

他的主要经济学著作有：《论政治经济学中若干未解决的问题》（1844 年）、《政治经济学原理及其在社会哲学上的若干应用》（1848 年，简称《政治经济学原理》）。他的比较有创见的观点主要包括在前边那部小书里，而后边这部充满学究气的巨著里却没有多少创见。但后一本巨著在资产阶级经济学界影响很大，它长期以来被奉为经济理论的圣经和政治经济学必读的教科书。

二、约翰·穆勒的研究方法

约翰·穆勒在政治经济学方面的著述活动发生在十九世纪四十年代。这时资本主义社会所固有的矛盾已在英法两国爆发和发展起来，英国宪章运动再次爆发，英法空想社会主义的广泛传播等就是集中的表现。穆勒的经济思想就是这种背景下的产物。

约翰·穆勒在政治经济学上的一个显著特征是折中混合主义，他在政治经济学研究方法上的一个显著特征就是折中调和。他不仅力图把资产阶级政治经济学同无产阶级的要求调和起来，把资产阶级政治经济学同空想社会主义的一些学说混合起来；还力图把当时流行的各种资产阶级经济学说折中混合起来，把庸俗经济学和古典经济学折中混合起来。他一方面承认资本主义社会劳动者的悲惨遭遇，承认资本主义社会的矛盾；另一方面，却又极力维护资本主义制度和资产阶级的利益，认为资本主义社会的矛盾可以在资本主义范围内解决，资本主义制度可以通过改良永远生存发展下去。他虽然对资本主义社会存在的分配不公等弊端颇有怨气，但又反对用社会主义制度代替资本主义制度。他的经济理论就是当时各种资产阶级经济理论的折中混合。所以，马克思称他的政治经济学为“毫无生气的混合主义”，恩格斯称他的全部政治经济学著作“表现出一种在任何矛盾面前都毫不退缩的折中主义”①。

约翰·穆勒的经济学说是英国经济学史上第一次大的折中混合。

在政治经济学研究对象问题上，穆勒认为仅仅限于研究经济问题是无益的，他主张与经济有关的政治、法律、伦理、心理等因素都应予以讨论。

约翰·穆勒把生产与分配割裂开来，认为生产与分配完全具有不同的性质。他把经济规律分为两类，一类是生产规律，另一类是分配规律。他认为财富生产的规律是永恒的自然规律，“它具有自然真理的性质”，“是不以人的意志为转移的”；而财富的分配规律则是历史的规律。对前者人们没有任意选择或可以武断的余地，而后者“在某种程度上是人为的制度”，它“取决于社会的法律和习惯”，“是依照社会统治阶级的意见和感情而形成的”②。

穆勒把生产与分配完全割裂开来的观点是非常错误的。“这种荒谬观点表明，穆勒既不懂前者，也不懂后者。”③ 第一，生产并不是单纯地受永恒的自然规律支配的。任何社会生产总有两个方面，一方面是人与自然的关系（生产力），另一方面是人与人的关系（生产关系）。这两个方面的矛盾运动以及生产力内部、生产关系内部的矛盾运动支配着生产不断发展。因此，他离开生产的生产关系方面，只着眼于生产的自然方面，认为生产单纯地受永恒的

① 马克思恩格斯全集［M］.23卷.北京：人民出版社，1956：17；马克思恩格斯全集［M］.25卷.北京：人民出版社，1956：630.

② 约翰·穆勒.政治经济学原理及其在社会哲学上的若干应用［M］.北京：商务印书馆，1991：33，226，227.

③ 马克思恩格斯全集［M］.46卷.北京：人民出版社，1956：279.

自然规律支配的观点是十分错误的。第二，生产和分配是密切联系、不可分割的，生产决定分配，分配影响生产。“分配形式只不过是从另一个角度看的生产形式。”① 因此，把生产与分配割裂开来的观点是非常错误的。第三，分配规律是客观经济法则，它绝不是由人的主观意志和情感、法律和习惯决定的，它是由生产资料所有制和生产力水平决定的。

穆勒把生产和分配完全割裂开来的辩护目的是很清楚的，既把资本主义生产说成是永恒的、自然的、不能改变的，又为其鼓吹的保存资本主义生产、改善资本主义分配的改良主义思想制造理论根据。他妄图制造一种幻想，似乎不改变资本主义生产而只改良资本主义分配，就可以解决资本主义矛盾。

第二节　约翰·穆勒的价值论和货币论

一、约翰·穆勒的价值论

在价值理论方面约翰·穆勒没有多少创见，他的价值论不过是当时各种庸俗价值理论的折中混合。

（一）关于价值理论的重要性和适用性

约翰·穆勒认为，价值问题“在政治经济学上占有非常重要和令人注目的地位”，在以买卖为基础的商品经济社会，价值问题是“根本问题”，“在这样构成的社会内，几乎一切有关经济利害关系的思考都包含某种价值理论”。“我们的价值概念中存在的任何含糊不清之处，都会使其他一切概念产生混乱和含糊。”穆勒的这个观点无疑是正确的。但是，他又认为在“财富的生产和财富的分配中，只有后者与价值问题有关”，而前者与价值问题无关②。这显然是错误的。

约翰·穆勒还认为，价值理论所考察的生产制度，不是劳动者为维持自身生活而经营的生产，而是资本家为获得利润而经营的生产。这里把价值理论仅限于考察资本主义生产虽然是错误的，但却包含着价值是个历史范畴的合理内核。

（二）关于价值概念

约翰·穆勒认为，“价值”一词在没有附加语的情况下，通常是指交换价

① 马克思恩格斯全集［M］.26卷Ⅲ.北京：人民出版社，1956：86.

② 约翰·穆勒.政治经济学原理［M］.上卷.北京：商务印书馆，1991：490-491.

值。交换价值必须与价格区别开来。价格是就货币而言的物品的价值，即某一物品所换得的货币数量；物品的价值，则是它的一般购买力，即拥有这一物品对于一般可购商品所具有的支配力。

约翰·穆勒还认为，“价值是个相对名词；某一商品的价值，指的不是该商品本身具有的某种内在的本质特性，而是该商品所能换得的其他物品的数量”①。

显然，约翰·穆勒在这里，既接受了休谟和斯密关于价值即商品的购买力的错误观点，把价值和交换价值相混淆；又接受了贝利等人的相对论，以交换价值代替价值和否定商品的内在价值。无疑这都是非常错误的。

（三）关于价值量的决定

在论述价值量的规定时，穆勒把价值分为自然价值和市场价值。在分析商品的自然价值时，他把商品分为三类：第一类，数量绝对有限的物品，如古代雕刻或古画等。它们的价值取决于需求和供给，只是它们的生产成本（如果有的话）构成一个最低的限度。所谓供给也就是提供销售的数量，需求即和购买力相结合的想要占有的愿望，他把这称为有效需求。他认为第一类商品的价值取决于这样定义的有效需求和供给两者的比率。需求增多，价值就上涨；需求减少，价值就下落。供给减少，价值就上涨；供给增多，价值就下落。上涨或下落继续着，一直等到需求和供给再度达到相等为止；而在任何市场上的商品所能获得的价值不是别的，正是在该市场使需求正好足够吸收现存的或所期待的供给的那个价值。这就是第一类商品的价值法则。第二类，数量可以通过劳动和资本来任意增加，而其单位生产成本不会提高的商品，如工业品。这类商品的价值是同时以生产成本为最高限和最低限，即其价值由生产成本决定。不过这里的生产成本是一般生产成本，供求关系只影响价值围绕着生产成本上下波动。这就是第二类商品的价值法则。第三类，供给数量可以增加，而其单位生产成本也随之提高的商品，如农产品。农产品的单位生产成本之所以会不断提高，是因为土地收益递减律在发生作用。穆勒认为这类商品的价值取决于以最大的费用产出并运到市场上来的那部分供给的成本。这就是第三类商品的价值法则。

至于什么是生产成本，穆勒先是说生产成本的主要因素甚至唯一因素是劳动（包括直接投入该商品的劳动和消耗的生产资料内包含的过去劳动）。他

---

① 约翰·穆勒．政治经济学原理［M］．上卷．北京：商务印书馆，1991：519.

认为“劳动”一词也可以用“工资”一词代替，因为生产资料的价值最终也可以还原为工资。在进一步具体论述中，穆勒又认为资本也是生产成本的一个因素。他说资本是资本家节欲的结果，节欲的报酬就是利润。因此，穆勒实际上把生产成本归结为劳动加资本或工资加利润。

以上是自然价值量的决定法则。至于市场价值，约翰·穆勒则认为它决定于需求和供给。

总之，约翰·穆勒认为，价值是一个相对的概念，不是物品内在的实体的本质，它意味着在交换中所能获得的别种东西的数量。商品的自然价值，少数商品由供求关系决定，多数商品由生产成本决定。因此，我们说约翰·穆勒的价值论是当时流行的庸俗的相对论、生产费用论、供求论的混合，其核心和基础是庸俗的生产费用论。

（四）关于国际价值

在国际贸易问题上，约翰·穆勒继承了李嘉图的比较利益论，并提出了自己比较独到的国际价值理论。他认为，因为资本和劳动不可能像在国内一样在国际间自由转移，因此，“生产费用不是国际价值的决定者”，由外国输入的商品，其价值并不取决于其产地的生产费用，而是取决于用以偿付这种输入品的输出品的生产费用，即取决于给予外国的本国生产物的数量，取决于国际交换条件，取决于国际需求的方程式。穆勒把供求关系引入国际价值问题研究之中，他实际上探讨的是国际价格问题，而不是国际商品的内在价值问题。

二、约翰·穆勒的货币论

（一）关于货币概念

约翰·穆勒认为，“货币是一种商品”，“是便利交换的工具”①。

把货币看成一种商品，是交换的工具和媒介，这虽然比之前那种把货币看成一种神秘的东西来说是一种很大的进步，但这终究是很不够的。因为货币不是只充当交换媒介的一般商品，而是充当一般等价物的特殊商品。

（二）关于金银宜作货币的原因

约翰·穆勒认为，金银之所以宜作货币材料，主要是因为金银在所有物质中最不易磨损，便于携带，易于贮藏，极易分割，质地均匀，在很小的容

① 约翰·穆勒．政治经济学原理［M］．下卷．北京：商务印书馆，1991：12，14.

积中包含着很大的价值。穆勒的这个观点是对的。

（三）关于货币的职能

由于约翰·穆勒把货币看成只是便利交换的工具，所以他着重论述了货币作为流通手段的职能。他说："所谓货币，是指交换的媒介。"① 同时，约翰·穆勒还把货币看成收入分配的媒介，所以，他又认为货币是估计社会成员财产的尺度②。

把货币只看成交换的媒介和流通工具，这显然是片面的。但他把货币又看成商品经济社会分配的媒介，从而成为估计财产的尺度，这则是符合实际的。这是他的贡献。

（四）关于货币价值的决定

约翰·穆勒认为，货币的价值就是货币所能交换的其他物品的数量，即货币的购买力。货币的价值与一般物价成反比，一般物价上涨，货币价值下跌；一般物价下跌，货币价值则上涨。

货币的价值首先取决于对货币的需求和货币的供给。货币的需求是由提供出售的全部货物构成的，货币的供给就是人们所使用的货币数量，即流通中的全部货币。

货币的价值还取决于流通速度。就是说，如果假定出售的货物数量和这些货物转卖的次数固定不变，则货币的价值取决于货币的数量及每一笔货币在转卖过程中易手的平均次数。

（五）关于货币流通量规律

由于约翰·穆勒把货币主要看成交换的媒介，即看成流通手段，所以他认为，流通中的货币量等于出售的全部货物的货币价值除以流通速度。

对于价格与货币数量关系的原理，穆勒加了两个附加条件：第一，这里的货币，即金银，是唯一的交换手段；第二，假定人们不知道有任何形式的信用。

穆勒关于货币流通量规律的理论是正确的，他的缺陷在于他没有再前进一步，考察在存在信用条件下的货币流通量规律。

（六）关于货币形态的演变和滥发纸币的危害

约翰·穆勒还论述了货币形态的演变，他指出，货币形态的演变主要经

① 约翰·穆勒．政治经济学原理［M］．下卷．北京：商务印书馆，1991：16.

② 约翰·穆勒．政治经济学原理［M］．下卷．北京：商务印书馆，1991：12.

历了如下几种形式：金银货币、不兑换纸币、可兑换纸币、信用货币。在纸币代替了金银货币之后，可使国家获利；但如果违反货币流通量规律，超出这一限度滥发纸币，就会发生通货贬值，而通货贬值则是“对社会的课税，是对债权的欺骗”，是“一种劫掠”[①]。

约翰·穆勒这里关于货币形态演变及滥发纸币有害的观点是正确的，至今都有参考价值。

第三节　约翰·穆勒的生产论和分配论

一、约翰·穆勒的生产论

（一）关于生产和生产要素

约翰·穆勒认为，研究生产增加的规律和条件问题在政治经济学中非常重要，可以说“没有比弄清这些更重要的了”[②]。

他认为生产有三个必要条件，即劳动、资本和自然要素。劳动分为体力劳动和脑力劳动，指挥劳动和执行劳动，生产性劳动和非生产性劳动。生产性劳动就是创造效用的劳动，即创造物质财富的劳动。非生产性劳动就是不创造物质财富的劳动，谁对生产既没有直接贡献，也没有间接贡献，谁就是非生产性消费者。只有生产性劳动者才是生产性消费者。劳动的作用仅仅“使物体产生运动”，它不创造物质，但创造效用。资本就是“用于再生产的财富”，是“劳动产物的积累”。自然就是自然条件，如土地、气候、矿藏、河流、地理位置等，它为生产提供原料和动力，是生产的助手。生产的增长就取决于这三个要素的性质。生产增长或是这三个要素本身增加的结果，或是这三个要素生产力提高的结果。

这里几乎逐字逐句地重复着萨伊的观点，充分地表现了穆勒的混合特色。不过，正因为是混合，所以，虽然它包含着萨伊等人的庸俗观点，但也包含了某些有价值的见解。第一，他认为资本是劳动产物的积累，“是劳动的产物”[③]。这在一定程度上暴露了资本积累的真正源泉。第二，他认为资本并不

① 约翰·穆勒．政治经济学原理［M］．下卷．北京：商务印书馆，1991：87.

② 约翰·穆勒．政治经济学原理［M］．上卷．北京：商务印书馆，1991：179.

③ 约翰·穆勒．政治经济学原理［M］．上卷．北京：商务印书馆，1991：123.

具有生产力，机器和工具只有与劳动相配合才具有生产力。穆勒的这个观点是正确的。

（二）关于经济增长的因素

穆勒认为，增加生产是落后国家的“一项重要目标”；而先进国家除发展生产外，要严格控制人口，以便更好地分配财产。他全面地论述了影响和决定社会经济增长的因素，其中最主要的因素有三个：

第一，有利的自然条件。他认为，有利的自然条件是一个国家生产力较高的第一个因素。这些条件包括肥沃的土壤、良好的气候、丰富的矿藏、大的通航河流、海洋性的地理位置等。

第二，较大的劳动干劲。他认为，较大而持久的劳动干劲是一个国家生产力较高的第二个因素。当然，这种干劲不能只有五分钟热度，而应是有规律的和习惯性的。“成功的生产同很多其他成就一样，更多的是依靠人的素质，而不是工作环境。”①

第三，较高的技能和知识。他认为，决定和影响一个国家生产力的第三个因素是社会拥有的技能和知识。这里既包括劳动者本人掌握的技能和知识，又包括管理者掌握的技能和知识。工人灵巧的双手、管理者的才智及他们对有关自然力和物体性质的知识，都能极大地提高工业效率。技术知识的进步及其在工业上的应用，会使同样数量和同样强度的劳动生产出更多的产品。

此外，穆勒认为，影响社会经济增长的因素还有如下几个：

第一，较高的社会知识水平和相互信任程度。他认为，知识在人民当中的传播具有极大的经济价值，它能促进劳动生产率的提高；而劳动者的道德品质对其劳动的效率和价值来说与智力是同等重要的。建立相互信任的关系对经济增长的作用“也是无限大的”。

第二，较高的安全感。他认为，在决定和影响生产力的次要原因中，最重要的是社会安全感，即社会为其社会成员提供全面的保护，使人们感到很安全，从而能够积极生产。

第三，联合。约翰·穆勒这里所讲的联合，既包括劳动联合，也包括股份联合。他认为劳动联合“对生产的促进作用非常巨大”，它是一个国家生产力较高的重要原因。因为劳动联合就能分工协作，从而促进生产技术熟练程度的提高，促进生产工具和机器的进步，促进管理的改善，促进劳动时间和

① 约翰·穆勒．政治经济学原理［M］．上卷．北京：商务印书馆，1991：127.

成本的节约，促进交换的发展并实现规模生产和规模效益，促进劳动生产率的大大提高，促进社会经济的发展。

第四，制度因素。约翰·穆勒认为，社会制度进步对经济增长有很大的促进作用，他说："社会进步有助于增加对自然力的支配，有助于增加安全，有助于增加合作能力"，"有助于缓和价值的波动"①。

约翰·穆勒关于经济增长因素的理论，虽然不可避免地打上了某些资本主义的烙印，但扬弃这些烙印之后其内核包含着光芒四射的真理。

二、约翰·穆勒的分配论

约翰·穆勒认为，社会生产有劳动、资本、自然（主要是土地）三个要素，整个社会由劳动者、资本家和地主这三个阶级组成，所以分配也有三种形式：工资、利润和地租。

（一）关于工资

在工资问题上，穆勒接受了自斯密以来许多前人的观点，特别是接受了马尔萨斯等人的工资基金论。他认为工资是对劳动的报酬，自然工资取决于工人的最低生活费用，短期工资则取决于市场对劳动的供给和需求，即取决于市场竞争。但他把市场对劳动的供求关系建立在工资基金论的基础之上，所以又说："工资取决于人口和资本之间的比率。"② 穆勒这里讲的人口指劳动阶级的人数，资本指购买劳动力的流动资本。这样，工资就只能随用于雇用工人的基金总额的增加而提高，随这种基金的减少而降低；随工人人口的减少而提高，随工人人口的增加而降低；工资和工人生活的提高取决于工人的理智远虑和节制生育。用穆勒的话讲就是："工资取决于对人口的控制"，"取决于劳动人民的精明和远虑"，"无论在哪一个国家，如果劳动者宁愿工资降低而不愿控制人口的增殖，则该国劳动者的工资就总是处于最低水平"③。

约翰·穆勒这里讲的虽然有些道理，但总的看仍是一种庸俗理论。原因在于：第一，劳动者阶级的生活水平虽然与劳动人口关系极大，劳动力的供给也与劳动人口关系极大，但是，决定工资水平和劳动者生活水平的因素很多，工资本身也有自己的运行法则，劳动力供给与劳动者阶级人口毕竟不能

① 约翰·穆勒．政治经济学原理［M］．下卷．北京：商务印书馆，1991：257，267.

② 约翰·穆勒．政治经济学原理［M］．下卷．北京：商务印书馆，1991：248.

③ 约翰·穆勒．政治经济学原理［M］．下卷．北京：商务印书馆，1991：248.

画等号。古代人口很少，但劳动阶级的生活水平并不高。第二，他把资本主义社会劳动阶级贫困的根源完全转嫁到劳动人民身上，认为贫困的存在是因为劳动者没有应有的理智和远虑，而随了自己的动物本能。

（二）关于利润和利润率

约翰·穆勒的利润论是当时各种庸俗利润论的混合。他认为，资本家是各种生产经费的垫付人（他们垫付工人的工资，并供给必需的建筑物、原材料、工具和机械），利润就是资本家阶级的收入。穆勒把总利润分为利息、保险费和监督工资，认为资本是“节欲”的结果，利息是“对节欲的报酬”，保险费是“投资风险的报偿”和“冒险奖金”，监督工资是资本家领导和监督企业“所需劳动和手腕的报酬”。很明显，这是西尼耳的“节欲论”和萨伊的监督工资论的混合品，完全掩盖了资本主义剥削关系。

关于利润率，穆勒认为，利润率就是资本家所得利润对其垫款数额的比率；决定利润率的变量有三个，一是劳动效率，二是劳动工资，三是各种物品费用；但利润率最终主要决定于劳动成本，即劳动者所得到的份额的比率，“劳动成本增加则利润减少，劳动成本减少则利润增加”①。

约翰·穆勒还论述了利润率下降的趋势。他认为，无论何时何地，都有一特定的利润率，这一利润率就是诱使该时该地人民进行储蓄和在生产上使用这些储蓄的最低利润率。这种利润率是随着情况不同而变化的。它取决于以下两个因素：①有效积累欲望的强度，即人们比较重视未来利益还是比较重视现在利益。这个因素影响储蓄倾向。②从事产业活动的资本的安全程度。这一因素既影响储蓄倾向，更影响在生产上使用储蓄的倾向。他说，社会进步有降低最低利润率的趋势，因为随着社会不断进步，社会安全增加，风险减少；同时，随着社会进步，人们不再是眼前利益的奴隶，而越来越习惯于在遥远的未来实现自己的愿望和目的，即远虑增加，人们的储蓄倾向增加。

约翰·穆勒还指出了阻碍利润率下降的一些因素，即：①商业突变。例如，在继一般交易过渡时期之后的停滞时期，许多企业倒闭，工人失业，大量资本被浪费。这时人们就会注意那些虽有风险但却有可能带来较高利润的买卖，进行投机活动，消耗大量资本或把大量资本输往国外，从而暂时提高

---

① 约翰·穆勒．政治经济学原理［M］．上卷．北京：商务印书馆，1991：467，468；约翰·穆勒．政治经济学原理［M］．下卷．北京：商务印书馆，1991：251.

利息和利润。②生产改良。因为生产改良能够促进人们积累更多资本和使用更多资本，从而提高利润率。③进口廉价生活必需品和生产工具。因为一国从别国进口廉价商品，劳动成本和其他生产成本就会降低，就会阻止资本利润率下降。④输出资本。因为输出资本会减少国内资本，从而就会阻止利润率下降。

约翰·穆勒还论述了平均利润率问题。他不仅看到并指出了利润均等化的倾向，而且认为这种均等化是在资本在不同行业间的转移过程中形成的[①]。

（三）关于利息和利息率

约翰·穆勒认为，利息是对资本家节欲的报酬，利息率就是使贷款的需求与供给相等的一种比率。供过于求，利息降低；求过于供，利息提高。利息率分为自然利息率和市场利息率，市场利息率围绕着自然利息率上下波动，而且总是趋向于回归到自然利息率上来。

（四）关于地租

约翰·穆勒认为，地租是对使用土地所付的报酬，是一种特权的价格。地租是垄断的结果。

在《政治经济学原理》一书中，穆勒似乎只论述了级差地租问题。他认为，形成级差地租的原因是土地的垄断，条件则是土地的质量，即土地位置和土地肥沃程度，而最劣等地“是不产生任何地租的”[②]。

约翰·穆勒在分配论方面尽管没有多少创见，甚至继承了许多庸俗经济理论，为资本主义剥削制度辩护，但是，正如马克思指出的那样，穆勒是那些还要求有科学地位、不愿单纯充当统治阶级的诡辩家和献媚者的人，因此，他终究进行了某些诚实研究，在分配问题上还算多少有点创见。这主要表现在以下几个方面。

第一，他揭露了资本主义社会的分配不公。他说：资本主义社会对剩余产品的“分配太不公平了，大部分用在了毫无价值的事情上，落入了不提供等价服务，不给予回报的人手中”；“劳动产品的分配几乎同劳动成反比——根本不干的人拿得最多，只在名义上干点工作的人居其次，工作越艰苦和越讨厌报酬就越低；而最劳累、消耗体力最多的劳动甚至无法肯定能否挣到足

① 约翰·穆勒．政治经济学原理［M］．上卷．北京：商务印书馆，1991：461.

② 约翰·穆勒．政治经济学原理［M］．上卷．北京：商务印书馆，1991：476.

以糊口的收入"①。

第二，他论述了资本主义的分配机制。他认为资本主义分配既受私有制制约，又受市场价格机制制约。也就是说，这种分配不仅要受土地、劳动和资本所有权的制约，还要受交换和价格机制法则的影响。他说，在资本主义社会，货币既是交换的媒介，又是分配的媒介，人类通过努力和节约所得到的生产物，最初由所有权决定被分成三份，即工资、利润和地租；这三份以货币的形式，并通过交换过程，分配给有权得到它们的人；更确切地说，是由掌握生产物的资本家，用货币形式向其他两种分享者支付劳动和土地的市场价值②。

第三，他比较正确地指出了利润的真正源泉。他说："利润产生的原因，是劳动生产出超过为维持其本身所必需的生产物。""利润并不是产生于交换之中，而是产生于劳动的生产力。一国的一般利润，总是由劳动的生产力产生的，不论其有无任何交换。"③ 这里之所以说他比较正确，而不说完全正确，一方面是因为他讲的劳动包括资本家的监督劳动；另一方面，他完全离开交换谈利润的产生，这是不正确的。

第四，他不但提出并分析了平均利润率的趋向，而且批判了资本生产力论。这些我们在前面已评介过，这里不再赘述。

第四节　约翰·穆勒的市场论

一、关于市场分类

约翰·穆勒把市场分为两类，一类是静止状态的市场，另一类是投机状态的市场。在静止市场状态下，大多数工商业者都没有扩大经营规模的欲望，都只按通常的营业额进行交易，生产者和商人都不打算异乎寻常地扩大自己的业务，从而也不需要从银行或其他贷款人那里获得多于平时的贷款。因此，在这种市场状态下，银行家不能随意增发一般流通媒介，而他们增发的钞票

① 约翰·穆勒．政治经济学原理［M］．上卷．北京：商务印书馆，1991：71，235.

② 约翰·穆勒．政治经济学原理［M］．上卷．北京：商务印书馆，1991：487；约翰·穆勒．政治经济学原理［M］．下卷．北京：商务印书馆，1991：12，247.

③ 约翰·穆勒．政治经济学原理［M］．上卷．北京：商务印书馆，1991：465，466.

或很快回到银行，或搁置在一般国民手中，不会引起物价上涨。在投机市场状态下，人们普遍认为需求旺盛，所有人都想扩大业务。生产者或进口商想增加产量或扩大进口，投机商想囤积商品，厂商都想获得更多的贷款，银行大幅度增发钞票，物价上涨。

二、关于市场运行机制

在《政治经济学原理》一书中，约翰·穆勒还论述了资本主义社会的市场运行机制。这种机制包括：①竞争机制；②供求机制；③价格机制；④利润和分配机制。他认为这种市场机制运行的结果必然会调节资源配置，促进生产的发展。

约翰·穆勒不同意空想社会主义者对竞争的谴责，认为“竞争非但无害，反而是有用而不可或缺的”①。哪里没有竞争，哪里就有垄断；而垄断不管以何种形式出现，都是向勤劳者征税来养活懒惰者的。竞争使消费品更便宜，竞争有利于克服懒惰、无所作为、墨守成规等弊病，促进社会不断进步。竞争还促进资本在不同行业转移，促进利润均等化。在竞争自由而激烈的情况下，如果某一商品的市场价格，“不足以补偿生产费用，并提供通常所期待的利润，人们就不会继续生产这种商品”，资本家绝不会在亏本的情况下长久地继续生产这种商品。他们或者抽回自己的全部资本，或者缩小生产规模和缩短工作时间，抽回部分资本，将这些资本转移到价高、利大的行业和部门去②。他还指出商品的需求决定劳动和资本的投向，决定新生产的财富的种类③。

约翰·穆勒还分析了价格受供求关系变动影响而围绕着价值上下波动，从而影响资源配置的运行过程，使社会生产力得到更有效的分配。

在分析市场机制运行问题上，穆勒的特色是把价格机制与分配机制结合在一起，认为货币既是交换的媒介，又是分配的媒介，资本主义分配是通过市场价格机制、交换机制进行的，从而对资源起调节作用。

总之，穆勒认为竞争与供求关系影响市场价格围绕着自然价值上下波动，价格波动又影响利润与分配，从而又影响资本和劳动在不同行业间的转移和

---

① 约翰·穆勒．政治经济学原理［M］．下卷．北京：商务印书馆，1991：362.

② 约翰·穆勒．政治经济学原理［M］．上卷．北京：商务印书馆，1991：510-511.

③ 约翰·穆勒．政治经济学原理［M］．上卷．北京：商务印书馆，1991：100，108.

流动，调节资源的配置。

穆勒坚持萨伊定律，所以他认为资本主义社会不可能发生普遍过剩危机。

三、关于市场对生产的促进作用

约翰·穆勒认为市场不断扩大对生产有巨大的促进作用，市场促进分工，促进生产规模的扩大和生产力的不断提高。他说，"分工受市场规模的限制"，"商品市场的扩大乃使分工得以不断发展，从而使社会生产力得到了更有效的分配"①。大规模生产能否代替小规模生产，首先取决于市场规模。

四、关于市场经济中的政府

约翰·穆勒虽然总体上主张自由竞争，但他不同意那种认为"政府只宜做人们做不了的事，其他一切靠市场"的观点，他认为市场经济中的政府职能"要比大多数人最初想象的多得多"，主张在市场经济条件下，政府应做更多的事。除了制止暴力和欺诈外，政府应接管在财产发生争议和依法宣布破产的财产，保护未成年人、精神病患者、低能者，发行货币，确定度量衡标准单位，建设公共工程和管理公共事业（如铺设道路、安装路灯、打扫街道、扩建海港、建造灯塔、测绘地图和海图、筑造海堤与河堤等），征收赋税，裁决纠纷，等等。总之，"凡扬善避恶的事，都是政府应该做的，既可以直接去做，也可以间接去做"②。

对于铁路和运河，他主张国家可以拥有运河或铁路，但不必亲自经营它们；可以把它们租给具有一定期限经营权的公司去经营，这样会经营得更好③。

对于适宜私人去做但却没有人去做的事情，政府便有必要进行干预。例如，那些真正关系到全体利益的事情（如道路、码头、运河、医院、大中小学、灌溉设施等），只要个人不愿意做，就应该而且也必须由政府来做。再如，凡需要投入大量财力，需要采取联合行动的事情，个人无法完成，也应由政府去做。政府应承担人民无力做的事情，但要注意不加重人民的负担④。

---

① 约翰·穆勒．政治经济学原理［M］．上卷．北京：商务印书馆，1991：109，153.

② 约翰·穆勒．政治经济学原理［M］．下卷．北京：商务印书馆，1991：367-372，377.

③ 约翰·穆勒．政治经济学原理［M］．下卷．北京：商务印书馆，1991：553.

④ 约翰·穆勒．政治经济学原理［M］．下卷．北京：商务印书馆，1991：570-571.

约翰·穆勒还强调指出，应该区分两种政府干预：一种是所谓命令式的政府干预；另一种是非命令式的政府干预。前者即政府的干预可以扩展到对个人自由加以限制，政府可以禁止所有人做某些事情，或规定不经它允许就不应做某些事情；也可以规定所有人必须做某些事情，或规定以某种方式做那些可做可不做的事情。后者即政府不发布命令或法令，而是给予劝告和传播信息；或政府允许个人自由地以自己的方式追求具有普遍利益的目标，不干预他们，但并不是把事情完全交给个人去做，而是通过设立自己的机构来做同样的事情。例如，政府可以建立国家银行或官办工厂，但它们并不垄断银行业或制造业，允许私办银行和工厂；政府可以设立公立医院，但并不限制私人开业行医①。

显然，约翰·穆勒发展了斯密的市场经济理论，这是他的一个重要贡献。

第五节　约翰·穆勒的赋税论

在《政治经济学原理》一书中，约翰·穆勒系统地论述了他的赋税理论。

一、关于赋税原则

在课税的一般原则问题上，约翰·穆勒完全接受了亚当·斯密的观点，认为这是“经典性原则”，主张坚决贯彻之。其内容包括：第一，每个国民都应尽量按照各自能力的比例，即按照各自在国家保护下享有的收入的比例，缴纳赋税，以维持政府正常运行。第二，每个人必须缴纳的赋税应该是确定的，不得随意变动。缴纳的日期、缴纳的方法、缴纳的数额，都应该让一切纳税者及其他所有人了解得十分清楚、明白。第三，每种赋税应该在纳税人感到最方便的时候，以纳税人感到最方便的方式征收。第四，每种赋税的征收应设计得使人民所拿出的尽量等于国库所得到的。

不过，他对某些原则，特别是第一条公平原则进行了许多阐释，并提出了自己的一些主张。为了坚持公平原则，他反对累进财产税，反对按财产多寡征税，认为这无异于对勤劳节俭征税而惩罚工作努力、生活节俭的人。他主张把累进原则应用于遗产税，而反对对较高收入征较高的税。他主张只对用于开支的那部分收入征税，而对用于储蓄的收入免税；主张对地租课以特

① 约翰·穆勒．政治经济学原理［M］．下卷．北京：商务印书馆，1991：530-531.

别税；主张对生活必需品免税，对生产生活必需品的生产资料免税；主张实行轻税，说“单纯的过度课税，即使是明确而有限的，撇开不公正不谈，也是一种严重的经济弊害。课税过度使勤劳得不到足够的报酬，因而会使人懈怠。……课税过度就会极大地妨碍资本的积累，或使资本外流”①。他还主张课税方式要科学，要有利于生产。

二、关于税种

在《政治经济学原理》一书中，约翰·穆勒论述了以下几种税种：

第一，直接税，即对所得或支出所征收的赋税，包括地租税、利润税、工资税等。

第二，间接税，即对某些人征收这种税后，这些人又可以从另一些人那里得到补偿。例如，货币税、关税等通常是对生产者、运输者或商人课征的税，最终还是由消费者承担。

第三，其他各种杂税，如契约税、信息传递税等。

三、关于课征间接税的原则

约翰·穆勒认为，为了尽量减少货物税的不利而增加其利，必须贯彻以下原则：

第一，只要方便，应尽可能多地对与满足虚荣心有关的奢侈品征税。

第二，只要可能，应直接对消费者征收货物税，不应对生产者课征货物税。

第三，只要可能，应通过精细调整，使货物税给低收入者、中等收入者和高收入者带来相同的负担。

第四，货物税应集中在少数几种商品上，以减少课税费用并尽量减少牵连行业。

第五，在普遍消费的奢侈品中，应选择刺激性奢侈品为课税对象。

第六，只要不违反其他原则，应只对进口货物课税。

第七，任何税都不应过高。

① 约翰·穆勒．政治经济学原理［M］．下卷．北京：商务印书馆，1991：468.

第六节　约翰·穆勒的社会改良方案

约翰·穆勒看到了资本主义社会的矛盾，但他企图在保存、完善资本主义制度的基础上来解决这些矛盾。这就形成了他的改良主义的调和论。

穆勒认为资本主义分配是不公平的，劳动产品的分配与劳动成反比例关系，“一般的劳动者极少有选择职业或迁徙的自由”，和真正的奴隶制差不多。他指出如果不改变这种情况，那么人们就会选择共产主义，而放弃资本主义私有财产制度。但是，他又认为“私有制原则从未在任何国家作过公正的试验”，“我们对采取最好形式的私有制或采取最好形式的社会主义能取得什么样的成就都一无所知，因而无法确定这两种制度中哪一种会成为人类社会的最终形态”。① 他得出结论，不改变资本主义生产方式，而调整资本主义分配，也能改善工人的状况。“在人类进步目前阶段所具有的主要目标不是取消私有制，而是加以改良，使社会每个成员都能得到好处。”要“努力采用一切不破坏原则的办法来缓和不平等”②。为此，他对资本主义社会提出了如下改良方案：

第一，通过立法限制财产的赠予和继承，废除长子继承，分散财产，以缓和财富占有不均。

第二，不要一味强调发展生产，而应把注意力放在改进分配和提高劳动报酬这两件迫切的事情上。

第三，制定和执行济贫法。

第四，普及教育，提高劳动者的精神文明程度，以增强社会信任程度和安全感。因为“劳动阶级的未来的幸福主要依赖于他们自己的精神文明程度”，“劳动阶级的未来取决于他们在多大程度上成为具有理性的人”，取决于他们“是否具有自我管理能力”。要教育劳动者，使他们知道经济危机、工人失业的灾难“与雇主和政府毫无关系”③。

第五，控制人口，提高妇女地位。他认为，“适当的人口限制是劳动阶级

---

① 约翰·穆勒．政治经济学原理［M］．上卷．北京：商务印书馆，1991：235.

② 约翰·穆勒．政治经济学原理［M］．上卷．北京：商务印书馆，1991：236，243.

③ 约翰·穆勒．政治经济学原理［M］．下卷．北京：商务印书馆，1991：329.

的唯一保障"，而普及教育、提高妇女地位就有助于人口得到较好的控制①。

第六，通过合伙经营和合作制，逐渐废除雇佣制。他认为，合伙经营有两种形式，一种是劳动者与资本家合伙经营，另一种是劳动者之间的合伙经营。劳动者与资本家的合伙经营（即合作制）有利于推动文明和改良，并带来效率和节约，使雇主与工人的关系逐渐被合伙关系所代替。劳动者之间的合伙经营，是劳动者自己在平等基础之上的合伙经营，工人共同占有企业资本，经理由工人选举产生和罢免。这种合伙经营形式有利于减少销售阶级人数，节省劳力，刺激劳动者的生产干劲，更有效地促进生产力的提高；这种合伙经营也将能变革资本主义社会，是实现社会和平改良、实现社会正义的简便途径。

很显然，约翰·穆勒的改良方案是维护资本主义根本制度的庸俗理论，

① 约翰·穆勒．政治经济学原理［M］．上卷．北京：商务印书馆，1991：396；约翰·穆勒．政治经济学原理［M］．下卷．北京：商务印书馆，1991：331.

第十章　德国资产阶级经济学的产生

——旧历史学派的经济学说

第一节　德国资产阶级经济学的特点和产生的历史条件

一、德国资产阶级经济学的特点

与英法资产阶级经济学相比，德国资产阶级经济学有如下几个特点：

第一，它产生较晚。英法资产阶级经济学产生于十七世纪下半期，而德国资产阶级经济学产生于十九世纪四十年代。

第二，它没有明显地经过古典经济学阶段，一开始就走上了庸俗化的道路。

第三，它对英法资产阶级经济学依赖性很大，创见较少。正如马克思在《资本论》第一卷第二版跋中所指出的那样："德国人在资产阶级经济学衰落时期，也同在它的古典时期一样，始终只是学生、盲从者和模仿者，是外国大商行的小贩。"　"在德国，直到现在①，政治经济学一直是外来的科学。……它作为成品从英国和法国输入；德国的政治经济学教授一直是学生。"②

第四，它强调历史方法，反对抽象法。

第五，它强调民族特点，否定普遍规律，带有强烈的民族主义色彩。

第六，它强调上层建筑的作用。德国资产阶级经济学在相当长的时间内都和国家学说、法的学说联系在一起。

---

① 指1873年。

② 马克思恩格斯全集［M］. 23卷. 北京：人民出版社，1956：15，18.

二、德国资产阶级经济学产生的历史条件

德国资产阶级经济学的特点是由德国的历史条件决定的。

第一，德国资本主义发展较晚，而且是通过贵族地主阶级自上而下的一系列改革，通过贵族地主阶级与资产阶级的一系列妥协而发展的。十九世纪初，德国还是一个封建农奴制度占统治地位的国家，直到 1848 年革命以前，德国农村中还保留着大部分封建农奴制关系。1834 年，德国才成立统一的关税同盟。1848 年革命后，德国资本主义生产方式才迅速发展起来。

第二，当德国开始走上资本主义道路，德国资产阶级走上历史舞台时，英法两国已出现影响较大的社会主义运动，工人阶级的觉悟已有相当的提高，“阶级斗争在实践方面和理论方面采取了日益鲜明的和带有威胁性的形式”，资产阶级经济学已开始庸俗化，德国国内的阶级斗争也相当尖锐。这严重地威胁到资本主义制度和仍然保留着的封建贵族制度，资产阶级与封建贵族相勾结共同对付工人阶级。

第三，当德国走上资本主义道路时，英法两国资本主义工业已有相当高度的发展。十九世纪三四十年代时德国资本主义工业虽有一定发展，但却远远落后于英国，也相当远地落后于法国。当时资本主义世界各国的矛盾已开始暴露。在这种情况下，德国资本主义经济冲破封建束缚而迅速发展起来，与英法相抗衡，成为当时德国资产阶级中讲求实际的实业派的强烈要求和迫切任务。德国历史学派的著作中就反映了这一要求。

第四，德国资产阶级是软弱的，他们在 1848 年革命中惧怕群众，惧怕革命，以致最后背叛革命，与封建贵族相勾结。

德国政治、经济和国际环境的这些特点决定了德国资产阶级经济学的上述特点。

三、历史学派概况

德国资产阶级经济学是从历史学派开始的，所以，这里先要谈谈历史学派的概况。

历史学派是十九世纪四十年代在德国产生的一个资产阶级经济学流派。一般称它为旧历史学派，以区别于十九世纪七十年代发展起来的新历史学派。

历史学派的先驱是弗里德利希·李斯特（1789—1846）。他是十九世纪三四十年代德国工业资产阶级的经济学家和社会活动家。其主要经济学著作是

《政治经济学的国民体系》（1841 年）。历史学派的主要代表人物有：威廉·罗雪尔（1817—1894），代表作是《历史方法的国家经济学纲要》（1843 年）；布鲁诺·希尔德布兰德（1812—1878），代表作是《现在和将来的国民经济学》（1848 年）；卡尔·克尼斯（1821—1898），代表作是《历史方法观的政治经济学》（1853 年）。

历史学派是讲德语国家中很有影响的学派。

历史学派学说在中国早有传播，1927 年李斯特的代表作《政治经济学的国民体系》就曾以《国家经济学》为书名在我国翻译出版。历史学派学说在十九世纪末二十世纪初曾在美国风行一时，对美国制度学派有一定影响。

第二节　旧历史学派的经济学说

一、历史学派关于经济学对象和方法的理论

历史学派把政治经济学归结为论述各个国家和各个民族的经济发展过程、经济生活经验、经济现象的科学，甚至归结为记述人们的经济行为、经济思想发展过程的科学。

历史学派只承认各个国家和各个民族社会经济发展的特殊道路，而否认人类社会经济发展的普遍规律，有的人甚至否定任何经济规律的存在。他们指责古典学派只研究各国经济发展的普遍规律，而忽视经济发展的民族特点，是一种世界主义经济学，他们主张用国家经济学代替这种世界主义经济学。也就是说，他们认为不存在适用于各国的普遍规律，只存在各国、各民族的特殊发展道路；不存在各国通行的一般的政治经济学，只存在各国特有的国民经济学或国家经济学。

例如，历史学派的先驱李斯特就认为，古典学派没有考虑到各个国家的性质以及它们各自的特有利益和情况，把那些还没有出现的情况假定为已经实际存在的情况。它假定世界联盟与持久和平的形势已经存在，因而得出了错误的抽象结论，即研究普遍规律的世界主义结论。他主张用国家经济学取代这种世界主义经济学。他说："国家经济学似乎是这样一种科学，它正确地了解各国的当前利益和特有环境，它所教导的是怎样使各个国家上升到上述那样的工业发展阶段（即由农工业阶段上升到发达的农工商业阶段），怎样使它同其他同样发展的国家结成联盟，从而使实行自由贸易成为可能，并从中

获得利益。”又说：“政治经济或国家经济是由国家的概念和本质出发的，它所教导的是，某一国家，处于世界目前形势以及它自己的特有国际关系下，怎样来维持并改进它的经济状况。”①

罗雪尔认为古典学派的唯一错误是主张他们的经济理想“有普遍的适用性”。他说：“一种经济理想不能适合每个国家人民的不同种类的欲望，正如一件上衣不能适合一切人的身材一样。”因此，他主张“完全拒绝在理论上支持这种理想体系的制定”。他认为，“国民经济学或政治经济学”应“是一门论述一个国家的经济发展诸规律的科学，或论述它的国民经济生活的科学”。“政治经济学主要的是论述各国的物质利益。它研究一国人民的各种欲望，特别是食、衣、燃料、居住以及两性间的天性等等欲望如何可以得到满足；这些欲望的满足如何影响总体的国民生活，并反过来，它们如何为国民生活所影响。”②

希尔德布兰德否认客观经济规律的存在，他认为人们在经济活动中不一定要服从具有约束力的规律，而可以根据自己的意志自由行动。他说：“国民经济学这门科学不象动物有机体的生理学或其他自然科学部门必须研究自然规律，它并不需要在复杂的经济现象中去探讨不变的、到处如一的经济规律，而应该在国民经济的经验更换中指出进步所在，在人类经济生活中指出人类在日臻完善。”③

克尼斯否认任何规律的存在，他认为各国经济的发展只有类似，而无共同法则。他把政治经济学归结为只是简单地记述经济现象的科学，甚至归结为只是记述人们对民族经济发展的看法的思想史学，认为政治经济学的对象是人们的经济行为。

关于政治经济学的方法，历史学派极力反对古典学派的抽象演绎法，而主张历史的归纳法，认为政治经济学的唯一科学的方法是历史方法。

他们指责古典学派用抽象演绎法对社会经济发展进行理论的分析和概括，从而过于理论化和抽象化。他们强调大量收集各个国家和各个民族的历史和现状的资料，以说明它们各自发展的特点。

---

① 李斯特．政治经济学的国民体系［M］．北京：商务印书馆，1961：109，112，113.

② 季陶达．资产阶级庸俗政治经济学选辑［M］．北京：商务印书馆，1963：322，323，327.

③ 希尔德布兰德．现在和将来的国民经济学．转引自：鲁德哈德·施托贝尔格．资产阶级政治经济学史［M］．北京：商务印书馆，1963：159.

例如，罗雪尔就曾明确地把自己的研究方法称为“历史的方法”或“历史的生理学”的方法，他的代表作就叫作《历史方法的国家经济学纲要》。他把政治经济学叫作“社会经济或国民经济的解剖学和生理学”，把研究经济学的方法——历史方法叫作“解剖刀和显微镜”①，认为政治经济学不应当限于研究现代的经济制度，而必须收集大量的“历史材料”，特别是各个国家古代的历史材料。“只有从历史的类比中”才能“获知未来经济发展方向的线索”。

希尔德布兰德认为历史方法“乃经济学中唯一的方法”②。克尼斯认为只有历史的统计的归纳法才是唯一科学的方法。

历史学派还指责古典学派偏重物质而忽视国家和精神的作用。他们强调国家、法律、道德、宗教对社会经济发展的决定作用。

历史学派关于政治经济学对象和方法的观点是不科学的，相比古典经济学是一个大倒退。

第一，他们把政治经济学归结为论述各国经济发展过程、经济生活经验、经济现象的科学，甚至归结为记述人们的经济行为和人们对民族经济发展的看法的经济思想史学。这就改变了政治经济学的性质，并在实际上取消了政治经济学。

第二，他们强调各个国家和各个民族经济发展的特殊道路，而否定普遍规律的存在，否定经济规律的存在。这是对社会经济发展历史和现状的无知。事实上，尽管各个国家和各个民族社会经济的发展都有其特殊性，但也有共同的普遍规律存在。共性就寓于特性之中。

第三，他们把理论方法和历史方法对立起来是错误的。诚然，在政治经济学研究中，不收集、占有大量的材料是不行的，但如果不对这些历史和现状的材料进行理论上的抽象分析和概括，也是不行的。反对抽象法，企图用历史过程的描述代替理论研究，这就只能把经济学变成历史材料的杂乱堆积。而如果只堆积历史材料和经济现象，就等于取消了政治经济学。

第四，他们把国家等上层建筑对经济的反作用强调到荒谬的程度，这就完全颠倒了因果关系。

第五，历史学派关于政治经济学对象和方法的观点的辩护性，在于证明

---

① 季陶达．资产阶级庸俗政治经济学选辑［M］．北京：商务印书馆，1963：328.

② 转引自：张毓珊．经济思想史［M］．北京：商务印书馆，1948：197.

资本主义私有制的永恒性和合理性，为德国资本主义发展的道路辩护，并攻击社会主义学说。例如，罗雪尔通过他收集的历史材料发现原始野蛮人已拥有资本，发现“原始森林时代的虚弱的无产阶级”，发现社会主义不是近代特有的现象，“它们倒是社会躯体上的疾病，……这种疾患就很容易导致一切真正的自由和秩序的没落”①。

二、李斯特关于保护贸易的理论

李斯特极力反对古典学派的自由贸易理论，主张国家干预经济生活和实行保护贸易，用国家的力量来保护和促进德国资本主义经济的发展，对外进行经济扩张，争夺殖民地。

保护贸易理论是李斯特经济理论的核心，他的其他理论都是围绕着保护主义并说明保护主义的。

（一）关于保护政策的必要性和必然性

李斯特认为自由贸易政策只对经济发达的国家有利，而对经济落后国家不利，因此，保护主义是落后国家必不可少的手段。他说：“如果就目前世界形势来说，世界上已经有了一个国家处于强有力地位，并且早已在它自己领域以内有着周密的保护，处于这样的形势，在自由竞争下一个一无保护的国家要成为一个新兴的工业国已经没有可能。”他认为只有当两国“在工业发展上处于大体上相等的地位时”，自由竞争才能对双方共同有利。“如果任何一个国家，不幸在工业上、商业上还远远落后于别国，那么它即使具有发展这些事业的精神与物质手段，也必须首先加强它自己的力量，然后才能使它具备条件与比较先进各国进行自由竞争。”因此，“保护制度是使落后国家在文化上取得与那个优势国家同等地位的唯一方法”②。

李斯特认为保护制度对后进国家具有极大的必要性，概括起来讲主要是：

首先，它能抵御“国外商业政策的有害作用”③。他说：“只有靠了保护制度的帮助，才能使我们与那些国外商业政策的有害作用相抵抗。”“如果不靠了我们自己的法制，在以我们自己国家利益为前提下指导我们自己的国内工业，就不能防止外国以它们自己的实际或推定利益为依据，来限制我们的国内工业；

① 季陶达．资产阶级庸俗政治经济学选辑［M］．北京：商务印书馆，1963：335.

② 李斯特．政治经济学的国民体系［M］．北京：商务印书馆，1961：4-5，113，128.

③ 李斯特．政治经济学的国民体系［M］．北京：商务印书馆，1961：127-128，154.

在这样情况下，无论如何对我们生产力的发展总是不利的。”①

其次，它能促进经济实力的发展，保证国家的独立地位。他说：“由此使国家不但在物质财富的量上获得无限增进，而且一旦发生战事，可以保有工业的独立地位。工业独立以及由此而来的国内发展，使国家获得了力量，可以顺利经营国外贸易，可以扩张航运事业，由此文化可以提高，国内制度可以改进，对外力量可以加强。”关税是建立与保护国内工业的主要手段，保护制度是国内工业的保障②。

最后，它可以把国外的生产力吸引到后进国家。他说：保护制度“可以诱使国外商人和技工连同他们的生产力投奔到我们这边来”③。

李斯特认为保护制度不仅具有必要性，而且具有必然性。他说：“保护制度来源于国家要求达到独立、强盛地位的自然努力，或是由于战争与优势工业国家施行敌对性商业法制的结果。”“限制政策并不只是出于凭空的理想，而是由于利益的分歧，由于各国在追求独立与优势方面的争夺，也就是由于国际竞争与战争的自然结果；因此在国家利益上的这种冲突还没有停止以前，换个说法，就是一切国家还没有在同一个法律体系下合成一体以前，这个政策是不能舍弃的。”④

（二）关于保护政策的目的

李斯特认为，施行保护关税的目的在于为国家谋福利。他说：一国的国外贸易决不可只是在价值理论下以各个商人的看法为依据来加以衡量，就是说，决不可单纯地以任何特定时刻一些物质利益的所得为考虑的根据；考虑这个问题时所片刻不能忽视的是与国家现在和将来的生存、进展以及权力有决定关系的那些因素。具体来讲就是壮大德意志国家的实力，在条件成熟时向外扩张，“建立殖民地”。

（三）关于实行保护政策的步骤

李斯特认为，保护制度必须与国家工业的发展程度相适应，只有这样，这个制度才会有利于国家的繁荣。对于保护制度的任何夸张都是有害的；工业的充分发展是只能逐步实现的。因此，实行保护制度应有步骤地进行。他

① 李斯特．政治经济学的国民体系［M］．北京：商务印书馆，1961：147，148.

② 李斯特．政治经济学的国民体系［M］．北京：商务印书馆，1961：128-129，260.

③ 李斯特．政治经济学的国民体系［M］．北京：商务印书馆，1961：147.

④ 李斯特．政治经济学的国民体系［M］．北京：商务印书馆，1961：104，157-158.

认为工业的不同部门也并不是一定要在同样程度上受到保护的；应当予以特别注意的只是那些最重要的部门，即对国家独立自主有着头等重要意义的工业，如棉、毛、麻等纺织业就属于这一类。

李斯特还把当时世界上的国家分为三类，第一类是处在第一发展阶段的国家，如西班牙、葡萄牙等国家；第二类是处在第二发展阶段的国家，如美国、德国；第三类是处在第三发展阶段的国家，这类国家当时只有英国一国。他认为第一、三类国家都是有必要实行自由贸易的国家，只有第二类国家需要实行保护政策。

李斯特的保护贸易理论在当时德国的历史条件下，对促进德国资本主义经济的发展和反对封建主义来说是有一定的积极意义的，其中有些观点对我们社会主义经济建设来说也是有一定参考价值的。发展中国家应该认真研究和借鉴李斯特的保护贸易理论。

但是，他的不少理论说明是庸俗的、错误的。例如，他为了论证保护理论，极力否定普遍规律的存在。同时，李斯特的保护贸易理论是德国资本家要求的理论化，带有明显的沙文主义色彩和阶级性质。

恩格斯对李斯特保护关税论曾给予适当肯定的评价。他说李斯特是讲求实际的实业家和保护关税的权威，“虽然他的全部洋洋大作是从大陆体系的理论创立者费里埃那里抄来的，但是总不失为德国资产阶级经济学著作中最优秀的作品”。恩格斯又说：“如果人们也会读到什么创见的话，那我们就会碰到像李斯特那样的保护关税论者（其实他是从一个法国人那里抄袭来的）……”①。

三、李斯特关于生产力的理论

（一）关于财富生产力的重要性

李斯特很重视财富原因的研究，他认为财富的原因也就是财富的生产力，它比之财富本身更重要。

李斯特认为财富的原因与财富本身完全不同。财富就是交换价值，而财富的原因则是形成财富的生产力。他说，一个人如果具有财富，而没有形成财富的生产力，他将越过越穷。反之，一个人也许很穷，但由于具有形成财富的生

① 马克思恩格斯全集［M］.13卷.北京：人民出版社，1956：525；马克思恩格斯全集［M］.16卷.北京：人民出版社，1956：232.

产力，他就会富裕起来。因为，财富的生产力不但可以使已有的和已经增加的财富获得保障，而且可以使已经消失的财富获得补偿，还可以生产出大于他所消费的有价值的产品。因此，财富的生产力比之财富本身，不晓得要重要多少倍。个人如此，拿整个国家来说，更是如此。

（二）关于财富生产力的构成因素

按照李斯特的观点，形成财富的原因（即构成财富生产力的因素）主要有以下几点：

第一，劳动，即“人的头脑和四肢”。

第二，精神力量，即“对个人有鼓励、激发作用的那种精神力量”。

第三，社会状况，即使个人的努力可以获得成果的社会状况。

他认为，“基督教，一夫一妻制，奴隶制与封建领地的取消，王位的继承，印刷、报纸、邮政、货币、计量、历法、钟表、警察等等事物、制度的发明，自由保有不动产原则的实行，交通工具的采用——这些都是生产力增长的丰富泉源。”国家、法律和公共制度“虽然不直接生产价值，但它们是生产生产力的”，因而也是财富增长的泉源①。

他指出，科学与艺术是否发达；公共制度与法律对于宗教品质、道德和才智、人身和财产安全、自由和公道这些方面是否能有所促进；国内的物质发展，农工商业这些因素是否受到一视同仁的相称的培养；国家是否有足够强大的力量，可以保障它的国民在财富和教育方面世世代代发展，可以使他们不仅能够充分利用本国的天然资源，而且通过国外贸易和殖民地的占有，能够把国外的天然资源供他们自己来利用。这些都关乎生产力的发展，因而都是生产力的因素。

第四，天然资源，即“个人在努力中能够利用的天然资源”。

（三）关于生产力理论的意义

李斯特认为，他的生产力理论比英国古典学派的劳动价值论要优越得多。他批评古典学派在生产力问题上陷入唯物主义、狭隘观点和利己主义，没有看到要解释经济现象，除了“价值理论”以外，还必须考虑到一个独立的“生产力理论”。他认为，如果没有生产力理论，不仅许多经济现象无法解释，而且会陷入混乱。他举了以下几个例子来说明这个问题。

例如，如果仅仅把体力劳动作为财富的起因，那就无法解释：古代国家

① 李斯特．政治经济学的国民体系［M］．北京：商务印书馆，1961：123，127.

所使用的人手，与全人口对比，不知比现在要多多少倍，工作比现在艰苦，各个人所拥有的土地面积比现在的大，然而一般群众吃的、穿的却比不上现在。他认为要对这些现象作出解释，我们势必要提到近一千年以来在科学与艺术、国家与社会制度、智力培养、生产效能这些方面的进步。他批评古典学派只考虑物质因素而不考虑政治和政治力量这些因素。

再如，古典学派由于把交换价值和物质财富作为唯一的研究对象，把单纯的体力劳动认为是唯一的生产力，因而在生产劳动和非生产劳动方面陷入了错误和混乱。按照这个学派的说法，一个养猪的是社会中具有生产能力的成员，一个教育家反而不是生产者。供出售的风笛或口琴的制造者是生产者，而大作曲家或音乐名家，却由于他表演的东西不能具体地摆在市场，就属于非生产者。医师救治了病人，倒不属于生产阶级；相反的，一个制药工人，虽然他所生产的交换价值（丸药）在化为无价值状态以前的寿命也许只有几分钟，却是一个生产者。像牛顿、瓦特或开普勒这样一种人的生产性，却不及一匹马、一头驴或一头拖重的牛。李斯特认为：“这里所提到的流行学派的一些错误和矛盾，从生产力理论的观点来看，很容易纠正。那些养猪的和制丸药的当然属于生产者，但是青少年和成年人的教师、作曲家、音乐家、医师、法官和行政官也是生产者，他们的生产性比前一类要高得多。前者所生产的是交换价值，后者所生产的是生产力。”①

又如，在对外贸易问题上，古典学派以单纯的价值理论为依据，认为国家应当像商人那样，向最便宜的供应处采购商品，如果在国外可以用较低代价买得到的任何商品，我们不去买而自己动手制造，那就是愚不可及的举动；认为国家的工业应当完全听任个人私利的摆布；认为保护关税造成垄断者，是牺牲了国家利益，而使国内工商业者个人获得优惠待遇。李斯特认为古典学派的这种观点是站不住脚的，其一，当世界上已经有了一个国家处于强有力地位时，在自由竞争下一个一无保护的国家要想成为一个新兴的工业国已经没有可能；其二，保护关税在初行时会使工业品价格提高，但经过相当时期，国家建成了自己的充分发展的工业之后，这些商品由于在国内生产成本较低，价格是会低落到国外进口品价格以下的。保护关税如果使价值有所牺牲的话，生产力的增长也足以抵偿损失而有余。因此，国家不但在物质财富的量上获得无限增进，而且一旦发生战事，可以保有工业的独立地位。工业

① 李斯特．政治经济学的国民体系［M］．北京：商务印书馆，1961：126-127.

独立以及由此而来的国内发展，使国家获得了力量，可以顺利经营国外贸易，可以扩张航运事业，由此文化可以提高，国内制度可以改进，对外力量可以加强。

不难看出，李斯特关于生产力的理论在许多方面都是非科学的。

第一，李斯特的生产力理论把政治制度和精神力量与人的劳动、自然资源一起归结为生产力的因素，这就歪曲了生产力的概念。

第二，他又混同了财富和交换价值，错误地把国家政治制度和精神力量等都看作财富和交换价值的源泉，这就从根本上取消了劳动价值论。

第三，他指责古典学派忽视生产力的意义是不公正的，事实上古典学派并没有忽视生产力，他们是把资本主义世界作为一个体系来考虑生产力的，他们在论证价值和使用价值时都没有离开过生产力。

第四，他抹杀了生产劳动和非生产劳动的区别，实际上等于取消了这两个概念。

第五，他把生产力理论与劳动价值论这两个密切相关的理论对立起来，以前者否定后者，这当然是错误的。

当然，他关于财富的生产力比财富本身更重要的观点；关于经济增长因素既包括人的劳动、科学技术等物质因素，也包括社会状况、国家政策、精神力量等因素的观点；关于生产力对财富增长的决定作用的观点；关于物质财富与政治力量交互影响的观点；关于外贸必须有利于促进本国生产力发展的思想，都是有参考价值的。

四、历史学派关于社会发展阶段的理论

历史学派从其历史方法出发，提出了关于社会经济发展阶段的理论。

例如，李斯特认为，从经济方面来看，国家都必须经过如下各发展阶段：原始未开化时期，畜牧时期，农业时期，农工业时期，农工商业时期。

李斯特的社会发展阶段理论主要是为了论证他的保护贸易理论而提出的。他认为德国当时已处在第四个阶段（即农工业时期）。因此，应当实行保护贸易政策，以便积极促进国家经济实力的发展，并迅速过渡到第五个阶段（即农工商业时期），与英国争霸世界。

李斯特关于社会经济阶段的划分是以国民经济各部门地位变化作为标准的，抹杀了人类社会各阶段的最本质的划分，因而是缺乏科学性的。

再如，罗雪尔认为各个国家的社会经济发展史可以分为三个大时期。在

最早的时期，自然是到处占绝对优势的要素；在第二个时期，劳动这一要素达到日益重要的地位；在第三个时期，在每一件事物上都嗅到资本的味道。

罗雪尔关于社会经济发展阶段的学说是为了说明生产三要素的合作关系及其地位变化，特别是为资本主义剥削制度辩护而提出来的；他关于社会经济发展阶段的划分主要是以生产三要素地位变化作为标准的，这当然是不科学的，是庸俗的。

罗雪尔有时还把国民经济生活发展的每个时期划分为四个小阶段，即幼年期、青年期（开花期）、成年期（成熟期）、老年期（衰老期）。这种划分包含有价值的见解，指出了资本主义社会“不久将进入衰老期”；但他的主导思想仍是维护资本主义制度，他极力主张国家干涉主义，采取“人工治疗”的办法来巩固资本主义制度。

又如，希尔德布兰德把社会经济发展划分为三个时期，第一个时期为自然经济时期，第二个时期为货币经济时期，第三个时期为信用经济时期。他的划分标准是交换形式的发展变化，其庸俗性是很明显的：其一，他以交换形式的变化作根据来划分人类社会经济发展的阶段，这是以表面现象代替本质，掩盖本质，抹杀了人类社会各阶段的本质区别。其二，他抹杀了简单商品生产和资本主义商品生产的区别，因为货币经济是这两者所共有的。其三，他把货币经济和信用经济作为两个经济发展时期是不科学的。信用经济是商品货币经济的形式，当商品通过赊销而让渡、货币执行支付手段时，信用就随之产生。信用并不是某个社会所特有的经济范畴。在原始社会解体、奴隶社会、封建社会时期，高利贷信用是信用的主要形式；在资本主义社会，作为借贷资本的运动形式的资本主义信用占主要地位；社会主义社会也存在着信用。怎么能够把信用经济和货币经济作为社会经济发展的两个阶段呢？

历史学派各个代表人物对历史发展阶段的划分标准及具体观点虽然不同，但本质都是一样的。他们都以浅层次的现象的划分标准代替最本质的划分标准，即生产方式发展变化这个标准，以现象掩盖本质、抹杀本质，因而都是不科学的、庸俗的。但他们都把经济发展过程描述为一个历史过程，这比那种把资本主义制度直接公开说成是永恒的制度来说，无疑是个进步。同时，他们强调不同国家不同时期的经济发展具有不同的特点，这包含着从实际出发的合理内核。

五、历史学派经济观点中可取的点滴

历史学派虽然是资产阶级庸俗经济学的一个流派，但其经济观点中也有可取的点滴。

（一）关于自由贸易与保护贸易的某些观点

例如，李斯特关于只有两国在工业发展上处于大体相等的地位时，自由竞争才能使双方共同有利的观点；关于后进国家“必须首先加强它自己的力量，然后才能使它具备条件与比较先进各国进行自由竞争”的观点；关于“保护制度是落后国家在文化上取得与那个优势国家同等地位的唯一方法”的观点；关于国外贸易“决不可单纯地以任何特定时刻一些物质利益的所得为考虑根据”的观点；关于必须首先保护那些对“国家独立自主”“有着头等重要意义的工业”的观点。

（二）关于精神工作与物质工作相互影响的观点

李斯特认为：“一国之中最重要的工作划分是精神工作与物质工作之间的划分，两方是相互依存的。精神的生产者的任务在于促进道德、宗教、文化和知识，在于扩大自由权，提高政治制度的完善程度，在于对内巩固人身和财产安全，对外巩固国家的独立主权；他们在这方面的成就愈大，则物质财富的产量愈大。反过来也是一样的，物质生产者生产的物质愈多，精神生产就愈加能够获得推进。”①

（三）关于工农业生产必须平衡发展的观点

李斯特认为，“物质生产中最重要的工作划分与最重要的生产力协作是农业与工业之间的划分与协作”，这“两者是相互依存的”。他说：“一个国家没有工业，只经营农业，就等于一个个人在物质生产中少了一只膀子。商业只是农业与工业以及它们各部门之间的交流中介。一个国家只用农产品向国外交换工业品，就等于一个个人只有一只膀子，还有一只膀子是借助于外人的。借助于外人的那只膀子也许很有用，但总不及自己有两只膀子的好，因为外人之心是难以捉摸的。国家自己有了工业，食物和原料就可以尽量按照工业的需要来生产；如果依存于国外工业，那就要受到牵制，只能按照外国自己不想生产而不得不向另一国家采购的那个限度来生产剩余产品。”他认为农业国好比是只有一只膀子的人，“还有一只是向外人借用的”，而“借来的是靠不住的”；只有工农业同时发展的国家才是两臂齐全的人，他的两只膀子是完全听他自己的②。

---

① 李斯特．政治经济学的国民体系［M］．北京：商务印书馆，1961：140.

② 李斯特．政治经济学的国民体系［M］．北京：商务印书馆，1961：141，157.

（四）关于国家利益与个人利益关系的某些观点

历史学派的先驱李斯特为了论证他强调国家作用的观点，对古典学派的个人利己主义观点进行了许多批判。他这样做当然是为了维护德国的国家利益，为了发展这个国家的实力，为了争霸世界。但他提出的不少观点是很值得参考的。

他认为“国家的统一是国家长期发展的基本条件”；“只有个人利益服从国家利益，只有世世代代地向同一个目标努力，国家生产力才能获得均衡发展”。他批判了那种否认国家利益，只承认个人利益的错误观点。

他还多次批判古典学派关于个人利益会自发促进社会利益的观点，他认为个人利益绝不会自然而然地促进社会和国家的利益。他说：“一个个人知道得最清楚的只是他自己的利益，他所竭力要促进的也就是这一点，但这并不等于说，由他自行设法，他一定总会促进社会的利益。我们可以问问那些法庭推事，他们是不是时常要送一些人到监狱里去，只是由于这些人独出心裁的本领太大了一些，过于卖力了一些。强盗、贼、私贩、骗子，他们对于自己周围和本身的情况、环境，也同样是极端了解的，对于他们自己的事也是极端关怀的；但并不能因此得出结论，说这些人的个人活动受到最少约束时，社会就会处于至善至美的境地。”“流行学派”“说一国的财富不过是国内一切个人财富的综合，要谈到刺激生产，累积财富，在这一点上各个人的个人利益要比国家的一切规定有力量得多，因此得出结论说，对于各个人累积财富的活动，如果听其自然，不加干预，国内工业就能够获得最大发展。……但是，国家生产力的综合并不等于在分别考虑下一切个人生产力的综合；这些力量的综合量主要决定于社会和政治情况，特别有赖于国家在国内分工和国内生产力协作这些方面进行时的有效程度。”①

这里李斯特虽然是从德国资产阶级利益出发的，但他讲的观点是有道理的。①他看到了个人利益与社会利益的矛盾性；②他批判了自发论，强调国家对个人必须进行引导，促使个人利益服从国家利益；③他认为社会利益不是个人利益的简单相加。这些都是很有参考价值的。

① 李斯特．政治经济学的国民体系［M］．北京：商务印书馆，1961：145，149.

第十一章　美国资产阶级经济学的产生

第一节　美国资产阶级经济学的特点和产生背景

一、美国资产阶级经济学的特点

美国资产阶级经济学是在十九世纪二三十年代至四十年代产生的。同英法资产阶级经济学比较，它有如下几个特点：

第一，美国资产阶级经济学产生的时间较晚。英法资产阶级经济学产生于十七世纪下半期，而美国资产阶级经济学产生于十九世纪上半期。

第二，美国资产阶级经济学没有经过古典经济学阶段，一开始就走上了庸俗化的道路。

第三，美国资产阶级经济学一开始就带有阶级利益和谐论的特征。

第四，在美国资产阶级经济学发展的初期阶段，它把对资本主义的辩护和对奴隶制经济的辩护交织在一起。

第五，在美国资产阶级经济学发展的初期阶段，它具有强烈的民族性，极力反对自由贸易原则，反对英国霸权主义，鼓吹保护贸易制度。

二、美国资产阶级经济学产生的历史条件

上述特点是由美国的历史条件决定的。值得注意的有如下几点：

第一，美国原来是英国的殖民地，在世界主要资本主义国家中，美国资本主义发展较晚。英国在十七世纪四十年代至八十年代，资本主义生产方式已逐渐占统治地位，而美国于1776年7月4日才发表独立宣言，脱离英国统治取得民族独立，成为美洲大陆上第一个资本主义国家，直到十九世纪中叶，资本主义生产方式才在美国取得统治地位。所以，美国资产阶级经济学产生较晚。

第二，在美国资产阶级经济学产生时期，英法两国资产阶级社会的阶级斗争已相当尖锐，在那里资产阶级经济学已经走上庸俗化的道路；而美国资

产阶级社会的阶级斗争还未充分展开，还不成熟，还隐约不明，还未发展到一目了然的地步。在美国独立战争以前，美国的主要矛盾是反对英国占领。独立战争以后，美国建立了资产阶级与奴隶主阶级的联合政权，并开始大规模向外扩张领土，1812—1814 年夺取加拿大受阻后又向西部扩张，1835 年夺取墨西哥的得克萨斯等，因而国内阶级斗争未充分展开；直到 1861—1865 年的南北战争时期，美国资产阶级与工人、农民、黑人还处在一个统一战线之中。所以，美国资产阶级经济学一开始就走上庸俗化道路，就鼓吹和谐论。

第三，在美国资产阶级社会发展的初期，资本主义经济的发展和种植园奴隶制经济的发展同时并存，在美国北部资本主义工业迅速发展的同时，美国南部的大农场大多建立在黑奴劳动的基础上。美国南部的种植园奴隶制经济与古代奴隶制经济不同，它是资本家兼地主的奴隶制经济，是资本主义关系与奴隶制劳动相结合的奴隶制经济。所以，当时美国资产阶级经济学既为资本主义辩护，也为奴隶制种植园经济辩护。

第四，在美国资产阶级社会发展的初期，美国经济虽然比英国落后，但发展速度较快。在那里，生产力“以空前的规模和空前自由地发展着，在制服自然力方面远远超过了以往的一切成就”。随着经济的迅速发展，美国同英国发生了尖锐的矛盾。所以，那时的美国资产阶级经济学就反对英国的霸权主义，鼓吹贸易保护主义。

三、美国资产阶级经济学产生的过程

美国资产阶级经济学的产生有一个过程，最早的代表人物是本杰明·富兰克林（1706—1790）。他是十八世纪美国独立运动时期杰出的政治家、物理学家。他在美国“第一次有意识地、明白而浅显地把交换价值归结于劳动时间的分析”。他说：“既然贸易无非是一种劳动同另一种劳动的交换。所以一切物的价值用劳动来估计是最正确的。”但他这里的劳动指的是具体劳动，同时，“他只是出于一定的实际需要探讨了政治经济学的个别问题”①。除富兰克林外，对美国资产阶级经济学有所影响的要算亚历山大·汉密尔顿（1757—1804），他曾任第一届美国政府的财政部部长，是美国独立运动时期的政治家。他在《工业奖励和保护》（1791 年）的著名报告中，极力主张保

① 马克思恩格斯全集［M］.23 卷 . 北京：人民出版社，1956：65；马克思恩格斯全集［M］.13 卷 . 北京：人民出版社，1956：45，47.

护制度，强调国家的指导作用。但他论述的是具体经济问题。这两个人都没有对政治经济学进行系统的论述，因此对美国资产阶级政治经济学的形成没有多少直接影响。

在美国对政治经济学进行系统阐述的第一个人是丹尼尔·雷孟德（1786—1849）。他是个律师兼经济学家，其经济学著作是《政治经济学要义》（1823 年）。在这本书中，他断言国家所实行的高额关税和公债制度，是促进资本积累和国民财富增长的重要手段。

雷孟德对美国资产阶级经济学的产生有一定的影响，但影响最大的要算凯里。

第二节　凯里的经济学说

一、凯里的生平著作

亨利·查尔斯·凯里（1793—1879），十九世纪中叶美国资产阶级经济学家。他生于美国费城，其父原系爱尔兰人，后移居美国。凯里幼年上学，1814 年随父经营印刷业，之后成为一个有名的大出版商，并拥有造纸、煤气等许多企业。1835 年以后从事著作活动。他的主要著作有《政治经济学原理》（1837—1840 年）、《过去、现在和未来》（1848 年）、《农、工商业的利益协调论》（1851 年）、《社会科学原理》（1855—1859 年）。最后一本三卷著作是他的最重要著作，是对他过去经济思想的总结。

二、凯里的价值论

凯里最著名的经济理论是“经济和谐论”。他认为资本主义社会是一个“和谐的社会”，资本家与工人之间没有什么对抗，土地所有者和资本家之间也没有什么对抗。他的价值论和分配论都是为了说明他的“经济和谐论”，也是这种“经济和谐论”的重要组成部分。

凯里的和谐论是以他的价值论为基础的。他认为交换使交换双方“的劳动变得更有成效”，使双方“都能得到好处”，“每一个人都尽力想办法使付出的劳动在数量上不多于他所换得的劳动”①。可见，交换就是一种和谐的

① 季陶达．资产阶级庸俗政治经济学选辑［M］．北京：商务印书馆，1963：227，228.

交换。

那么，根据什么来交换呢？凯里认为根据物品的价值进行交换。价值就是人们为了实现自己“的目的所需要的生活必需品而必须克服的反作用的尺度，即人对自然的支配的尺度”。也就是说，人们为了享有自己所想要的物品，就必须牺牲自己的享乐和休息，经受劳动的痛苦、紧张，即必须克服一种反作用，价值就是人们“对于这种反作用的估计”。物品“提供服务的能力越大，必须克服的反作用也就越大”，从而价值也就越大①。

在论述价值量的决定问题上，凯里离开了效用论和主观价值论，他认为“价值决定于再生产的价格”，价值用再生产费用衡量而不是用生产费用衡量。为什么“生产费用不再是价值的标准”？他说这是“因为由于工具的改良，再生产的费用降低了”。他举例说，制造第一把石刀所费的力气比现在制造铜刀所需要的大得多，而后者却是更完善的工具。石斧现在完全没有价值了。随着更加完善的铁斧和钢斧的发明，铜斧的价值也降低了。他认为，工具“改良进行的越慢，财产价格同劳动之间存在的等同性便越大；改良进行的越快，积累的倾向便增大得越快，而所使用的一切工具的价值，同劳动比较，也下落得越快”。也就是说，随着劳动生产率的不断提高，“积累起来的资本的价值逐渐下降”，而“使劳动者所耗费的体力和脑力的报酬随着增长”②。

凯里的价值论是十分庸俗的。

第一，他歪曲了价值的本质和源泉。他把价值实际上归结为效用（服务能力），归结为人与自然的关系（人支配自然的关系），将创造价值的劳动归结为反效用（即主观心理性的东西），将价值又归结为人们对这种反效用的估计，将包含在商品中的耗费劳动量归结为再生产费用（资本和劳动）。可见他的价值论实际上是庸俗的效用论、生产费用论、主观价值论的大杂烩。

第二，他认为“价值决定于再生产价格”或“再生产费用”，这不仅是一种本末倒置，也是一种循环论。

第三，他的价值论是为其经济和谐论服务的。在商品交换中，只看到表面的和谐交换关系，看不到矛盾关系，用表面的和谐平等关系掩盖、否定矛

① 季陶达．资产阶级庸俗政治经济学选辑［M］．北京：商务印书馆，1963：226，230.

② 季陶达．资产阶级庸俗政治经济学选辑［M］．北京：商务印书馆，1963：225，228，237；帕特逊．经济思想史读本，1932年英文版，第453页。

盾关系，这是凯里浅薄庸俗的表现。

三、凯里的分配论

凯里认为资本主义社会的分配是美妙而和谐的。它使人们都得到好处，“使人们处于平等的境地”。

（一）关于支配工人与资本家的分配规律

凯里首先论述了支配工人与资本家的分配规律。

凯里像他的前辈一样，认为在资本主义社会，资本家贡献的是资本，得到的收入是利润；工人贡献的是劳动，得到的收入是工资。他认为“资本是人用来获得自然力的支配权的工具，它是过去的脑力和体力积累而得的结果”。利润就是资本创造的收入，工资是劳动创造的收入。他认为资本主义社会存在着一条“支配劳动产品分配的伟大规律”，这就是：随着劳动生产率的提高，“工人的份额在比例上和数量上都得到增加”，“资本家的份额在数量上增加，但在比例上减少”，工人和资本家“都从这种改良得到了好处”。凯里还认为，随着工人手里资料的不断增多，工人自己会“逐渐成为资本家”。他认为这条规律是“一切规律中”“最美妙的”规律，它是“使人类各个不同阶级之间的现实的和真正的利益达到充分和谐的基础”①。

凯里还编造了如表 11-1 所示的数字来说明支配工人和资本家分配产品的规律。

表 11-1　各时期产品在工人和资本家间的分配

时期	产品总额	工人的份额	资本家的份额
石斧时期	4	1	3
铜斧时期	8	2. 66	5. 33
铁斧时期	16	8	8
钢斧时期	32	19. 20	12. 80

上述数字表明，随着工具改良和劳动生产率的不断提高，工人的收入绝对量和相对份额都增加了，而资本家的收入相对份额减少，但绝对量也增加

① 季陶达．资产阶级庸俗政治经济学选辑［M］．北京：商务印书馆，1963：231，233，234.

了。工人的收入在石斧时期只得到总收入的1/4，而在钢斧时期则占总收入的3/5，；资本家收入在石斧时期占总收入的3/4，在钢斧时期则下降到2/5，但绝对量从3上升到12.8。

（二）关于支配地主与工人的分配规律

在论述了支配资本家与工人的分配规律后，凯里接着论述了支配地主与工人的分配规律。

凯里像他的前辈一样，认为农业工人得到的收入是工资，地主得到的收入是地租。他认为，工资是对农业工人劳动的报酬；地租则是对地主和他的祖先过去投在土地上的资本和劳动的报酬，是以前投入资本的利息，它是利润的一种形式。凯里的特色在于，他认为随着劳动生产率的提高，地主和农业工人的收入都会提高，但地主的收入绝对数量增加，相对份额减少，工人收入的相对数和绝对数都会增加。他说："在农业的最初发展阶段，大地主所占的份额很大。""这个份额随着劳动的日益有效而减少，但地租的数量却在增加。"而"工人的份额和工人所得的数量同时都在增加，因此，两种人都从支配自然界服务的能力的增长得到好处"①。这说明资本主义分配对地主和工人均有利，对工人尤其有利。

在地租问题上，凯里极力反对李嘉图的地租论，认为李嘉图的地租论以"一种错误的假定为基础"，即"农业是从肥沃的土地开始的"，而他自己认为土地的耕种，从来是从最贫瘠的土壤开始的，总是随着财富和人口的增长，人们才使用最肥沃的土地。因为肥沃土地多在山谷川边，开发不易。同时因为最初人口稀少，对粮食的需求不大。他说：李嘉图所理解的地租从来没有存在过，并且永远不可能得到缴纳。

凯里还企图证明奴隶主和奴隶之间利益的一致性。他在1835年出版的《论工资率》一书中认为，随着资本积累的增长，奴隶的状况也会改善。

（三）凯里的和谐论

通过以上一系列所谓分析，凯里得出结论，认为资本主义社会是一个充满着和谐的社会。用他的话来讲就是："造物主创造了这个奇妙的世界，在这个世界中，一切均同充分的和谐相适应"；在这个世界中，"人类整体的长远利益是完全一致的"；在这个世界中，"各个阶层之间的和谐将招致各个民族之间的和谐，全世界将充满着对于和平的热爱"；在这个世界中，"在支配人

---

① 季陶达．资产阶级庸俗政治经济学选辑［M］．北京：商务印书馆，1963：237.

同他周围的人的关系的各个规律中，充满着美妙的纯朴与和谐”①。因此，李嘉图的理论体系是非常错误的，它是“仇恨的体系，总是要在各个阶层之间和各个民族之间挑起战争”。“他的作品对于极力想通过战争，掠夺和土地均分运动来取得统治权的煽动家是一部手边必备的书”。“它被驳倒得越快，对于土地所有者和承租人，对于手工工场所有主和机械工人，乃至对于全人类便越有利。”②

凯里的分配论的辩护性和荒谬性是十分明显的。

第一，他混同了资本和其具体表现形式——生产工具，并且把资本这个历史范畴永恒化，这是他的资产阶级经济学老前辈的故技重演。

第二，他把利润归结为资本创造的收入，歪曲了利润的本质和源泉；同时，把地租归结为对地主和其祖先过去投在土地上的资本和劳动的报酬，又歪曲了地租的本质和源泉。

第三，他认为资本主义社会劳动生产率提高，剩余劳动时间增加，对工人非常有利，甚至认为随着工人手中资料的不断增多，工人会“逐渐成为资本家”。这完全是无稽之谈。其实恰恰相反，随着劳动生产率的不断提高，剩余劳动时间的增加，工人为自己工作的时间更少，而为资本家工作的时间更多，从而资本支配、统治工人的权力更大。凯里的“美妙和谐”的分配规律，是根本不存在的，他编造的数据完全是捏造的。

第四，凯里的地租概念企图绕过地租率下降而地租量增加这个困难，这不仅否定掉了绝对地租，也否定掉了相对地租。他最终把地租归结为只是以前投到土地上的资本的利息。

第五，他的分配论完全是为了掩盖、否定资本主义社会固有的矛盾和对立关系，证明资本主义社会的“美妙和谐”，证明工人与资本家、地主以及奴隶主与奴隶之间“充满着美妙的纯朴与和谐”。显然，这里充满着对资本家和地主的阿谀、辩护的色彩。

四、凯里经济观点中可取的点滴

凯里与巴斯夏虽然都是“经济和谐论者”，但他与巴斯夏却不完全相同。①凯里起初是自由贸易论者，后来转为保护主义者；而巴斯夏则始终是一个自由贸易

① 季陶达．资产阶级庸俗政治经济学选辑［M］．北京：商务印书馆，1963：245，249.

② 季陶达．资产阶级庸俗政治经济学选辑［M］．北京：商务印书馆，1963：245，246.

论者。②凯里还多少算是个真诚的研究家；而巴斯夏则完全是一个职业的辩护者。③凯里在国际贸易方面反对英国的霸权主义，看到了不和谐，因而主张保护关税；而巴斯夏认为资本主义世界国内外都充满着和谐。

在凯里的经济观点中也有某些可取之点。

第一，关于对马尔萨斯人口论的某些批判。

他认为马尔萨斯关于人口增长有超过准备好的食物的趋势的观点是没有“丝毫根据”的，“事实证明，储藏量永远是需求的结果，并且为各种生物准备的食物的数量实际上是没有限度的”。同时，他指出：“马尔萨斯学说力图将责任从强者和富者身上推到穷人身上，即推到弱者和没有文化的人的身上。”这些观点是正确的。

第二，关于对李嘉图利润率下降原因的反驳。

李嘉图认为利润率下降是由于自然原因引起的劳动生产率的降低所导致的工资提高。凯里认为利润率下降不是由于生产力降低，而是由于生产力提高。这种观点是正确的。

第三，关于英国力图把其他国家变成纯农业国的观点。

他在《奴隶贸易》一书中，认为只从事农业的民族是愚蠢的民族，但英国力图把其他所有国家变成纯农业国，而英国则成为他们的工厂主。他断言，土耳其就是这样被毁灭的，因为英国从来不允许土耳其的土地所有者和耕种者把犁和织机、锤和耙自然地结合起来，以巩固自己的地位。

第四，关于工人是资本主义环境的奴隶的观点。

为了反对马尔萨斯人口论，凯里在某些地方竟又不顾他的“和谐论”，而说出了一些真诚的观点。例如，当他批判马尔萨斯人口论把责任从富人身上推到穷人身上时指出，在资本主义社会，“贫穷的工人是环境的奴隶，他对于环境没有任何支配权。他经常处在默默无闻的境地，为一块必不可少的面包而挣扎；他每每不吃晚饭便去睡觉，因为今天社会不需要他的劳动，在给全人类准备的食堂中，不给他一个位置。为不能用自己的劳动换到食物苦恼着，他回到了自己一贫如洗的家中，此时饥饿的妻儿向他要饭吃”①。凯里的这段话生动而深刻地描述了资本主义社会穷苦工人的苦难，是很有参考价值的。

第五，关于地租的某些观点。

凯里根据美国的实际情况，认为李嘉图和马尔萨斯关于土地耕种次序是

---

① 季陶达. 资产阶级庸俗政治经济学选辑［M］. 北京：商务印书馆，1963：248-249.

从优等地到劣等地过渡的说法是错误的。他认为人们耕种土地首先是从高原稀疏的土地开始（因为这些土地不需要排水），然后才开发需要排水的低地，结果报酬逐渐增加。凯里的这种观点说明了一个道理，即级差地租的存在条件之一在于土地肥沃程度不等，而不是如李嘉图和马尔萨斯那样把它和土地收益递减规律及土地耕种次序从优到劣联系在一起。

第三篇

向帝国主义过渡时期的资产阶级庸俗经济学

第十二章　向帝国主义过渡时期庸俗经济学的背景和特点

第一节　向帝国主义过渡时期庸俗经济学的背景

十九世纪七十年代至二十世纪初，是世界从自由资本主义向帝国主义过渡的时期。在这个时期，欧美各主要资本主义国家的政治经济都发生了迅速的变化，资本主义固有的各种矛盾都进一步加深和激化。这主要表现在：

第一，生产和资本的集中过程大大加强，垄断组织开始形成并初步发展。

第二，资本主义经济危机较以前普遍、深刻，破坏性更大。十九世纪最后三十年连续爆发了四次经济危机，1873 年危机从德、美开始，席卷英国等国达六年之久；1882 年爆发新的危机；1890 年、1900 年又爆发了世界性经济危机。这些危机严重地打击了资本主义制度。

第三，资产阶级国家开始走向反动。法国资产阶级和国际资产阶级对巴黎工人的暴力镇压等就是集中的表现。

第四，资本主义世界各国发展不平衡日益显著，各国的矛盾有所激化。

第五，资本主义列强激烈争夺殖民地，到十九世纪末世界已被资本主义列强瓜分完毕，开始重新瓜分世界的斗争。

第六，无产阶级与资产阶级的矛盾进一步发展，工人政党和组织纷纷建立，工人运动蓬勃发展，特别是 1871 年巴黎工人的武装起义和巴黎公社的建立，更加沉重地打击了资产阶级的统治。

第七，马克思主义在同小资产阶级、资产阶级学说和各种机会主义的斗争中迅速发展和广泛传播，特别是 1867 年《资本论》第一卷的问世，进一步宣布了资本主义的必然死亡和资产阶级庸俗经济学的必然破产。

在这种形势下，旧的为资本主义剥削制度辩护的庸俗经济理论已不能完全适应资产阶级巩固其统治的需要，阶级斗争的发展进程使资产阶级迫切需要编造一批新的庸俗经济理论，来为它反对工人阶级和维护资本主义剥削制度服务。边际效用论、均衡价格论等新的庸俗经济理论就是在上述新的形势下适应着资产阶级的需要而产生的。

第二节　向帝国主义过渡时期庸俗经济学的特点

这个阶段的庸俗经济学大体上有两种发展趋势：一部分资产阶级经济学家极力鼓吹改良主义来反对马克思主义和工人运动（如新历史学派和制度学派）；另一部分资产阶级经济学家则通过编造一套新的理论来同马克思主义相抗衡（如边际效用学派等）。

这个阶段的庸俗经济学在基本特征方面与十九世纪上半期的庸俗经济学完全相同，但也有一些新特点。这主要表现在：

第一，从它与古典学派的关系看，这个阶段的庸俗经济学流派一般均以古典经济学的批判者、改革者的姿态出现，标新立异，提出了一套新的更富有欺骗性和辩护性的庸俗理论。例如，德国新历史学派和美国制度学派，既反对古典学派的经济理论，也反对其方法；边际效用学派，虽然标榜自己不反对古典学派的方法，但完全反对古典学派的经济理论，提出了自己的一套新的所谓边际效用价值论、时差利息论和归属论；英国剑桥学派的代表马歇尔虽被人称为“新古典学派”，但实际上他集庸俗经济学之大成，是古典学派的高明的反对者。

第二，从它的主要矛头看，这个阶段庸俗经济学的主要矛头已不再是古典学派和空想社会主义学说，而是马克思主义学说，特别是马克思的劳动价值论和剩余价值论。在这方面最典型的代表是新历史学派的布伦坦诺和奥地利学派的代表人物庞巴维克。前者诬蔑《资本论》是从英国的格莱斯登那里抄来的；后者攻击马克思的价值论和剩余价值论是一种虚构和伪科学，攻击《资本论》逻辑混乱，体系已经崩溃。

第三，从它的方法论看，这个阶段的庸俗经济学都更加求助于主观心理因素分析。在这方面较突出的是奥地利学派的边际效用论和剑桥学派的均衡价格论。

第四，从它服务的对象看，这个阶段的庸俗经济学家中有不少人已开始为刚刚产生的垄断组织唱赞歌。在这方面比较突出的代表人物是新历史学派经济学家布伦坦诺、新古典学派经济学家马歇尔和制度学派经济学家凡勃伦。例如，布伦坦诺认为卡特尔可以缓和资本主义危机，使资本主义经济发展到社会主义所需要的经济计划化；还认为卡特尔可以使工人状况改善，因为它保证了商品的销路，从而免除失业。

第五，从手法上看，这个阶段的庸俗经济学更狡猾、更富有欺骗性。例如，有的庸俗经济学流派本来是竭力反对社会主义的，但却打着假社会主义的招牌（如新历史学派——讲坛社会主义者）；有的庸俗经济学流派，用数学、物理学等自然科学的华丽外衣装饰自己浅薄的庸俗经济理论（如剑桥学派、数理学派）；有的庸俗经济学流派本来是极力维护资本主义制度的，但却打出批评资本主义的幌子（如制度学派），等等。

这一切都进一步表现了资产阶级经济学在走向没落。

第十三章　德国新历史学派的经济学说

第一节　新历史学派概述

一、新历史学派形成的历史条件

新历史学派是十九世纪七十年代由旧历史学派演变而来的德国资产阶级庸俗经济学流派，亦称“少年历史学派”“历史伦理学派”“讲坛社会主义者”。

新历史学派是十九世纪末期德国社会政治经济发展和阶级斗争激烈化的产物。当时德国已完成自上而下的统一，并且在普法战争中取得了胜利。在这样的背景下，德国的资本主义经济迅速发展，工业增长速度远超英法两国。八十年代它在世界工业中的比重已超过法国，居世界第三位，九十年代末已接近英国，二十世纪初已超过英国，居欧洲第一位，世界第二位。在工业迅速发展的同时，资本主义农业也迅速发展。当时德国的若干工业部门，特别是重工业部门，已开始出现垄断组织。德国资本主义的迅速发展，一方面促进了工人队伍的壮大和工人运动的发展，加剧了德国国内的阶级斗争，使马克思主义和工人政党的影响广泛传播；另一方面又引起新老资本主义国家之间的竞争，使德国与英法两国以及后起的美国之间发生了激烈的争霸世界的斗争。在这种条件下，德国产业资本和统治阶级急需一种新的庸俗经济理论来为他们反对工人运动和马克思主义、巩固其在国内的统治，并为其争霸世界服务。新历史学派就是适应这种需要而产生和发展起来的。

二、新历史学派的特点

新历史学派与旧历史学派在本质上没有什么差别，前者是在继承了后者衣钵的基础上演变而来的，但新历史学派也有它自己的特点，因此称“新历史学派”（他们自己也称自己为“新历史学派”）。

新历史学派与旧历史学派比较起来有如下几个特点：

第一，新历史学派担负着新的使命。新历史学派与旧历史学派所处的条件不同，担负着不同的使命。旧历史学派为促进德国资本主义发展服务，它处在德国刚走上资本主义道路、经济远远落后于英法两国、工人运动还主要受空想社会主义影响和支配的情形下，因而它主要反对古典学派的自由贸易论和空想社会主义者的学说。随着德国资本主义迅速发展、垄断已经开始出现、工人运动高涨和马克思主义广泛传播，新历史学派应运而生，它的主要使命在于反对工人运动和马克思主义，鼓吹假社会主义，防止和反对劳动群众走上革命道路。

第二，新历史学派在庸俗经济理论方面比旧历史学派更加走向极端。他们更加反对抽象法和理论研究，更加否定普遍规律的存在，鼓吹用历史统计法代替历史生理法。他们也更加强调心理的、道德的因素在社会经济生活中的地位和作用，更加强调国家和法律对社会经济的作用。这些都同反马克思主义紧紧相连，同反对革命紧紧相连。

第三，新历史学派的手法更加狡猾。他们反对科学社会主义和马克思主义，但却打着假社会主义的招牌。

三、新历史学派的主要代表人物

新历史学派的首领是古斯塔夫·施莫勒（1838—1917），其代表作是《国民经济学大纲》（1900—1904 年，亦称《国民经济学原理》）。除施莫勒外，新历史学派还有如下一些重要人物：①鲁德维格·布伦坦诺（1844—1931），代表作是《现代劳动组合论》（1881 年）；②阿道夫·瓦格纳（1835—1917）代表作是《政治经济学原理》（1876 年）；③维尔纳·桑巴特（1863—1941），代表作是《现代资本主义》（1902—1927 年）。

四、新历史学派的历史地位和影响

新历史学派对德国统治阶级影响极大，它的反动思想后来成为德国法西斯思想体系的来源之一。它对美国资产阶级经济学影响很大，美国制度学派就是新历史学派的美国变种。它对德国修正主义者的影响也不小，伯恩施坦就曾公开承认他深受布伦坦诺的影响。新历史学派在旧中国也有一定影响，在旧中国时期有的学者就认为："在一个实行家和社会改造家的目光中，国家社会主义实为解决现代社会问题最稳健的主张。”①

第二节　新历史学派的基本经济理论

一、新历史学派关于经济学研究方法的理论

新历史学派把庸俗的历史归纳法作为研究社会经济问题的根本方法，这一点与旧历史学派一样。与旧历史学派不同的是，他们对这种方法的观念和运用则有某些特点。这些特点是：

第一，新历史学派更加否定普遍规律的存在。例如，施莫勒就认为普遍的法则是没有的，也是最不可靠的。他说：“企图找出国民经济中力量作用的一个最终的统一的法则，那到底是没有的，也是不可能有的。”“普遍一般的东西，说来总是最复杂的东西，也是最不可靠的东西。”②

第二，新历史学派反对抽象法和理论概括，强调应集中力量搜集历史经验的材料，认为当今各个经济制度的形成是经过历史演变而来的，要从历史综合的阐述出发，对特定的各个时代、各个民族和经济状态进行专项研究，并对经济史的细节进行细致观察，为当前每一宗专项研究找出历史根源，为当今各个经济制度的来龙去脉提供说明，而反对运用抽象法进行理论概括。例如，施莫勒就这样说过：“一切科学随着时代的进展都趋向于归纳法之一途。”“新历史学派不同于罗雪尔的地方是，新历史学派不急于求得普遍的结论，而感到有更大的需要去从历史综合的阐述出发，循序渐进，以达于特定的各个时代各个民族和经济状态的专项研究。新历史学派首先要求做到经济史的分类论述，替当前每一宗专项研究找出它的历史根源；它宁愿首先替当今的各个经济制度就其历史演变、就其来龙去脉提供说明，而不急于去说明整个国民经济甚或整个世界经济的演变过程。”“只有从个别出发，才能试探着达于一般。”③

第三，新历史学派强调在搜集历史资料时，必须充分运用统计学方法，运用统计资料。施莫勒就称自己的方法为“历史的统计方法”，以区别于旧历

---

① 张毓珊．经济思想史［M］．北京：商务印书馆，1948：215.

② 季陶达．资产阶级庸俗政治经济学选辑［M］．北京：商务印书馆，1963：359.

③ 季陶达．资产阶级庸俗政治经济学选辑［M］．北京：商务印书馆，1963：359，360，365.

史学派的“历史的生理方法”。他还认为，史料即使不带有思想，仍有一种相对的价值，而思想如不带有史料，则将是一种“妄想”。他说：“政治经济学的一个崭新时代是从历史和统计材料的研究中出现的。”

第四，把心理学的命题作为出发点来分析说明经济问题，新历史学派更加强调心理的伦理的因素对社会经济的作用。正如施莫勒自己所讲的：“最著声誉的新兴的国民经济学著作……掌握了一个心理学的、道德的观点，这个观点是现实地从人的各种欲望和感觉出发的，它承认道德的力量，把凡是属于国民经济的都视为与风俗和法律，与制度和组织密切相关的社会现象。”他们在国民经济学中充分“利用心理学的命题……从自利心、名誉观点、爱的冲动，简言之就是从一切成熟的心理学的命题出发去归纳地找出自己所需的结论”①。

新历史学派在运用归纳法、统计法等方法论上尽管有某些可取之处，但从基本方面看，新历史学派比旧历史学派更庸俗。他们关于方法论的观点等于完全取消了政治经济学。他们的研究方法只能把政治经济学变成一堆烦琐杂乱的历史经济资料的罗列和堆积，使政治经济学停留在表面现象的描述上。

新历史学派的方法论直接反对马克思的科学抽象法。施莫勒说：“我们不再是根据几个条条的抽象前提去从事解释一切现象，不再是从那些条条里边替一切民族和所有不同的时代树立理想目标了。”② 显然，施莫勒这段话是直接针对马克思主义的，其目的在于阻碍劳动群众揭示和认识资本主义必然灭亡的规律性，害怕他们起来革命。

二、新历史学派关于社会经济发展阶段的理论

新历史学派继旧历史学派之后也提出了他们自己关于社会经济发展阶段的观点。

例如，施莫勒把社会经济划分为村落经济、都市经济、领地经济、国民

① 季陶达．资产阶级庸俗政治经济学选辑［M］．北京：商务印书馆，1963：306，367.

② 季陶达．资产阶级庸俗政治经济学选辑［M］．北京：商务印书馆，1963：366. 要理解施莫勒这段话的真谛，必须注意到瓦格纳的如下一段言论：“社会主义者认为简单的‘历史唯物主义’的公式不但说明了过去和当前社会经济的情况，并且准确地预测了它将来的发展趋势……这趋势就是从私人经济组织……走向生产资料完全公有化的社会主义、共产主义的经济组织。”“这是一个不可想象的学说”，是一种“新的教条”，是一种“空想”。（瓦格纳．政治经济学原理［M］．北京：商务印书馆，1962：9，48）瓦格纳的这段话可以说是对施莫勒言论的注释。

经济和世界经济五个阶段。

显然，施莫勒这种划分经济发展阶段的方法是以经济联系范围、空间的大小为标准的，其庸俗性、辩护性是很明显的。

首先，这种划分方法对生产关系变化这一实质内容避而不谈，实质是抹杀了人类社会经济形态划分的科学标准。这里的各个发展阶段只有量的变化和空间范围的扩大，看不到本质的区别，看不到生产关系的变革和阶级矛盾、阶级斗争，看不到社会主义代替资本主义。

其次，这种划分为了掩盖了资本主义和帝国主义的阶级性质，把资本主义经济叫作国民经济，把帝国主义经济叫作世界经济。这不仅为德国资产阶级而且为世界帝国主义进行了很好的辩护。

最后，这种划分与客观历史进程不相符合。实际上施莫勒所划分的经济发展阶段在时间上并非是起承转接的，而是在空间上同时存在的（如都市经济和领地经济）。

三、新历史学派关于伦理道德因素在经济生活中的地位、作用的理论

新历史学派比旧历史学派更加强调伦理道德因素在经济生活中的地位和作用。新历史学派认为心理的伦理道德因素既是国民经济的构成因素，又是国民经济发展的前提、源泉和动力，还是人与人关系的实质，并把经济范畴也认为是伦理道德范畴。他们公开宣称自己是“历史的伦理学派”。

例如，施莫勒就认为国民经济是为统一的民族精神和物质原因所支配的一个民族的经济和社会的统一组织，认为心理的、道德的因素与法律的因素一起构成了国民经济的要素。他说：“我们称作‘经济’的，是指由互相联属的个人所构成的或大或小的集体，构成这种联属的因素是心理的、道德的或者是法律的因素。”国民经济“一半是各种力量之自然的、技术的体系，一半是各种力量之精神的、社会的体系”①。施莫勒还认为资本家的赢利心是发达的交换经济的前提，他说：“交换经济愈来愈发达，无疑是以赢利心愈来愈发达作前提，在最近几个世纪中，个人的经济努力和饶有作为，假使没有赢利心从中作用，看来是很难想象的。”他还认为赢利心是资本主义社会取得成就的根源：“假如没有强烈的甚至于是肆无忌惮的赢利心的话，那么当今所有文

① 季陶达．资产阶级庸俗政治经济学选辑［M］．北京：商务印书馆，1963：341，345.

明民族的巨大的经济努力和成就似乎是难于想象的。”他甚至认为“谷物价格的增涨、工资的增涨、行市的变动，或者是一场经济危机、分工的进步，这些等等，几乎每一现象都是由某一集团的人的感觉、动机和行为所构成的”①。施莫勒认为经济制度和组织是为伦理道德规范所制约的一种秩序。首先，他认为生产、分配、分工和交换等经济问题既属于技术范畴，也属于道德范畴，它们只有和伦理道德联系起来才能得到说明和解决。其次，他认为劳资关系也是一种伦理道德关系，劳资对立则是思想感情、教养上的罅隙。不仅如此，他还认为工资范畴也是一个伦理道德范畴，工资的变化受道德观念变化的影响，工资水平取决于工人们的性格稳定程度，工资问题的解决在于加强对工人的教育，稳定他们的性格，提高他们的道德修养。凡是工人的习俗倾向于稳定的地方，倾向于维持原有的需要水平，且不期待新的需要，工人就不会罢工闹事，工会也不会出现，工资也就不会变动。

再如，桑巴特认为经济意识形成经济生活，创造经济组织；认为使手工业者变成资本主义企业家，“首先为他们经济的（市民的）德性：他们较其他同类为勤勉、节俭，并擅长计算”②；认为“价值”不过是“劳动观念”，“剩余价值”不过是为了分析而采取的抽象化的“理论的标志”，“资本”不过是“表现着统治心理的概念”。

新历史学派关于心理道德因素在国民经济中的决定性地位、作用的观点是非常错误、非常庸俗的。

首先，新历史学派的心理道德论颠倒了经济基础与上层建筑、社会存在与社会意识的关系，是一种明显错误的精神万能论。

其次，他们歪曲了经济范畴概念，掩盖了资本主义关系的实质，掩盖了资本主义制度的罪恶和对工人的剥削、压迫。

再次，他们歪曲了人与人的关系，歪曲了劳资关系。人与人的关系归根结底是一种经济利益关系，在阶级社会必然打上阶级的烙印。在资本主义社会，劳资关系归根结底是一种剥削与被剥削、压迫与被压迫的关系，但新历史学派把这种关系归结为一种伦理道德关系。

最后，他们的目的归根结底是鼓吹改良主义，反对革命。

当然，他们认为许多经济问题只有与伦理道德因素联系起来才能得以说

---

① 季陶达．资产阶级庸俗政治经济学选辑［M］．北京：商务印书馆，1963：350，352，356.

② 桑巴特．现代资本主义［M］．1卷．北京：商务印书馆，1962：578.

明和解决，这是有参考价值的。

四、新历史学派关于国家和法律在经济生活中的地位和作用的理论

新历史学派比旧历史学派更加强调国家和法律在经济生活中的决定性作用。例如，施莫勒就认为“国家是教育人类的道义的制度”，国家和法律也是构成国民经济的主要因素，只有同国家和法律的权力相一致时国民经济才具有完全的形式。他认为国民经济是“伴随着现代国家的兴起”而出现的，“是建立在城市、省和国家之间统一的经济设施的这个基础上的”，国家是国民经济“活动当中的一环”，“没有一个坚强组织的国家权力并具备充分的经济功用，没有一个‘国家经济’构成其余一切经济的中心，那就很难设想有一个高度发展的国民经济。……企图设想有一个自然的国民经济，设想它超然存在于国家之外，完全脱离一切国家的影响，那纯粹不过是一个幻想罢了”①。总之，他认为国家和法律是国民经济的要素、中心和基础，是高度发达的国民经济的前提和根源。

瓦格纳认为国家是集体经济的最高形式。个人的经济地位一方面取决于重农学派所谓的“自然权利”或者“自然力量”，另一方面取决于作为一定历史产物的法律制度。私有经济下的利己主义、自由竞争、财产权利、契约关系等都是一种半经济半法律的概念，经济制度与法律制度有着不可分割的联系。他还认为一国国民在道德上的联系比经济上的联系更为重要，国家便是代表这种道德上的联系的机关，国家的职能应加以扩展，除维护对内对外的安全以外，应以完成促进人类文明和福利为使命。

新历史学派关于国家和法律对经济生活的决定作用的观点，其庸俗性、辩护性也是很明显的。第一，他们颠倒了经济基础与上层建筑的关系；第二，他们扩大和歪曲了经济范畴，混淆了国家、法律同经济的界限；第三，他们鼓吹超阶级的国家观，妄图抹杀资产阶级国家的本质，鼓吹改良主义。

当然，他们认为国家是现代国民经济当中的一环，国家和法律对国民经济的发展有重要的作用，经济制度与法律制度有密切的联系，这则是合理内核。

---

① 季陶达．资产阶级庸俗政治经济学选辑［M］．北京：商务印书馆，1963：344-345.

五、新历史学派关于改良主义的经济政策

新历史学派还提出了他们的所谓“讲坛社会主义”或“国家社会主义”的改良主义的经济政策。

他们认为当时德意志帝国所面临的劳资关系（即劳工问题）是最严重的社会经济问题，这关系到帝国的前途和命运。他们主张利用德意志帝国的国家机器，通过各种法令和国家经营的企业对资本主义社会进行自上而下的和平改良，从而达到阻止德国无产阶级革命、维护德意志帝国的统治的目的。

他们所主张的改良主义经济政策主要包括以下内容：①制定工厂立法、劳动保险、工厂监督、孤寡救济等法令；②实行河流、森林、矿产、铁路、银行等的国有化，凡在时间上、空间上比较具有永久性的企业，凡需要统治的或特殊的管理方法的企业，凡让私人经营易生垄断之弊的企业，凡满足人民极普遍欲望的企业，均应由国家经营；③限制土地私有制；④提高工人工资，限制过分赢利；⑤改革财政赋税制度；等等。

虽然说瓦格纳的国家社会主义不同于讲坛社会主义，但实际上两者的具体主张基本是一样的，都是要通过资产阶级国家机器对资本主义社会进行某些改良，来达到巩固资本主义制度，反对革命的目的。瓦格纳的具体主张有两个方面：一方面，由国家经营若干公用事业（如铁路、交通、矿山、河流等）；另一方面，由国家通过若干所谓社会立法，利用财政、赋税限制和干涉私有经济，调节劳资关系。事实上，瓦格纳的具体主张并没有超过讲坛社会主义的具体主张。

讲坛社会主义打出假社会主义的招牌，反对无产阶级革命，反对科学社会主义，其反动本质是很明显的，目的是为了维护德意志帝国的统治。这一点我们从施莫勒和瓦格纳的言谈中可以非常清楚地看出。施莫勒曾经讲过：“社会主义不是我们的社会理想”，“我们反对一切社会主义的实验”，“我们在一切方面承认现存的东西”[①]。我们“反对任何阶级观点”“确认”“现代的个人自由和私有制将永远保存”；我们认为“社会阶级的过大程度的分化和阶级斗争危及我们的现在，而只有大规模的社会改良才会对我们有所帮助”[②]。

施莫勒领导的“社会政策协会”的成立宣言也证明了他们的假社会主义

---

① 施莫勒在爱森纳赫会上的开幕词。

② 季陶达．资产阶级庸俗政治经济学选辑［M］．北京：商务印书馆，1963：367，368.

真面目。该宣言说："我们极力反对旨在破坏现行的经济制度，使资本主义消灭，而代之以共产主义社会的那种社会主义。""我们虽然不满意于现社会的各种关系，痛感改良的必要，但我们不是说要变革一切科学，打破一切现存的关系。我们反对一切社会主义的实验。……我们在一切方面，承认现存的东西，即经济立法、生产形态、种种社会阶级现存的教养和心理状态的基础，是我们活动的出发点。我们不但这样认识，而且要毫不犹豫地把它来改良。"

由此可见，讲坛社会主义者不过是打着社会主义旗号的资产阶级改良主义者。

六、新历史学派经济观点中可取的点滴

新历史学派虽然是一个庸俗经济学流派，其主要经济理论都是庸俗的，但他们的某些观点却是有一定参考价值的。例如，施莫勒认为"始初赢利心不过是代表掠夺兼并和暴力侵犯"，"在极度发达的经济里……赢利心变成了无所不用其极的赢利狂……于是成了这样一个时代：百万富翁厚颜无耻地戏谑说，牢狱于我只等闲……贪得无厌的占有欲成了主流……"[①]。这些观点在一定程度上反映了资本主义的现实，对于我们认识资本主义社会是有一定参考价值的。同时，新历史学派著作中许多材料对我们研究国民经济史是有用的。此外，新历史学派关于伦理道德、国家和法律同经济的关系的某些观点也有借鉴价值。

① 季陶达．资产阶级庸俗政治经济学选辑［M］．北京：商务印书馆，1963：349，350.

第十四章　奥地利学派的经济学说

第一节　边际效用学派概述和奥地利学派的方法论

一、边际效用学派概述

边际效用学派是十九世纪七十年代以后在资本主义世界出现的一个主要的资产阶级经济学流派，也是十九世纪七十年代至二十世纪初在资本主义世界影响较大的一个流派。这个学派以边际效用概念解释经济现象，以边际效用论作为其经济理论的基础，所以称为边际效用学派，或称边际学派。

在政治经济学史上，主张用人们主观评价的效用来说明商品的价值的观点很早就有了。十七世纪英国资产阶级经济学家尼古拉·巴尔本（1640—1698）在其著作《新币轻铸论》（1696年）一书中，就曾提出商品的价值是由以人们精神需要为基础的效用决定的观点，他说："任何东西都不可能有内在的交换价值"，"大部分具有价值，是因为它们满足精神的需要"①。十八世纪意大利资产阶级经济学家弗尔南陀·加利阿尼（1728—1787）在他的著作《货币论》（1750年）一书中，就认为物品的价值似乎决定于该物品所满足的需要的重要性。与他同时，法国启蒙学者孔狄亚克（1715—1780）在其著作《商业和政府》（1776年）一书中说："物的价值只在于物和我们的需要的关系。"②

1854年，德国经济学家赫尔曼·戈森（1810—1858）在其著作《人类交换规律与人类行为准则的发展》一书中，不但强调商品的价值决定于以心理因素为基础的效用，而且提出了"效用递减规律"。他说："同一享受的感受

---

① 转引自：马克思恩格斯全集［M］. 23卷. 北京：人民出版社，1956：47，49.

② 转引自：马克思恩格斯全集［M］. 23卷. 北京：人民出版社，1956：181.

程度，如果持续地享受下去，就会不断递减，直至最后出现感受上的饱和状态。”① 这就是说，随着消费次数的增加，同一消费品给人们带来的享受程度（效用）会不断递减，直至最后消费的那个单位所增加的享受量（效用）等于零，这时人们对这种消费品的消费就会停止。若再进一步消费，就会变成负数，享乐就会变成痛苦。戈森的这个观点后来被人们称为“欲望程度或享乐递减定律”，有的人甚至把它称为“戈森定律”。

戈森还进一步考察了时间和效用之间的关系，即在同一时间内使用几种享乐的最有利的方法。他说，假如有人在几种享乐之间有选择的自由而无充分享乐的时间，则不论这几种享乐起初绝对量如何不同（例如，食品为10，衣服为9，香烟为6……），而要取得最大的享乐总量，就必须在它们之间依次享用其享乐量之最大者，直至各种欲望满足之数量彼此均等为止（例如，同为6）。这就是说，消费者为了在一定时间内达到最大限度的享乐，在同时存在的多种享受中必须依次享用其效用最大者，直到各种享受的边际效用相等，也就是最大的享乐来自需要满足程度的一致水平。这种情况被称为“享乐均等定律”，有人把它称为“戈森的第二定律”。

戈森还认为，在原有欲望已被满足的情况下，要取得更多的享乐量，则唯有发现新享乐或扩充旧享乐。

早期的边际效用观点并没有得到资产阶级的应有重视，只是到了十九世纪最后三十年，当阶级斗争的进程迫切需要资产阶级用新的庸俗经济理论来为资本主义辩护，来攻击马克思主义和工人运动，维护资本主义制度时，资产阶级经济学家才把它抬出来，大加吹捧，作为边际效用论的基础。也只有这时边际效用论才开始在欧美各资本主义国家流行起来，并形成了以宣扬边际效用论为特征的一个流派。

在十九世纪七十年代，英法奥等国几乎同时出现了边际效用论的论著。英国的威廉·斯坦利·杰文斯（1835—1882）于1871年出版了《政治经济学理论》一书，在该书中他认为，价值决定于效用，随着商品数量的增加，效用会递减，所以，价值就是指一种商品的最后效用程度。他主张用“最后一度效用”或“终极效用”说明商品的价值。法国的里昂·瓦尔拉（1834—1910）在其著作《纯粹政治经济学纲要》（1874年）一书中，认为价值依存

① 转引自：鲁德哈德·施托贝尔格．资产阶级政治经济学史［M］．北京：商务印书馆，1963：173-174.

于稀少性。所谓稀少性，就是最后欲望被满足的程度。

在边际效用学派中影响最大的是奥地利学派，其代表人物主要有：①卡尔·门格尔（1840—1921），他是奥地利学派的创始人，曾长期任维也纳大学教授，主要著作是《国民经济学原理》（1871 年）。在该书中他首先创立了边际效用学说，并称生产资料的价值最后决定于它所生产的消费资料的价值。他把商品价值完全歪曲成主观的东西，说“价值就是经济人对于财货所具有的意义所下的判断，因而它绝不存在于经济人的意识之外”①。②弗里德里希·冯·维塞尔（1851—1926），他也是维也纳大学教授，并一度任奥地利政府商务大臣。其主要著作有《经济价值的起源和主要规律》（1889 年）、《自然价值论》（1884 年）。他首次提出了“边际效用”的概念，并极力鼓吹边际效用决定价值的观点；他还发展了门格尔的归属论。③欧根·冯·庞巴维克（1851—1914），他是奥地利学派的主要代表和集大成者，他也曾任维也纳大学教授，还曾三次（1895 年、1897—1898 年、1900—1906 年）担任奥地利政府财政大臣，1911 年任奥地利科学院院长。他的主要代表作是《资本与资本利息》。该书共分为两卷，第一卷《资本与利息》（1884 年），第二卷《资本实证论》（1888 年）。在第一卷里，他以“批判家”的姿态出现，分析批判了利息学说的历史，重点批判马克思的劳动价值论和剩余价值论。在第二卷里，他又以“理论家”的姿态出现，全面论证了他的所谓“新理论”，主要是主观价值论和时差利息论。他还有一本著作叫《马克思体系的崩溃》（1896 年），集中攻击马克思的经济理论体系。庞巴维克的生平著作说明他不仅是一个反动政客，而且是一个反马克思主义的资产阶级经济学家。

十九世纪七十年代以后边际效用学派的发展形成两个支流：一个支流以心理分析为基础，称为心理学派，以奥地利学派为代表；另一个支流在心理分析的基础上对经济现象进行数理分析，称为数理学派，以英国的杰文斯、法国的瓦尔拉和意大利的帕累托为代表。

边际效用学派在美国还有一股势力，过去有人称之为美国学派，它以约翰·贝茨·克拉克（1847—1938）为主要代表。克拉克的主要经济学著作有《财富的哲学》（1886 年）、《财富的分配》（1899 年）、《经济学要义》（1907 年），其中《财富的分配》是他的主要代表作。他把边际效用价值论应用于分配领域，创立了边际生产力理论。

---

① 门格尔．国民经济学原理［M］．上海：上海人民出版社，1959：67.

二、奥地利学派的方法论特点

奥地利学派在方法论上的基本特征就是反科学的抽象演绎法，即庸俗抽象法。他们把这种方法吹嘘为“严密的方法”，吹嘘为古典学派研究方法的继承和发展。其实，他们的研究方法完全是主观唯心主义的，是反科学的，与古典经济学的科学研究方法有天壤之别，与马克思的科学抽象法水火不容。我们只要仔细地分析一下他们在研究方法上的具体特点就可以很自然地得出这个结论。

奥地利学派在政治经济学的研究方法方面有如下三个具体特点：

(1) 以孤立的个人作为经济学研究的出发点。他们研究社会经济却抽掉了社会经济的本质——生产关系，而臆造出一个孤立的、脱离社会联系的鲁滨孙式的个人作为经济主体，并把这作为考察一切经济现象的出发点。他们认为孤立的个人经济是社会经济的缩影，社会是个人的单纯的算术总和，社会经济是个人经济的单纯的机械的总和。个人经济是第一性的、本源的，社会经济是第二性的、派生的。所以，他们从社会中抽象出孤立的个人，从社会经济中抽象出孤立的个人经济，并把孤立的个人和个人经济作为政治经济学研究的出发点。在他们的著作中，我们常常会碰到从孤立的个人和个人经济出发来说明经济原理的例子，如什么原始森林中的农民，荒岛上的漂流者，沙漠中的旅客，孤立于世界之外的农夫，等等。庞巴维克用原始森林中的农民的五袋谷物说明边际效用决定价值的规律就是其中的一个典型例子。

(2) 把人的心理因素作为经济学研究的基础。他们从人的经济活动抽象出人的心理因素，并把人的心理因素作为经济理论研究的基础。他们强调人的心理因素对经济的决定作用，认为人类经济活动就是为了追求享乐和避免痛苦，即为了满足自己的欲望。而人类的欲望是社会经济中“最原始的要素”，是经济现象和经济规律的根源，“人类意志决定着人类经济活动的结果”。经济学的任务在于说明以心理动机为基础的经济现象，研究个人欲望和满足欲望的财富之间的关系，研究快乐和痛苦之间的关系。他们的价值论、利息论等都是建立在人的心理因素的基础之上的，对这一点奥地利学派毫不隐讳，如维塞尔就把政治经济学称为“实用心理学”。

(3) 以消费作为研究的重点。他们从社会经济中抽象出消费，并把消费作为经济学研究的重点。他们强调消费在社会经济中占首要地位，认为人都是有生存和生活欲望的人，而这种欲望需要有消费品来满足。所以，他们把研究的重点放在物的消费上，即人的欲望的满足上，至于物从何而来对他们来说则是无关紧要的。在他们那里消费问题占首位，生产则是从属的东西。他们中有人甚至把生产抽象掉，只研究消费。他们的边际概念不仅是从个人的主观心理出发的，也是从个人消费出发的。他们认为正因为人们的消费欲望大于消费品的供给，即消费品稀缺，物品才有价值，因而如何经济地使用物品的科学（即经济学）才有存在的必要。生产资料之所以有价值，就是因为它最终生产消费品，生产资料的价值就由它所生产的消费品的价值来决定。

由于他们把孤立的个人作为政治经济学研究的出发点，把人的心理因素作为政治经济学研究的基础，把人的欲望满足（消费）作为政治经济学研究的重点，这样，他们就歪曲了政治经济学的研究对象，把对人与人的关系的研究歪曲为对人与物的关系的研究；这样，他们也就抹杀了经济范畴的历史性和阶级内容，把他们所面临的资本主义制度变成万古长存的永恒制度；这样，他们的抽象演绎法也就只能是庸俗的抽象法，而与科学的抽象法毫无共同之处。科学抽象法的任务在于抽掉现象、抓住本质，然后用本质说明现象，分清因果和主次；抽掉干扰因素，抓住最能说明本质的因素。总之，透过现象揭示本质。而奥地利学派则完全是反其道而行之。

第二节　庞巴维克的经济学说

奥地利学派的集大成者是庞巴维克，因此讲奥地利学派的经济学说，我们主要讲庞巴维克的经济学说。

庞巴维克的主要经济理论是他的边际效用价值论和时差利息论。故我们重点评介他的这两种理论。他在经济学说史上是马克思经济理论的最疯狂的一个攻击者，因此我们也要对他这方面的谬论进行评介。

一、庞巴维克的价值论

庞巴维克的价值论在其整个经济理论中占有非常重要的地位，它是其整个经济理论的基础，特别是其利息理论的基础。同时，边际效用学派的主观价值论在庞巴维克手里得到系统的发挥，对资产阶级经济学发展影响很大，因此，对他的价值论这里要作重点的评介。

庞巴维克批评以往的经济学家把价值只区分为使用价值和交换价值，并且只重视交换价值而忽视使用价值。他认为价值应区分为“主观价值”和“客观价值”。价值论的任务在于“一方面要解释主观价值的规律，另一方面要解释客观交换价值的规律”。以下我们就从这两个方面来评介他的价值理论。

（一）主观价值的规律

1. 关于价值的性质。在商品价值性质的问题上，庞巴维克断然否定商品价值是商品的内在属性，否定价值是商品生产者之间的生产关系，而把价值归结为财货与人的福利之间的关系。他说：“主观价值是一种财货或一类财货对于物主福利所具有的重要性”，“如果我认为我的福利同某一特定财货有关，占有它就能满足某种需要，能给予我以一种没有它就得不到的喜悦或愉快感，或者能使我免除一种没有它就必须忍受的痛苦，那么，我将说这一特定财货对我是有价值的。在这一情况下，财货的存在意味着我在福利上的收益；没有它就意味着我的损失；它对于我是一个重要的东西，它对于我是有价值的”①。也就是说，商品价值是物与人之间的关系，商品价值是与人的需要和主观评价有关的，是以此为基础的。

那么价值究竟与哪种需要有关呢？庞巴维克把人们的需要等级划分为需要种类的分级和需要程度的分级，前者指各种需要按重要性不同的分级（如吃、穿、住、烟酒、装饰等对人的重要性程度是不同的），后者指人们在不同条件下对某种需要具有不同程度的具体感觉。例如，在饮食需要这一级中，一个八天没吃一口食物的人的具体需要，比另一个已经吃过两道菜而正考虑是否吃第三道菜的人的具体需要，迫切程度要大得多。他说：“同一种享受，当他不断地被重复而超过了一定限度时，它所给予我们的满足会不断地递减，直到最后，享受转化成它的对立物。”② 例如，一餐中当吃到第四、第五道菜时，食欲远不如吃第一道菜时那样强烈，如果菜数太多，当人已吃饱时，享受必将转为难受或厌恶。同样的情况在太长的音乐会、演讲、游戏等中也会遇到。

庞巴维克的结论是：对物品价值的估价与需要种类的分级毫不相干，而与具体需要分级（即需要程度的分级）有关。他不同意以往的经济学家根据需要种类的分级来评价物品对人的重要性的理论，说这是“选择了错误的道

---

① 庞巴维克．资本实证论［M］．北京：商务印书馆，1964：150.

② 庞巴维克．资本实证论［M］．北京：商务印书馆，1964：162.

路”，从而在面包使用价值低而钻石使用价值高面前“十分惊异”。他指出在最重要的需要种类中，也存在着较低级的和最低级的重要性。例如，往往有无数的具体饮食需要，比之许多十分不重要种类的具体需要更微弱和更不急迫，这些不重要种类的具体需要，如对饰物的欲望，对舞蹈的爱好，对烟草的贪求等，往往比美食、暖衣的需要更强。

庞巴维克用图 14-1 来说明上述原理：

Ⅰ	Ⅱ	Ⅲ	Ⅳ	Ⅴ	Ⅵ	Ⅶ	Ⅷ	Ⅸ	Ⅹ
10									
9	9								
8	8	8							
7	7	7	7						
6	6	6	·	6					
5	5	5	·	5	5				
4	4	4	4	4	4	4			
3	3	3	·	3	3	·	3		
2	2	2	·	2	2	·	2	2	
1	1	1	1	1	1	1	1	1	1
0	0	0	0	0	0	0	0	0	0

图 14-1　庞巴维克需要分级图

在上述图中：

第一，Ⅰ—Ⅹ是需要种类的分级，0—10 是需要程度的分级。

第二，Ⅰ—Ⅹ表示需要种类的重要性是递减的，Ⅰ是最迫切的需要种类，如饮食，它维持人的生命，是最重要的需要种类；Ⅴ是一般重要的需要种类，如饮酒；Ⅹ是最不迫切的需要种类，如养鹦鹉。

第三，10—0 表示需要程度的分级是递减的，10 表示最迫切的需要程度，1 表示最微不足道的需要程度，0 表示效用为负数。

第四，需要种类越重要，其中最迫切的具体需要程度也最高，但每一种类中也存在大小不同的等级。

第五，Ⅳ与Ⅶ需要种类中的需要程度分级有一些例外，某些个别等级无(用“·”表示)，这表明某些商品能连续满足人们的需要，如炉灶。

明白了庞巴维克这里讲的道理，也就明白了门格尔的需求分级表（即“欲望满足意义表”）①。

总之，庞巴维克认为价值就是人们对于物品对人的重要性的主观评价，也就是人对物品满足人的某种需要程度的估价，它是物品与人的福利之间的关系。

2. 关于价值的起源和条件。在价值起源问题上，庞巴维克坚决反对价值是人类劳动创造的，是人类劳动的凝结的观点，而坚持认为价值是人对物品效用主观评价的产物。例如，他说：“价值不是生产出来的，也不能生产出来。人类所能生产的不过是物质的形状、样式和物质的组合，因此也就是东西和财货。这些财货自然可能是有价值的财货，但是它们并不是生来就有价值，价值不是伴随生产而生的东西。财货有价值总是先从外界得来的——从经济界的欲望与满足得来的。价值不是发生于财货的过去，而是出自财货的将来。价值不是来自制造财货的工厂，而是出自财货所要满足的欲望。”“价值无论在什么地方出现，它的最终原因是由于人类的需要与满足的关系。”②这里，庞巴维克把价值完全说成是人们对商品效用主观评价的产物，是人的思想意识的一种表现。

庞巴维克认为，并不是所有具有效用的物品都能被人们主观评价为具有价值，只有那些既具有效用性，又具有稀少性的物品，人们才会评价它具有价值。也就是说，他认为人们对财货价值的主观评价是以财货的有用性和稀缺性为前提条件的。例如水，尽管他对人有效用，能满足人的某种欲望，但水并不是在任何条件下都会被人们评价为具有价值。一个人居住在泉水的旁边，由于他可以源源不断地取到水，所以一杯水对他虽具有满足欲望的能力，即具有效用，但没有价值。但对于一个在沙漠中旅行的人来说，他在灼热的沙漠里走了一整天，他同最近的绿洲还相隔很远，一杯水不仅是满足他需要的一个因素，甚至还是免除死亡的不可缺少的条件，所以这杯水对他不仅具有效用，而且具有价值。由此，庞巴维克得出结论说：“一种物品要具有价

① 关于门格尔的“欲望满足意义表”请参看：门格尔．国民经济学原理［M］．上海：上海出版社，1959：72.

② 庞巴维克．资本与利息［M］．北京：商务印书馆，1959：110，115.

值，必须既具有有用性，也具有稀缺性。”①

可见，庞巴维克把物品的价值看成是人们对物品效用主观评价的产物，是物品的有用性和稀缺性在人们意识中的反映。

3. 关于价值量。庞巴维克认为商品价值量的大小取决于商品边际效用的大小。他说：“决定价值量的规律，可以用下面的公式来表达：一件物品的价值是由它的边际效用量来决定的。”这就是说，“决定物品价值的不是它的最大效用，也不是它的平均效用，而是它的最小效用”。所谓“最小效用”也就是“边际效用”。也就是说，“一件物品的价值，是由现有的同样的一些物品所能满足的一切需要中最不迫切的那一具体需要（或部分需要）的重要性来衡量的”②。庞巴维克用如下的例子来说明这个问题。一个孤居在距热闹地方很远的原始森林中的农民，收获五袋谷物，他用第一袋谷物满足自己一年的生活需要以维持生命，第二袋谷物用以改善生活保持健康，第三袋谷物用来饲养家禽以进一步改善生活，第四袋谷物用来酿造酒类以更加改善生活，第五袋谷物用来饲养鹦鹉以活跃生活。这五袋谷物由于用途不同，所以对物主的重要性不同，它们的效用也依次递减。例如，这个农民对维持生命的第一袋谷物的效用给予最高评价为 10，对用以改善生活保持健康的第二袋谷物评价为 8，对第三袋谷物即增加肉类改善菜肴的那一袋谷物评价为 6，对他从第四袋谷物所得到的享受评价为 4，对第五袋谷物评价为 1。这第五袋谷物由于是满足物主最不迫切的需要即满足物主的边际欲望，所以物主对其效用评价最低，它的效用最小，即它给予物主的享受程度最小，是处于边沿上的效用，所以叫边际效用。庞巴维克认为这个孤居于原始森林中的农民的每袋谷物的价值就是由第五袋谷物的效用决定的，即由边际效用决定的。因为它们的用途可以互易，所以其价值是一样的。

庞巴维克在举了上述独居在原始森林中的农民的例证以后，接着又“回到一个高度组织的经济社会的闹市中来”。他认为他的边际效用学说也适用于这种“高度组织的经济社会”。他说：“这里我们碰到一个完全占统治地位的一条经验，即物品的数量和物品的价值成反比。市场上某一类商品越多，在其他情况相同的条件下，这一商品的价值就越小；反之亦然。……任何种类的物品越多，它能满足的需要就越能得到完全的满足，而最后得到满足的需要就越

① 庞巴维克．资本实证论［M］．北京：商务印书馆，1964：155.

② 庞巴维克．资本实证论［M］．北京：商务印书馆，1964：167.

不重要。换句话说，任何种类的物品越多，决定其价值的边际效用就越小。再则，如果某一种物品的供应很多，多得使一切需要完全得到满足以外，仍然有剩余的物品不能找到有益的使用，那么，它的边际效用就等于零，这一种物品也就无价值。”①

单一效用消费品的价值量就是这样决定的，那么复合效用（即具有几种用途）的消费品的价值量如何决定呢？庞巴维克认为这种物品的价值是由最高效用的边际效用决定的。例如，一块木材作建筑材料对物主的边际效用可用数字 8 表示，作燃料则它对物主的边际效用可用数字 4 表示。这种物品的价值量就是 8。庞巴维克说最高边际效用是物品价值的标准。这一规律是为经验事实所充分证实了的②。

消费品是能用来直接满足人们生活需要的，其价值由人的主观评价来决定，但生产资料不能用来直接满足人们的生活需要，那么其价值又如何决定呢？庞巴维克说：生产手段的价值量“最终是由它们的最后制成品的边际效用量所规定的”③。例如，生产面包的面粉、烘炉以及生产面粉的小麦、制造烘炉的建材等各级生产资料的价值，都是由面包的边际效用来决定的。

商品的价值是由它们的边际效用量决定的，那么，边际效用量本身又是由什么决定的呢？庞巴维克的答案是：它是由需要及其供应之间的关系决定的。“需要越广泛和越强烈，边际效用就越高；需要越少越不迫切，边际效用就越低。”④ 庞巴维克认为这是一条规律。

4. 对庞巴维克主观价值规律理论的简要评论。综上所述，庞巴维克认为价值就是财货对物主福利所具有的重要性，它反映物品效用和人的欲望、人的福利之间的关系；价值是人们对物品效用主观评价的产物，价值不是来自制造财货的工厂，不是来自人的劳动，而是出自财货所要满足的欲望，即人的主观评价；价值以财货的有用性和稀缺性为前提条件；价值量是由财货的边际效用量决定的。这就是庞巴维克主观价值论的基本点。

庞巴维克的主观价值论是非常错误的。

第一，庞巴维克的价值论建立在心理因素和庸俗的效用论、供求论的基

---

① 庞巴维克．资本实证论［M］．北京：商务印书馆，1964：170-171.

② 庞巴维克．资本实证论［M］．北京：商务印书馆，1964：179-180.

③ 庞巴维克．资本实证论［M］．北京：商务印书馆，1964：197.

④ 庞巴维克．资本实证论［M］．北京：商务印书馆，1964：176.

础之上，它是庸俗的主观价值论、效用论和供求论的混合物。他把价值归结为人们对物品效用的主观评价，归结为物品效用与人的欲望之间的关系，归结为物品和人的福利之间的关系，归结为人的主观评价的产物，而一笔抹杀了价值与劳动、与生产过程的联系。这就完全歪曲了价值的本质，掩盖了价值的真正源泉。

第二，他用“经济物品”“财货”代替“商品”，这就抹杀了商品这个经济范畴的历史性、社会性。

第三，他的效用论比萨伊更加庸俗化。萨伊是以商品本身的效用来决定价值的，而庞巴维克则以人们对物品效用的主观评价来决定价值。他把效用看成人的主观意识的特殊表现，认为物品的效用随人们欲望满足的增加而递减，并在所谓“效用递减规律”的基础上提出边际效用决定物品的价值。这就完全歪曲了效用概念。

第四，庞巴维克的主观价值论与商品经济实践完全不符。在商品经济中，同种同质商品的社会价值相同，而绝不是由于人们心理评价不同而有不同的价值。

第五，关于生产资料价值由其最后产品的边际效用决定的说法完全颠倒了真实关系，更加违反经济现实。因为在最终产品未生产出来之前，在生产资料未进入生产领域之前，资本家就必须在市场上先购买生产资料，这时它已有价值。在生产过程中它的价值通过人的劳动逐渐转移到新产品上去，构成产品价值的一部分。庞巴维克完全颠倒了这个真实关系。同时，有的生产资料并不生产消费品，那么其价值又如何决定呢？

第六，他关于价值与需要种类的分级毫不相干，而只同具体需要分级有关的论断，与他谈的五袋谷物价值的典型例证相矛盾。这说明他的逻辑性也绝不像资产阶级学者吹嘘的那样严密。

（二）客观交换价值的规律

上边我们评介了庞巴维克关于主观价值规律的理论，下边评介他关于客观交换价值规律的理论。这实际上是他关于价格的理论。

1. 什么是客观价值和客观交换价值。关于客观价值，庞巴维克有两个概念，一个是纯技术关系的概念，他直接叫客观价值；另一个是政治经济学意义上的客观价值，他称为客观交换价值。他主要论述的是后者。

所谓客观价值就是指“一种财货获得某种客观成果的力量或能力”，如食品有营养价值，木材和煤炭有发热价值，肥料有肥田价值，爆炸物有爆破价值，等等。他认为，客观价值这一概念完全与物主的福利或损失无关。它“并不属于经济关系，而是属于单纯的技术关系。虽然它们在经济学教科书中经常被涉及到，但它们究竟不是属于政治经济学的”，它“并不是经济科学范围以内的事情”①。可见，庞巴维克讲的客观价值实际上也就是商品的使用价值。

所谓客观交换价值就是指一种财货在交换中取得一定量其他财货的能力。例如，一匹马值21镑5先令，这21镑5先令就反映了这匹马在交换中换得其他财货的能力。也就是说，它有21镑5先令这么大的交换能力。可见，他所谓的客观交换价值就是财货的交换能力②。

2. 什么是价格。庞巴维克认为，“价格”和“交换价值”这两个名词的含义并不一样。“交换价值是一种财货在交换中取得一定量其他财货的能力，而价格是那一定量的其他财货。”③ 可见，所谓价格就是一种财货在交换中所取得的一定量的其他财货。例如，一匹马值21镑5先令，这21镑5先令就是一匹马的价格。也就是说，客观交换价值是财货在交换中的交换能力，价格就是这种能力在另一财货上的表现。

3. 价格是怎样形成的。按照边际效用论的说法，一种物品对于欲望程度不同的人具有不同的效用，从而每个人对商品效用的主观评价也就必然不同。但是，在市场上同种同质商品，不管有多少买者，有多少主观评价，其价格则是相同的，卖价只有一个。这种情况又如何用边际效用论解释呢？庞巴维克认为这种情况用边际效用论是能说明的。且看他是如何说明这种现象的。

首先，庞巴维克论述了交换的动机和原则，认为一切交换都受利己动机支配，是在利己动机指导下进行的，是在个人利益原则基础上进行的。

他说，“一切参加交换的人，是完全从追求本身的直接经济利益这个动机出发进行活动的”，也就是从“利己动机”出发进行活动的。在这个基本动机的支配下，一个人是否愿意进行交换，“将根据下面的原则来行动：第一，只有在交换给他带来利益的时候，他才愿意交换；第二，他愿意为较大的利益不愿为较小的利益而交换；第三，如果不交换便没有利益可得，他愿意为较

① 庞巴维克．资本实证论［M］．北京：商务印书馆，1964：151.
② 庞巴维克．资本实证论［M］．北京：商务印书馆，1964：151.
③ 庞巴维克．资本实证论［M］．北京：商务印书馆，1964：152.

小的利益进行交换，而不愿意不交换”。总之，就是要进行有利的交换。庞巴维克要人们特别记住这一点，他认为这一点“在交换价格的决定上起支配性的影响”①。

其次，庞巴维克把市场上的交换分为三类：第一，孤立的交换；第二，单方面的竞争；第三，双方面的竞争。他还以马市为例，逐个进行分析来具体说明价格的形成。

所谓“孤立的交换”，即一个卖主和一个买主之间的交换。在这种情况下，价格的决定是以买主对物品的主观评价为最高限度，而以卖主的主观评价为最低限度。

所谓“单方面的竞争”，有两种情况：一是“买主单方面的竞争”，即只有一个卖主，而买主不止一个，于是买主之间展开竞争。在这种情况下，价格将以成功的购买者的评价为最高限度，并以竞争失败者中最有能力的人的评价为最低限度。二是“卖主单方面的竞争”，即只有一个买主，而卖主却不止一个，于是卖主为了出卖商品展开了竞争。在这种情况下，价格将介于实际卖掉货物的人的评价这个最低限度和竞争失败的人中最有能力的人的评价这个最高限度之间。

所谓“双方面的竞争”，即很多卖者之间的竞争和很多买者之间的竞争。庞巴维克认为这是“经济生活中最普通的现象，而且对价格规律的发展也非常重要”，所以他详细分析了这种交换。他认为在这种情况下，“市场价格是由两对边际对偶的主观评价所限制和决定的”。也就是说，“市场价格被决定在这样一个范围内：其上限由实际进行交换的最后的买主（简称‘最后的买主’），和被排斥的最有能力的卖主（简称‘最早被排斥掉的卖主’）的评价来确定；其下限则由实际卖出货物的能力最小的卖主（简称‘最后的卖主’），和被排斥的最有能力的买主（简称‘最早被排斥掉的买主’）的评价来确定”②。

庞巴维克以十个买马者与八个卖马者的竞争为例，说明双方面竞争下价格的形成（见表 14-1）。

---

① 庞巴维克．资本实证论［M］．北京：商务印书馆，1964：205-207.

② 庞巴维克．资本实证论［M］．北京：商务印书馆，1964：219.

表 14–1 买主和卖马者竞争下价格的形成

买主			卖主		
A_1	对一匹马的评价（而且愿意用低一些的价格买进）	30 镑	B_1	对一匹马的评价（而且愿意用高一些的价格卖出）	10 镑
A_2	对一匹马的评价（而且愿意用低一些的价格买进）	28 镑	B_2	对一匹马的评价（而且愿意用高一些的价格卖出）	11 镑
A_3	对一匹马的评价（而且愿意用低一些的价格买进）	26 镑	B_3	对一匹马的评价（而且愿意用高一些的价格卖出）	15 镑
A_4	对一匹马的评价（而且愿意用低一些的价格买进）	24 镑	B_4	对一匹马的评价（而且愿意用高一些的价格卖出）	17 镑
A_5	对一匹马的评价（而且愿意用低一些的价格买进）	22 镑	B_5	对一匹马的评价（而且愿意用高一些的价格卖出）	20 镑
A_6	对一匹马的评价（而且愿意用低一些的价格买进）	21 镑	B_6	对一匹马的评价（而且愿意用高一些的价格卖出）	21 英镑 10 先令
A_7	对一匹马的评价（而且愿意用低一些的价格买进）	20 镑	B_7	对一匹马的评价（而且愿意用高一些的价格卖出）	25 镑
A_8	对一匹马的评价（而且愿意用低一些的价格买进）	18 镑	B_8	对一匹马的评价（而且愿意用高一些的价格卖出）	26 镑
A_9	对一匹马的评价（而且愿意用低一些的价格买进）	17 镑	—	—	—
A_{10}	对一匹马的评价（而且愿意用低一些的价格买进）	15 镑	—	—	—

在这个表中，买者十人，卖者八人，买者想买马，卖者想卖马，他们对马价的估价都不相同。他们同时出现在一个市场上，所有出卖的马优劣相等，所有买主与卖主对市场情况估价正确，他们都受利己原则支配，进行激烈的竞争，买者想低价买马，卖者想高价卖马。

在这个表中，从买方看，A_1是最有竞争能力的买主（因为他出价最高），如果他真的愿意出 30 镑，甚至 29 镑买一匹马，十分肯定八个卖主都愿意卖一匹马给他。但是他不会这样愚蠢，他宁可先开出一些低价，正如他的能力最小的对手所出的那样，只有当必须避免被排出市场之外时，他才提高买价到必要的程度。从卖方看，B_1是最有竞争能力的卖主（因为他对马的评价最低、要价最低），但他将小心地拒绝以这个最低价格出卖他的马。所以，在买卖开始必然是“买主先出低价保持不买，而卖主先索高价保持不卖”。经过激烈的竞争，最后使马的市场价格在A_5—B_6和A_6—B_5之间形成了上限和下限。按照庞巴维克的解释，马的价格不能高于A_5，也不能低于B_5。因为高于A_5，则A_5就会退出竞争，只剩下A_1到A_4这四个买主，卖主却有六个（B_1到B_6），这样供大于求价格就要下降。如果低于B_5，则B_5就会退出竞争，结果只剩四个卖主（B_1到B_4），而买主却有七个（A_1到A_7），求大于供，价格就会上升。根据庞巴维克的解释，马价也不能高于B_6和低于A_6。因为高于B_6，则卖主有六个（B_1到B_6），而买主只有五个（A_1到A_5），供大于求，价格就会下降。如果低于A_6，便有A_1到A_6这六个买主和B_1到B_5这五个卖主。结果求大于供，价格就会上升。因此，马的价格必须以A_5与B_6的评价为上限，以A_6与B_5的评价为下限。

那么，在这个市场上一匹马的价格究竟是多少呢？庞巴维克经过进一步具体分析得出结论说，“最后价格的限度必将被缩小到二十一镑和二十一镑十先令之间”。因为只有在这个限度内，愿意买者和愿意卖者都是五个人，即A_1到A_5和B_1到B_5，供求恰好平衡。否则，如果马价是21镑，愿卖者只有B_1和B_5这五个卖主，而愿买者则有A_1到A_6这六个买主，求大于供，价格一定会涨到21镑以上。如果马价是21镑10先令，则B_1到B_6都愿卖马，而愿买者则只有A_1到A_5这五个买主，供大于求，价格便会下跌到21镑10先令以下。

4. 价格的决定因素。从上面看到，庞巴维克认为价格被决定在由边际对偶的评价所规定的水平上。那么，决定边际对偶评价水平的因素究竟是什么呢？庞巴维克认为，有两件东西对边际对偶的地位肯定有决定性的影响，这就是买卖双方的需要或评价的数目与强度。这样，如果买主的评价很高，同时数量又相对地多，而卖主的评价低，数量又相对地少，则边际对偶的评价水平就趋高。因为，在这样的情况下，少数评价低的卖主将为许多评价高的买主中的一部分所抵消，而在抵消以后，还有着评价高的买主，同时，余下来的卖主们评价也高，这时，双方的边际对偶都是些评价高的人。由于同样的理由，如果买主方面评价高的相对地少，而在卖主方面，评价低的相对地多，则边际对偶的评价水平就趋于低。

由此，庞巴维克提出了决定价格的四个因素：①对物品的需要的数目（即需求程度）；②买主对物品评价的数字（即需求强度）；③提供出售的物品的数目（即供给程度）；④卖主对物品评价的数字（即供给强度）。

这里需要解释的是第二和第四个因素。

庞巴维克认为买主的需求强度是由买主对物品的主观评价和对等价物的主观评价决定的，如 A_1 认为一匹马值三十镑，这绝不说明和证明一匹马对 A_1 福利的绝对重要性，它所表明的是马对 A_1 的价值同货币对 A_1 的价值之间的关系。它仅仅表明，A_1 对马的评价比他对一镑货币的评价高出三十倍而已。同样，卖主的供给强度则是由卖主对物品的主观评价和其对等价物的主观评价决定的。

5. 庞巴维克的结论。庞巴维克认为，“价格自始至终是主观评价的产物”，它“是对物品的主观评价和对市场上等价物的评价的综合结果”①。

6. 对庞巴维克客观价值规律理论的简要评论。综上所述，庞巴维克认为，“交换价值是一种财货在交换中取得一定量其他财货的能力”，价格就是一种财货在交换中所取得的一定量其他财货，它是由边际对偶的主观评价决定的，它自始至终都是主观评价的产物，是对物品和其在市场上的等价物主观评价的综合结果。庞巴维克还认为，他关于边际对偶决定物品价格规律的理论，不仅与供求规律、成本规律不矛盾，而且比它们更明确，适用范围更广。

首先，庞巴维克的价格论实际上是庸俗的供求论和均衡论在主观价值论基础上的混合物。他认为买者对一匹马的主观评价只是表明马价与马的需求量之间的关系（价格下降，需求量就增加，反之则减少），而卖主对一匹马的主观评价则表明马价和马的供给量之间的关系（价格上涨，供给量增加，反之则减少）。他认为价格高于其上限，则卖者多而买者少，结果价格就会因供大于求而下降；反之，如果价格低于其下限，则买者多而卖者少，结果价格必然由于求大于供而上升。价格必然在供求平衡中形成。显然这是陈旧的均衡论和供求论在主观价值论基础上的大杂烩，它比之老的供求论和均衡论来说是一种倒退。

其次，庞巴维克把价格完全说成是由商品交换者的心理因素决定的，是买卖双方主观评价的产物，这就完全颠倒了因果关系，歪曲了价格形成的客观过程，歪曲了价格的本质。事实上，价格是价值的货币表现，它是商品交换发展的必然产物，它归根结底是由价值决定的，价格往往影响人们的心理变化，心理变化可以影响价格，但绝不会决定价格。是价格水平决定谁成为

---

① 庞巴维克．资本实证论［M］．北京：商务印书馆，1964：220，221.

购买者，而不是购买者的主观评价决定价格。

最后，他在逻辑上是混乱的。例如，他所谓的客观交换价值实际上在他手里变成了主观交换价值，变成了主观评价的产物；再如，他在客观价值规律理论中讲的财货效用与主观价值规律理论中讲的效用含义不同，这里的效用与其整个边际效用论相悖。同时，从他所说明的市场交换过程看，并不是边际对偶的主观评价决定了市场价格，而是现有的市场价格决定了谁是边际对偶和最后成交者。

二、庞巴维克的时差利息论

庞巴维克炮制主观价值论和价格论，不仅是为了否定马克思的科学价值论，而且是为了以此为基础炮制“时差利息论”，从根本上否定马克思的剩余价值论。

庞巴维克竭力吹嘘他的“时差利息论”，说这是“属于开辟新领域的解释”。现在我们看看它究竟是怎样的一种“新解释”。

（一）关于利息的性质和源泉

庞巴维克把剩余价值的各种形态都归结为利息这样一个一般形态。他认为，所谓利息就是“现在物品的主人在把它来交换未来物品时”所得的“贴水”。

为了说明利息的性质和来源，他把物品分为两类：一类是现在就能满足人们需要的，叫作“现在物品”，或“目前物品”；另一类是现在不能作为消费之用而作为满足将来需要的，叫作“未来物品”。庞巴维克认为人们对现在物品的评价总是高于对未来物品的评价，因此，“目前物品通常比同种类、同数量的未来物品具有较高的主观价值。由于主观评价的结果决定客观交换价值，目前物品，通常比同种类、同数量的未来物品具有较高的交换价值和价格”。这样，当现在物品与未来物品相交换时，虽然同类同量，但由于评价不同，价格不等，未来物品就必须对现在物品“有一种相应的时间贴水”，这种时间贴水就是利息。据此，庞巴维克得出结论说：“利息是由现在物品和未来物品之间价值上的差别所产生的”，“这种价值上的差别就是一切资本利息的来源”①。

那么，为什么人们对现在物品的评价会高于对未来物品的评价呢？也就

① 庞巴维克．资本实证论［M］．北京：商务印书馆，1964：253，257，285，286.

是为什么现在物品和未来物品会出现价值差别呢？庞巴维克认为有如下三个原因：

1. 需要和需要的供应之间的差别使人们必然重视现在物品。庞巴维克说："现在物品和未来物品之间价值上的差别，其首要原因是由于需要和供应之间的情况，在现在和未来是不同的。现在物品由现在的需要和供应的情况得到它的价值，而未来物品则在未来的时间里，当我们有了它们的时候，才由类似的需要和供应的情况得到它的价值。"这就必然会引起人们重视现在物品而低估未来物品，从而必然会引起现在物品和未来物品在价值上的差别。他说："如果一个人非常需要某种物品，或是一般物品，虽然他有理由希望在将来他可以更加富有，他也总是对当前就能得到的一定数量的物品，比同样数量的未来物品，评价要高一些。"① 庞巴维克举出经济生活中两类人的情况说明他的这个观点：一类是目前困苦而急需现在物品克服困难的人，如受灾农民，为饥饿所苦的劳动者，由于疾病或家中有人死亡而开支很大的技工等；另一类是有理由希望经济情况会好转的人，如没有产业的创业者（年轻的艺术家、新开业的医生等）。这两类人都非常急需现在物品，因而对现在物品的评价当然要高一些。因为现在物品可以使前者免除痛苦、应付急需，使后者得到一笔创业费。庞巴维克还举出相反的情况，即现在比较富有而将来经济情况可能不好的人（如接近老年的工人）。但他认为由于大多数物品，特别是能代表一切物品的货币，都是永久性的，因此，它可以保存下来以备将来使用。这样，现在物品有在将来使用的可能性，可用作一种储备，因此，它通常总是优于未来物品，从而当前比较富有而将来经济情况可能不好的人，对现在物品的评价比对未来物品的评价也还是要高一些。有没有例外情况呢？庞巴维克认为有的，这种情况常常发生于容易毁坏或腐烂的物品，如冰、水果及其他类似的物品上。但这是"比较罕见的情况"。

2. 低估未来。庞巴维克认为由于人们有一种低估未来和未来物品的本性和习惯，因而对未来物品评价就低一些，其价值也就低一些。他说："我们经验中最重大的一个事实是，我们不太重视未来的欢乐和痛苦，因为它们是未来的事情，而且按未来来衡量它们的缘故。因此，对于被预定用来满足未来需要的物品，我们给它一个实际上小于这些物品未来边际效用的真正强度的

---

① 庞巴维克．资本实证论［M］．北京：商务印书馆，1964：254.

价值。我们习惯于低估未来的需要，低估满足未来需要的物品。”①

那么，人们为什么会低估未来呢？庞巴维克认为至少有三个原因：①估计缺陷。即由于人们想象力和抽象力不够，或怕麻烦，在设想自己未来需要时，总是考虑得不完善。这就会影响人们对未来物品的评价，把未来物品的边际效用估计得很低。②意志缺陷。即只顾眼前，不顾长远。他说：一个人当他在现在的和未来的欢乐和痛苦之间进行选择时，虽然他完全了解未来的损失将要比现在的痛苦更大，虽然也意识到从福利整体来看，选择现在的欢乐是不适当的，但他仍然决定选择现在的欢乐。为什么呢？因为他意志不坚定，意志有缺陷。例如，很多印第安部落，由于轻率的贪心，将他们先辈留下的土地——维持生活的来源——卖给白种人，只是为了两桶烈性酒。再如，一个工人用星期六领到的一周工资，在星期日去饮酒，而其余六天却同他的妻子和儿女一道挨饿。许多善良的人都知道，在拿到工资的那一天将它花光，会给自己带来多么大的痛苦和穷困，然而他却没有能力拒绝当时的诱惑，而将工资当天就花光了！庞巴维克对这种情况还进一步从心理学上进行解释，他说，对目前的较弱感觉可以胜过对未来的较强感觉，因为后者虽一般地存在于意识之中，但不够生动，不够强烈，不足以占领他的心灵。③考虑到人生短促无常。即考虑到人生有限，不能活到未来，从而不顾未来，低估未来。例如，衰老者、患绝症者、从事危险职业者、交战中的士兵、生活在瘟疫流行期间的人，等等。他说：“我深信我们之中任何一个人，如果今天有人许他在百岁寿辰时给他一张一万镑的支票的话，他一定愿意用这笔虽然很大，但未必能到手的礼物和一笔少得多的现款相交换。”② 庞巴维克认为这三个原因具有一个共同的结果，即在它们的影响之下，人们对未来物品效用的估价低于它们的真正价值。人们看到未来物品的边际效用，好像在远景之中减少了。对于以上三个动机，庞巴维克特别强调前两个动机，认为这两个动机对未来效用的低估有更大的关系。

3. 现在物品技术上的优越性。庞巴维克说：“现在物品在技术上一般是能优先满足人类需要的手段，因此它比未来物品具有较高的边际效用。”③ 他通过两条线索来说明他的上述观点，一是通过现在生产手段的优越性，认为

① 庞巴维克．资本实证论［M］．北京：商务印书馆，1964：257.

② 庞巴维克．资本实证论［M］．北京：商务印书馆，1964：260.

③ 庞巴维克．资本实证论［M］．北京：商务印书馆，1964：264.

现在生产手段比将来才有的生产手段能生产更多的产品；二是通过现在消费品的优越性，认为有了现在掌握的消费品，就可促成运用生产手段的生产。他认为掌握了现在物品，就可以通过迂回生产方法进行生产，即运用生产工具，花费较长时间生产，也就是资本主义生产。而这种生产方法生产力大，产量高，具有更高的生产率。由于"现在物品通常是一种获得较高边际效用的手段，因而具有比未来物品高一些的价值"①。

总之，他认为，由于现在和未来的需要和需要供应之间的差别，人们对未来欢乐和未来痛苦的低估，以及现在物品在技术上的优越地位，绝大多数人感到现在物品的主观价值比同量的未来物品的主观价值高，从而使现在物品在市场上一般地具有较高的客观交换价值和市场价格。利息就是由人们对现在物品和未来物品价值评价上的差别引起的。

（二）关于利息的形式

庞巴维克把利息分为三个主要形式。

1. 借贷利息。他认为借贷关系是交换关系，是所有权的转让。他说，一笔借贷无非是现在物品对未来物品的一个实际而真正的交换。这是两笔物品所有权的相互转让，其中之一是另一种的补偿或报酬。虽然两者是完全同质的，不过一个属于现在，而另一个属于未来。由于决定现在物品和未来物品市场价格的主观评价的结果通常是有利于现在物品的，因此，借款人通常总愿意取得一笔现在款项，而以后用一笔较大的款项来归还。他必须付出一笔"升水"或"贴水"，这笔贴水就是利息。

2. 企业利润。庞巴维克认为这是利息的基本形式和最重要的现象，所以他在其著作《资本实证论》中用了五章的篇幅专门论述利润问题（而对利息的第一种形式只用了一章，第三种形式只用了两章）。按照庞巴维克的解释，企业家办企业购买的是"较远级物品"，如原材料、工具、机器、劳动、土地的使用等。而较远级的物品，虽然在本质上是现在物品，但在经济上是未来物品。它们的效用是一个未来的效用，它们是未来物品。这个事实不能不对这种物品所得到的价值产生某些深远的影响，我们得用小于它们在将来带给所有者的镑数来购买它们。"这就是所谓生产手段买价'低廉'，特别是劳动买价'低廉'的原因。"②

---

① 庞巴维克．资本实证论［M］．北京：商务印书馆，1964：276.

② 庞巴维克．资本实证论［M］．北京：商务印书馆，1964：298，299.

那么，能否由此得出结论说企业利润是由这种“低价购买”得来的呢？庞巴维克的答案是否定的。他说，在这里，以少量的价值较高的现在物品来购买数量较多而价值较低的未来物品并不是“低价购买”。因为生产手段及其产物是未来物品，而价格是以价值更高的现在物品来衡量和偿付的。工人们所出售的未来物品（他们的劳动）比资本家所提供的现在物品（工资）价值要低些。企业家从他的“廉价”购买中，确实得不到任何结果。

那么，企业利润究竟是怎样产生的呢？庞巴维克回答说：“利润首先是在企业家手中产生出来的”，因为只有在资本家的工厂中通过生产，未来物品才能逐渐地成熟变为现在物品，同时它才增值到现在物品的全部价值。“这种价值的增加额就是资本的利润。”① 在这里庞巴维克极力否定资本家对工人阶级的剥削，他说：“工资劳动者拿进现在物品，而拿出他的劳动所能创造的全部不定期的未来物品作为交换”，“劳动的价格相对地低这一事实并不是工人们由于贫乏而不得不接受剥削的结果”，“剥削是不存在的”②。

3. 耐久物品利息。按照庞巴维克的解释，所谓耐久物品就是“能够提供多次连续的服务”的物品，如工具、住宅、土地、服装、有价证券等；所谓非耐久物品就是“只能提供一种单一的服务，而在这种服务中耗尽它们的全部有用性”的物品，如鞭炮等。他认为耐久物品的价值是“由它的一连串服务所满足的许多需要的重要性组成的”，也就是“由这些满足所依赖的服务的各个价值所组成的”。但耐久物品的价值不可能是当前服务的价值和服务总次数的乘积，而是各个递减着的价值的总和。这是因为较远的物质服务的价值，得到和未来物品的价值相同的命运。远期服务的价值，随着它实现时间的推迟而减小。远期服务的价值总是低于近期服务的价值，这中间的差额就形成了耐久物品的利息。这种“利息存在的原因不是别的，而是未来服务在价值上的增长——以前价值较低的服务，在该物品的使用期间，逐渐变成现在的服务了”③。

地租“是一种特殊的从耐久物品得到的利息”④。

（三）对庞巴维克时差利息论的简要评论

综上所述，庞巴维克认为所谓利息就是现在物品的主人在把它用于交换

① 庞巴维克．资本实证论［M］．北京：商务印书馆，1964：300.

② 庞巴维克．资本实证论［M］．北京：商务印书馆，1964：314，332-333.

③ 庞巴维克．资本实证论［M］．北京：商务印书馆，1964：339-340.

④ 庞巴维克．资本实证论［M］．北京：商务印书馆，1964：11.

未来物品时所得的贴水。它是由人们对现在物品和未来物品之间价值评价上的差别所产生的。产生这个差别的原因有三：①需要和需要的供应之间的差别；②低估未来；③现在物品技术上的优越性。利息主要有三种形式：①借贷利息；②企业利润；③耐久物品利息。其中企业利润是最基本的形式。

庞巴维克的时差利息论在理论上是十分庸俗的。

第一，他歪曲了剩余价值的本质和源泉，掩盖了资本主义剥削关系。他把剩余价值的各种具体形式统称为利息，把利息又归结为时间贴水，归结为主观评价的产物，这就掩盖了剩余价值的源泉，歪曲了剩余价值的本质。他又把资本家与工人之间的关系归结为公平合理的交换关系，认为资本家拿出的是现在物品，换回来的则是价值会在生产过程中逐渐增长的未来物品；工人拿出去的是未来物品，而换回的则是价值较高的现在物品。他断然否定资本家对工人的剥削，认为劳资双方都做了一笔有利的生意，这里根本没有什么剥削和被剥削的问题。

第二，他把时差利息完全建立在心理因素和时间因素之上，而心理因素和时间本身根本不会创造价值，这样他的利息理论也就根本不能成立。

第三，他关于时差的三条理由，其中第一条、第二条都属于心理分析，而心理分析不能作为经济理论的依据，同时这里还充满着对劳动者的诬蔑；第三条是资本生产力论的变种。这三条理由从形式上看，虽然既有主观因素，又有客观因素，但实际上都是为了说明重视现在财货、低估未来财货的心理。

第四，他把借贷关系完全归结为一种交换关系，并归结为所有权的相互转让，这就歪曲了借贷关系。他又抽掉了利息这个经济范畴的社会性、历史性，而把资本主义利息说成永恒的东西，从而把剥削制度也说成永恒的东西。这一点庞巴维克毫不隐瞒，他说："不管什么社会组织和法律制度，只要有现在物品和未来物品相交换的场合，利息总是会出现的。""利息的寿命可以说是永恒的"，"即使在社会主义国家内，也不会消失"。"利息的实质并没有不公正之处"，如果说利息是剥削，那么在社会主义制度下，国家将"剥削"工人①。

第五，他的时差利息论的直接矛头是马克思的剩余价值论。

---

① 庞巴维克．资本实证论［M］．北京：商务印书馆，1964：11，362；庞巴维克．资本与利息［M］．北京：商务印书馆，1959：1.

三、庞巴维克对马克思经济理论的疯狂攻击

在经济学说史上庞巴维克是疯狂地公开站出来反对马克思经济理论的一个资产阶级经济学家。他为了忠实地为资本主义的剥削制度辩护，反对无产阶级革命，恶毒地攻击马克思的经济理论。

庞巴维克攻击马克思的经济理论主要集中在以下三个方面。

（一）攻击马克思的劳动价值论

首先，庞巴维克从逻辑论证方面攻击、诽谤马克思的劳动价值论。他虽然承认马克思是对劳动价值论做过论证的极少数代表人物中的一个，但又认为马克思是“从学说的叙述本身中找证据”，而不是“从经验中找证据”，因而“论据不足”“推理轻率”，从“坏的推理”得出了“粗心的结论”。他攻击说：“马克思利用演绎法来证明劳动学说的企图是整个失败的。”①

为了从逻辑论证方面驳倒马克思的劳动价值论，他抓住商品共同属性问题大做文章。他责难马克思不应该从商品的属性中只抽象出一种共同属性，即劳动生产物的属性。他质问道：“是仅仅有一个属性吗？例如，具有交换价值的商品，是不是从需求方面说来，还具有稀少的属性呢？是不是一切商品都是供求的对象呢？它们是不是都是受人们支配的对象呢？它们是不是自然的产物呢？”“价值的本原为什么不能存在于这些共同属性之中，象存在于作为劳动生产物的属性之中一样呢？”② 庞巴维克认为，不能说一切具有交换价值的财货都是劳动的产物。他问道：“原始土地是劳动的产物吗？金矿是劳动的产物吗？煤矿是劳动的产物吗？”人人都知道这些东西虽不是劳动的产物，但“都具有很高的交换价值”③。

庞巴维克之所以在商品的共同属性问题上对马克思发难，目的在于割断价值与劳动的本质联系，从根本上推翻马克思的劳动价值论。正如他自己讲的：“某种具有交换价值的财货中既然没有劳动这个原素，那么，我们怎样能说劳动是交换价值的共同的一般的本原呢？马克思是怎样地斥责他的在这种逻辑上犯有错误的反对者呢！”④

---

① 庞巴维克．资本与利息［M］．北京：商务印书馆，1959：312，313，314.

② 庞巴维克．资本与利息［M］．北京：商务印书馆，1959：314.

③ 庞巴维克．资本与利息［M］．北京：商务印书馆，1959：314.

④ 庞巴维克．资本与利息［M］．北京：商务印书馆，1959：314.

其次，庞巴维克又从所谓生活经验出发，罗列出许多价格与价值背离的现象，攻击马克思的劳动价值论是一种虚构。他列举的所谓劳动价值论不能解释的例外现象有两类，一类是价值与耗费劳动不等的商品，这就是：第一，稀有财货的价值，如稀有的雕像、古画、古书、古钱、陈酒等，这些财货的价值大大高于它们本身所包含的劳动；第二，熟练工人生产的财货价值高于普通工人在同样时间生产的财货的价值；第三，工资最低的工人所生产的财货价值也很低，虽然他们与别的工人比较，劳动时间完全一样，如女工。另一类是价值与耗费劳动相等的商品，这就是：第一，即使交换价值与其所耗费的劳动量相等的财货，因为供求发生变动的关系，也不是任何时期都能表现出这种相等性；第二，耗费同量劳动的商品，包含较多“过去劳动”的商品的价值高于包含较少“过去劳动”的商品的价值。庞巴维克从这些所谓例外得出了推翻马克思劳动价值论的结论。他说：“总结一句话，财货价值决定于其所含有的劳动量这一‘法则’，对于很大一部分财货是不适用的；对于其余一部分财货，有时也不能应用，而且决不能完全应用。”①

庞巴维克对马克思劳动价值论的责难是不堪一击的，这只能暴露出他对马克思的科学抽象法和劳动价值论一窍不通。

首先，马克思从商品的属性中抽象出“劳动生产物”这个共同属性是完全科学的。因为科学抽象的任务就在于透过现象揭示本质，商品的共同属性尽管很多，但是与商品价值本原直接有关的只能是劳动这一本质属性。

其次，马克思的劳动价值论早已精辟地解决了庞巴维克所提出的一切所谓例外。第一，非劳动产品本身尽管不是劳动产品，因而也没有价值，但是它们却有价格。它们之所以有价格，可以作为买卖的对象，这是因为在商品生产社会里，商品关系有了很大的发展，特别是在资本主义社会，商品关系发展到最高阶段，在那里一切东西都可以买卖，连本身不是商品的东西也商品化了，采取了商品的虚假形态。土地、金矿、煤矿这些非劳动产品的价格就是这样来的。同时，土地和矿藏的价格实际上并不是它们的购买价格，而是它们所提供的地租或租金的价格②。庞巴维克说非劳动产物有价值，这不过反映出他根本不懂得价值为何物，在他那里价值与价格甚至同使用价值完全混淆在一起。第二，稀有商品的市场价格高于其价值，像古画、古书、古钱

① 庞巴维克．资本与利息［M］．北京：商务印书馆，1959：318.

② 参看：马克思恩格斯全集［M］．25卷．北京：人民出版社，1956：703.

等这类商品的市场价格更高于其价值，这是事实。但这是极少数商品的垄断价格问题，用这种特殊现象否定劳动决定价值的规律是对规律的无知，因为规律总是反映大量的反复出现的现象。同时，这些商品的价格也不是与耗费劳动根本无关，因为这类商品价格的最低限就是由其耗费劳动量决定的。马克思对此已讲得明明白白，他说这种垄断价格“只由购买者的购买欲和支付能力决定，而与一般生产价格或产品价值所决定的价格无关”①。第三，熟练工人比普通工人在同一时间内创造的价值多，这是因为熟练劳动是倍加的简单劳动，这恰恰说明耗费劳动决定价值。庞巴维克在这个问题上向马克思提出责难，这说明他连这个在斯密、李嘉图那里早已解决了的普通常识也不懂。第四，在商品社会，价格同价值的背离，正是价值规律发生作用的表现形式，而绝不是对价值规律的否定。这一点马克思在《资本论》中反复讲过，庞巴维克在这个问题上纠缠只能表明他别有用心。第五，商品价值是人类一般劳动的凝结，这里的劳动既包括生产商品中所耗费的活劳动，也包括生产商品中转移的死劳动（即过去劳动）。这样在生产商品时间相同的条件下，包含较多过去劳动的商品价值当然高于包含较少过去劳动的商品价值。这是马克思早已解决了的问题，庞巴维克抓住这个问题否定劳动价值论只能证明他不讲道理。第六，马克思认为商品价值由社会必要劳动时间决定，庞巴维克不顾马克思的这一本质规定，随意对两个商品或两个工人所产商品的价值进行比较，这说明他对马克思的劳动价值论全然无知。

（二）攻击马克思的剩余价值论

庞巴维克除攻击马克思的劳动价值论，妄图挖掉剩余价值论的基础以外，还直接攻击马克思的剩余价值论。

1. 他诬蔑马克思的剩余价值论是对德国容克地主思想家洛贝尔图斯的“剽窃”。他认为洛贝尔图斯是“现代科学社会主义精神上的祖师”和“杰出代表”，“马克思的学说有许多地方都是以洛贝尔图斯的学说为基础”，“这两种学说实质上是相同的”，他们“犯同一的毛病”②。这里，庞巴维克的每一句话都是不可信的，都是对马克思的造谣中伤和诽谤。

其实，马克思的剩余价值理论同洛贝尔图斯的剩余价值理论是根本不同的。马克思认为剩余价值是雇佣工人的剩余劳动创造的被资本家无偿占有的

① 马克思恩格斯全集［M］. 25卷. 北京：人民出版社，1956：873.

② 庞巴维克. 资本与利息［M］. 北京：商务印书馆，1959：260，261，307，321.

超过劳动力价值的价值，利润、利息和地租都是剩余价值的转化形式。而洛贝尔图斯则把剩余价值称为“租”，认为租是地租和利润的总和，“是无需任何劳动，凭财产而获得的一种收入”，是“劳动、自然资料和资本联合作用的结果”①；认为工人出卖的是劳动，而不是劳动力，租的来源是“由于工资所受到的价值扣除”②。他还认为，不应从他的租金论得出剥夺剥夺者的结论，利润、地租仍应给资本家和地主，作为他们履行对社会有用职能的报酬。他说：“社会问题，如我上面所表述的，可以靠实行人民劳动去解决，而不必从土地私有者和资本家那里，从他们现在所获得的租金和利润中抽取分文。工人工资的增加只是将来的事，这将依靠劳动生产率的提高。”“从我的激进的租金理论中……可以得出一套完整的实际步骤，它会保证当前的社会基础平安无事地再存在二三百年。”“我们这门科学最迫切的任务，只是谋求劳动同土地和资本所有权之间的妥协。”“应当以一切可能的手段，保持劳动、资本和土地所有权这样一种社会经济阶级的划分状况，一切努力都应当只用于改变劳动产品的分配。”③ 显然，马克思的剩余价值论是科学，而洛贝尔图斯的剩余价值论是谬误。第一，洛贝尔图斯把租归结为只是工资所受到的扣除，这是不科学的。难道剩余价值仅仅是“工资所受到的价值扣除”吗？如果资本家不扣除工人工资而给予劳动力商品以等价，那么剩余价值又从哪里来呢？马克思就是假定资本给予劳动力商品以等价来分析剩余价值的产生的，历史证明，马克思这样做是完全必要的，是科学的。第二，洛贝尔图斯把剩余价值称为“租”，这本身就不科学，因为这还没有把剩余价值和其具体形态严格区别开来。而马克思是把剩余价值的一般形态与其具体形态严格区别开来的。第三，洛贝尔图斯认为工人出卖的是劳动，这就堵死了揭示剩余价值秘密的道路。第四，洛贝尔图斯的租金论的结论是改良主义的，是反动的，与马克思剩余价值论的结论完全相反（马克思的结论是剥夺剥夺者，而洛贝尔图斯的结论则是不应剥夺剥夺者）。可见，马克思的剩余价值论是革命的科学理论，洛贝尔图斯的租金论是改良主义的反科学的谬论。庞巴维克攻击马克思

---

① 洛贝尔图斯．关于德国国家经济状况的认识［M］．北京：商务印书馆，1980：108，110.

② 洛贝尔图斯．给冯·基尔希曼的社会问题书简．转引自：马克思恩格斯全集［M］．24卷．北京：人民出版社，1956：13.

③ 洛贝尔图斯．正常工作日．转引自：洛贝尔图斯．关于德国国家经济状况的认识［M］．北京：商务印书馆，1980：23，25，37.

"剽窃"了洛贝尔图斯，这只能证明他对马克思的剩余价值论和洛贝尔图斯的租金论根本无知，证明他是要有意把水搅混，以便浑水摸鱼，达到他的反动目的。

2. 他攻击马克思"闭塞在他的劳动学说里……不知道时间这个原素对于价值也有影响"①。实际上，凡是读过《资本论》的人都不难看出，马克思很清楚时间这个因素对商品价格和生产价格、对资本周转速度从而对利润的影响。但是马克思认为只有劳动时间能创造价值和剩余价值，而除此以外的任何时间（包括自然力作用的时间和庞巴维克所谓的时间）都不会创造价值和剩余价值。庞巴维克攻击马克思不知道时间的影响，无非是要推翻马克思关于劳动是价值和剩余价值的源泉的理论，从而推销他自己的时差利息论。

3. 他认为马克思仅仅认为剩余价值与可变资本有关系，这与利润同全部资本成比例、等量资本得等量利润的事实相矛盾。他说："马克思自己知道这里有些矛盾，为了解决这一问题，他说在下文中要加以讨论。可是，他的这种诺言没有见诸实行，其实也是无法实行的。"② 马克思关于利润和平均利润的理论精辟地解决了这个矛盾，这对庞巴维克是一记响亮的耳光。马克思关于剩余价值和可变资本有关的论断是为了进一步揭露剩余价值的源泉。利润、平均利润都是剩余价值的转化形态、现象形态。庞巴维克有意地把现象同本质混在一起，以现象否定本质，这只能证明他在理论上的浅薄和庸俗。

4. 庞巴维克从陈酒在窖中价格的增加和橡子长成橡树价格的增加给主人带来的利润这些事实出发，妄图否定马克思关于剩余价值源泉是雇佣工人的剩余劳动的理论。他质问道："放在地窖里藏了五年和十年的酒，它因此而得到的剩余价值是劳动者在什么劳动时间里创造出来的呢？一个工人种下一粒橡子，这一橡子不用再加以人的劳动，长成橡树时可以值 20 镑，如果，没有给与他 20 镑的报酬，能说这是掠夺，是剥削无偿的劳动吗？"③

关于陈酒价格问题，马克思在平均利润和生产价格的理论中已做出了科学的回答。至于工人出卖橡树问题，其一，工人是无产者，不是产品出卖者。资本主义剥削的特征是剥削雇佣劳动，而不是把工人当成产品出卖者进行剥削，因此，庞巴维克举的这个例子是不典型的。其二，如果是工人出卖产品

① 庞巴维克．资本与利息［M］．北京：商务印书馆，1959：320.

② 庞巴维克．资本与利息［M］．北京：商务印书馆，1959：321.

③ 庞巴维克．资本与利息［M］．北京：商务印书馆，1959：321.

给资本家，那么这里的例子说明是不等价交换，当然也是剥削。在价值已转化为生产价格时，橡树自然也应按生产价格出售。资本家不按生产价格决定的市场价格购买就是不等价交换。庞巴维克想抹杀剩余价值的真正源泉是工人的剩余劳动，这是徒劳的。

5. 庞巴维克得出结论，恶毒攻击以马克思为代表的社会主义者的“剥削学说不独是错误的，而且在利息学说中理论价值也最低”。“无论哪种理论都没有这种理论那样不合理、假定没有根据、自相矛盾、不顾事实。”他们“是能干的批评家，然而却是低劣的理论家”①。这里，庞巴维克作为资本主义制度的忠实辩护士和马克思主义的疯狂反对者的狰狞面孔已经暴露无遗。

（三）攻击马克思的经济理论体系

马克思《资本论》第三卷在1894年公开出版以后，庞巴维克于1896年出版了他的《马克思体系的崩溃》一书，公然宣称“马克思的第三卷否定了第一卷”。他无知地说，“平均利润率和生产价格论同价值论是不可调和的”，“第一卷极端强调地说，全部价值的基础是劳动，而且仅仅是劳动，即商品价值是同生产它们所必要的劳动成比例的。……可是，第三卷简单明了地说，按照第一卷的说法必须如此的东西，却并不如此，而且决不能如此，即每个商品并不依照它们所包含的劳动进行交换，同时，这种情况还不是暂时和偶然的，而是必然和长期的”。“马克思的体系同事实毫不相干……他的体系建立在比形式辩证法还不稳固的基础上。”②

庞巴维克对马克思经济理论体系的攻击更露骨地暴露了他反对马克思主义的真面目。在这里他完全抛掉了学者的外衣，而露出了一副政敌的狰狞面孔。因为，凡是稍微有点学术良心的人，只要把马克思的《资本论》看一遍，就不难看到，马克思《资本论》的逻辑是极为严密的，可以说是无懈可击的。马克思的《资本论》第一卷重点研究剩余价值的生产，第二卷重点研究剩余价值的实现，第三卷重点研究剩余价值的分配。马克思的《资本论》第三卷正是第一卷和第二卷的继续。马克思关于生产价格的理论是劳动价值论的继续和补充，关于平均利润的理论是剩余价值论的继续和补充。《资本论》第三卷与第一卷、生产价格理论与劳动价值理论、平均利润理论与剩余价值理论不仅不矛盾，而且在逻辑上是紧密联系的。这些马克思都讲得清清楚楚，庞

① 庞巴维克．资本与利息［M］．北京：商务印书馆，1959：321.

② 庞巴维克．马克思体系的崩溃［M］．英译本．1949：29-30，101.

巴维克睁眼说瞎话，这只能证明他是马克思主义的死敌。

四、庞巴维克经济观点中可取的点滴

庞巴维克的经济学说虽然从体系上说是庸俗的，政治上是反马克思主义的，但其经济观点中也有一些可取的点滴。

(1) 边际分析的方法。边际效用价值论是庸俗的，是不能成立的，但边际分析的方法在一定条件下是能成立的，也是可用的。它对于分析社会主义制度下的经济效益问题是有帮助的。

(2) 心理分析的方法。主观价值论是庸俗的，但心理分析在一定条件下是有用的。例如，对市场情况的预测等。

(3) 庞巴维克承认在资本主义社会劳资交换中工人阶级处于双重不利的地位："首先，由于他所处的被迫地位；其次，由于现在物品的买主和卖主之间的数目关系。具有现在物品可供出售的资本家是比较少的，而必须购买它们的无产阶级是数不尽的。因此，在这个现在物品的市场上，大多数不得不购买它们的买主们和少数卖主们相对立着，而这个关系显然很有利于卖主而不利于买主。"① 这种观点是符合实际的，是正确的；同时，它和庞巴维克的分配理论相矛盾，在那里他认为劳资双方都做了一笔公平合理的生意。因此，他关于穷人、劳动者在劳资交换关系中处于双重不利地位的观点，也可以为我们所用。

(4) 庞巴维克承认，"在一个更广泛的市场中，一切东西不再直接和主观需要相联系，而是和那些用货币作媒介的需要相联系"②。这种观点无疑是正确的，它显然与其主观价值论相矛盾。资产阶级经济学家极力吹捧庞巴维克著作的"逻辑严密性"，这不是一个自己打自己嘴巴的典型例证吗？

(5) 庞巴维克关于市场交换利益原则的论述是符合实际的。他说：引起交换的一般动机，即追求经济利益的动机，应该在交换价格的决定上起支配性的影响。一切参加交换的人，是完全从追求本身的直接经济利益这个动机出发进行活动的。由此出发，庞巴维克提出了三条交换原则：第一，只有在交换给他带来利益的时候，他才愿意交换；第二，他愿意为较大的利益不愿意为较小的利益而交换；第三，如果不交换便没有利益可得，他愿意为较小

---

① 庞巴维克．资本实证论［M］．北京：商务印书馆，1964：353.

② 庞巴维克．资本实证论［M］．北京：商务印书馆，1964：235.

的利益进行交换，而不愿意不交换。总的规则是“进行有利的交换”①。这里，庞巴维克认为利益动机在交换价格的决定上起支配性的影响，当然是不科学的；但他提出的进行有利交换的三原则，无疑是符合市场交换实际的，它对于人们观察市场经济现象、对于厂商进行市场经营，都是有意义的。

第三节　维塞尔的归属论

弗里德利希·维塞尔也是边际效用学派中奥地利学派的一个主要代表。他是门格尔的女婿，当过奥匈帝国最后两届内阁的商业大臣。他对奥地利学派经济理论的主要贡献有两点：一是他创造了“边际”的概念，二是他发展了门格尔的“归属”理论。这里我们只着重评介他的归属论。

一、归属论的出发点

维塞尔的归属论是以生产资料（生产财物）的价值决定为出发点的。他认为生产资料只要不是过分多余，和消费资料一样，也都有效用，从而也有价值。不过与消费品比较它们是不成熟的财物，因而其效用是“预期的或潜在的效用”，只能间接地满足人们的消费需要。由于生产资料只能间接满足人们的消费需要，因此它们的价值不能由其本身决定，而只能“由它们的产品价值或是由收益的价值所决定”，也就是由生产资料的预期的收益价值来决定，即预期它生产的消费品的价值来决定。“所料想的收益愈大，生产价值也就愈大。”②

但是，他又认为：生产财物从它们的收益价值获得本身价值的命题只适用于对参加合作的全体生产要素的估价，而不适用于对这些要素进行个别估价。例如，生产面包的烘炉、面粉、厂房等生产资料的价值由面包价值决定这个命题只适用于对烘炉、面粉等生产资料的总价值作价，至于面粉的价值、烘炉的价值等个别生产要素的价值，这个命题是无法解决的。要进行各个生产要素价值的估价，我们还需要一种能够把整个收益分割成单个部分的规则。这样归属理论就是非常必要的了。

---

① 庞巴维克．资本实证论［M］．北京：商务印书馆，1964：205-207.

② 维塞尔．自然价值［M］．北京：商务印书馆，1982：115，116，117.

二、归属论的任务

维塞尔认为生产财物也就是生产要素、生产手段，它包括土地、劳动、资本。其中任何生产手段，不管它多么有效率，也不能单靠自己的力量产生出收益来，它总是需要别的生产手段的帮助。因此，收益总是由生产要素共同创造的，收益应当由各生产要素共同进行分配。归属分析的任务在于“找出分割收益并将收益归属于它的要素的原则”，也就是“找出这些产品的生产应当归功于哪一些要素，这些产品应当归属于哪一些要素”。也就是要区别每个要素对生产成果的贡献，找出应归属于各要素的份额。例如，当土地、资本和劳动一道起作用的时候，我们必须能够从它们的共同产品中把土地的份额、资本的份额和劳动的份额区别开来。不仅如此，我们还必须能够计算每一块土地、每一笔资本和每一个劳动者所提供的服务。区别每一种要素对整个成果所做的贡献。也就是要搞清楚生产收益靠了哪些要素，并计算出这些要素的价值和分配份额。可见，维塞尔的归属论既是价值论中的问题（生产财物的价值决定和价值构成问题），也是分配问题（生产要素的贡献和分配份额问题），当然更侧重于分配问题。它的任务在于阐明在资本主义制度下“分配国民收入的基础”，“找到运用于实际生活中的收益分配的原则”①。

三、归算方法

维塞尔不同意门格尔分析归属的方法，他认为这种通过假定失掉某生产财物而发现某生产财物价值的方法，不符合实地调节经济生活的经济常规，没有把一项要素的“贡献”和“合作”加以区别，因为“占有生产财物所增加的（收益）小于失掉生产财物所减少的（收益）”。也就是“生产贡献‘实质上小于’依靠合作而得的份额”②。例如，某农场主失掉一头辕马，不仅要损失掉这头牲畜本身的价值，还要损失掉由于失掉这头牲畜而受的干扰在生产上损失的价值；再如，某企业如果原料缺乏，人的劳动和机器都会损失若干服务能力。

维塞尔主张选择一个足够大的范围，掌握足够的产品数量、价值及当时使用的生产手段等数据，列出足够大量的等式（有多少未知数就列出多少等

① 维塞尔．自然价值［M］．北京：商务印书馆，1982：120，124.

② 维塞尔．自然价值［M］．北京：商务印书馆，1982：5，137.

式)，通过这些等式的计算、比较，找出归给各项生产要素的收益份额。他主张利用数学公式来计算每一要素的生产价值和分配份额。例如：

$x+y=100$；

$2x+3z=290$；

$4y+5z=590$；

结果 $x=40$，$y=60$，$z=70$。

他认为他的归属方法“能够对各项生产手段所起的作用作出可靠的计算”①。

四、归属量的决定

维塞尔认为由于生产财物的收益是一种预期的收益，因而它就不能是一切收益，也不能是平均收益，而只能是边际收益。他说：“在可利用的生产财物不是个别的而是成批的场合，生产贡献的归属是遵循边际定律的。在这种情况下拿来归属于每一单件财物或其单位分量的是，通过使用这一单件或这单位分量在经济上能够指望的最小生产贡献”，即“边际贡献”和“边际产品”。“适用于被生产出来的消费财物的边际定律，也适用于生产这些财物的财物。”因此，他认为每件生产要素的归属量由它的边际贡献、边际产品决定，也就是由边际收益、边际效用决定。“每批财物的经济数量是用财物数量和边际价值的乘积来表示。”②

维塞尔不仅论述了决定生产要素归属量的规律，还论述了影响生产财物各要素归属量的诸因素：

(1) 供给。任何生产要素的供给越大，它所创造的产品就越不重要，边际效用就越小，从而归属于各项要素的生产贡献也就越小。

(2) 需求。这里的需求不仅来自需要，而且来自互补财物的供给。无论在哪一个场合，被归属的生产贡献都随需求而升降。也就是说，可以归属于生产财物的生产贡献，正和消费财物的价值一样，总是随着需求的变化而变化。不论由于什么原因，如果需求有所增加，贡献也就增加；反之，如果需求减少，贡献也就随之减少。

(3) 技术。提高质量或增加数量的技术改善会增加产品的价值，从而使

① 维塞尔．自然价值［M］．北京：商务印书馆，1982：134.

② 维塞尔．自然价值［M］．北京：商务印书馆，1982：142-143，145.

各个要素得到绝对较大的生产贡献。但是技术改善也可能缩减对某些要素的需要，并把它们投于别的使用，从而减少可归属的贡献。前者他以运输工具改善会提高全部生产手段的价值为例，后者他以节省劳动的机器的使用会降低劳动贡献为例。

(4) 占有程度。维塞尔把生产财物分为成本财物和独占财物两种。所谓成本财物就是容易得到的、丰富的财物，或是能够无限地增加生产的财物，是散布很普遍的财物。这些财物之所以称为成本财物，是因为这些财物是成本计算的要素。这些财物在收益计算中受到歧视，从而预期收益、边际效用也就比独占财物低。所谓独占财物就是那些同自然独占有联系的财物，它的生产量是比较小的，如稀有的原料、位置特殊的土地、特殊天才的人、秘密的成功的方法等。比之成本财物来说，独占财物具有双重的好处，即：天然高的边际效用，以及因成本财物的不断增加而对独占财物的需求的稳步增长。

(5) 质量。质量好，则收益份额高；反之，质量差，则收益份额低。他说，在生产中，无疑地，我们只有在质量较好的财物的供给不足以满足需求的时候，才应当使用质量较次的财物；落到较好的财物身上的收益份额要高过落到较次的财物身上的份额。质量较好的生产财物可以得到剩余收益。

五、生产要素归属的名称和来源

维塞尔把收益中归到劳动、土地、资本这些生产要素的份额称为“生产贡献”。“生产贡献”就是生产总收益中所包含的各个生产要素所起的作用的那部分收益。实际上也就是人们生产要素的“收益”，即劳动的收益、土地的收益、资本的收益。在进一步论述过程中，他又把劳动的收益称为工资，它来源于劳动的生产力；把土地的收益称为地租或“土地租金”，它来源于土地的生产力；把资本的收益称为利息或净收益，它来源于资本的生产力。

六、对维塞尔归属论的简要评论

以上就是维塞尔归属论的基本内容。不难看出这种理论是非常庸俗的，也是为资本主义制度辩护的。

第一，用消费品价值决定生产要素价值，这不仅是一种违反经济现实的次序颠倒的观点，也是一种循环论。

第二，维塞尔的归属论是老的庸俗经济理论的混合，包括了诸如生产三要素论、资本生产力论、庸俗生产费用论、三位一体公式、阶级调和论和边际效用论等庸俗理论的因素。正如上述，按照维塞尔的观点，资本主义生产有三个要素（劳动、资本、土地），这三个要素中不仅劳动、土地有生产力，而且资本也是有生产力的。这三个要素合作生产，都对产品的生产有所贡献，因此也都应得自己的一份收益。这些收益都是由各生产要素的边际贡献决定的，边际定律与成本定律是一致的。可见说归属论是上述谬论的大杂烩一点也不过分。

第三，维塞尔的归属论歪曲了价值和剩余价值的性质和源泉，也歪曲了资本主义社会的阶级关系。他把价值说成是三要素共同创造的，把剩余价值说成是土地与资本创造的，把资本主义社会工人与剥削者的关系说成是利益调和关系。这就歪曲、掩盖了资本主义剥削关系。

第四，维塞尔的归属论的罪恶矛头是指向马克思主义的劳动价值论和剩余价值论的，这一点他自己也毫不隐讳。例如，他说："社会主义者如果希望看到自己国家的财富尽可能富足，那就必须尽可能彻底地驳倒自己的理论，即只有劳动创造财富的理论。""所谓除了劳动什么东西也不能生产果实，因而，必须把全部收益归属于劳动，这种陈腐不堪的论点是虚伪的。"①

第五，维塞尔的归属论完全是为资本主义制度辩护的。他公然称如果不解决归属问题，那么资本主义制度就会"被非难为是任意的"，"强制的和不公平的"，就会被非难为是不合理的②。可见，他的归属论就是为了证明资本主义制度的必然性和公平合理性。

第六，他的归属原理同他的归算公式是矛盾的。按照他的归属原理，单个生产要素的生产贡献小于各生产要素合作所得的收益，但按照他的归算公式，这两者则是一致的；按照他的归属原理，各要素的归属份额由其边际效益决定，但他的归算公式并没有把这反映出来。

维塞尔的归属论虽然从总体上来说是一种庸俗理论，但也有可取的点滴：

第一，他归算的方法作为一种分析问题的方法是有参考价值的。

第二，他认为各生产要素的独立贡献之和小于各要素合作所产生的效益，即合作能产生更大的效益；失掉一要素不仅会失掉该要素的贡献，而且会使别的要素受到干扰从而带来较大的损失。这种观点是对的。这说明优化要素组合会带来更大的效益。

---

① 维塞尔．自然价值［M］．北京：商务印书馆，1982：126，139.

② 维塞尔．自然价值［M］．北京：商务印书馆，1982：124.

第十五章　数理学派的经济学说

第一节　数理学派概述

一、数理学派的先驱和主要代表

数理学派也叫数理经济学派。它是十九世纪七十年代在资本主义世界出现的一个资产阶级经济学流派，也是边际效用学派的一个支派。

数理学派的主要先驱是法国的安多万·奥古斯丹·古尔诺（1801—1877）和德国的戈森（1810—1858）。古尔诺在其著作《财富理论的数学原理研究》（1838 年）中，不仅运用微积分学进行经济分析，而且用函数形式表述了商品的需求同价格之间，以及产量同成本之间的依存关系，还运用数学推理，论证了在垄断和竞争市场条件下，生产者实现最大利润的价格决定问题。戈森在其著作《人类交换规律与人类行为准则发展》中，也运用数学方程论证了经济问题。因此，人们一般都把这两人看成数理学派的主要先驱。

这里顺便提一点，有些学者把威廉·配第也看成数理学派的先驱，这是很值得商榷的。因为，配第尽管在其著作《政治算术》中运用了数理统计的方法为他的经济分析提供更精确的基础，但是，第一，他不是把数理方法作为政治经济学的研究方法，而是作为说明方法、叙述方法；第二，他不是把数理方法作为政治经济学的主要方法，而是作为辅助方法；第三，他运用数理统计方法说明的问题是古典经济学的经济理论，而不是庸俗经济学的庸俗理论。因此，把威廉·配第说成数理学派的先驱是很值得研究的。判断一个经济学家是不是属于数理学派，问题不在于他在政治经济学中用不用数理方法，而在于他这种方法是作为政治经济学的辅助方法，还是作为主要方法；是作为说明方法，还是作为研究方法；还在于用这种方法说明什么问题、得出什么结论，是庸俗的结论还是科学的结论，或接近科学的结论。这个界限我们必须划分清楚。

数理学派的主要代表是法国的瓦尔拉、英国的杰文斯和意大利的帕累托。它的创始人是瓦尔拉。

二、数理学派的基本特征

(一) 用数理方法研究和说明经济问题

数理经济学派的一个基本特征就是运用数学语言和数理方法研究和说明经济现象和经济范畴。他们认为，政治经济学的研究对象是经济事物的数量关系，因此，经济学应是一种数学的科学，数理方法是政治经济学最主要的研究方法，只有这种方法才能精确地说明经济现象和经济范畴。他们认为，一切科学的经济学家都必须是数理的经济学家。他们是这样说的，也是这样做的。例如，杰文斯在他的著作中就大量应用微积分学研究和说明经济问题，瓦尔拉在他的著作中则大量应用代数方程研究和说明经济问题。

把数理方法和数学语言应用于经济领域，这本身并没有什么过错，而且应当说这是数理学派的功绩，是经济学的新发展。因为，经济现象中不仅有质的关系，也有量的关系，后者是可以运用数理方法和数学语言进行某种说明和论证的。问题不在于政治经济学中能否运用数理方法，而在于如何运用数理方法，把数理方法放到什么位置。马克思在其经济巨著《资本论》中就运用了数理方法，他为人们运用这种方法说明经济问题树立了光辉的典范。

但是，数理学派把政治经济学看成研究经济数量关系的数学，把数理方法作为政治经济学的主要研究方法，从而撇开资本主义经济关系的分析，用经济量的分析代替质的分析，用数理方法代替科学抽象法，这是非常庸俗、非常错误的。政治经济学的主要对象是经济关系，而经济关系的实质是不可能完全通过数理方法推导出来并得到说明的。同时，政治经济学中的数量关系也不是一种机械关系，不可能完全通过数学语言进行说明。数理学派把政治经济学中的数理方法强调到荒谬的地步，把本来可以作为一种说明经济问题的辅助方法说成是主要的甚至是唯一健全的研究方法。这就只能把政治经济学变成一种只研究机械性量的关系的学问，从而在实际上就取消了政治经济学，也就抹杀了对资本主义经济关系质的分析，也就掩盖了资本主义生产关系的剥削性质和历史性质。

数理学派的数学分析不过是掩盖其庸俗经济理论的华丽外衣，正如马克思在批判麦克劳德等人时指出的那样，“这些论文通篇都是经济学上的老生常谈；而且他们也知道，这些东西已经使读者十分腻味，因而竭力用假哲学或假科学的行话来点缀自己的胡诌。这种假科学性决不会使内容（它本身等于零）更为明白易懂。正好相反。它妙就妙在使读者莫测高深，使读者绞尽脑汁，最后才得出一个使人放心的结论：这些吓人的话所包藏的不过是一些口头禅而已”①。马克思这里批判麦克劳德等人的话也完全适用于批判数理学派。

（二）把数理分析和心理分析相混合

数理学派的另一个基本特征就是把数理分析法与边际分析法，把数理分析与心理分析混合在一起。他们在研究和说明经济问题时，在数理分析统率下，把数理分析与边际分析、心理分析紧密地结合在一起。例如，他们对价值论的分析说明就是这方面的典型。因此，它的主要代表人物，既是数理学派的代表，又是边际效用学派和主观心理学派的代表。

数理经济学不同于经济计量学。前者是主要运用数学方法研究、说明经济现象和经济范畴及其相互关系的学科；后者则是运用数学方法对经济关系进行计量，以便在经济现象中确立数字规律的学科，是经济学、数学和统计学的结合。

第二节　杰文斯的经济学说

一、杰文斯的生平著作

威廉·斯坦利·杰文斯（1835—1882），英国资产阶级经济学家、统计学家和逻辑学家。他既是边际效用论的创立者之一，也是数理学派的主要代表。他 1835 年生于英国的利物浦，早年在伦敦大学学习化学和植物学，1854 年因父亲破产辍学到澳大利亚造币厂任检验员，1859 年返回英国继续在伦敦大学主修文学、自修政治经济学。他于 1860 年获文学学士学位，1862 年获文学硕士学位。次年在曼彻斯特欧文斯学院任教，先后任逻辑学与伦理学讲师、教授，1876 年到伦敦大学任政治经济学教授，1882 年游泳时不幸遇难，享年仅 47 岁。他的主要经济学著作有《通货和金融研究》（1863—1884 年）、《政治经济学理论》（1871 年）。在杰文斯的经济学说中，值得人们注意的主要有：他关于政治经济学对象和方法的观点，关于最后效用程度的价值论和关于经济危机问题的“太阳黑点论”。

① 马克思致恩格斯．资本论书信集［M］．北京：人民出版社，1976：274.

二、杰文斯论经济学的对象和方法

杰文斯认为，政治经济学的性质应该是数学的，它的课题就是以最小的努力满足最大的欲望，即以最少痛苦的代价获取最大限度的快乐，以最少的负效用获取最大的效用，政治经济学研究经济量及其相互关系，研究痛苦与快乐的量及其相互关系，政治经济学就是"快乐与痛苦的微积分学"①。

他认为政治经济学是数学的科学，所以，他很自然地又认为，数理方法是政治经济学的主要研究方法，"一切科学的经济学家皆须是数理的经济学家"。因为"经济学这种科学只能从数学的基础得到圆满的讨究"②。

很明显，这里杰文斯完全把政治经济学变成一门主观心理范畴的计算学，实际上等于完全取消了政治经济学。他这样做的结果只能是以心理分析代替人与人之间的生产关系的分析，以经济量的分析代替经济质的分析，从而掩盖资本主义剥削关系，为资本主义剥削制度进行辩护。

至于数理方法在经济学中的应用问题，我们在前边已经评述过，这里就不重复了。

三、杰文斯的最后效用程度价值论

杰文斯坚决反对劳动价值论，认为"价值是一个危险的名词"，"这种学说，一分钟也不能维持"，"世间有许多事物，已够推翻"这种学说。他极力主张用"交换比率"这个词代替"价值"这个词，用他的最后效用程度价值论代替劳动价值论。

他认为商品就是能够提供快乐或避免痛苦的物品或服务，商品的价值就是"一种商品的最后效用程度"，它表示"对于一物的欲望强度或估计"，由商品的最后效用程度决定。他说："价值非定于劳动，乃定于效用程度。"③

为了说明他的最后效用程度价值论，杰文斯把效用这个概念区分为总效用、效用程度和最后效用程度三个概念。

他认为，随着商品供给量的增加，人从商品所得到的快乐就会递减，从而效用也会递减，这就出现了总效用、效用程度、最后效用程度的区别。总

① 斯坦利·杰文斯．政治经济学理论［M］．北京：商务印书馆，1984：2，10，20.

② 斯坦利·杰文斯．政治经济学理论［M］．北京：商务印书馆，1984：5，10.

③ 斯坦利·杰文斯．政治经济学理论［M］．北京：商务印书馆，1984：78，131，149.

效用就是全部现有商品各单位实际效用的总和；效用程度则是在商品供给的某一点上所表现的需求强度，即人对这种商品的一部分在一定时间内的欲望程度，或人对这种商品的一部分在一定时间内对人的效用的主观评价；最后效用程度就是最后加量的商品单位给人提供的效用程度，即人对这种最后加量商品单位给人提供的效用能够满足人的欲望程度的评价。例如，某个人有十个面包，这十个面包给人的效用程度不同，第一个面包为10，第二个面包为9，第三个面包为8，第四个面包为7，第五个面包为6，第六个面包为5，第七个面包为4，第八个面包为3，第九个面包为2，第十个面包为1，总效用就是各个面包效用程度的相加（55），最后效用程度是1。可见，效用程度也就是人对商品效用的评价程度，正是在这个意义上，杰文斯说："感情的强度只是效用程度的别名。"①

杰文斯认为，只有把一种商品的总效用和这种商品的一部分在一定时间内对一个人的效用（即效用程度）区别开来，效用才能成为价值理论中的一个重要概念。他认为就效用对人的福利而言，总效用不如效用程度重要；而在各种效用程度中，最后效用程度最重要。因为它是最后增加进去的产品单位对人所提供的效用程度，直接关系到个人的快乐和痛苦。因此，它是个人对产品效用价值的标准，是价值的尺度。杰文斯举出水的例子来说明这个问题。他说，水在通常情况下总效用极大，但由于它的数量无限，从而最后效用程度最小，甚至为零，所以水通常无价值。但在干旱缺水条件下，由于供给有限，效用递减程度停止在较高水平上，所以我们就觉得水有更高的效用程度了，从而就有了价值。由此，杰文斯得出结论说："价值一辞所指示的，是对于一物的欲望强度或估计。""所谓价值，应即指一种商品的最后效用程度。所赖以量计这种程度的，是该种商品一个新加量所获得的快乐或利益的强度。"② 而所谓商品的最后效用程度，不是指一定量商品中最后一个新加量所提供的效用量，而是这个效用量和商品增量的比例，也就是人们对这个新加量商品效用量的主观评价。效用程度是商品量的函数，商品增量的效用是递减的，效用程度是递减的，最后效用程度也是最低的。

杰文斯的最后效用程度价值论也就是边际效用价值论，不同的是它披上了一层数学的外衣。

---

① 斯坦利·杰文斯．政治经济学理论［M］．北京：商务印书馆，1984：68.

② 斯坦利·杰文斯．政治经济学理论［M］．北京：商务印书馆，1984：78.

杰文斯的价值论是非常庸俗的。

第一，它以主观心理范畴代替客观经济范畴，把价值这个客观经济问题完全变成主观心理的东西，这样也就抹杀了价值的客观性和历史性。

第二，它完全抹杀了价值同劳动的联系，歪曲了价值的本质和源泉。在这里价值这个反映人们经济关系的范畴完全变成了反映人与效用的自然关系的范畴，价值这个人类劳动的产物变成了人的心理和自然的产物。他断然否认劳动是价值的源泉，宣称劳动在生产中一旦耗费掉，就永远消失了，劳动对拿到市场上的商品价格不可能有任何直接影响，它只是通过影响商品的供给量，影响商品的最后效用程度，才间接影响价值。

四、杰文斯的危机论

杰文斯在 1878 年发表了他的著作《商业危机和太阳的爆发》，在该书中他荒谬地以太阳黑点的活动解释资本主义经济危机的原因和周期，公然宣称资本主义经济的周期危机与太阳黑点出现有密切联系。他运用大量统计资料说明太阳黑点的周期变化影响气象变化，影响农业收成，从而影响整个经济活动，带来经济危机。他说："我们完全相信这种十年发生一次的危机，是由于同一时间的气象变化造成的，气象变化又由宇宙变化引起，宇宙变化又由太阳黑点变化而来"，"太阳黑点的循环期与经济危机的循环期一致"。

显然这是完全建立在偶然联系之上的一种谬论，它掩盖了资本主义经济危机的真正根源，是为资本主义制度辩护的。历史已经证明，杰文斯关于太阳黑点导致危机的理论是毫无根据的。太阳黑点变化一般很长时间（约 11 年）才一次，并没有缩短，但资本主义生产过剩的危机周期越来越短（由 10 年左右到 8 年左右，再到 6 年左右）；同时，在同一个地球上，同一个太阳光芒照射下，资本主义国家危机频繁，而社会主义国家则极少发生普遍生产过剩的经济危机。这说明"太阳黑点危机论"完全是一种胡诌。

五、杰文斯的生产论、资本论和市场论

（一）生产论

杰文斯认为生产有四要素，即劳动、土地、资本和知识，认为这四个要素是全部生产物协成的条件。这里他的错误在于他继承了萨伊的三要素论。但他把知识作为生产要素是值得注意的，应当说这是他的一个贡献。

（二）资本论

杰文斯认为，资本就是为便利生产而用的财富，是劳动者的给养品，是

维持各种有工作的劳动者所必要的诸种商品的总称。资本的功能就是使劳动者能够等候长久工作的结果——使企业从开始至终局，可以距离一段时间，可以帮助人们越过困难。正因为杰文斯对资本概念的错误理解，所以他认为“每个人都成为自己的资本家”①。

这里杰文斯把资本与生产资料、生活资料相混淆，把一切便利工作、生产的商品都称为资本，把劳动者自己的生活资料也称为资本，认为每个人都是资本家，这当然是非常庸俗的。

（三）市场论

在《政治经济学理论》一书中，杰文斯所谓的市场似乎有广义和狭义两种含义。从狭义上看，所谓市场，是指市镇上买卖商品的公共场所；从广义上看，所谓市场，是指由市集、集会或公定市价表、邮局等方法，彼此间保持密切的商品货币联络②。杰文斯的这个观点是正确的，是很有借鉴意义的。

第三节　瓦尔拉的经济学说

一、瓦尔拉的生平著作

马利·埃斯普里·里昂·瓦尔拉（1834—1910），法国资产阶级经济学家，边际效用学派的创始人之一，数理学派中洛桑学派的创建者。他 1834 年生于法国埃夫勒，早年在巴黎大学读书，获文学士和理学士学位。他毕业后从事过记者等多种职业，1870 年到瑞士洛桑大学任政治经济学教授，直到 1892 年退休。他的主要经济学著作有：《纯粹政治经济学纲要》（1874 年）、《社会经济学研究》（1896 年）、《应用政治经济学研究》（1898 年）等。

二、瓦尔拉论政治经济学的对象

瓦尔拉认为政治经济学应分为三个部分：①纯粹经济学；②社会经济学；③应用经济学。这三部分研究对象不同：纯粹经济学研究价值和交换，社会经济学研究财产的占有和分配，应用经济学研究财富的生产和再生产。在这三个部分中，纯粹经济学是基础，它是在假定绝对竞争制度下关于

① 斯坦利·杰文斯．政治经济学理论［M］．北京：商务印书馆，1984：193.

② 斯坦利·杰文斯．政治经济学理论［M］．北京：商务印书馆，1984：81.

"价格决定的理论"，它也是"一门如同力学和水力学一样的物理——数学的科学"①。它虽然可以用普通语言来表达，但必须用数学提供论证。

不难看出，瓦尔拉关于经济学分部和对象的观点是非常庸俗的。它的核心问题在于用各种具体经济问题的分析代替经济关系的分析，以经济数量的分析代替经济质的分析，借以掩盖资本主义社会人与人关系的本质。

同时，他把生产、分配、交换割裂开来，把价值和交换作为纯粹经济学研究的课题，把财产的占有、分配作为社会经济学研究的课题，把生产和再生产作为应用经济学研究的课题，这也是非常错误的。

三、瓦尔拉的稀少性价值论

瓦尔拉认为物品的价值决定于物品的"稀少性"。表面看来，他的这种观点似乎不同于门格尔、维塞尔、庞巴维克和杰文斯，实质上只是用语不同，内容是完全一致的。瓦尔拉的"稀少性"不过是"边际性"的另一种表述而已。

且看他对"稀少性"是怎样说明的：

瓦尔拉认为，"稀少性"所表示的就是"一个单位商品的消费所满足的最后欲望的强度"。他认为商品满足欲望的强度是商品供给量的函数，当商品量递增时，满足欲望的强度就必然随之递减。他还认为，价值不过是商品在市场上的交换比率，或者是以货币表示的价格。要达到交换平衡，使交换双方都得到可能的最大满足，两件商品的价格比率必须等于它们边际效用（"稀少"）的比例。

可见，瓦尔拉的"稀少性价值"实际上仍然是一种主观价值论，是边际效用价值论。

四、瓦尔拉的一般均衡价格理论

瓦尔拉在边际分析的基础上，提出所谓一般均衡分析理论。一般均衡理论是相对于局部均衡理论而言的。它不是只分析两个商品之间的交换比例，而是把边际效用分析从两个商品提供的比例关系扩大到全部商品上去。它不但要解释一对商品的价值，而且要解释全部商品的价值。它在边际效用价值论的基础上从市场上全部商品的供给、需求和价格的相互依存、相互制约出

① 转引自：鲁友章，李宗正．经济学说史［M］．下册．武汉：湖北人民出版社，1983：231.

发，考察所有商品的供给和需求同时达到均衡状态的价格决定问题。

瓦尔拉认为，在现实生活中，一切商品的价格是互相联系、互相影响和互相制约的。一个商品的价格不可能只是孤立地受这一商品的供求关系的影响，它必然要受其他商品价格的影响。例如，谷物和牛肉比价的决定必须要受其他食物价格的影响，食物的价格要受衣服、器具价格的影响，衣服、器具的价格又要受更广泛的其他消费品价格的影响。反过来，谷物和牛肉比价的变动也会影响其他一切消费品的价格。他认为消费资料的价格和生产资料的价格也是互相影响和互相制约的。因此，任何一个商品价格必须同时和其他商品的价格联合着决定，而只有当一切商品的价格恰好使得它们的供给和需求相等时，竞争市场就达到了均衡状态，市场的一般均衡才算形成。这时交换双方才可以得到最大满足，社会才能得到最大利益。这时的价格就是均衡价格，瓦尔拉称它为价值。这种均衡就叫作一般均衡。

瓦尔拉还把企业家看成是生产要素的购买者和消费品的售卖者，而生产要素的所有者则是生产要素的售卖者和消费品的购买者。他认为在“完全竞争”的均衡条件下，出售一切生产要素的总收入和出售一切消费品的总收入必然相等。

瓦尔拉的一般均衡论的庸俗性、辩护性是十分明显的。第一，它是反科学的。它建立在主观价值论和庸俗的供求均衡论的基础之上，基础是不科学的，建立在其上的一般均衡论自然也是不科学的。第二，它把价值与价格、价值与交换价值相混淆，这是资产阶级经济学家的通病。第三，它是为资本主义制度辩护的。它宣扬交换双方在均衡状态下都可得到最大满足，自由竞争符合社会最大利益。这就掩盖了资本主义制度的矛盾。第四，它直接攻击马克思主义和社会主义制度。瓦尔拉通过他的一般均衡分析，攻击马克思主义没有解决每一产品的供求均衡如何形成的问题，因而社会主义是一种“空言”，是“一个完全行不通的制度”①。

当然，他认为各种价格之间互相影响、互相制约，这种观点是有参考价值的。我们当前在市场价格改革和管理工作上必须考虑到这一点。同时，一般均衡分析作为一种经济分析方法，仍不失为一种科学方法，很有借鉴意义。

---

① 转引自：陈岱孙．政治经济学史［M］．下册．长春：吉林人民出版社，1981：302.

第四节　帕累托的经济学说

一、帕累托的生平著作

维尔弗雷多·帕累托（1848—1923），意大利资产阶级经济学家和社会学家，瑞士洛桑学派奠基人之一。他1848年生于法国巴黎，其家庭为意大利热那亚贵族。帕累托先后就读于都灵大学和工艺学院，1869年获工程博士学位，1877年开始研究经济学。1893年继任瓦尔拉在洛桑大学的教席，直到1916年退休。他的主要经济学著作有：《政治经济学讲义》（1896—1897年）、《社会主义体系》（1902年）、《政治经济学教程》（1906年）。

二、价值论

帕累托认为商品的满足能力决定商品的价值，即商品满足人们欲望的能力决定商品的价值。这就是说，他以满足能力代替瓦尔拉的稀少性。但其实质都是一样的，都是认为人们的主观评价决定商品的价值。

帕累托也主张一般均衡分析，但他与瓦尔拉有所不同的是：他认为均衡只是对抗力量造成的相对均势，强弱之间的暂时妥协就是一种均势，而这种均势并不一定是最理想的；而瓦尔拉则认为均衡是自然的，从而是至善的，均衡会给社会带来最大的满足和利益。

三、序数效用论

帕累托在《政治经济学讲义》一书中仍然沿袭瓦尔拉等人的基数效用论，但他认为这种具有享乐主义和功利主义含义的效用实际上无法计量，因此他主张用“满足欲望能力”这个词来代替“效用”。在《政治经济学教程》中他就采用序数效用论，认为效用虽然不能计量，不能说出某种物品有几个单位的效用，但可以用第一、第二、第三……序数来比较两种或两组物品的效用（即满足人们欲望能力）的大小差别或无差别（相等）。

四、无差异曲线分析

帕累托在他的书中以无差异曲线分析代替一般边际效用论者的需求曲线分析。

所谓无差异曲线就是表示两种商品的各种不同数量组合使消费者得到的满足程度相等的曲线。帕累托运用这种曲线分析探讨假定消费者消费两种商品，那么他必须增加多少一种商品，才能抵补另一种商品的减少，以保持其满足欲望程度的无差别，或保持相同的满足感。这种理论就是无差异分析理论，用曲线图表示就是无差异曲线图（见图 15-1）。

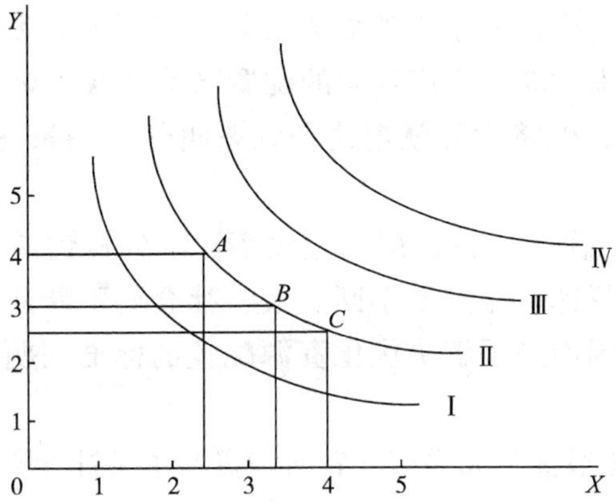

图 15-1 商品 X 和商品 Y 的无差异曲线

这里纵轴 Y 和横轴 X 分别代表两种不同的商品。在坐标平面上，有四条无差异曲线Ⅰ、Ⅱ、Ⅲ、Ⅳ。在无差异曲线Ⅱ上，有 A、B、C 三点。A 表示 4 个单位的商品 Y 和 $2\frac{1}{3}$个单位的商品 X 的组合，B 点表示 3 个单位的商品 Y 和 $3\frac{1}{3}$单位的商品 X 的组合，C 点表示 $2\frac{1}{2}$个单位的商品 Y 和 4 个单位的商品 X 的组合。按照序数效用论的说法，无差异曲线Ⅱ上的 A、B、C 各点所代表的不同商品组合对消费者来说可以带来同等程度的满足，因而是无差异的。消费者无论选择其中的哪一个商品组合，满足程度始终不变，变动的只是两种商品的不同比例。

在同一坐标平面上如果有几条无差异曲线，那么位置较高的无差异曲线代表较高的满足水平，位置较低的无差异曲线代表较低的满足水平。

无差异曲线不表示效用的总和，而只表示消费者的偏好。因此，无差异曲线图也就是偏好图，它说明消费者为了获得最大满足怎样在不同商品组合之间进行选择。也就是说，帕累托用无差异曲线来阐明他的关于商品需求的选择理论。

五、帕累托最优

帕累托在《政治经济学教程》一书中，在序数效用论的基础上探讨了“集合体效用最大化”的问题，提出了关于生产资源配置的“最优效率”理论。他认为，当生产资源配置达到如下状态时，即当生产资源的任何重新配置，都不可能再使至少某一个人的处境变好、又不会导致任何其他人的处境变坏时，这种状态就意味着生产资源的配置已使“集合体效用”或社会福利达到最大值。之后，经济学界就把这种状态叫作“帕累托最优境界”，简称“帕累托最优”。

“帕累托最优”作为一种资源配置效率标准的探讨应当说是有积极意义的。无论何种经济形态，生产要不断发展，社会要不断前进，都要解决资源配置的效率问题，因而必须解决优化资源配置的标准问题，社会主义国家也不能例外。

当然，“帕累托最优”如果暗含着所谓资本主义社会资源配置就是最优的意思，那无疑是一种抹杀资本主义社会矛盾、美化资本主义制度的辩护理论。

第十六章　克拉克的经济学说

第一节　克拉克的生平著作和研究方法

一、克拉克的生平著作

约翰·贝茨·克拉克（1847—1938），是十九世纪末二十世纪初美国著名的资产阶级经济学家，边际效用学派在美国的首要代表。他于1847年出生在美国罗得岛州的普洛佛吞城的一个工商业者家庭，1872年毕业于安姆斯特学院，后赴德国海德堡大学、瑞士苏黎世大学留学。在德国留学期间他是德国旧历史学派经济学家罗雪尔和卡尔·克尼斯的学生。回国后，他先后在卡尔顿、斯密斯、安姆斯特等学院任教。1893年后，他任美国哥伦比亚大学经济学教授，1893—1895年任美国经济学会会长。

克拉克的主要经济学著作有：《财富的哲学》（1886年）、《财富的分配》（1899年）、《经济学要义》（1907年）。其中《财富的分配》是他最主要的代表作。

克拉克从事经济学著作的时期，正是美国资本主义从自由竞争向垄断阶段过渡的时期。在这个时期，美国垄断组织势力逐渐加强，劳资矛盾和工人阶级的罢工斗争日益尖锐，马克思主义广泛传播，美国经济学家凯里的和谐论和其他庸俗理论已经不能适应美国资产阶级的需要。这时，资产阶级迫切需要产生一种新的庸俗理论来维护资本主义制度。克拉克的庸俗经济理论就是适应这种需要而产生的。

克拉克的经济理论是凯里的和谐论和庞巴维克等人边际效用论的混合物，其目的完全是为资本主义制度辩护和反对马克思主义、反对工人运动的。这一点克拉克和其子小克拉克毫不隐讳。克拉克自己就曾讲过，他的理论就是要证明资本主义制度“没有剥削”，是“公正”和“为人类造福”的制度，从而证明“现存社会制度……存在的权利”。他说：“许多人指责现在的社会制度，说它‘剥削劳动’。他们说，‘工人常被夺取他们的劳动成果。这种剥削是通过自由竞争的自然作用，并在法律的形式下实现的’。如果这种说法被证实，那么，每一个正直的人都应当变成社会主义者。”克拉克认为这个问题涉及“现存社会制度究竟有没有存在的权利”，“是不是要让这个制度自由无阻地按照自己的方向发展下去”。他说，他的书就是要证明这个“社会收入的分配是受一个自然规律的支配。而这个规律如果能够顺利地发生作用，那么，每一生产要素创造多少财富就得到多少财富”，因而是“完全公平”“合理的”，是没有剥削的，各个阶级利益是协调的，革命是不必要的①。

二、克拉克的研究方法——静态经济学和动态经济学

与其他庸俗经济学家一样，克拉克的基本方法也是唯心主义和形而上学的，不过在具体方法上略有特色。他不同意传统的三分法（生产、分配、交换）和四分法（生产、分配、交换、消费），而主张把经济学分成三个分部：第一，“普遍规律”，即一般经济学；第二，“静态经济学”；第三，“动态经济学”。

克拉克认为政治经济学的第一个自然分部是一般经济学，它研究财富的普遍规律，讨论比较一般的生产规律和所有的消费规律。所谓普遍规律就是“从人与自然的关系产生的”规律。这些规律“不依靠经济组织而起作用”。不论是在最进步的社会经济条件下，或是在最原始的社会经济条件下，这些规律都同样起作用。例如，边际效用规律，边际生产率规律，以及由此派生的“消费品的级差效用规律”“生产工具的级差效用规律”“劳动的级差效用规律”。这里的“级差效用”就是“边际效用”。

克拉克认为政治经济学的第二个自然分部是静态经济学，它研究经济学的静态社会规律。所谓静态社会规律，就是由人与人之间的关系在已有交换行为和其他各种经济组织存在的条件下，而发生的力量所引起的规律，也就是在假定人口、资本、技术、组织、消费倾向因素不变的条件下，即所谓静态条件下，财富生产和分配的规律。克拉克把上述各种因素的变动称为扰乱因素，而把阻碍各生产要素自由竞争和自由转移的阻力称为摩擦因素。他认为经济规律的作用最终将导致均衡状态，但扰乱因素和摩擦因素都阻碍经济规律充分发挥作用，阻碍“均衡”状态的形成。因此必须把这种因素抽象掉，

① 克拉克．财富的分配［M］．北京：商务印书馆，1962：3-4.

假定有一个静态社会，才能发现经济的自然规律。克拉克承认，静态社会是一种“虚构”，“静态的社会是完全不可能存在的”，但他认为静态分析并不脱离实际，而且静态分析法是十分必要的，“静态的规律还是真实的规律”。静态理论的任务就是发现任一时期中的社会自然状态，发现正常的自然的工资和利息标准。

克拉克认为政治经济学的第三个自然分部是动态经济学，它研究动态经济规律，“说明由于社会的组织形式和活动方式不断变化，社会财富和社会福利发生什么变化”，也就是说明在人口、资本、生产方法、产业组织、消费倾向的变动势力影响下财富生产和分配所发生的变化。“动态理论的任务，是确定动态变化”的影响。动态经济规律也是在已有交换行为和各种经济组织存在条件下，由人与人之间的关系产生的规律。

克拉克把静态经济和动态经济合称为“社会经济”，以“普遍经济”为“社会经济”的前提。

关于静态经济学与动态经济学的关系，克拉克认为静态经济学是一种抽象研究，分析在其他因素不变的条件下某一种经济因素的单独均衡；而动态经济学则是从抽象回到现实的研究，分析在各种因素变动的情形下如何从一个均衡状态过渡到另一个均衡状态。动态理论必须建立在静态理论的基础上，“静态势力决定标准，动态势力引起变动”，“在一个现实的、动态的社会中，各种活动都受着静态规律的支配”，静态规律“居于主要地位”。但“在实际社会中，静态规律要依靠动态势力才能发生准确的作用”。

克拉克以静态分析作为他理论体系的中心，《财富的分配》的主要内容就是对分配进行静态分析。

动态分析和静态分析本身是一种科学方法，但克拉克对这种方法的理解和运用基本上是不科学的，甚至是反科学的。

第一，他在研究一般经济规律时完全脱离了特定的生产关系，这是一种次序颠倒的反科学的做法。因为一般规律是从各个特殊社会抽象出来的。但克拉克的一般规律则是离开社会的普遍规律（即反映人与自然关系的规律），并且把这些规律作为社会规律的前提，这样研究得出的结论只能歪曲经济规律的本质。他所谓的普遍规律并不是适用于各个生产方式的真正的普遍规律，而是资产阶级经济学特别是庸俗经济学的老生常谈（如边际生产力规律等）。

第二，他在分析资本主义社会的静态规律（自然规律）时完全抽掉了资本主义关系，从而掩盖和抹杀了资本主义矛盾。这说明他的抽象法完全是一种反科学的抽象法。

第三，他所谓的动态势力只是资本主义社会若干经济因素在量上和技术上的变化，并不包括引起资本主义发展变化的本质因素（内在矛盾）。

总之，克拉克的研究方法仍然是唯心主义和形而上学的，是反科学的，与科学抽象法毫不相干。

第二节　克拉克的经济理论

一、克拉克的价值论

克拉克在价值论方面属于边际效用学派，他认为奥地利学派价值论所依据的原则，即边际效用原则是“一个十分正确的原则”①。他在其经济学说中始终坚持这个原则，认为商品价值是由商品的边际效用决定的。由于奥地利学派的庞巴维克已经充分阐述了边际效用论，故克拉克在他的代表作《财富的分配》一书中未专门进行论述，只是在论述分配问题时附带谈了谈。在这方面他没有什么创造，只是坚持运用而已。不过在这方面他的一些观点很值得注意。他认为，关于边际效用问题的研究，“向来都不够全面”，他主张对边际效用论进行一些补充和修正。他认为需修正的主要有两点：第一，关于效用曲线。奥地利学派用一种商品（如面包）说明效用曲线是渐降的。克拉克认为如果用一种商品说明效用曲线的下降“是非常突然的”，只有选择一类商品，效用曲线的下降才是逐渐的。他说：“过去的价值理论，没有充分考虑到，当把一个品种完全相同的物品一单位一单位不断地给与一个消费者时，这个物品的效用必然急速下降。普通图解所表示的逐渐下降的效用曲线，是说明一类物品的情形，而不是说明一件物品的情形，因此，价值的理论，需要加以修正。”② 第二，关于边际效用论的适用范围。奥地利学派对边际效用规律的应用主要限于消费品的消费和交换。克拉克认为“这个规律是无所不包的规律”③，他把它推广到生产领域和分配领域，创立了边际生产力的庸俗

① 克拉克．财富的分配［M］．北京：商务印书馆，1962：166.

② 克拉克．财富的分配［M］．北京：商务印书馆，1962：159-160.

③ 克拉克．财富的分配［M］．北京：商务印书馆，1962：160.

理论。

克拉克的这些“修正”不过是使边际效用论这个庸俗理论更加完善而已，并没有使它变成一种科学的理论。关于这个理论的错误我们在介绍庞巴维克的经济观点时已详细评论过，这里不再重复。

二、克拉克的生产论和资本论

克拉克认为生产有三个要素：劳动、资本、组织。劳动就是劳动者的劳动；组织主要是企业家的调合工作（即建立和维持各生产要素间的联系）；资本就是“用于生产上的财富”，它是“一笔永久的生产财富的资金”①。土地是特殊的资本，包括在资本之内。在生产要素中，克拉克很强调组织的作用。

克拉克把资本分为固定资本、流动资本，把资本货物分为主动型的和被动型的，认为资本来源于节约，节约创造新的资本。资本与资本货物不同，前者是永存的和绝对流动的，后者可以被毁灭，并非绝对流动的。

可以看出，克拉克在生产论和资本论上除强调组织因素的作用有点新意外，多是旧庸俗理论的再现。首先，他关于生产三要素的观点不过是萨伊三要素论的发展。萨伊的理论中有土地，克拉克把土地看成资本并包括在资本之内。克拉克增加了“组织”这一要素，其本质也不过是萨伊的“管理劳动”而已。其次，像一切资产阶级经济学家一样，他关于资本的概念回避和掩盖了资本的本质，而把资本与资金、生产资料相混同。最后，他关于资本起源的观点不过是重复旧庸俗经济学的“节约论”“节欲论”的。

三、克拉克的分配论

克拉克的庸俗经济理论是以分配论为中心的，因此我们要较详细地评介他的分配论。由于边际生产力论是其分配论的理论基础，因此我们首先评介他的边际生产力论，然后再评介他在这个基础上建立起来的工资论、利息论以及地租论和利润论。

克拉克极端重视分配问题，他认为“分配问题具有不可估量的重要性”，分配理论“正确与否关系重大”，社会有没有权利维持现状，以及它

① 克拉克．财富的分配［M］．北京：商务印书馆，1962：89，118，235.

能不能照样地继续存在，都要看分配能否成立[①]。所以他把分配问题作为其理论的中心问题，他的最主要的代表作标题和内容都讲分配问题就反映了这一点。

克拉克说他的分配论的中心问题是说明“社会收入分为工资、利息、利润是不是有一个自然规律作根据？如果有的话，这个规律究竟是什么？”他认为资本主义社会财富的分配是有一个自然规律作根据的，这个自然规律就是，“每个生产因素在参加生产过程中，都有其独特的贡献，也都有相应的报酬”。“这个自然规律的作用在于把社会总收入分为三大份——工资总额、利息总额和利润总额。这三份的收入分别为劳动的收入、资本的收入，以及雇用劳动和利用资本的人、由于执行某种调合工作而得到的收入。”[②]（这里克拉克把土地作为特殊资本，地租包括在利息之内。）这个规律如果能够顺利地发生作用，那么，每一个生产因素创造多少财富就得到多少财富。这就是分配的“自然标准”，即静态标准，工资、利息、利润就围绕着这个自然标准而上下波动。

下面让我们看看克拉克怎样论述分配这个极端重要的问题，怎样确定分配的自然标准。

（一）边际生产力论

克拉克说最后生产力原则是工资规律和利息规律的基础，说明分配最后生产力规律就是《财富的分配》一书的主题。为什么说最后生产力原则是分配论的基础呢？按照克拉克的观点，找到社会产品各个部分的生产者是分配问题的关键，而最后生产力原则就是解决这个问题的。

那么究竟什么是最后生产力原则呢？

按照克拉克的说法，最后生产力也就是边际生产力，最后生产力原则也就是生产力递减规律。它包括两个方面：一是劳动生产力递减规律；二是资本生产力递减规律。

所谓劳动的最后生产力，也就是最后单位劳动的生产力，即边际劳动生产力。他认为，在静态条件下，劳动生产力是递减的，即在假定资本量不变条件下，劳动相继增加时，每增加一单位工人，就会破坏各生产要素的适当比例，使新增单位工人劳动生产率降低。例如，第一个单位工人生产价值为

① 克拉克．财富的分配［M］．北京：商务印书馆，1962：3.

② 克拉克．财富的分配［M］．北京：商务印书馆，1962：2，3.

100 美元的产品，第二个单位工人则生产价值为 80 美元的产品，第三个单位工人生产价值为 60 美元的产品，第四个单位工人生产价值为 40 美元的产品，第五个单位工人生产价值为 20 美元的产品……克拉克把这种情况概括为劳动生产力递减规律。

所谓资本的最后生产力，也就是最后单位资本的生产力，即边际资本生产力。他认为资本生产力也是递减的，即在静态条件下，假定工人人数不变，每增加一个单位的资本其生产力都要比前一个单位资本的生产力要低。例如，第一次增加资本（假定各次均增加 100 美元）所创价值为 8 美元，第二次增加资本所创价值为 7 美元，第三次增加资本所创价值为 6 美元，第四次增加资本所创价值为 5 美元，第五次增加资本所创价值为 4 美元……克拉克把这种情况概括为资本生产力递减规律。

不难看出，克拉克的边际生产力论也是一种庸俗理论。

第一，他的边际生产力论是庸俗的生产力论和边际分析的混合，他重弹各生产要素共同创造价值的老调，歪曲了价值的真正源泉。

第二，克拉克的生产力递减规律是一种反科学的虚构。因为它完全撇开了技术进步这个因素，而事实上技术总是在不断地进步着。因此这个所谓的规律是根本不存在的。

第三，关于劳动生产力递减规律，克拉克的假定（即前提条件）完全是一种实际上不存在的虚构，因为资本家绝不会在生产设备不变的条件下任意增加工人，这是由资本家的本性决定的。既然前提是虚构的，那么所谓劳动生产力递减规律也就是不存在的。

第四，关于资本生产力递减规律，这更是一种虚构。因为资本本身并不具有生产力，何谈其生产力递减？克拉克在这里不过是继承萨伊的衣钵，鼓吹资本也能创造价值的谬论。

克拉克的工资论和利息论就是在他虚构的边际生产力规律基础上建立的。

（二）工资论

克拉克认为工资问题决定着工人的命运和前途，因此必须予以重视。

他认为工资就是“劳动的收入”，是“劳动的特有产品”，是劳动产品的价格，“付工资就是出钱购买劳动的产品”。在静态状况下，“劳动的工资便等于单纯由劳动生产的产品”，工资量由劳动边际生产力决定。

克拉克用图 16-1 来说明工资额的决定。

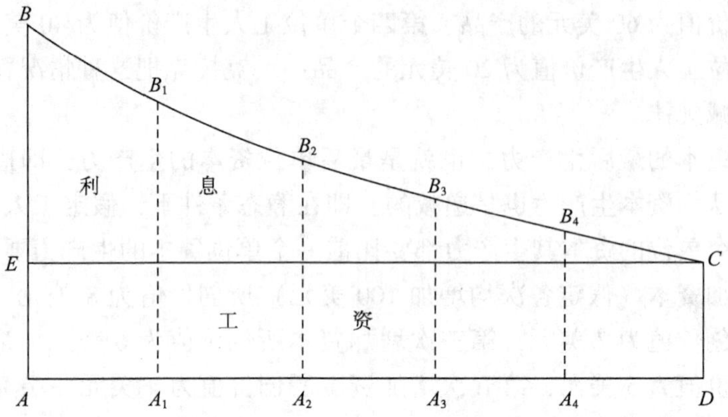

图 16-1　克拉克工资额的决定

假定：资本数量固定不变，*ABCD* 表示总产量，*AD* 线表示投入的劳动单位，第一个单位劳动的产量用 *AB* 线表示，第二个单位劳动的产量用 A_1B_1 线表示，……最后一个单位劳动的产量用 *DC* 线表示，*DC* 就是边际劳动生产力。*BC* 线表示劳动生产力递减的趋势。按照克拉克的观点，*DC* 线代表“这一系列单位中任何一个的实际生产力，并且决定了工资的一般标准”，即全部劳动的工资率都由 *DC* 线决定。这样，工资总额就等于 *AECD*，利息总额等于 *BEC*。可见，工资率是由劳动的边际生产力决定的。

克拉克看到了他上述图式的一个漏洞，即边际以外的工人没有得到他应得的报酬，这就很容易给人们造成一个印象，好像这些工人是受资本剥削的。所以克拉克极力进行堵洞的工作。他说 *EC* 线以上的劳动产品是资本生产力的结果，不是劳动生产力的结果。他在解释边际工人以外的工人是否受剥削时，断然否定这些工人受资本剥削。他的理由是：①边际工人前边的工人生产力看起来是高的，但实际上与边际工人的生产力一样。他们之所以表现出高的生产力，那是因为有资本的较大协助。②他假定这些工人在熟练程度等方面是一致的，都是一群中等技术水平的工人。

克拉克工资论的庸俗性、辩护性是极其明显的。

第一，他把工资说成是劳动的产品和劳动的价格，把工资说成是工人整个劳动的报酬。这就歪曲了工资的本质，掩盖了资本主义的剥削关系。

第二，他把资本家和工人之间的雇佣关系说成是在公平交换原则下的一般商品买卖关系，把工人说成是产品的所有者、出卖者，而把资本家说成是货币所有者和工人产品的购买者。这就歪曲了劳资关系，也掩盖了资本家对工人的剥削关系。

第三，他把资本主义国家工人工资的降低归罪于工人自身的原因：劳动生产力递减和工人人口增加。他说："人口的增加便是使工人趋于贫困的一个有力的因素。"因为"人口增长在社会资本基金依旧未变的时候，会导致劳动的边际产品以及工资率本身的降低"①。这是旧庸俗经济学工资基金论的翻版。

第四，他把资本主义国家工人工资水平高低说成取决于工人自己劳动生产力水平的高低。这里必然的结论就是工人自己要提高工资就必须要拼命劳动，不断提高自己的劳动生产力。

第五，克拉克的工资图式充满着不可解脱的矛盾。因为如果 *DC* 线决定所有单位劳动的工资率，那么这就意味着边际以外的工人受资本的剥削，克拉克也看到了这个漏洞，所以他拼凑了堵洞的理论，说边际以外工人所表现的高生产力是资本帮助的结果。但是，如果克拉克这里的堵洞理论可以成立的话，那么 *BC* 线表示劳动生产力递减又如何解释呢？这不是又与 *DC* 线表示各单位劳动的实际生产力是一条水平线相矛盾吗？

克拉克在工资问题上还有一个观点，即认为欧美等先进国家工人工资水平之所以高，原因在于这些国家生产力水平高，因而工资中包含着一部分叫作准利润的东西。这就抹杀了工资和利润的区别，也抹杀了工人与资本家的区别。显然这也是一种谬论。

（三）利息论

克拉克认为，利息是"资本的收入"，是"资本的产品"，是购买资本产品的代价，利息的源泉是资本的生产力。他说："物质的规律，使资本具有生产力。既然有了生产力，资本可以把它的产品直接交给它的所有者，也可以把这些产品交给别人，而由这个人付出代价给产品的所有者。支付利息就是出钱购买资本的产品，正如付工资就是出钱购买劳动的产品一样。因此，资本创造产品的能力，就是利息的根据。"利息"是由那个要求它作为收入的生产因素所生产的"②。也就是说，利息是由资本而生的。

关于利息率，克拉克认为是由资本的最后生产力决定的，或者说是由资

---

① Clark. Essentials of economic theory as applied to modern problems of industry and public policy [M]. New York: The Macmillan Company, 1927: 315.

② 克拉克．财富的分配［M］．北京：商务印书馆，1962：101-102，150.

本最后单位的生产力决定的。在静态条件下，资本生产多少，其所有者就应得到多少。

克拉克用图 16-2 来说明利息额的决定。

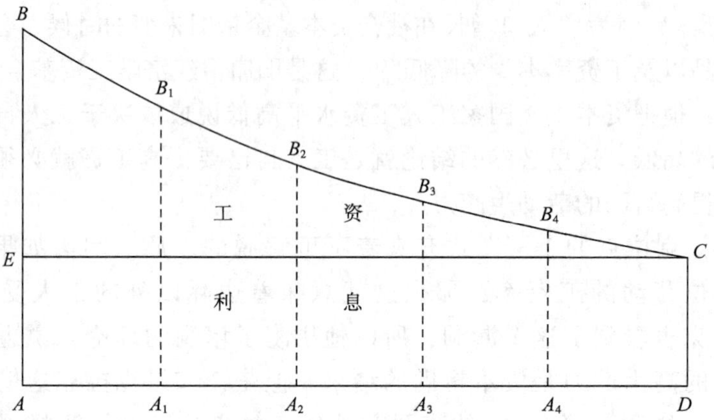

图 16-2　克拉克利息额的决定

假定：劳动量不变，*ABCD* 表示总产量，*AD* 线表示投入资本的单位数。第一个资本单位的产量用 *AB* 线表示，第二个资本单位的产量用 A_1B_1 线表示，……最后一个单位资本的产量用 *DC* 线表示。*DC* 线就是资本边际生产力。*BC* 线表示资本生产力也是递减的趋势。按照克拉克的观点，*DC* 线表示前边一系列资本单位中任何一个资本单位的实际生产力，它决定了利息的一般标准。也就是说，整个资本的利息标准都由 *DC* 线决定。这样利息总额就等于图中的 *AECD*，工资总额则等于图中的 *BEC*。可见，利息率是由资本的边际生产力决定的。

克拉克的利息论的荒谬性是很清楚的。

第一，他把借贷关系说成是买卖关系，把利息说成是购买资本产品的代价，是资本生产力创造的，这就歪曲和掩盖了利息的本质和源泉，掩盖了资本主义剥削关系。

第二，他完全脱离平均利润率和资本的借贷条件来确定利息率水平的高低，这是违反资本主义利息率确定的现实的，因而是不科学的。

（四）地租论

关于地租的性质，由于克拉克把土地看成资本货物，因此把地租也看成是一种资本货物的收入，“是利息的一部分”。

关于地租的源泉，他认为是土地的生产力。他说地租是“土地所生产的那一部分的生产量”，地租是土地生产的。地租“是由于土地的作用而生产出来的果实，应当把它单独归功于土地”。他有时甚至认为，“获得地租的人是创造产品的人”。

关于地租率，他贯彻他的边际生产力论，认为地租率由土地的绝对生产力，即土地的边际生产力决定。对此，他也用图式来说明①。

克拉克地租论的荒谬性、辩护性也是十分明显的。

第一，他把土地看成特殊的资本，把地租看成利息，这就抹杀了土地与资本、地租和利息的界限，从而也就掩盖了地主和资本家的矛盾。

第二，他把地租的源泉归结为土地的生产力，这就掩盖了地租的真正源泉和地主对工人的剥削。

第三，他的土地资本边际生产力论不过是旧庸俗经济学土地收益递减谬论的变种。

（五）过渡利润论

克拉克把资本家与企业家区分开来，认为前者是资本的所有者，后者是企业生产的组织者；前者的收入是利息，后者的收入是工资和利润。企业家的工资是工资的一种，由工资规律决定；利润则是商品价格减掉工资、利息后的余额，它是企业家“由于执行某种调和工作而得到的收入”②。所谓调和工作的职能，就是指企业家建立和维护各个生产因素间的有效联系，并使它们发挥作用的职能。他认为这种调和职能也创造产品，自由竞争将这部分产品给予企业家，形成利润。这就是说，他实际上认为，利润的源泉是企业家的调和劳动，即组织管理劳动。

克拉克认为，在静态情况下企业家得不到纯利润，利润是动态社会的范畴，它是由动态因素引起的。由于动态本身是过渡性的，它是旧的均衡向新的均衡的过渡，因此利润也是过渡性的、暂时的。例如，一个新技术的发明使首先采用这种新技术的企业成本降低，从而使它的产品价格在支付工资、利息之后就会有一个余额，这个余额就是利润，等到所有企业都采用这种新技术，这种利润也就不存在了。但在静态社会并不排斥合法的专利权给企业

① 参看：克拉克．财富的分配［M］．北京：商务印书馆，1962：147.

② 克拉克．财富的分配［M］．北京：商务印书馆，1962：2.

家带来的利润。

克拉克还认为利润最终要并且要迅速地归于消灭，因为过渡到一个新的静态经济之后，利润就会转化为利息和工资的增加额，尤其会转化为工资。因为先进技术广泛使用，提高了劳动的边际生产率，这就必然会提高工资。

很明显，克拉克的利润论也是一种庸俗理论。

第一，克拉克实际上只是把利润归结为由于企业家的管理劳动而促成的技术进步所带来的超额利润和独占利润，是商品市场价格高于自然价格的差额。显然这就歪曲了利润的本质和源泉，掩盖了资本主义剥削关系。

第二，他鼓吹利润的暂时性，并且说利润最终会迅速消灭，这完全与资本主义现实相违背。

第三，他鼓吹利润会转化为工资，这完全是在散布幻想和阶级调和论，是在掩盖资本家通过压低工人工资来增加利润的现实。

（六）克拉克分配论的结论

克拉克通过自己的分配论得出如下几个结论：

第一，资本主义生产是资本、劳动、组织这些因素的协作生产，人与人互相服务。

第二，资本主义社会无剥削，各生产因素生产多少得到多少，各阶级利益是调和的，劳动阶级不应埋怨。

第三，随着生产效率提高，资本增大，利息额增加，工资也会提高。因此，资本主义生产的发展对资本家和工人都是有利的。

第四，资本主义分配是公平、合理的，革命是不应该的①。

由此可见，克拉克的分配论是阶级利益调和论和边际分析的大杂烩，完全是一种为资本主义剥削制度辩护的庸俗理论。

四、克拉克的竞争论、危机论和失业论

（一）关于竞争

克拉克认为“竞争的活动是一种争着为社会服务的活动”。竞争的动机虽然“是为了自己的利益”，它引起人们自发地和普遍地为谋得财富而努力。但这个努力产生两个影响：“一个影响是它保证了人们都各尽其力地、有效地为社会服务；另一个影响是它使商品的价格受到控制。”“竞争倾向于消灭利

① 参看：克拉克．财富的分配［M］．北京：商务印书馆，1962：3.

润。”竞争的目的是获得利润，竞争的结果使劳动和资本在各团体转移，使价格降低，使利润消灭①。

克拉克的观点完全歪曲了资本主义竞争，带有明显的辩护性。但他认为竞争使生产要素在各部门流动和转移，则是正确的。

（二）关于危机

克拉克从欲望出发得出了否定经济危机的结论。他说：“由于欲望越来越多，要求越来越高，整个产业系统就会用它所有的生产能力进行生产，来扩大一切团体的产量，但主要是提高产品的质量，而不是增加产品的数量。”同时，由于“欲望越来越多，要求越来越高，……提供了必要的、有伸缩性的市场”，这样就“不会使产业系统发生能够引起重大损失的移动，也不会引起产品过剩”②。

离开资本主义制度的内在矛盾，从抽象的欲望出发来否定资本主义经济危机的存在，这是徒劳的，历史宣告了克拉克的破产。

（三）关于失业

克拉克否认工人失业的存在。他认为，由于组织的影响，资本和劳动的变动像流水一样，不会发生扰乱和破坏的作用，不会使工人受苦、使资本遭到浪费。这样，从整个产业界来看，机器不会排挤工人。

资本主义社会大批工人失业的存在，证明克拉克的论断是违背资本主义现实的。

五、克拉克经济观点中可取的点滴

克拉克的经济学说从总体上看虽然是庸俗的，但个别观点还是可取的。

第一，关于商品价格与按比例生产的关系。他说：“当团体分配是自然的时候，价格就是自然的了。要达到这种状态，劳动和资本就必须这样地分配于各个产业，以致于一种物品不会生产过多，而另一种物品也不会生产过少。总之，社会必须这样运用它的生产力，使得各种物品的生产量都恰如其分。每种物品的生产量首先必须正常，然后价格才能正常。”③

第二，关于集约边际。他说：“集约边际，并不限于农业，在整个产业系

① 克拉克．财富的分配［M］．北京：商务印书馆，1962：59，84，219.

② 克拉克．财富的分配［M］．北京：商务印书馆，1962：314-315.

③ 克拉克．财富的分配［M］．北京：商务印书馆，1962：14.

统中都可以找到。无论什么地方，雇用人力来使用那些真正有生产能力的生产工具，总有一个限度，超越这个限度，增加工人便不合算。”①

第三，关于静态、动态分析的方法。克拉克关于静态、动态分析的方法是为其庸俗理论服务的，但我们对其加以科学改造是有用的。

第四，关于资本主义竞争的动机是纯利润的观点。他说：“企业家的纯利润是竞争的动机。”

第五，关于按比例调配资本、劳动的思想。克拉克认为，为了使价值符合正常的标准，绝对需要各个小团体之间的劳动和资本都分得恰如其分。他说，劳动和资本“一定要适应彼此的需求。无论什么地方，只要两个因素联系在一起，它们就必须互相适应，这是一个通例”，“生产资料应当互相配合”，“需要有一个经济力量，把社会所有的资本恰当地、均匀地分配到产业系统里各个小团体中去”。还说：“要经济地使用资本，必须对每一系列团体里被动的资本货物的相对数量进行精密的调配”，“各个地方的固定资本和流动资本必须有同样的精密的调配”。调配的原则就是，使“左手里的原料恰好可以使右手所持有的工具充分发挥作用；右手里的工具恰好可以顺利地对左手所持有的原料进行加工”②。

第六，关于垄断没有消灭竞争的观点。他说：“现代的集中的组织，虽然变更了竞争的方法，但没有消灭竞争。”③ 这句话虽然是为了说明他的静态理论永不失效，但这个观点是可取的。

---

① 克拉克．财富的分配［M］．北京：商务印书馆，1962：76.

② 克拉克．财富的分配［M］．北京：商务印书馆，1962：120，187，209，223，224，267.

③ 克拉克．财富的分配［M］．北京：商务印书馆，1962：327.

第十七章　制度学派的经济学说

第一节　制度学派概述

一、制度学派的历史演变

制度学派是十九世纪末二十世纪初在美国出现的一个资产阶级经济学流派。它盛行于二十世纪二三十年代。由于这一学派把“制度的进化”作为经济学的研究对象，故称为制度学派。这一学派的创始人和主要代表是凡勃伦。早期代表除凡勃伦外，还有康芒斯、密契尔等人。二十世纪三四十年代的代表是贝利、米恩斯、艾尔斯等。第二次世界大战后，制度学派在美国有较大的发展，其主要代表人物是加尔布雷思等，资产阶级经济学界称他们为“新制度经济学”。

二、制度学派的特点

制度学派虽然没有一个共同的理论体系，他们的研究课题也各不相同，对许多问题的看法也不尽一致，但他们还是有一些共同的特点：

第一，他们都把制度作为政治经济学的研究对象。

关于政治经济学的对象，制度学派各个人的具体观点不尽相同，甚至同一个人的具体提法也有几种，但实质都是讲政治经济学是研究制度的。

第二，他们都以“左”的、“激进”的姿态出现，对资本主义制度进行某些非本质的批评，小骂大帮忙。

他们往往都承认资本主义有矛盾、有缺点，并对资本主义制度进行某些批评。但他们常常以对资本主义制度的一些笼统的抽象的批评代替对资本主义的深刻揭露和批判，以对资本主义制度的枝节的批评代替对资本主义制度的根本揭露和批判。

第三，他们都以职能主义心理学（即人的本能论）和庸俗进化论为其哲学基础。

职能主义心理学是一种建立在美国实用主义哲学和达尔文进化论基础上的心理学。它的先驱是詹姆士，主要代表是杜威、安吉尔、卡尔。他们认为意识的机能在于有机体的适应环境，意识是一种流动的东西。制度学派就是以职能主义心理学和庸俗进化论为哲学基础来分析研究制度及其演化的，他们的理论充满着职能主义和庸俗进化论的色彩。

例如，凡勃伦认为，人类本能是制度的起源，私有财产制度来源于原始人类爱好虚荣和自尊的社会心理和本能，生产技术制度来源于人类的制作本能；认为有闲阶级的涌现与所有制的开始是同时发生的，它们是同一套经济力量的产物，这种经济力量就是人的本性，即人的竞赛心理、虚荣心和自尊心。人们为了证明自己的优势，为了取得荣誉和博得尊敬，为了满足自己的虚荣心和自尊心，就要占有财产、发展财产，就要表现有闲。

第二次世界大战后的新制度学派仍然坚持着从人的心理本能出发说明经济现象和经济行为。例如，美国米斯顿大学教授包尔丁就认为，经济可以分为交换经济和赠予经济，人们都研究过交换经济，但至今还没有人研究赠予经济，然而赠予经济是占主导地位的经济。他把赠予经济分为三类：一类是由爱所引起的，如家庭经济中的遗产、抚养、赡养等；一类是由怕所引起的，如强盗抢财产、政府强制征税、因怕上帝惩罚向慈善机构捐献等都是由怕引起的；一类是由无知引起的，如交换中的不等价交换，由于无知还以为是等价交换，无形中赠予别人一部分财产。

第四，他们都主张对资本主义制度进行某些改良。

制度学派经济学家都认为资本主义制度存在某些缺陷，主张对其进行某些改良。例如，凡勃伦提出的建立技术委员会代替企业家统治的改革方案，加尔布雷思“新社会主义”结构改革方案等。新制度学派代表加尔布雷思认为，资本主义有两大缺陷：一是权力不平等引起收入不平等，二是大公司的统治，它们以自己的目标冒充公共目标，因此必须改革。他主张依靠教育界和议会立法，削弱大公司的权力，提高小企业的地位，实现权力均等化，保证收入均等化。他认为教育界控制着人才供给和科技成果，它相当于五十年前的银行。他还认为，现在最重要的生产要素是知识，因此权力应归技术阶层（包括工程师、科学家、企业管理人员）。很明显，这是一种改良主义的方案。

第二节　凡勃伦的经济学说

一、凡勃伦的生平著作

托尔斯坦·本德·凡勃伦（1857—1929），美国资产阶级经济学家，制度学派的创始人和主要代表。他出生在美国威斯康星州的农民家庭，父亲是挪威移民。他早年在霍普金斯大学求学，曾受教于美国经济学家约翰·贝茨·克拉克。在大学学习期间，他的主要兴趣在哲学、心理学、生物学、自然史、考古学等方面，曾获哲学博士学位。1884 年从耶鲁大学研究院毕业后他六七年未找到合适的职业。1890 年至 1922 年，他先后在康奈尔大学、芝加哥大学、密苏里大学和纽约社会研究新学院任教。他的主要著作有《有闲阶级论》（1899 年）、《企业论》（1904 年）、《科学在现代文明中的地位》（1919 年）、《工程师和价格制度》（1921 年）、《不在所有权与近代企业》（1923 年）等。

资产阶级经济学家把凡勃伦吹嘘为一个最有独创精神的卓越人物，现在让我们看一看他都独创了些什么。

二、凡勃伦论经济学的对象

关于政治经济学的对象，凡勃伦有三种提法：第一，凡勃伦认为政治经济学研究人类经济生活借以实现的各种制度，研究制度的起源、性质和进化。第二，他认为政治经济学研究经济活动以及发生的程序。第三，他认为政治经济学研究各个时代的风俗习惯及其对人类利用自然界满足自己需要的影响。这三种说法虽然在形式上是不同的，但实质上是一样的。后两种说法都是第一种说法的变种。因为，按照凡勃伦的观点，第一，所谓程序就是指人类利用自然界来满足自己生活需要的行为，这种行为成为习惯，就是制度；第二，所谓风俗习惯也就是制度。所以，这三种提法都说明政治经济学是研究制度的。

由于凡勃伦关于制度的概念是建立在人的本能的基础之上的，它包括了政治和经济、物质和意识、生产和技术等各方面的内容，这样他就把政治经济学变成了一个五花八门的大杂烩，实际上等于取消了政治经济学。

三、凡勃伦论制度的起源和演变

（一）关于制度的性质和内容

凡勃伦认为，所谓制度就是人们的“思想习惯”，人们“公认的生活方式”，就是“经济结构”①，它包括政治、法律、风俗习惯、思维方式、宗教信仰、财产所有制、生产技术制、垄断组织、工会组织等。

（二）关于制度的起源

凡勃伦认为，制度是由社会的风俗习惯形成的，而风俗习惯又决定于人们的心理动机和生理本能。他断定人类经济生活中存在着两类主要的制度，一类是私有财产制度；另一类是人类利用天然环境来满足自己需要的生产技术制度。前者来源于原始人类爱好虚荣和自尊的社会心理和本能，后者来源于从远古以来就有的人类的“制作的本能”（即工作本能）。

（三）关于制度的发展

凡勃伦很强调社会经济的历史发展。他把人类社会经济制度的发展历史分成四个时期：①野蛮时代；②未开化时代；③手工业时代；④机器工业时代。他认为制度是不断演进的，而“制度的发展也就是社会的发展”，制度的演进是一种生存竞争、自然淘汰的进化过程。他说：“人类在社会中的生活，正同别种生物的生活一样，是生存的竞争，因此是一种淘汰适应过程；而社会结构的演进，却是制度上的一个自然淘汰过程。”“制度是已往过程的产物，同过去的环境相适应，因此同现在的要求决不会完全一致。……发展过程向前跨进一步，这一步本身就构成了形势的一种变化，要求作新的适应，它也就成了下一步调整的出发点，情形就是这样无止境地演变下去。”②

凡勃伦还认为制度的演进（即社会的发展）也是一个精神适应的过程，制度演进的基本动力就是人类天生的心理和生活因素。他说：人类制度和人类性格的一些已有的与正在取得的进步，可以概括地认为是出于最能适应的一些思想习惯的自然淘汰，是个人对环境的强制适应过程。“社会结构要变化，要发展，要同改变了的形势相适应。只有通过社会中各个阶级的思想习惯的变化，或者说到底，只有通过构成社会的各个个人的思想习惯的变化，才会实现。”因此，“社会的演进，实质上是个人在环境压迫下的精神适应过

---

① 凡勃伦．有闲阶级论［M］．北京：商务印书馆，1983：139，140，151.

② 凡勃伦．有闲阶级论［M］．北京：商务印书馆，1983：138，140.

程"。"社会进化是气质与思想习惯在集体生活环境的压力下的淘汰适应过程。思想习惯的适应是制度的成长。"①

凡勃伦还认为制度的演进是不可预测的。他说："没有一个人今天能预测现在欧美社会的趋向。"②

凡勃伦关于制度的观点是十分庸俗的。

第一，他把制度说成是思想习惯，又把经济结构、生活方式说成与思想习惯是完全相同的东西，把政治、法律、风俗习惯、财产所有、生产技术等统统包括在政治经济学所研究的制度之列。这就完全混淆了生产力与生产关系、经济基础与上层建筑，把政治经济学变成了一门包罗万象的四不像的科学。

第二，他把制度归结为由风俗习惯，归根结底是由人们的心理动机和生理本能决定的东西。这就从根本上颠倒了物质与意识、经济基础与上层建筑的关系，是彻头彻尾的唯心主义。

第三，他把社会的发展归结为制度的生存竞争、自然淘汰过程，甚至归结为精神适应过程。这是彻头彻尾的历史唯心论和庸俗进化论。

第四，他关于制度的观点的根本目的在于反对社会主义革命，并为鼓吹社会改良制造理论根据。

四、凡勃伦论有闲阶级的产生和特征

凡勃伦的《有闲阶级论》被资产阶级经济学家吹嘘为"伟大的著作"。这本书主要论述了有闲阶级的地位和作用。现在让我们看一看他的有闲阶级论究竟是一种什么样的理论。

（一）什么是有闲阶级

按照凡勃伦的观点，所谓有闲阶级不是指那些"懒惰或清净无为"的人，而是指"有产业而不从事生产"的人，指按照习惯可以脱离生产工作而从事荣誉职务的人。有闲阶级分为两类：一类是纯正、正统的有闲阶级；另一类是附属、代理的有闲阶级。这两类有闲阶级不同，前者的有闲所体现的是他们本身的福利，是他们自己任意避免劳动的性格倾向。后者是从劳动阶级分化而来的，他们从脱离生产劳动得来的有闲则是某种在强制下的表现，一般

---

① 凡勃伦．有闲阶级论［M］．北京：商务印书馆，1983：138，140，154.

② Veblen. The place of science in modern civilisation［M］. New York：Vikong Press，1919：442.

或根本不是为了他们自己的享受。例如，皇宫中的宫女等，这些人的工作本是贱役，但由于服务对象高贵，因而他们自己的职务也变成光荣的职务。

（二）有闲阶级的起源和演进

凡勃伦认为，在野蛮时代“不存在有闲阶级制度所依存的那类意志或精神状态”，因而也就不存在有闲阶级。有闲阶级制度是从原始的野蛮阶段到未开化阶段的转变中逐渐涌现的；或者说得再恰当些，是从和平的生活习惯到坚决好战的生活习惯的转变中逐渐成长起来的。到金钱文化阶段，有闲阶级制度才“以完整的形态出现”。在未开化文化的较低阶段，虽然看不到在充分发展形态下的有闲阶级，“但有闲阶级制度，就是从这种未开化时代的较低阶段下的风俗、习惯、动机和环境而来的”①。

要使这种制度以明确形态出现，必须具备两个条件：第一，部落必须具备以掠夺为目的的生活习惯，必须有战争或大规模的狩猎活动；第二，生活资料的获得必须相当从容，从而有条件使部落成员中一个很大的部分可以脱离经常的辛勤劳动。

按照凡勃伦的看法，“有闲阶级制度是各类业务在早期区别下的自然结果”，有闲阶级的产生最初就表现在业务分化和生活习惯上。由于男女担任不同的工作，生产业务与非生产业务之间有了区别，出现了身份差别。在未开化的较高阶段，政治、战争、宗教、运动比赛这些非生产业务专归上层阶级掌握，生产业务专归下层阶级进行。这种业务的差别是具有歧视性的，前者被习惯地认为是光荣的、值得尊敬的，后者则被习惯认为是卑下的。这种差别在资本主义社会也仍然存在。有闲阶级的产生和发展就是这种业务分化和人们生活习惯的自然结果。

凡勃伦甚至还把有闲阶级的产生说成是人类本能的必然结果。他认为有闲阶级的涌现与所有制的开始是同时发生的。有闲阶级与劳动阶级的最初分化，是未开化时代较低阶段发生的男女分工；而所有权的最初形态正是男子对女子的所有权。

为什么有闲阶级与所有权这样两种制度会同时发生？凡勃伦认为，原因在于“这两种制度是同一套经济力量的产物”。这种经济力量就是人的本性，即人的竞赛心理、虚荣心和自尊心。人们占有财产和表现有闲都是为了证明自己比其他人占有优势，是为了取得荣誉和博得尊敬，为了满足虚荣心和自

---

① 凡勃伦．有闲阶级论［M］．北京：商务印书馆，1983：6.

尊心。他说："取得财富和累积财富的动机是在于企图在金钱地位上力争上游，胜过别人，从而猎取荣誉。"在生产活动代替了掠夺活动后，累积财富是"获得成就与优势的象征"，是"博得荣誉和地位的必要条件"，是"满足……自尊心的必要手段"。

（三）有闲阶级的特征

根据凡勃伦的看法，有闲阶级主要有如下一些特征：

第一，恶劳，即他们厌恶和脱离体力劳动，他们认为"有闲光荣"，他们的特有业务是政治、战事、运动比赛、宗教崇奉等非生产性业务。

第二，浪费，即他们在消费上偏好明显消费，在精力和时间上偏好明显有闲。因为对贵重物品作明显消费是博取荣誉的一种手段。"在任何高度组织起来的工业社会，荣誉最后依据的基础总是金钱力量；而表现金钱力量从而获得或保持荣誉的手段是有闲和对财物的明显消费。"明显消费和明显有闲都具有博取荣誉的功用。

第三，保守。凡勃伦认为保守主义是有闲阶级的"本能倾向"，"是上流社会的特点"，是富裕阶级的"显著特征"。他说，当形势要求在制度上作进一步发展，对改变了的工业局势作重新调整时，有闲阶级的反应在社会各阶级中总是最迟钝的。有闲阶级是一个保守阶级。在社会进化过程中，他们的作用是对社会的动向进行阻挠，保留腐朽、落后的事物。他们认为"不论什么，凡是现有的总是好的"①。

但是凡勃伦认为，这种保守性主要不是出于物质利益上的打算，而是出于人的本能。他说：这是一种与事物已有的做法有了背离时人们就会发生的本能的反感，这种反感是人所共有的。善良的人们对于公认的生活方式在任何一点上的改革总是反感的，这是在日常经验中常见的现象。他甚至认为赤贫阶级也是保守的。

第四，寄生性。凡勃伦认为有闲阶级的职务是寄生性的，他们"有产业而不从事生产"，"与经济过程的关系是金钱的关系，是营利的而不是生产的关系，是剥削的而不是服务的关系"。凡勃伦说他这样讲"绝对没有要贬低有产阶级或工业巨头们的经济职能的意思"②。

第五，掠夺气质。凡勃伦认为有闲阶级在气质上的特征是掠夺，这种气

---

① 凡勃伦．有闲阶级论［M］．北京：商务印书馆，1983：151.

② 凡勃伦．有闲阶级论［M］．北京：商务印书馆，1983：152.

质在各个不同时代表现不完全相同。一个有志而爬上有闲阶级的人，在早期未开化阶段必须具有粗豪、凶暴、蛮横霸道等天赋品质；在准和平的阶段，除继续保持这些习性外，还须结合以金钱品质，如深谋远虑、谨慎小心和诈伪作风；到资本主义阶段，“要取得加入有闲阶级的资格，所必需的品质只是金钱的品质”①。

第六，有闲阶级在智力兴趣上的特征是偏爱古典学以及法律、政治、行政管理方面的科学研究。他说这是由“这个阶级所处的统治地位决定的”，同时也由于“古典学深合于有闲阶级学识的装饰目的……是博得荣誉的一个有效手段”。在牵涉到严肃性课题的一切讲演和写作中，古典语的引用是不可或缺的，即使在极其家常、极其琐细的谈话中，如果能轻松流利地使用一些古典语，总是能增加光彩的。在写作和谈话中，文雅的措辞总是博取荣誉的一个有效手段。

（四）对凡勃伦有闲阶级论的简要评论

以上就是凡勃伦的有闲阶级论，可以看出这个所谓理论尽管在某些方面有一定的参考价值（后边谈），但总的来讲仍是十分庸俗的。

第一，他在有闲阶级这一个笼统概念下，把剥削阶级与被剥削阶级、统治阶级与被统治阶级混在一起，从而也就抹杀了真正的阶级区别，掩盖了阶级矛盾和阶级斗争。

第二，他把阶级的产生说成是业务分化和人们生活习惯的自然结果，甚至说成是人类本能的必然产物。这就歪曲了阶级产生的真正根源和历史。

第三，他把剥削阶级占有生产资料是为了剥削、压迫劳动者的行为说成是为了博得尊敬和满足虚荣心与自尊心的本性，这是以剥削者心理现象的描述掩盖剥削者占有生产资料的实质，掩盖和模糊剥削阶级的阶级本性。

第四，他对有闲阶级特别是有闲阶级的上层虽然有一些有价值的揭露和批判，但不是根本性的；同时，他的所谓有闲阶级既包括剥削阶级又包括被剥削阶级，而且，他又把富裕阶级的浪费性、寄生性、保守性等特征均说成是出于人类的共同本性。因此，他对有闲阶级上层的揭露和批判只能是小骂大帮忙。

---

① 凡勃伦．有闲阶级论［M］．北京：商务印书馆，1983：171.

五、凡勃伦论资本主义社会的矛盾和发展趋势

（一）关于资本主义社会的基本制度

凡勃伦认为资本主义制度有两个基本方面，一是机械操作，二是企业。“现代文明的物质基础是工业体系，而使它活跃起来的主导力量是企业。”资本主义既是“机械操作的时代”，“也是企业的时代”①。人们所从事的工作也可以区别为两个方面：一方面是金钱上的或企业的工作，另一方面是工业的或机械的工作。这样也就发生了职业的划分或劳务上的分工，其中有一类人就担任了买卖和从事蓄积价值量的工作。当然，这时，其余的人们，由于缺乏资历，或由于缺少在这方面的适应性，对于金钱上的工作比较地不适合，就与企业事务分了手，专门努力于关系到供应市场的这种生产的机械操作。

按照凡勃伦的看法，资本主义的这两个基本制度是矛盾的，这种矛盾就表现在“机械操作”和“企业经营”的目的和行动方式的不同上。机械操作制度的目的在于追求效率和产品的适用性，它要求在经济活动的各个领域保持高度的连续性和规律性，要求广泛的平衡，要求标准化和高度精确，要求无限制进行物品生产，要求实行严格管理和监督；而企业经营的动机是金钱上的利益，它以追求最大量利润和积累财富为目的，方法是买卖。为了利润和积累财富，企业家必然置机械操作所要求的广泛平衡性于不顾，这就是矛盾。凡勃伦认为资本主义利润来源于商品买卖间的差价。他把利润叫作“对差利益”，即产品价格超过原料或劳动供应费用的余额。凡勃伦说，在资本主义的两个基本制度之间，企业经营居于统治地位，现代资本主义社会的特征在于“企业经营”对“机械操作”的统治。资本主义的缺点就是以这个矛盾为基础的，资本主义的弊病在于企业对工业的统治。

（二）关于资本主义社会的阶级和阶级矛盾

凡勃伦认为，与资本主义的两种基本制度、两种职业相适应，资本主义社会主要有两个阶级：一个是企业阶级，即从事企业事务的阶级；另一个是工业阶级，即从事工业工作的阶级（包括工人、工艺专家、发明家）。这两个阶级由于生活习惯不同，受的锻炼不同，结果在观点上、在所注意的事实上、在推论的方法上、在思想的有限根据上都有了分歧；随着职业分工的继续演进，这种分歧越来越大。企业阶级的精神状态是保守的。工业阶级所有权的

① 凡勃伦．企业论［M］．北京：商务印书馆，1959：1.

本性已经丧失，他们比较不易受传统习惯的影响，最易受唯物主义的锻炼，最易成为旧风气、旧习惯的打破者；但他们粗鲁、盲目，不善于筹算和积蓄，缺乏节约习惯。他认为阶级矛盾“不必一定认为它的意义就是两个对立阶级的背道而驰，甚至也不必认为两者在方向上有着很大的分歧”，“问题的关键不是在于所有的财物而是在于职业；不是相对的富力而是相对的工作。我们说这是一个工作的问题，因为这是一个思想习惯的问题”①。

（三）关于资本主义经济危机

凡勃伦承认资本主义经济危机的存在，他说：“在过去不久的时期中，繁荣、恐慌和萧条现象，在相当有规律的情况下相继发生。”“在这个近代时期，长期的、慢性的萧条成为企业中的常规而不是例外，这种情况的顽强不变越来越显著。”“企业繁荣时期往往是剧烈恐慌的前奏。”② 但是，他公然反对马克思的危机理论，否认资本主义经济危机是“生产过剩”的危机。他说在危机理论方面“直到现在（指 1904 年）还没有获得一个可靠的、可以支持的理论”，“生产过剩这个概念并不适用于物质的器械的方面，而是适用于金钱的方面”③。他把危机归结为价格突降和信用动摇，归结为企业家感情上的一种病态。他说：危机“归根到底是价格变动”即价格突然“下跌的现象”，“恐慌是资本化价值量的突然崩溃”；而价格突然下跌是因为企业家对资产和证券的现价值的低估所引起的信用关系的动摇，“萧条根本是企业家感情上的一种病态”④。

凡勃伦还把危机归结为人类特性造成的。他说：长期萧条之所以成为现代工业企业中的自然事态，是由于机械操作的进一步发展——当然，这是反映在企业经营中的人类特性所造成的。

他还认为资本主义制度可以克服危机，办法就是企业合并和垄断。他说：这种可恼、折磨人的萧条，只有在垄断的基础上才能把它干脆地推开。除了出于不可抗的天命以外，要逃出长期萧条的罗网，唯一办法是在可以实行合并的各企业中实行彻底合并。凡勃伦讲的合并也就是垄断。

（四）关于资本主义垄断

凡勃伦极力主张企业合并，建立垄断组织，实行垄断。他认为合并、垄

---

① 凡勃伦．企业论［M］．北京：商务印书馆，1959：195，197.

② 凡勃伦．企业论［M］．北京：商务印书馆，1959：106，108，141.

③ 凡勃伦．企业论［M］．北京：商务印书馆，1959：104，121.

④ 凡勃伦．企业论［M］．北京：商务印书馆，1959：101-102，135，139.

断的趋势是必然的、不可抗拒的，它是企业以限制产额来保全利润的必然结果。他还认为合并、垄断是“企业经营”为了保障经济稳定、突破长期的“慢性萧条”的一个新发展。他说：“垄断越接近于圆满的地位，就越能够有效地适应企业。”只有垄断，才“可以在足够大的范围内调节产量，消除竞争销售和竞争投资，组成一个自相平衡、大体上独立的工业系统”；才可以使商品和劳务的产额相当密切地与市场相配合，使市场价格或约定价值标准保持平衡；才可以“对产量和价格进行调节，而且在这样的基础上可以实行节约”，从而“使利润达到适度水平”，使“长期萧条以及随着在萧条局势下的企业竞争而发生的混乱和不安定即可避免”；才可以“用‘共同利益’来代替‘你死我活的’竞争”；才可以克服资本价值突然下降带来的困难，克服资本主义长期萧条和危机。

（五）关于资本主义企业的历史趋势

凡勃伦还极力鼓吹资本主义企业可以自然衰落的谬论。他认为资本主义的机械操作与企业经营是有矛盾的，两者的“继续发展是有抵触的，归根到底，企业与机械操作是不能和平共处、携手并进的”。机械锻炼足以使在古旧程度上、在可信程度上不同的一切制度上的遗产陷于瓦解——不论是体现着天赋自由原则的制度，或者是在文明生活中仍然遗留的、含有远古行为准则的一些制度。机械操作的锻炼足以破坏企业在精神上、制度上的基础。现在被企业社会所推进的侵略政策和贵族政治理想，如果获得自由发展，它的必然的结果是，使现代与过去时代有所区别的那些文化特征不复存在，而企业自身也将趋于衰落。“企业的全盛统治是昙花一现的统治”，企业将“自然衰落”①。

（六）关于资本主义的改革方案

凡勃伦认为资本主义制度是有矛盾和缺点的，但他认为这些矛盾、缺点可以自行克服。为了解决这些矛盾，完善资本主义制度，他在《工程师和价格体系》一书中提出了对资本主义制度的改革方案。这个方案就是主张建立由工业家领导的“技术委员会”代替企业家的统治，把经济管理大权由企业家手中转移到工业家手中。他认为这样就可以解决资本主义社会中存在的工业与企业的矛盾，结束企业经营的统治，使资本主义健康地向前发展。

凡勃伦认为，工人与企业主都是为自身利益着想的“既得利益者”，都不

---

① 凡勃伦．企业论［M］．北京：商务印书馆，1959：212，228.

是改革的动力，甚至是阻力。只有技术人员不是既得利益者，而是社会物质福利的保卫者，是改革的倡导者和领导者。

（七）对凡勃伦关于资本主义制度论述的简要评论

综上所述，第一，凡勃伦认为资本主义制度有两个基本方面，即工业和企业，这两方面是矛盾的，这种矛盾是资本主义弊病的基础。第二，凡勃伦认为资本主义社会有两个阶级，即工业阶级和企业阶级，这两个阶级之间矛盾的根源不在于经济地位不同，而在于职业不同，从而思想习惯不同。第三，凡勃伦认为资本主义经济危机不是“生产过剩”的危机，而是价格突降和信用动摇，是企业家感情上的一种病态，危机是人类特性造成的。第四，凡勃伦认为垄断可以使资本主义在足够大的范围内对产量和价格进行调节，可以用“共同利益”代替“你死我活”的竞争，可以克服资本主义经济危机。第五，凡勃伦认为资本主义企业可以自然衰落，资本主义制度能够通过改良而健康发展。

显然这一切在理论上都是庸俗荒谬的。

第一，他以工业和企业的矛盾代替和掩盖资本主义的基本矛盾。

第二，他以企业阶级和工业阶级的模糊概念代替无产阶级和资产阶级的明确概念，以企业阶级与工业阶级的对立代替无产阶级和资产阶级的对立，而且把这两个阶级之间的矛盾归结为职业与生活习惯、思想习惯的不同，这就掩盖了资本主义社会真实的阶级矛盾。

第三，他说无产阶级粗鲁、盲目，缺乏节约习惯等，这是对无产阶级的诬蔑。

第四，他把资本主义经济危机归结为价格突降和信用动摇，甚至归结为企业家感情上的病态，是人类特性造成的。这不仅是用现象解释现象，而且掩盖了资本主义制度的罪恶。

第五，他认为资本主义垄断可以克服危机和竞争，历史早已宣布这种谬论的彻底破产。

第六，他关于资本主义企业制度可以自然衰落、资本主义制度能够通过改良而健康发展的观点，完全是一种散布幻想、反对革命的谬论。

六、凡勃伦经济观点中可取的点滴

凡勃伦尽管是个庸俗经济学家，他的经济理论是庸俗的，但其经济观点中也有可取的点滴。

第一，他认为社会经济发展过程中有新与旧两种制度的矛盾，“制度是已往过程的产物，同过去的环境相适应，因此同现在的要求决不会完全一致”。“遗留下来的这些制度……其本身就是一个保守因素。”这个观点是比较符合实际的。

第二，他关于资本主义制度两个方面（即工业与企业）矛盾的观点包含着生产力与生产关系矛盾的合理思想。

第三，他关于有闲阶级寄生性、浪费性、保守性的观点，对我们认识剥削阶级的某些特征有一定的参考价值。

第四，他承认现代资本主义社会存在着贫困和动荡，承认资本主义周期性的危机存在，认为“繁荣、恐慌和萧条现象，在相当有规律的情况下，相继发生”，“企业繁荣时期往往是剧烈恐慌的前奏”。这些观点是对的。

第五，他认为“企业奋斗与现代军事政策之间”有“密切关系”，战争与扩军奋战政策“是企业政治的一个极端表现”，“利润的追求是以掠夺为目的的国家政策的起因”；在国际竞争中“最后的凭借总还是军事力量”，“商业是随着国旗前进的”，“为了维护企业利益，需要以武力作后援”，“武装力量和军事示威已成为企业经常设备中的一个部分”。这些观点和论述，对我们认识现代资本主义与侵略战争的关系很有参考价值。

第六，他说“自由不等于放纵”，“个人的天赋自由不能推翻财产的习惯权利”，这种观点对我们认识资本主义社会的所谓自由有一定参考意义。

第七，他关于美国社会各方面“都染上了金钱的色彩”的观点，对我们认识资本主义社会人与人的关系有参考价值。

第八，他关于高价因素与美术因素互相混合以及明显消费的观点，对于我们同外国资本家做生意有参考作用。

第九，他关于在私有制社会妇女是男子的动产的观点，对我们认识妇女在阶级社会中的地位有参考价值。

第十，他认为垄断能使资本主义在足够大的范围内进行计划管理和计划调节，这是比较符合实际的，对我们认识当代资本主义经济是有参考价值的。

第三节　康芒斯的经济学说

一、康芒斯的生平著作

约翰·康芒斯（1862—1945），美国资产阶级经济学家，制度学派的早期代表之一。他生于美国俄亥俄州霍兰兹堡，死于北卡罗来纳州罗利。他1888年毕业于奥伯林学院，先后在该学院取得文学学士和法学博士学位，1892—1932年先后在奥伯林学院、印第安纳大学、锡勒丘兹大学、威斯康星大学任经济学与社会学教授，1901—1902年任美国工业委员会研究员，1911年任威斯康星工业委员会委员，1920—1928年任美国全国经济研究局局长。他的主要著作有：《财富的分配》（1893年）、《制度经济学》（1934年）、《资本主义的法律基础》（1939年）。

二、康芒斯论制度经济学的对象和方法

康芒斯认为制度经济学的“研究对象不是商品、不是劳动，也不是任何物质的东西——而是集体行动”。所谓“集体行动”也就是制度。他说：“制度不过是集体行动在控制、解放和扩张个人行动。”因此，所谓制度经济学就是“关于集体行动在控制个人行动方面所起的作用的理论”①，也就是研究制度的理论。

按照康芒斯的解释，制度（即集体行动）的具体内容和种类相当广泛，从无组织的习俗到许多有组织的所谓运行中的机构，如家庭、公司、控股公司、同业协会、工会、联邦储备银行、联合事业的集团以及国家。

康芒斯特别强调法院在制度中的地位和作用，他认为法院保证了资产阶级战胜封建阶级的胜利，法院在资本主义社会起着调节者的作用。

关于政治经济学的方法，康芒斯像其他制度学派代表人物一样，也强调历史的方法，他的《制度经济学》一书就是运用这个方法的标本。他说：“书中所列入的每一种观念都追溯到它的创始人，然后陈述这种观念的逐步修正和变化，并且将各观念早期的双重的或三重的意义分开，直到使每种观念作为单一的意义和我理想中的政治经济科学里的其他观念结合起来为止。”在政治经济学的研究方法方面，康芒斯的特点是：第一，他把交易作为政治经济学研究的基本单位和核心。他说：“我用‘交易’作为经济研究的基本单位。”第二，他把法律活动和法院判例作为经济研究的主要根据。他说“我的来源是参加集体行动、参加起草法案以及在参加这些工作中不得不研究有关时期内最高法院的判例”，“我的分析是根据英美的习惯法”②。

---

① 康芒斯．制度经济学［M］．下册．北京：商务印书馆，1962：163，588.

② 康芒斯．制度经济学［M］．上册．北京：商务印书馆，1962：5，10，11.

康芒斯关于政治经济学对象和方法的观点是不科学的。第一，他把政治经济学变成一门五花八门、包罗万象的东西，既是经济学的又是伦理学的法学的东西；第二，他颠倒了经济基础与上层建筑的关系，把法律、法院这些上层建筑的东西说成是对经济基础起决定作用的东西；第三，他的方法不过是历史唯心主义的方法。

三、康芒斯的交易论和调节论

康芒斯从他的法制居先论出发炮制出了一套交易契约论。

他认为交易是社会经济活动最基本的单位，是社会运行机构中的组织成分。所以，他把交易“作为经济研究的基本单位”，作为经济研究的核心。

他认为交易包含三种成分，即“冲突、依存和秩序”。他有时又把这称为交易的三原则。所谓“冲突”就是交易参加者在经济利益方面的冲突（他把利益称为“所有权利益”），“依存”就是交易参加者在经济利益方面的相互依存关系，“秩序”就是通过对交易参加者利益冲突的仲裁（调和）而建立和维持的程序（在法院叫“合法程序”）。

康芒斯承认在资本主义社会，交易参加者的利益冲突纠纷是不可避免的，但他认为这种冲突可以通过政治、道德和经济机构进行仲裁来调和，从而维持和建立秩序，“从所期待的合作者之间的利益冲突中造成一种新的利益协调——或者至少是秩序”。调和利益冲突的手段就是“道德的、经济的和法律的制裁”。“法律的制裁是暴力，或者可能施用的暴力”，其执行机构是国家，首先是法院。“其他制裁是‘法律以外的’”。道德的制裁由宗教等机构执行，经济制裁由工会、公司、卡特尔执行。“这些道德的和经济的机构往往也有他们的‘法庭’，决定一些特殊的争执，用‘异端的审问’、‘商事仲裁’或‘劳动仲裁’这一类的名义，做着类似司法法庭的工作，可是没有正式司法机关那种具体的、强行使用暴力的制裁。”他说：“在每一种价格里，利益的冲突是抑制不住的。所以，在调和利益的冲突中，需要讨价还价，折衷妥协以及国家的干预。”①

康芒斯认为，所谓的交易也包括资本家与工人之间的交易，这两个阶级之间的利益冲突也可以通过各种手段进行调节和调和。

在调节机构中，康芒斯特别强调法庭的地位和作用。他不同意斯密的那

---

① 康芒斯．制度经济学［M］．上册．北京：商务印书馆，1962：13，96-97，381.

种“看不见的手”在调节资本主义经济的观点。他说：“互利不是一种天赋的本性，而是一种历史发展的产物，是集体行动实际从利益冲突中创造利益的相互关系的产物。……不是有一只看不见的手在引导个人的利己心走向公共的福利，而是那看得见的普通法庭的手在采取当时和当地的良好习俗，使一些顽强不驯的个人必须遵守，符合休谟所谓‘公共效用’。”①

康芒斯把交易分为三种类型，即买卖的、管理的和限额的。“这三种活动单位包罗了经济学里的一切活动。买卖的交易，通过法律上平等的人们自愿的同意，转移财富的所有权。管理的交易用法律上的上级的命令创造财富。限额的交易，由法律上的上级指定，分派财富创造的负担和利益。……它们的性质是伦理的，也是法律的和经济的。”“这三种类型的交易合在一起成为经济研究上的一个较大的单位，根据英美的惯例，这叫做‘运行中的机构’”，也就是“制度”②。

康芒斯认为，他的交易论是他“经过许多年”研究得出的结论，是经济学、伦理学和法学所共同适用的。

康芒斯的交易论和调节论的错误主要有：第一，他不适当地断然否定了斯密关于“看不见的手”调节经济的观点；第二，他不适当地夸大了国家和法庭对经济生活的调节作用；第三，他宣扬阶级利益调和论。其合理内核是关于社会调节的思想，认为现代市场经济秩序的建立和维持，不仅需要运用经济手段，而且需要运用国家法律手段、伦理道德手段。

四、康芒斯的价值论

康芒斯极力反对古典经济学和马克思的价值论。他说：商品是一种可买可卖的有用的东西，价值就是“客观地归于外界事物的相对重要性”，就是“用权利可以取得的未来的有限数量的物品的现在的预期”③。他认为价值分主观价值和客观价值，而客观价值有两种，即物质的使用价值和所有权的稀少性价值，一种发源于集体的劳动力，另一种发源于集体控制个人的权力，这种权力我们称为制度。

---

① 康芒斯．制度经济学［M］．上册．北京：商务印书馆，1962：195-196.

② 康芒斯．制度经济学［M］．上册．北京：商务印书馆，1962：86.

③ 康芒斯．制度经济学［M］．下册．北京：商务印书馆，1962：11，305；康芒斯．制度经济学［M］．上册．北京：商务印书馆，1962：26.

在分析价值和价格的界限时，康芒斯又从量上给价值下了另一个定义。他说："价格是单位量的价格，价值是按这种价格购进的若干单位量的总数。因此，在单位量的时候，显然价值和价格的意思是指同一数值。""可是，在'若干单位的总数'的时候，把总数的价值说成总数的价格，就违反习惯用法。"他举例说："一辆汽车的'价格'是一千元。这也是双方所同意的那汽车的'价值'。可是，如果是两辆汽车，那就有两个价格，两个价格的总数是两辆汽车的价值。"①

康芒斯还提出了"合理价值"的概念。他认为"合理价值"的原则正在代替"自然权利"的原则，这是他从五十年经验中看到的变化。按照康芒斯的解释，所谓"合理价值"就是"合理的交易、合理的惯例和相当于公共目的的社会效用"。也就是当垄断组织之间在股票问题上发生冲突时，由法院规定股票的"合理的"和"正常的"数额。"最高法院成为美国的政治经济学的权威。……它的多数法官说是合理的东西暂时就是合理的东西。"②

不难看出，康芒斯的价值论是极为庸俗的。

第一，他篡改了古典学派和马克思关于商品的科学概念，把"劳动产品"这一关键字眼从商品定义中革除出去。

第二，他混淆了价值和使用价值，他像马尔萨斯一样把两者都称为价值。

第三，他把价值变成主观的东西，把价值说成是人们的预期，由法庭裁定的东西。

五、康芒斯论资本主义发展的阶段

康芒斯认为资本主义经历了三个阶段，即商业资本主义、工业资本主义和金融资本主义阶段。资本主义既是一种生产的社会，又是一种贪得的社会。在资本主义社会，物价暴涨和暴跌，危机均不可避免，这是在私有财产的基础上为利润而经营的资本主义制度的特性，这是一种不良的特性。他认为垄断组织也不能克服危机和失业。

他还认为垄断资本主义"是资本主义的最强有力的阶段，同时也是最脆弱和最危险的"阶段。他攻击马克思关于资本主义制度腐朽趋势的预言，认为资本主义由于自力复兴和强制复兴已空前加强。他说：马克思"没有预见

① 康芒斯．制度经济学［M］．下册．北京：商务印书馆，1962：155-156.

② 康芒斯．制度经济学［M］．下册．北京：商务印书馆，1962：380.

到由于公司组织和高生活水平而可能发生的所有权的分化。一般公司法律已经分散了资本的所有权……”。在资本主义社会“人们可以白手起家，从最低的地位升到最高的地位……最低级的计日的散工，出身于最穷的家庭，可以成为工头、厂长、总经理、然后董事长”。他还吹嘘美国的参与制（他叫自愿的追随领袖的方法）比共产主义的法律强制“力量大得多，伸缩性和效率高得多”①。

很明显，康芒斯对资本主义制度和资本主义垄断是极力辩护的态度。按照他的说法，资本主义的最高阶段不仅没有腐朽的趋势，而且是高生活、高效率、最强有力的阶段，是人们都可富裕、穷人也可升入天堂的社会。他把资本主义发展过程中所有权和管理权的分离说成是所有权分散，这当然是不符合实际的。

康芒斯关于资本主义的观点中也有某些有参考价值的东西。例如，他关于资本主义发展三阶段的观点；关于垄断不能消除危机和失业的观点；关于垄断资本主义是最强有力，又是最脆弱、最危险的阶段的观点。

六、康芒斯论资本主义的劳资关系

在资本主义劳资关系问题上，康芒斯的观点总的来说也是庸俗的。例如，他认为工人与资本家的本性都是贪得，只是程度有所不同。他说：“贪得的本性工人和企业家同样都有。……资本家和工人的区别不是前者有贪得的本性而后者没有，而是由财产的法律和习俗所赋予的把持供给的能力，在资本家的组织里大于在劳动的组织里。可是，这是一个程度问题……没有理由要把它们分为两个实体，理想化的技巧的本能，和邪恶的贪得的本能。”②

他还认为在资本主义社会工人也是“投资者”，因此劳资关系也是债权人与债务人的关系。他还认为工人是拿自己的产品同监工和雇主进行交换，因而他又把劳资关系说成普通的交易关系。

这些观点显然都是对工人阶级的污蔑或对劳资关系的歪曲。

第一，在资本主义社会，工人不是“投资者”、“债权人”和“产品所有者”，而是劳动力的出卖者和被剥削、被压迫者。康芒斯把工人说成普通的投资者、债权人和产品所有者，这就歪曲了工人阶级作为劳动力出卖者被剥削、

① 康芒斯．制度经济学［M］．下册．北京：商务印书馆，1962：571，573，581.

② 康芒斯．制度经济学［M］．下册．北京：商务印书馆，1962：335.

被压迫的地位。

第二，资本家的本性是剥削成性和贪得无厌，工人是无产者，为了养家活口不得不出卖自己的劳动力，无产者的本性是大公无私、解放全人类。康芒斯把工人与资本家都说成是贪得者，这完全是别有用心的。

在劳资关系方面，康芒斯的某些观点是有参考价值的。例如，他认为在资本主义社会劳动市场上，"作为一个讨价还价者，现代的工资劳动者在法律上被认为和他的雇主平等，由于劝诱或强迫而参加了这项交易；可是一经获准进入那服务的地方，他就成为法律上的下级，受命令的指挥，这种命令他必须服从"。他还认为，"工人和雇主有相等的所有权的自由……可是，双方也许没有相等的经济的自由。因为工人如果不接受这种工作，他的另一条路也许是增加他的劳动痛苦总量，作为他不得不付出的代价，而对于雇主却无关重要，也许只是在他的企业所要雇用的成百成千的工人中放弃掉一个而已"①。

七、康芒斯论资本主义分配

康芒斯的分配论没有什么新东西，不过是庸俗经济学的老生常谈。

关于工资，他认为"工资是对工作意志的报酬"。他把工资也分为名义工资和实际工资，名义工资是劳动的价格；实际工资是货币工资所购得的衣、食和其他物品，也就是"为别人工作的服务的交换价值"。

关于利润，他认为"利润是对冒险意志的报酬"，它是没有法律保证的，是买方和卖方、借者和贷者、雇主和工资劳动者之间的关系；它是"预测和计划的结果"；它是"由于贱买贵卖的的价值上的增加"，是"从两件交易中得来"的。他把利润也分为名义利润和实际利润，名义利润是一个企业机构在一段时期内付了名义利息、名义工资和其他一切价格以后所收入的若干货币；实际利润是这种资本主义的利润能在市场上买得的各种物品的数量，也就是"承担企业风险的服务的交换价值"。增加利润有三种方向：第一，作为售卖者，抬高他们的产品的价格；第二，作为购买者，降低为了换取原料和劳动而付给别人的价格；第三，作为生产者，提高他们的效率。

关于利息，他认为"利息是对等待意志的报酬"，它是"储蓄和等待"的结果，是"由法律执行并且在契约中规定的报酬"，是"债权人和债务人之

① 康芒斯．制度经济学［M］．上册．北京：商务印书馆，1962：81，239-240.

间一种法律上的关系”。它是“由于债务接近到期的价值上的增加”。他把利息也分为名义利息和实际利息，名义利息是货币的所有人由于让别人在一段时期内使用他的货币作为购买力而收入的若干货币，实际利息是债权者用他作为名义利息收入的货币所能购得的若干物品。这若干物品是他的等待的服务的实际价格，也就是交换价值。

关于地租或租金，他只是分为名义地租或租金和实际地租或租金。前者是由于自己让别人使用土地、房屋、马匹或者任何物质的东西，而收入的货币价格；后者则是名义租金可以购得的若干物品。

很明显，康芒斯的分配论是非常庸俗的，它完全歪曲了资本主义工资、利润、利息和地租的性质，掩盖了资本主义剥削关系。

第一，他把工资说成是对工作意志的报酬。这就完全否定了工资是劳动力价值或价格的转化形式这一本质，掩盖了雇佣工人创造的、被资本家白白占有的剩余价值的来源。

第二，他把利润说成是对资本家冒险意志的报酬，是资本家计划和预测、贱买贵卖的结果。即把利润说成是资本家劳动和等待的报酬，把利润说成让渡利润，从而也就掩盖了利润的真正来源，掩盖了资本家对工人的剥削关系。

第三，他把利息说成是对等待意志的报酬，说成是由于法律关系债务在价值上的自然增加。这就掩盖了利息和剩余价值的关系，掩盖了利息是剩余价值的转化形式这一本质。

第四，在地租问题上他只进行了表象的描述，以表象来掩盖本质。

八、康芒斯论资本主义经济危机

在资本主义经济危机问题上，康芒斯虽然承认资本主义危机难以避免，垄断组织也不能克服这种危机；但他把危机的原因不是归之于资本主义制度，而是归之于“在利润的边际以及货币的预测制度上的计算错误”。他还认为要解决危机就“要从创造新货币着手”[①]。这显然是为资本主义制度辩护的。因为正如马克思所指出的那样，资本主义危机的根源在于资本主义制度，要消灭这种危机，就必须消灭资本主义制度。

① 康芒斯．制度经济学［M］．下册．北京：商务印书馆，1962：192，238.

九、康芒斯经济观点中可取的点滴

康芒斯虽然是一个庸俗经济学家，但其观点中有不少是有参考价值的。除了上边我们顺便提到的以外，还有以下几点。

第一，康芒斯对心理学派经济学的某些评价是很有参考价值的。例如：①他认为“门格尔的‘递减的效用’，连带着它的‘精密的’边际效用的科学，从来不是精密的也不是一种实体，而且永远不能成为真实的或精密的科学。可是，它的确使我们了解为什么人们求取商品的行动，在商品多的时候不如在商品少的时候那样急切，因为它符合于我们自己在同样情况下情感变化的经验。因此，门格尔的公式不是经济科学……”。②他认为庞巴维克发展完善的心理经济学，虽然存在于人类的本性中，“它在生产不是为了出卖的一切经济学里肯定有相当的地位”，但“却不适合于买卖世界”。他还认为庞巴维克关于加长迂回生产过程就能增加生产力的观点不符合现代资本主义的实际。③他批评心理经济学“混淆了个人的心理和客观的经济量”。④他认为“我们无法直接地量度需求和供给”。⑤他认为经济学领域的人“不是自然状态中孤立的个人”。

第二，康芒斯关于供求弹性的观点也是很有参考价值的。他说“供求法则”“用供求的机能关系的语言来说”应“更精确地称为‘供求的伸缩性’”。他把这种伸缩性分为“商业的供求伸缩性”和“消费者的需求的伸缩性”。这两种法则是不同的：①“在同一价格上涨的市场上，当消费者因为价格已涨而少买时，商人却多买而不是少买，因为预期价格要上涨。”“在物价下跌的市场上发生相反的情况。消费者因为价格已跌而多买……可是，商人却少买而多卖，因为预期价格要下跌。”②消费者的需求的伸缩性法则“起源在于消费者的购买力有限”，它“决定于他以工资、租金、利息或利润形式所取得的购买力的数量”；而“商人的需求的伸缩性决定于银行可能为他立刻创造出来或者从别人的储蓄中转移给他的数量不定的购买力”。

关于供给的伸缩性，康芒斯认为这是“指零售价格和消费量所表示的消费者的需求方面的变动，通过人们的预测，对那些比较远的生产阶段中的价格和产品发生影响的程度”。

康芒斯还认为：“供求‘法则’不能废除——但能加以利用。”

显然，康芒斯这里的观点基本上是对的，对我们社会主义经济是有用的。

第三，康芒斯关于企业管理的观点也是有参考价值的。例如，他认为加强企业管理的必要性产生于大机器工业的严密程序和维持、提高效率。精明的企业家是生产的，意思就是他们调节生产，使之适合供求关系。他认为管理的任务在于使“各项因素最好的配合”，在于“高明的组织”各项生产要素。他说：“最好的运行中的工厂，是它的技术上的各项因素由管理的交易适当地加以配合的工厂；最好的运行中的营业，是它的购买和销售由买卖的交易适当地加以配合的营业；最好的运行中的机构是它的技术和营业两部分适当地配合的机构。”康芒斯的这些观点对我们的企业管理也是有参考价值的。

第四，他认为交换是历史发展的产物，不是人的本性的产物。这种观点是对的。

第十八章　马歇尔的经济学说

第一节　马歇尔经济学说的特征和研究方法

一、马歇尔的生平著作

阿弗里德·马歇尔（1842—1924），是十九世纪末二十世纪初英国资产阶级最著名的经济学家，西方资产阶级微观经济学的奠基人。他出身于英国一个银行职员家庭，先在牛津大学读书。1861 年，他放弃了牛津大学奖学金和毕业后会得到教会职务的机会，进入剑桥大学圣约翰学院学习数学。1865 年他以优异的成绩毕业留校任研究人员，转修物理学并兼讲授数学。1867 年他开始研究经济学。1883—1884 年，他到牛津大学巴里奥学院任讲师，讲授经济史。1885—1908 年他又回到剑桥大学任经济学教授达 23 年之久。在剑桥大学，他除主讲经济学外，还先后讲过数学、逻辑学和哲学。他和他的著名信徒庇古（1877—1959）、罗宾逊（1903—1983）等，长期都在英国剑桥大学任教，故人们称他们为剑桥学派。

资产阶级经济学家认为，马歇尔的学说是英国古典经济学的继续和发展，他们称马歇尔的学派为“新古典学派”。

马歇尔的主要经济学著作有：《国外贸易和国内价值的纯理论》（写于 1879 年，死后发表）、《工业经济学》（1879 年，与其夫人合著）、《经济学原理》（1890 年）、《工业经济学纲要》（1899 年）、《工业与贸易》（1919 年）、《货币、信用与商业》（1923 年）。其代表作《经济学原理》，被资产阶级学者誉为政治经济学发展史上一部划时代的永不过时的著作。

十九世纪末至二十世纪二十年代，马歇尔的经济学说在资产阶级经济学中一直占据主导地位。三十年代以后，马歇尔的这一地位虽然被凯恩斯所代替，但他的一些理论和观点在资本主义世界的影响至今仍然很大。

马歇尔经济理论中值得注意的是：①他的经济理论具有折中主义和混合

主义特征；②他的研究方法独具特色；③他的均衡价格论；④他的分配论；⑤他经济理论中可取的点滴。

二、马歇尔经济学说的基本特征

马歇尔的经济学说是典型的折中主义和混合主义经济学。他的经济理论是他以前和同时代的几乎一切旧的庸俗经济理论的混合。所以，他的经济学说的基本特征就是折中和混合。

折中主义或混合主义是英国资产阶级庸俗经济学的传统，在其发展史上有两次比较典型的折中与混合，一次是以约翰·穆勒为代表，另一次是以马歇尔为代表。这两个经济学家都企图既把自己以前和同时代的庸俗经济理论混合起来，又把庸俗经济学与古典经济学折中调和起来，从而创立一种新的经济学说。

马歇尔的折中主义经济学是在约翰·穆勒折中混合基础上的进一步折中混合。他的经济学说几乎包括了他以前和同时代的一切庸俗经济理论的因素或成分，诸如边沁的苦乐主义，萨伊的生产三要素论和三位一体公式，马尔萨斯的供求论，西尼耳的节欲论，杰文斯和瓦尔拉的数理分析，奥地利学派的心理因素分析和边际效用论，凯里的反效用论和杰文斯的负效用论，斯密、萨伊、马尔萨斯等人的庸俗生产费用论，萨伊、巴斯夏、凯里的阶级利益调和论，约翰·穆勒的折中调和论和改良主义，贝利的相对论，以及斯宾塞的庸俗进化论，等等。他的经济理论就是对这一切庸俗经济理论的折中、综合和所谓的新解释，他的经济理论体系就是折中主义、混合主义的体系。

此外，马歇尔的折中主义还表现在对古典经济学的科学概念进行庸俗化的所谓“新解释”，把庸俗经济学和古典经济学折中融合起来，保留古典经济学一些科学概念的外壳，给这种外壳以庸俗的内容。例如，把劳动解释为厌恶、痛苦、负效用、牺牲等，把资本解释为资本家的牺牲、等待。

由此可见，资产阶级经济学家称马歇尔的学说是古典经济学的继续和更新，马歇尔自己对此也当仁不让，这是多么荒谬、多么可笑啊。实际上他是过去一切庸俗经济学的集大成者，是古典学派经济学说的进一步庸俗化者。把他的学派称为“新古典学派”简直是一种莫大的讽刺。

三、马歇尔的研究方法

马歇尔的基本研究方法是折中主义的方法，即一方面要把他以前的一切庸俗经济理论综合起来，另一方面又把庸俗经济理论与古典经济学调和起来，以建立新的庸俗经济学体系。这方面已经有所论述，这里就不再重复了。此外，马歇尔的研究方法还有以下几个具体特点。

（一）他广泛地应用心理分析提出新的范畴

马歇尔在经济学研究中广泛地应用心理因素分析的方法，把心理因素分析作为论证经济学理论的基础，以心理因素为基础建立他的理论体系。例如，他认为政治经济学主要研究最有力、最坚定地影响人类行为的动机。他把人类动机分成两类，一类是追求满足，另一类是避免牺牲。前者促进人的某种经济行为，后者制约人的某种经济行为，这两种动机的均衡，就是绝大多数经济范畴和经济规律的基础。他的均衡价格论、分配论就是建立在负效用、等待、牺牲等心理因素的基础上的。

（二）他把庸俗进化论运用到经济学领域

马歇尔认为人类社会像生物界一样，只有渐进，没有飞跃，进化是事物发展的唯一形式。他把“自然界没有飞跃”这句格言作为《经济学原理》一书的题词，这绝不是无意而为的。他说：“自然界没有飞跃”这句格言，对于研究经济学的基础之书尤为适合。在经济界中自然是不能飞跃的，进步必然是缓慢的①。他把进化论应用于经济学领域无非是要证明，在资本主义社会，工人的地位会随着资本主义制度的进化而逐步改善，因此革命是不必要的。

值得注意的是，他还在庸俗进化论的基础上提出了一个所谓“连续原理”的概念。他强调：“本书如有它自己的特点的话，那可说是在于注重对连续原理的各种应用。”② 按照马歇尔的解释，连续原理包含两层意思：一层是指社会经济现象之间存在着一种连续关系，经济的发展只有量的演变，而无质的演变和差别，从而不能严格区分；另一层是指处于连续状态的各种经济因素之间都是互相影响、互相决定的，而没有起决定作用的因素。连续原理就是反映这种连续关系的概念。马歇尔应用连续原理的概念，其目的就是要抹杀社会经济现象之间的本质联系和其内部起决定作用的因素，引导人们纠缠于表面联系，从而掩盖资本主义社会的内在矛盾和剥削关系。马歇尔还应用连

① 马歇尔．经济学原理［M］．上卷．北京：商务印书馆，1981：18，265.

② 马歇尔．经济学原理［M］．上卷．北京：商务印书馆，1981：12.

续原理对资产阶级经济学说进行综合，创建他的混合主义经济学说[①]。

（三）他把均衡概念广泛地运用到经济学领域

所谓均衡就是相反的力形成的均势。马歇尔把均衡概念应用到经济学领域，认为经济学的许多范畴（如价值、价格、工资、利息等）都是由两种力量的相反作用形成的均衡状态决定的。例如，他认为工资、利息就是由供求两种力量的均衡状态决定的，不能认为哪个因素起决定作用，哪个因素不起决定作用，这好像剪刀之两刃、拱门之两柱。马歇尔的均衡分析是静态局部均衡分析。他认为，动态均衡是现代经济学的最终目标，但必须以静态均衡作为自己研究的起点和基础。

（四）他把边际分析法广泛地应用于经济学领域

在心理因素、连续原理和函数概念的基础上，马歇尔在经济学中还运用了边际增量分析法，他对这种方法的运用范围大大超过了以往的庸俗经济学家，他不仅运用边际增量分析方法说明价值，而且运用这种方法说明各类资源的配置、各生产要素的替换原则、国民收入的分配等。马歇尔运用边际增量分析法像杰文斯、瓦尔拉一样，是要给他的庸俗经济理论披上一件科学的外衣。

第二节　马歇尔的均衡价格论

一、什么是均衡价格

马歇尔的均衡价格论也就是他的价值论，均衡价格也就是价值。因此，要了解他的均衡价格理论，就必须从他的价值概念谈起。

马歇尔认为价值是个相对的名词，价值就是交换价值，即通常用货币表示的价格，用来反映两样东西之间的关系。他不同意斯密关于价值的第一种含义（即效用），认为这是不妥当的；而同意斯密关于价值的第二种含义（即购买他物的能力）。他说："价值这个名词是相对的"，"一个东西的价值，也就是它的交换价值"，它"表示在某一地点和时间的两样东西之间的关系"。"文明国家通常……首先用货币来表示它们的价值，并称这样表示的每样东西

① 关于马歇尔应用连续原理的例证请参看：马歇尔．经济学原理［M］．上卷．北京：商务印书馆，1981：14，15；马歇尔．经济学原理［M］．下卷．北京：商务印书馆，1981：317.

的价值为价格。”马歇尔把价值的原因归结为效用性和稀缺性，他说：“货物之所以具有价值因为既是需要的又是不易得到的。”关于价值量的决定，他认为“是由需求和供给的一般关系来决定的”①。

从以上分析我们可以看出，和他的一些前辈一样，马歇尔把价值和交换价值、价格相混淆，并且在实际上以价格代替价值。他的价值论基本上属于供求论型。但是，马歇尔对供给和需求的解释有他自己的特点，他把边际效用作为需求的原动力，用它来决定需求价格；他又把生产费用作为供给的原动力，用它来决定供给价格。他把边际效用论和生产费用论作为供求论的有机构成部分。他先说明商品的需求怎样由边际效用决定，使需求转化为需求价格；然后说明商品的供给怎样由生产费用决定，使供给转化为供给价格；最后说明供求关系怎样达到均衡进而决定和形成商品的价值，即均衡价格，可以表示如下：

$$\left.\begin{array}{l}\text{边际效用}\rightarrow\text{需求}\rightarrow\text{需求价格}\\\text{生产费用}\rightarrow\text{供给}\rightarrow\text{供给价格}\end{array}\right\}\text{均衡价格}$$

可见，马歇尔所谓的均衡价格就是需求和供给达到均衡时所决定的价格，也就是买卖双方力量达到均势时的价格。正像他自己讲的：“当供求均衡时，一个单位时间内所生产的商品量可以叫做均衡产量，它的售价可以叫做均衡价格。”②

因此，马歇尔的价值论不是一般的供求论，而是在供求论基础上把生产费用论和边际效用论等庸俗经济理论拼凑在一起的均衡价格论。这就是他的特色。

马歇尔的均衡价格论是建立在局部均衡分析的基础上的。在分析某商品价格如何达到均衡时，他假定均衡价格只取决于本商品的供求状况，而不受其他商品价格和供求状况的影响。同时，他还假定货币购买力不变。

二、需求价格和需求规律

让我们先看看马歇尔怎样用边际效用论来说明商品的需求和价格之间的关系，即怎样说明需求规律的。

---

① 马歇尔．经济学原理［M］．上卷．北京：商务印书馆，1981：81，159；马歇尔．经济学原理［M］．下卷．北京：商务印书馆，1981：210.

② 马歇尔．经济学原理［M］．下卷．北京：商务印书馆，1981：37.

什么是商品的边际效用？按照马歇尔的解释，商品的边际效用就是“边际购买量的效用”或边际制造量的效用。他说：“在他要买进一件东西的时候，他刚刚被吸引购买的那一部分，可以称为他的边际购买量，因为是否值得花钱购买它，他还处于犹豫不决的边缘。他的边际购买量的效用，可以称为此物对他的边际效用。或者，如果他不购买此物，而自己制造它，那么，此物的边际效用，就是他以为刚刚值得他去制造的那一部分的效用。”①

马歇尔认为商品的边际效用是递减的，他说：一物对任何人的边际效用，是随着他已有此物数量的每一次增加而递减的。这是一条规律，这条规律就叫作“欲望饱和规律和效用递减规律”。但是这里的效用不是商品的客观效用，而是人们对商品效用的主观评价。“效用是被当作与愿望或欲望相互有关的名词”，它是表现购买者和所有者的主观愿望和主观估价这些心理因素的东西，而“愿望是不能直接衡量的”，它“只能通过它们所引起的外部现象加以间接的衡量”，即通过“一个人为了实现或满足他的愿望而愿付出的价格来表现”。这样，马歇尔就把需求转化为需求价格，从而也就把“边际效用递减规律”转化为“需求价格递减规律”。他说：“一个人所有的一物的数量越大，假定其他情况不变（就是货币购买力和在他支配下的货币数量不变），则他对此物稍多一点所愿付的价格就越小，换句话说，他对此物的边际需求价格是递减的。”②

什么是需求价格？按照马歇尔的解释，所谓需求价格就是消费者（买主）对一定量商品所愿支付的价格，它是由这一定量的商品对买者的边际效用决定的。不同的商品量，有相应的不同的需求价格。商品量越多，消费者（买主）所愿支付的价格就越低。由于商品对消费者（买主）的边际效用一般随着商品量增加而递减，故需求价格也随着商品量增加而递减。

为了说明需求变动的规律，即一个买者在不同价格下所愿购买的商品量，马歇尔进一步以茶叶为例列出需求表（见表 18-1），并以这个表的数据为基础画出一条需求曲线（见图 18-2）。

① 马歇尔．经济学原理［M］．上卷．北京：商务印书馆，1981：112.

② 马歇尔．经济学原理［M］．上卷．北京：商务印书馆，1981：114.

表 18-1　茶叶需求表

每磅茶叶价格（便士）	需求量（磅）
50	6
40	7
33	8
28	9
24	10
21	11
19	12
17	13

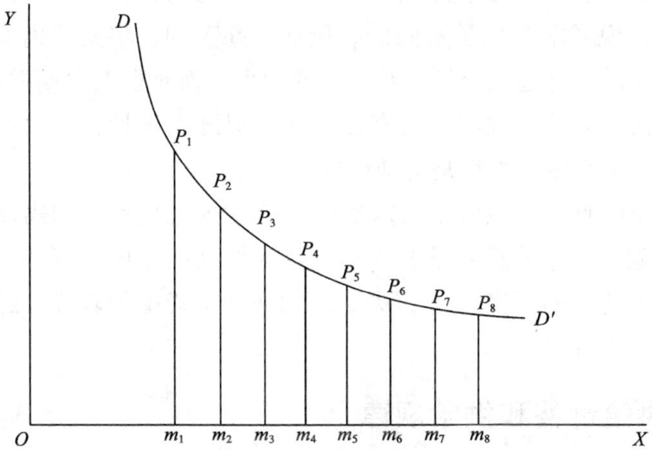

图 18-1　茶叶需求曲线

在图 18-1 中，OY 表示茶叶价格，OX 表示茶叶需求量。m_1P_1 表示每磅茶叶价格 50 便士，Om_1 表示需求量 6 磅，两者结合起来表示当每磅茶叶价格 50 便士时买者可购买茶叶 6 磅，以此类推。DD'表示需求曲线。

在分析了需求表和需求曲线图之后，马歇尔得出以下结论："因此，就可得出一个普遍的需求律：要出售的数量越大，为了找到购买者，这个数量的售价就必然越小；或者，换句话说，需要的数量随着价格的下跌而增大，并随着价格的上涨而减少。”[①] 也就是说，价格低需求量多，价格高则需求量少。

为了说明需求变动的情况和规律，马歇尔还提出了需求弹性的概念。

需求弹性主要有需求的价格弹性和需求的收入弹性两种。前者反映需求与价格的关系，后者则反映需求与收入的关系。马歇尔讲的主要是需求的价格弹性。

所谓需求的价格弹性，就是需求对价格变动的感应性，也就是需求量随价格涨跌而变动的程度。它是衡量需求变动对价格变动的反应程度的，它的大小是随着需求量在价格的一定程度的下跌时增加的多寡，和在价格的一定程度的上涨时减少的多寡而定的。按照马歇尔的观点，一般来说，粮食、食盐等生活绝对必需品，以及帽子、手表等物品需求弹性很小；药物、结婚蛋糕、外科医生服务、律师的服务等需求弹性更小；而多用途的物品（如水）及肉类、牛奶、水果等需求弹性较大。马歇尔还认为，同一物品在不同地方对不同的人来说需求弹性是不同的。例如，在英国，牛奶、肉类和牛油、进口水果、毛织品、普通医疗等，对穷人弹性大，而对富人“则并不如此”。再如，对第一流音乐的有效需求只有在大城市里才有弹性，而对第二流音乐的有效需求则在大小城市里都是有弹性的。

所谓需求的收入弹性就是需求对收入变动的感应性，即需求量随收入变动而变动的程度。它是衡量需求变动对收入变动的反应程度的，它的大小由需求量随收入变动的幅度大小而决定。例如，工资增加较多，那么需求量就增加较快；反之就慢[②]。

三、供给价格和供给规律

按照马歇尔的解释，所谓商品的供给价格就是卖主们对自己提供的各种不同数量商品所愿接受的价格。或者说，就是引起生产任何一定数量的某种商品所必要的努力而需要的价格。他认为，供给价格是由商品的生产费用决定的，它归根结底就是商品的生产费用。因此，在这个意义上他有时又说：“生产费用就是商品的供给价格。”[③] 但马歇尔对商品的生产费用做了主观主

① 马歇尔．经济学原理［M］．上卷．北京：商务印书馆，1981：118-119.

② 关于需求的收入弹性，马歇尔实际上已触及了，当然这不可能作为他论述的重点。请参看：马歇尔．经济学原理［M］．上卷．北京：商务印书馆，1981：115，122.

③ 马歇尔．经济学原理［M］．下卷．北京：商务印书馆，1981：31.

义的解释。他把生产费用分成两个相联系的概念：一是实质生产费用，二是货币生产费用。

马歇尔把实质生产费用完全解释成主观心理性的反效用或负商品。他认为商品的供给主要由人们“克服不愿遭受‘负商品’的心理”决定。就是说要获得商品就要忍受劳动之苦，忍受展缓消费的痛苦，就要克服不愿受苦的心理，而克服了这种不愿受苦的心理，人们就会劳动，就会积累资本，就会生产商品，这样就解决了商品的供给问题。他说，人们为了得到具有价值的货物，就必须克服反效用或负商品，而这种反效用或负商品通常可分为两类：劳动和展缓消费所引起的牺牲。劳动的反效用或负商品是由如下的原因引起的：或由身体和精神的疲劳引起，或由在有碍健康的环境中继续劳动引起，或由与不受欢迎的同事一道工作引起，或由占用了娱乐、社会活动、智力活动所需的时间引起。不管这种反效用或负商品的形态如何（是疲劳还是厌恶还是枯燥乏味……），它的强度差不多总是随着劳动的紧张和持续而增长的。资本的反效用或负商品是由资本家展缓消费、积累资本所需要的等待、牺牲引起的。

在《经济学原理》下卷中他又说，实质生产费用包括“直接或间接用于生产商品的各种不同的劳作，和节欲或储蓄商品生产中所用资本所需要的等待”，即：①“许多不同种类的劳动”，其中既包括工人的劳动，也包括“雇主与所属经理的劳动以及使用资本的劳动”，还包括资本家积累资本的劳动。②“以各种形式使用的资本”，“所有这些劳作和牺牲加在一起，就叫做商品生产的实际成本”[①]。

很明显，在马歇尔的体系里，劳动就是人们由于工作而感到的疲劳、厌恶、乏味、不愉快、痛苦、反感等心理性和主观感觉的东西，资本就是资本家由于展缓消费和积累资本所引起的牺牲、等待之苦等心理感觉的东西，两者都是反效用、负商品，实质生产成本也就是反效用、负商品这些心理性的东西。他认为实质生产费用就等于反效用、负商品，反效用、负商品就等于实质生产费用。从这个意义上说，商品的供给主要由人们克服不愿遭受负商品或反效用的心理决定，商品的供给价格由商品的生产费用决定，二者完全是一回事。

顺便说一句：过去一些著作对马歇尔的反效用或负商品所含内容的解释

---

① 马歇尔．经济学原理［M］．下卷．北京：商务印书馆，1981：31，252.

似乎不够确切，这些著作都只把劳动解释为反效用或负商品。正如上面所述，马歇尔对此讲得很清楚，反效用或负商品不仅指劳动，还指资本。如果仅把劳动解释成反效用、负商品，那么，这就和马歇尔认为供给主要决定于克服不愿遭受负商品的心理的观点相矛盾。

由于“反效用”“负商品”都是主观心理现象，是无法衡量和计算的，于是马歇尔又提出“生产的货币成本”（即货币生产费用）这样一个概念，以货币作为间接衡量的尺度，以货币生产费用表示和说明供给价格。所谓货币生产费用就是对生产商品所必要的“劳作和牺牲所必须付出的货币额”①，也就是为了引出生产商品所需要的各种劳作和牺牲的适当供给而必须付出的价格，即生产商品所需生产要素的相应数量的供给价格。马歇尔以代表性企业毛织业为例说明年产数百万码毛布的正常供给价格所包括的具体项目是：①织造这种毛布时所用的羊毛、煤炭和其他原料的价格；②厂房、机器和其他固定资本的磨损和折旧；③全部资本的利息和保险费；④工厂员工的工资；⑤承担风险、规划并监督业务的人们在经营上的毛利（包括损失保险费）。

马歇尔认为供给也是有其变动的一般规律的，这就是价格高则供给多，价格低则供给少，价格与供给成正比例关系。商品的供给（出卖）随价格增高而递增。这也可以通过供给表（见表 18-2）和供给曲线（见图 18-2）予以说明。

表 18-2　茶叶的供给表

每磅茶叶价格（便士）	供给量（磅）
17	6
19	7
21	8
24	9
28	10
33	11
40	12
50	13

① 马歇尔．经济学原理［M］．下卷．北京：商务印书馆，1981：31.

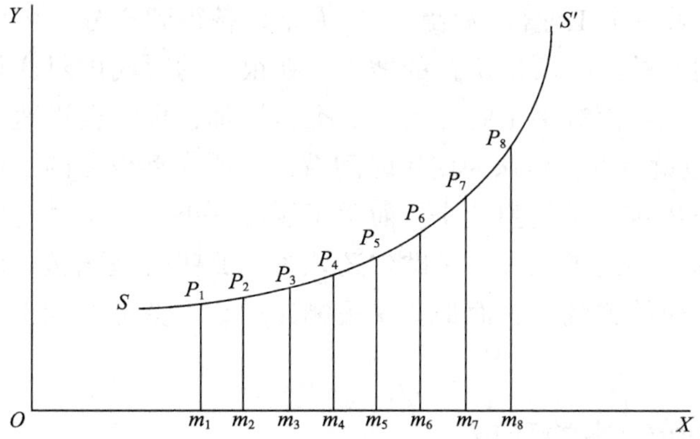

图 18-2　茶叶的供给曲线

表 18-2 是根据马歇尔在《经济学原理》一书中的说明绘制的①。OY 表示商品（茶叶）价格，OX 表示商品（茶叶）供给量，SS' 表示供给曲线，m_1p_1 表示每磅茶叶价格 17 便士，Om_1 表示茶叶供给量 6 磅，两者结合起来表示当每磅茶叶价格 17 便士时供给量为茶叶 6 磅；m_1P_2 表示每磅茶叶价格 19 便士，Om_2 表示茶叶供给量 7 磅，两者结合起来表示当每磅茶叶价格 19 便士时供给量为 7 磅，以此类推。可见，价格高，则供给量多，即卖主愿售的商品量多；反之，价格低，则供给量少，即卖主愿售的商品量少。出售量随价格的上涨而递增。

为了说明供给对价格变动反应的敏感度，马歇尔还提出供给弹性的概念。所谓供给价格弹性，是指商品供给量的变动对价格变动反应的感应度。

他认为商品供给量对其价格变动的反应，不像商品需求量对其价格变动的反应那么简单。一般来说，商品需求弹性的大小，无论在短期内还是长期内都是一样的。但一种商品供给弹性的大小则要受时间因素的影响。一般来说，价格上升了，供给量总会增加（或者将库存商品多出卖些，或者通过扩大生产规模来增加产量）。但由于时间长短不同，商品的供给弹性的大小也不同。他认为商品的供给弹性就短期看比较明显，长期看情况比较复杂，要具体分析，不能一概而论，因为这里涉及扩大生产规模的问题。他说："如果我们所考虑的只是短期，特别是一个市场的交易，那么，的确存在着和需求弹性相似的'供给弹性'。"这时的供给弹性只以储备量和对下一市场价格估计

① 马歇尔．经济学原理［M］．下卷．北京：商务印书馆，1981：35.

为条件。“如果一个工业部门所需要的大型设备得到充分利用而无法迅速扩大，那末，对它的产品所出价格的增加，在很长的时间内对产量的增加也许没有显著的影响；而对手工制品需求的类似增加，也许会迅速引起供给的巨大增加。”① 也就是说，他认为就短时间看，需要大型设备的工业部门由于增减供给量比较困难，供给弹性小；而手工制品、小厂由于适应价格变动增减供给量较容易，供给弹性大。马歇尔还认为，那些受报酬递减律支配的工业部门，其产品供给弹性小；而那些受报酬递增或不变支配的工业部门，其产品供给弹性大②。

四、均衡价格的形成

马歇尔是从需求价格和供给价格的相互关系中来分析均衡价格的形成的。他认为，在一个单位时间内，如果生产量对应的需求价格大于供给价格，则卖主的所获不仅足以使他们认为值得把这一数量商品运往市场出售，而且会多拿出一些，这时就有一种倾向于增加出售量的积极力量起着作用。反之，如果生产量对应的需求价格小于供给价格，则卖主的所获就不足以使他们认为值得把这一数量的商品运往市场；那些处在怀疑的边际，正在犹豫是否继续生产的人，就会停止生产，从而就有一种倾向于减少出售量的积极力量起着作用。而当需求价格等于供给价格时，产量没有增减的趋势，处于均衡状态之中。这时所生产的商品量就叫均衡产量，其售价就叫均衡价格。马歇尔用曲线图来说明这种价格就是供给曲线与需求曲线相交点所决定的商品的需求价格与供给价格相等的价格。

马歇尔用图 18-3 表示均衡价格的形成。

图 18-3 表示需求和供给的均衡。*OY* 表示商品价格，*OX* 表示商品数量，*DD′*表示需求曲线，*SS′*表示供给曲线，*A* 表示需求和供给的均衡点。这个均衡点决定商品的均衡价格。*HA* 就是均衡价格（供给价格等于需求价格）。*OH* 就是均衡产量（供给量与需求量相等）。供给与需求如何达到均衡、供给曲线与需求曲线如何达到均衡点而形成商品的均衡价格呢？马歇尔是这样解释的：“如果 *OR* 代表生产实际上进行的速率，又如需求价格 *Rd* 大于供给价格 *Rs*，则生产十分有利，并将有所增加，我们所谓的产量指标 *R* 将向右移动。反之，

① 马歇尔．经济学原理［M］．下卷．北京：商务印书馆，1981：137.

② 马歇尔．经济学原理［M］．下卷．北京：商务印书馆，1981：137.

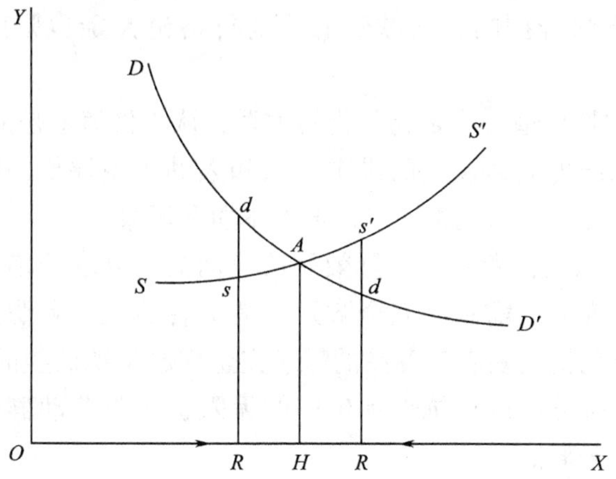

图 18-3　均衡价格的形式

如果 Rd 小于 Rs，则 R 将向左移动。如果 Rd 等于 Rs，也就是说，如果 R 正位于供求曲线的交点之下，则供求均衡。”[①] 这时，需求量与供给量相等，形成 OH 这个均衡产量；需求价格与供给价格相等，形成 HA 这个均衡价格。市场价格就是由这个均衡价格决定的。马歇尔认为：“这种均衡是稳定的均衡……如价格与它稍有背离，将有恢复的趋势，像钟摆沿着它的最低点来回摇摆一样。”[②] 也就是说，如市场价格背离均衡价格，就会通过商品供求量的变动，使市场价格恢复到均衡点。可见，均衡价格既代表商品的供给价格，又代表其需求价格；既代表商品的边际效用，又代表其边际生产费用。马歇尔讲的均衡价格就是价值。

五、对马歇尔均衡价格论的简要评论

马歇尔的均衡价格论在理论上是庸俗的，在政治上是为资本主义制度辩护的。

(1) 马歇尔的均衡价格论是多种资产阶级庸俗价值论的混合。在马歇尔的价值论中包含着过去许多庸俗的理论，诸如马尔萨斯等人的供求论，贝利的相对论，西尼耳的节欲论，萨伊等人的庸俗生产费用论，凯里和杰

① 马歇尔．经济学原理［M］．下卷．北京：商务印书馆，1981：38.

② 马歇尔．经济学原理［M］．下卷．北京：商务印书馆，1981：37.

文斯的反效用论，奥地利学派的边际效用论，等等。这些理论是庸俗的，是为资本主义剥削辩护的，马歇尔的均衡价格论无疑也是庸俗的，是为剥削辩护的。

（2）马歇尔把价值说成是物与物的关系，认为价值就是交换价值和价格，把价值的源泉归结为流通领域的供求关系和人的主观评价，归结为资本家的等待和牺牲等。显然，这就歪曲了价值的本质和源泉。

（3）马歇尔认为消费者的边际效用决定商品的需求价格，即根据消费者的主观评价决定商品的需求，完全撇开了消费者的收入和购买力对商品需求的决定作用，从而把消费者对商品的需求完全变成主观欲望的东西①，这就掩盖了资本主义社会分配的对抗性和生产的无限扩大与劳动群众有支付能力的消费相对狭小的矛盾。

（4）马歇尔认为商品的供给价格由生产费用决定，但他所谓的实质生产费用则是劳动者和资本家的“反效用”或“负商品”，即劳动者对劳动的厌恶、乏味、疲劳和资本家的等待（展缓消费所引起的牺牲的痛苦）。这些都是人们主观心理感觉性的东西，不仅无法计算，无法区分必要劳动和剩余劳动，而且还宣扬工人与资本家都对商品生产做出了自我牺牲。同时，他所谓的劳动，不仅指工人的劳动，还包括资本家的管理劳动。这就掩盖了剩余价值的来源，掩盖了资本家剥削的真相。

（5）马歇尔把利息、利润均计算在生产商品的货币生产费用之内（即货币成本内），这也掩盖了资本主义剥削关系。

（6）马歇尔通过均衡价格论还宣扬资本主义经济会实现稳定均衡，会使各阶层都实现最大的满足。这不仅不符合实际，也掩盖了资本主义社会的对抗矛盾，美化了资本主义制度。

马歇尔的均衡价格论虽然是庸俗的，但他关于通过市场机制进行社会资源优化配置的分析，关于时间空间对商品的供给和需求以及市场价格的影响，关于均衡分析的方法，关于需求弹性、供给弹性的理论等却是正确的，至少可以说包含着科学的内核，有较大的理论意义和实践意义。

---

① 马歇尔就说过：“需要是基于获得商品的欲望。”（马歇尔：经济学原理［M］．上卷．北京：商务印书馆，1981：159.）

第三节　马歇尔的分配论

马歇尔在他的生产论和均衡价格论的基础上，建立起公开为资本主义剥削制度辩护的分配论。

马歇尔在生产要素问题上坚持四要素论，他认为生产要素应该是劳动、资本、组织（指企业组织、经营管理）、土地。这四个要素共同创造了国民收入，因而国民收入的分配也相应地分为工资、利息、利润、地租。他说："国民收益是一国所有生产要素的纯产品总量，同时又是支付这些要素的唯一源泉……在其他条件不变的情况下，国民收益愈大，则它们各自的份额也愈大。"①

马歇尔把分配问题归结为各生产要素分配份额的大小问题和各生产要素的价格问题。他认为各要素的价格对所有者来说便是各自的收入；除土地所有者外，各要素所有者收入的价格都由供求关系决定。他说："各种东西，不论是某特定种类的劳动，或资本，或其他别的东西，它的名义价值，如同拱门的拱心石一样，是靠两边相反的压力来维持自己的均衡的；即一方面是需求的压力，另方面是供给的压力。""不论在哪个场合，收入有等于该要素边际纯产品价值的趋势；在短时间内，该收入是由该要素的总供给量和其他要素对它的服务的需要来决定的。"②

像分析商品价格一样，马歇尔把各生产要素的供给转化为供给价格，把需求转化为需求价格（土地例外，它只有需求价格），并用边际生产力解释需求，基本上用生产费用解释供给（土地有点例外）。

马歇尔以企业家为中心来分析需求问题，认为除组织能力是社会的间接需求外，其余需求都是企业家的需求。

一、工资

马歇尔认为工资是均衡价格的完整特例。

按照马歇尔的解释，所谓工资就是工人出卖劳动的价格，是劳动的报酬，是劳动的均衡价格。这是他关于工资质的看法，与前辈的观点基本一致，他

① 马歇尔．经济学原理［M］．下卷．北京：商务印书馆，1981：208.

② 马歇尔．经济学原理［M］．下卷．北京：商务印书馆，1981：198-199，207.

只是提出了劳动的均衡价格概念。关于工资量，他认为是由劳动的供给和需求之间的关系决定的。他把劳动的需求转化为需求价格，供给转化为供给价格，认为劳动的需求价格就是企业家购买劳动所愿支付的价格，劳动的供给价格就是劳动者出卖劳动所愿接受的价格。劳动的需求价格由劳动的边际生产力决定。劳动的边际生产力也就是边际劳动的纯产品，即资本家在不增加生产资料条件下所增雇的劳动在补偿生产费用后所提供的纯产品。劳动的需求价格由劳动的边际生产力决定，其意思就是说，资本家购买劳动所愿支付的价格是以增雇劳动能够给资本家创造多少纯产品为转移的。如果资本家预见到这工人创造纯产品多，就雇用他；如果预见到这工人创造纯产品少，就不会雇用他；如果不相上下，资本家就会犹豫不决。马歇尔把这个可雇可不雇的工人，即处于资本家犹豫边缘的工人称为边际工人，他的劳动就是边际劳动。劳动的供给价格则取决于劳动者克服不愿遭受负效用的心理，它与劳动者的培养、训练和保持效率的成本密切联系。总之，他认为工资量由劳动的供求关系决定，是这两者的均衡。他说："需求和供给对工资起着同样的影响，其中是不容有所轻的，如同剪刀之两边，拱门之双柱一样。工资有等于劳动纯产品的趋势，劳动边际生产力决定劳动的需求价格。从另方面来看，工资有同培养、训练和保持有效率的劳动的精力所用的成本保持密切关系（虽然是间接而复杂的）的趋势。……工资既不是由需求价格又不是由供给价格决定，而是由支配供给和需求的一系列的原因来决定的。"① 可见，他认为正常工资就是劳动的供求价格一致、供求量相等时的价格。

马歇尔的工资概念中还包括董事、经理的工资。

二、利息

马歇尔认为利息也是均衡价格的完整特例。其利息论包括以下三点内容。

（一）利息的基础

马歇尔首先论述了利息理论的基础，他说："人们一般是不白借钱给人的"，"绝大多数的人喜欢现在的满足，而不喜欢延期的满足……不愿意'等待'"。"这种人所共知的真理"就是"资本与利息理论的基础"②。

（二）利息的结构

马歇尔把利息分为广义和狭义两个概念，即毛利息（总利息）和纯利息。

① 马歇尔．经济学原理［M］．下卷．北京：商务印书馆，1981：204-205.

② 马歇尔．经济学原理［M］．下卷．北京：商务印书馆，1981：247-248.

所谓总利息，它包括三方面的因素：①纯利息，即资本的报酬（等待的报酬）；②风险保险费（包括企业风险、个人风险）；③管理报酬（借贷手续费等）。所谓纯利息就是使用资本的代价，即等待的报酬或资本的报酬。马歇尔把纯利息也叫"真正利息"①。

（三）利息的性质和利率

马歇尔认为，利息是资本家的收入，是资本家等待的报酬；利率是资本的均衡价格（即资本在供求价格一致、供求量相等时的价格），它由资本的供求关系决定。资本的需求价格就是企业家借进资本所愿支付的价格，它取决于资本的边际生产力，即取决于企业家对资本边际生产力的评价。也就是说，企业家借不借一笔资本，就看他对这笔资本边际生产力的评价怎样，即看他对这笔资本提供纯产品能力的估价怎样。资本的供给价格就是资本家出借资本所愿意接受的价格，它取决于资本家的等待和牺牲。也就是说，资本家所愿意接受的价格必须是能够补偿他的等待、牺牲所付出的代价。

三、利润

马歇尔认为利润是企业家的收入，是企业家"对社会所提供的直接服务"的报酬，是"对他们工作的报酬"，即企业家经营管理和组织企业活动的报酬。

关于利润的构成因素，马歇尔认为有两种情况，如果企业主是利用自有资本经营企业，那么利润就包括两部分：①资本利息；②管理上的总报酬，即经营才能和精力之价格及把适当的经营才能与必需的资本结合在一起的那种组织之价格。如果是企业主利用借贷资本经营企业，那么利润就只包括管理上的总报酬。马歇尔认为这是对企业主工作的报酬、劳动的报酬，其中稀有天才的报酬在企业家的收入中占重要地位。大企业把这部分计在薪金之内，小企业则把它计在利润之内。

关于利润的决定因素，马歇尔认为利润中属于利息的部分由决定利息的因素决定；属于劳动工资的部分由决定工资的因素决定；属于稀有天才的部分"可视作准租"，它"和其他自然恩赐品如土地所固有的属性的地租相似"。因为其供给有限（局部垄断），所以稀有天才的报酬主要由需求因素

① 马歇尔．经济学原理［M］．下卷．北京：商务印书馆，1981：206，248，252-253，255-256.

决定①。

四、地租

马歇尔把地租也叫"生产者剩余"，它是土地的总收入超过所投资本和劳动报酬的余额，是自然的产物，它由需求价格决定，最终由土地的边际生产力决定。

马歇尔认为，在地租问题上均衡价格论的完整性遭到了破坏。因为土地的供给具有固定性，"它的供给不以人的努力为转移"②。所以，土地没有供给价格，只有需求价格；地租只受土地需求影响，而决定于土地的边际生产力。土地的边际生产力即土地的边际耕作或边际投资的纯产品，农场主所愿支付的地租是以土地能创造多少纯产品为条件的。如果土地的纯产品能保证农场主在补偿劳动和资本消耗外尚有较多余额保证其利润，农业资本家就愿意租用这块土地。

马歇尔说："在资本和劳动的连续投资中，虽然最初几次投资的报酬，可以增加，但当土地耕作得已经完善时，它们的报酬将开始减少。耕种者继续追加资本与劳动，直到一点为止，在该点，报酬仅仅够偿付他的开支，和补偿他自己的劳作。不论投于优等土地或劣等土地，那将是耕种边际上的一次投资；需要有和该投资的报酬相等的一个数量，且足以补偿他以前的各次投资，而总产量超过这个数量的余额，就是他的生产者的剩余。""他的生产者的剩余或地租，是改良土地的总收入超过报酬他每年所投资本与劳动所需要的数额的余额。""这种剩余，首先取决于土地的丰度，其次取决于他必须买进和卖出的那些东西的相对价值。"它是"自然恩赐品"③。

总之，马歇尔认为"生产者剩余"（地租）是改良土地总收入减掉资本和劳动的报酬以后的余额，它是自然的产物。它由土地的需求价格，最终由土地的边际生产力决定。

五、准地租

马歇尔不仅论述了"真正地租"，还提出了准地租的概念。

---

① 马歇尔．经济学原理［M］．下卷．北京：商务印书馆，1981：260，283，320.

② 马歇尔．经济学原理［M］．下卷．北京：商务印书馆，1981：289.

③ 马歇尔．经济学原理［M］．下卷．北京：商务印书馆，1981：288，289-290，320.

准地租就是一种类似地租的收入。他认为在资本的收入、劳动的收入、组织的收入中都有一种类似地租的收入，他把这种收入就叫作准地租。

这种地租主要包括：①固定资产在折旧期间的收入。它的供给在性质上同土地相似，也是固定的。它的收入大小由它的需求价格，归结结底由它的边际生产力决定。②高级技术工人的高额工资，它是工人天赋才能的报酬，供给固定，工资额大小只受需求影响（即由企业家对这部分劳动的边际生产力的评价决定）。③企业家稀有天才的报酬。这在企业家的利润中占重要地位，甚至占主要地位。它的供给有限，由社会需求决定。

六、马歇尔从分配论引出的结论

在工资、利息、利润、地租的基础上，马歇尔得出了为资本主义剥削制度辩护的结论——阶级调和论。他说："综观以上所述，可进一步作出结论：一般资本和一般劳动，在创造国民收益上是相互合作的，并按照它们各自的（边际）效率从国民收益中抽取报酬。它们的相互依存是极其密切的；没有劳动的资本，是僵死的资本；不借助于他自己或别人的资本，则劳动者势必不能久存。哪里的劳动奋发有力，则哪里资本的报酬就高，资本的增值也很快。由于资本和知识，西方国家的普通工人在许多方面都比以前的王公吃得好，穿得好，甚至住得也好。资本和劳动的合作，如同纺工和织工的合作一样重要。"①

七、对马歇尔分配论的简要评论

总之，马歇尔认为生产有四要素：劳动、资本、组织、土地，从而分配也有四种形式：工资、利息、利润、地租。它们是各个生产要素的价格，是其所有者的收入。除地租外，它们都是由各自的供求关系决定的。工资是劳动的报酬，是劳动的供求价格一致、供求量相等时的价格；其需求价格由劳动的边际生产力决定，供给价格由其生产成本决定。利息是"使用资本的代价"，是"资本的报酬"，它是资本供求价格一致、供求量相等时的价格；其需求价格取决于资本的边际生产力，供给价格取决于资本家的"等待""牺牲"。利润是企业主的收入，其构成除自有资本利息外，主要是对企业主"工作的报酬"，即"管理上的总报酬"和"劳动报酬"。地租，由于土地

---

① 马歇尔．经济学原理［M］．下卷．北京：商务印书馆，1981：215.

供给的固定性，只受需求影响而决定于土地边际生产力，它是自然的恩赐。马歇尔还提出了准地租的概念，认为在工资、利息、利润中都有准地租的成分，都包括一部分准地租。马歇尔的结论是：资本和劳动在创造国民收入方面互相合作，在分配国民收入方面各得其所。这就是马歇尔分配论的基本点。

马歇尔的分配论具有明显的荒谬性和辩护性，主要表现在以下几方面：

（1）马歇尔的分配论是许多旧庸俗理论的混合。在他的分配论的大锅汤中搅拌着萨伊的三要素论、监督工资论、三位一体公式，西尼耳的节欲论，马尔萨斯的劳动基金论、供求论、自然恩赐论，萨伊和穆勒的资本生产力论，巴斯夏和凯里的和谐论，庞巴维克的时差利息论和边际效用论，安特生的土地收益递减规律论，克拉克的边际生产力论和三要素论等杂味。

（2）马歇尔把工资归结为工人出卖劳动的价格，是工人全部劳动的报酬，并认为工资有等于劳动纯产品的趋势。这就歪曲了工资的本质，掩盖了资本家对工人的剥削。

（3）马歇尔把利息说成是“使用资本的代价”，是资本的均衡价格，其需求价格由资本边际生产力决定，其供给价格由资本家的“等待”“牺牲”决定。很明显这是节欲论和资本生产力论在供求论基础上的综合，完全歪曲了利息的本质和源泉，掩盖了资本主义剥削。

（4）马歇尔把利润主要归结为企业主管理劳动的报酬，这就混淆了利润与工资、剥削与劳动的界限，完全歪曲了利润的本质和源泉。事实上，资本家的管理活动本身就是剥削和掠夺劳动者的活动。

（5）马歇尔的地租论建立在“土地收益递减”这个不是规律的“规律”之上，因此不能成立，他把地租看成是自然的报酬，这就歪曲了地租的性质，掩盖了地租的真正源泉。

（6）马歇尔的准地租概念既混淆了资本主义社会各收入的界限，也掩盖了资本对劳动的剥削关系。

（7）马歇尔的分配论具有极其明显的政治目的，即掩盖资本主义社会的阶级矛盾，鼓吹阶级利益调和论，反对马克思的剩余价值论，反对无产阶级革命。

马歇尔断言各生产要素有共同利益，谁也离不开谁；他还断言各要素的分配原则没有本质差别，受同一原则支配，都差不多：“决定正常利润和正常工资的原因方面有根本的一致性”，“工作上所需要的那种稀有的天赋才能和用费浩大的特殊训练，对管理上的正常报酬的影响和对熟练工人的正常工资的影响如出一辙”①。很明显，这是抹杀劳动收入和剥削收入的差别，宣扬阶级利益调和论。

马歇尔还公然反对马克思的剩余价值论，认为马克思的剩余价值论是一种“假设”，“是错误的”。因为全部剩余产品绝不是仅仅由工人劳动创造的产品，它是“工人的劳动和雇主与所属经理的劳动以及使用资本的劳动的产品”，“而资本本身又来自劳动和等待”②。

第四节　马歇尔的其他经济观点

一、马歇尔关于垄断的观点

马歇尔虽然以“经济自由主义”而著称，但是，由于他著作活动的时期正是资本主义向垄断阶段过渡的时期，因此在他的著作中也反映出他关于垄断问题的观点。

（一）关于垄断的形成和发展

马歇尔认为极有组织的采购和销售是垄断产生的主要原因之一。他说：极有组织的采购和销售的经济，是现在同一工业或行业中许多企业合并成为一个大的联合组织的倾向的主要原因之一；也是包括德国的卡特尔和集中的合作组织在内的各种同业联合的主要原因之一。而一个工业部门的垄断同盟可以助长与该业有往来的那些部门的垄断同盟的发展③。

这里，他关于垄断成因的观点是错误的，但关于垄断发展的观点有参考价值。

（二）关于垄断组织的目的

马歇尔认为垄断组织的目的是获得最高利润。他说：垄断者的利益显然不在于把供给和需求调节得使他出售商品所能取得的售价恰够补偿它的生产费用，而是在于把它们调节得能够给他提供最大可能的纯收入总额。显然垄

① 马歇尔．经济学原理［M］．下卷．北京：商务印书馆，1981：270，283.

② 马歇尔．经济学原理［M］．下卷．北京：商务印书馆，1981：252.

③ 马歇尔．经济学原理［M］．下卷．北京：商务印书馆，1981：169，295.

断者所关注的是获得最大限度的纯收入①。这种观点是正确的，是很有参考价值的。

（三）关于垄断与消费者福利

马歇尔说垄断者会出于对消费者福利的直接关心而降低他的价格。在现代世界中，新东西和新方法不断地趋于代替那些不为消费者的利益着想的旧东西和旧方法。在《工业与贸易》一书中，他还认为由于垄断企业的生产能力很高，具有大生产的优越性，成本更低，所以商品价格低于自由竞争的商品价格。这对消费者是有利的。

显然，这是为垄断者涂脂抹粉，与他关于垄断的目的在于获得最大限度的纯收入的观点相矛盾。

（四）关于垄断与竞争

马歇尔说："虽然在理论上，垄断和自由竞争是完全区别开的，但在实际上它们以不易觉察的程度，相互贯穿渗透；在几乎一切竞争的企业里，存在着垄断的因素；而一切现代有实际意义的垄断都是在以不稳定的情况下保持它们的权力；它们很快就会失去这权力，如果它们忽略了直接和间接的竞争的可能性。"②

这里马歇尔把垄断与竞争说成只是程度的差别，显然是错误的，这是他关于"连续原理"的一个应用；但关于垄断与竞争"相互贯穿渗透"的观点则是有一定参考价值的。

二、马歇尔关于危机和失业的观点

马歇尔认为，"信用的任意膨胀"是资本主义社会"一切经济病症的主要原因"。他认为"商业恐慌"的主要原因是缺乏信心。如果信心可以恢复，并用它的魔杖触动所有的工业，使它们继续它们的生产，满足它们对其他各行业商品的需求，则这种灾难大都会立即消失。他还认为不断地使手段和目的相适应是解决资本主义失业现象的唯一有效的药方。上述观点把资本主义社会发生的经济危机、失业等现象的主要原因归于一些表面因素，从而掩盖了资本主义制度这个祸根。这当然是为资本主义制度辩护的。

---

① 马歇尔．经济学原理［M］．下卷．北京：商务印书馆，1981：155.

② Marshall. Zndustry and trade［M］. Bristol：Overstone Press，1997：397.

三、马歇尔的改良主义观点

马歇尔反复强调社会只能渐进，不能飞跃，否则“害多益少”，并且“注定是要失败的”。

他认为，由于“人性的改善很慢”，所以社会改革也必须采取渐进的办法，“社会组织的变革”“也必然是渐进的”。他坚决反对激进的突变，反对“剧烈的经济变革”，认为这“超过了人类从长期自私自利和斗争中继承下来的那种性格的逐步转变”，从而“害多益少”，“注定是要失败的”，“但是这些方法像江湖医生的烈性药一样，在立见微效的同时，却播下了长期到处腐烂的种子”①。

马歇尔极力反对公有制，认为公有制“会挫伤人类的积极性和阻碍经济的进步”，会“把私人和家庭生活关系中最美丽而和谐的东西毁其大半”，“也会引起巨大的风险”，“会破坏安全和动摇社会的基础”。这类“轻率而极端的措施是不公平的……是不明智的，甚至是愚蠢的”②。

他主张用渐进的办法对资本主义社会进行改良，主要包括：国家资助、富人捐输、发展教育事业、发展工业等③。这样就可以消灭贫困和愚昧，消除分配不均，改善工人阶级生活，建成一种新的社会生活秩序。

显然，这一切都在宣扬庸俗进化论，散布社会改良思想，麻痹工人斗志，反对无产阶级革命。

第五节　马歇尔经济观点中可取的点滴

马歇尔经济学说虽然从体系上、本质上看是庸俗的，但也有科学的成分和正确的观点，有值得我们借鉴、参考的理论和方法。

一、关于市场概念和市场机制

以法国经济学家古尔诺和英国经济学家杰文斯的观点为参考，马歇尔指

① 马歇尔．经济学原理［M］．下卷．北京：商务印书馆，1981：141，363，372，398.

② 马歇尔．经济学原理［M］．下卷．北京：商务印书馆，1981：364，443-444.

③ 马歇尔．经济学原理［M］．下卷．北京：商务印书馆，1981：363，368，369，398.

出所谓市场是指一种交易场所，也可以指一种交换关系①。在此基础上，马歇尔对市场分类进行了细致的分析。

首先，他从空间上把市场分为三类：一是世界市场，在这种市场上来自世界各地直接的竞争起着作用；二是偏僻市场，这种市场没有来自远方的各种直接的竞争，但可以感受到间接传来的竞争；三是介于上述两个极端之间的绝大多数市场，这种市场应是经济学家研究的重点。

其次，他把时间引入市场，认为“市场不但因地区而异，而且也因使供求力量彼此达到均衡所需要的时间的长短不同而有所不同。这种时间因素比空间因素当前需要更加充分的注意。因为均衡本身和决定它的那些因素的性质都以市场所占用的时间的长短为转移”②。马歇尔按时间也把市场分为三类：一是短期市场。这种市场的供给只局限于现有的存货，而不直接受生产成本的影响，所以需求对短期市场的价格起着主要作用。在这种市场上，交易双方主要考虑的是现有的需求和现有的商品存量，而“几乎不考虑到生产成本”③。因此，在短期市场上，“需求量的增加提高正常的供给价格”④。因为，在这种市场上，“人们把现有的生产设备数量看作是实际上差不多是固定的”⑤。这种市场实现的供给与需求的均衡是短期均衡。二是较长期市场。这种市场所占用的时间长得足以使生产者有可能针对需求变动来调节生产，但长得还不足以使他们有可能通过增加生产设备，增加劳动力来扩大生产规模，从而只能靠加班加点、提高劳动强度、提高现有的设备利用率来增加产量，增加商品的供给。因此，在这种市场上，物质生产工具和劳动的数量在很大程度上被看成是现成的，边际供给增加额是由生产者用现有的生产设备值得他们生产的数量的估计来决定的。这种市场的供给将或多或少受该商品生产成本的影响。三是长期市场。这种市场占用的时间长到足以能够增加投资建成新企业，扩大物质资本和人身资本，并卓有成效地进行生产，增加商品供给。因此，在这种市场上，商品生产成本或多或少地受生产该商品所需要的劳动和物质资料的生产成本的影响。商品的“正常供给价格会随着需求的增

① 马歇尔．经济学原理［M］．下卷．北京：商务印书馆，1981：18.

② 马歇尔．经济学原理［M］．下卷．北京：商务印书馆，1981：23.

③ 马歇尔．经济学原理［M］．下卷．北京：商务印书馆，1981：172.

④ 马歇尔．经济学原理［M］．下卷．北京：商务印书馆，1981：60.

⑤ 马歇尔．经济学原理［M］．下卷．北京：商务印书馆，1981：63.

加而减少”①。

关于市场时间长短与价格的关系，马歇尔认为，就一般而论，考虑的时间越短，越要注意需求对价格的影响；时间越长，生产成本对价格的影响则越重要。或者说，在短期内，效用对价格起着主要的影响；在长期内，生产成本对价格起着主要的影响。因为，在短期内，虽然生产者可以利用现有的生产设备和存货尽量来使他们的供给适应需求；但特殊的技能和才干，适用的机器与其他物质资本的供给和适当的工业组织的供给，都来不及充分地适应需求。而在长时期内，为了提供物质设备和商业组织，以及为了取得职业知识与专门技能而投入的全部资本和努力，都有足够时间来根据人们期望挣得的那些收入来予以调整②。

最后，从竞争在市场中的地位看，马歇尔又把市场分为竞争市场和垄断竞争市场。因为他认为资本主义市场经济主要是自由市场经济，他面对的主要也是资本主义自由市场经济，所以，他主要论述的是竞争市场，是自由放任的市场自发力量的调节作用，而对垄断竞争市场论述较少③。

关于市场运行机制，马歇尔像他的许多前辈一样，也认为资本主义经济有一种优化社会资源配置的自动调节力量。他说，在资本主义经济中，“有一些经常起作用的力量，这些力量有使资源在其各种不同用途方面的分配得到如此调节的趋势，以致任何分配不当不久就会得到纠正”④。又说：“工业企业的自由，就其作用所及，有使每一个人把他的资本和劳动运用到恰到好处的趋势。”⑤ 这种调节力量就是市场调节机制，马歇尔是通过均衡价格的形成来说明这种机制的。关于内容我们在前边已详细评介过，这里就不赘述了。

马歇尔这里分析的市场与市场机制，虽然存在着为资本主义制度辩护的内容，但却包含着市场经济的普遍真理，诸如关于市场概念与市场分类，关于通过竞争机制、供求机制、价格机制、价值规律的作用优化配置资源的原理，等等。

---

① 马歇尔．经济学原理［M］．下卷．北京：商务印书馆，1981：61.

② 马歇尔．经济学原理［M］．下卷．北京：商务印书馆，1981：65-66.

③ 关于垄断竞争市场的论述见马歇尔《工业与贸易》一书。

④ 马歇尔．经济学原理［M］．下卷．北京：商务印书馆，1981：95.

⑤ 马歇尔．经济学原理［M］．下卷．北京：商务印书馆，1981：391.

二、关于需求弹性和供给弹性

马歇尔应用这两个概念虽然未能说明需求与供给变动的本质联系，甚至掩盖了资本主义社会需求、供给变动的本质联系；但商品的需求弹性与供给弹性终究是一种客观存在，这两个概念完全可以作为一种分析市场经济的工具和方法。马歇尔的这两个概念包含着极其丰富的科学内容，不仅有重要的理论意义，而且有很大的实用价值，无论对企业的经营行为，还是对国家的市场管理行为，都有很大的指导作用。

三、关于竞争的作用

关于竞争的作用，马歇尔认为："竞争可以是建设性的，也可以是破坏性的；即当建设性的时候，竞争也没有合作那样有利。""如将竞争与为了公众利益而无私工作的有力的合作对比的话，那末，即使是最好形式的竞争也是相对地有害的；至于它的较为苛刻和卑鄙的形式简直是可恨了。""'竞争'这个名词已经充满了罪恶的意味，而且还包含某种利己心和对别人的福利漠不关心的意思。"但是，他又认为"决不应不加分析地对一般竞争加以诋毁"①。例如，竞争可以促进生产的发展，可以调节资源配置，实现稳定均衡，使各阶层得到最大满足。

马歇尔认为资本主义竞争可实现稳定的均衡，使各阶级得到最大满足，这当然是无稽之谈。但他一分为二地看资本主义竞争的作用，是有参考价值的。我们也应当一分为二地看待社会主义条件下的竞争，而不应当片面地认为竞争绝对好或绝对坏。

四、关于收益递减规律

关于收益递减规律，马歇尔有两种提法：一种提法是无条件的、绝对的。例如，他说："在任何情况下，因资本和劳动的增加而增加的报酬，迟早是要递减的。""报酬递减律或报酬递减倾向的叙述可暂时说明如下：用于耕种土地的资本和劳动之增加，一般地使所获的农产物数量之增加在比例上是较低的，除非可巧同时发生农业技术的改良。"② 另一种提法是有条件的、相对的。

---

① 马歇尔．经济学原理［M］．上卷．北京：商务印书馆，1981：26-27，30.

② 马歇尔．经济学原理［M］．上卷．北京：商务印书馆，1981：166，168.

例如，他说："任何要素的过分使用会引起报酬递减。""在企业的各个部门中，甚至可以说，在一切日常生活事务中，为达到任何目的而过度使用任何手段势必要引起报酬递减。""如果任何农场主把自己的资源不适当地分配在各种不同的耕作计划方面，那末，他从那些用得过多的支出部分将得到显著的报酬递减。""不仅土地，而且也有其他各种生产工具，如果被用得过于厉害，势必产生报酬递减。"马歇尔把前一种情况叫作在资源运用适当情况下发生的报酬递减，后一种情况叫作"误用资源的结果"。他认为这两种报酬递减趋势是不同的，"毫不相干"① 的。

马歇尔在报酬递减规律的第一种提法中加了"除非"这个重要条件，比之马尔萨斯有所进步，但仍是片面的、庸俗的。马歇尔关于报酬递减规律的第二种提法是正确的，是有参考价值的，我们在社会主义建设中也应注意这个问题。

五、关于企业经营管理

马歇尔很重视加强企业管理，在《经济学原理》一书中用很大的篇幅论述了这个问题。

首先，他把组织作为生产的一个要素，强调企业家的任务是做好各生产要素的协调组合工作，以便尽可能发挥生产要素的效能。

其次，他很重视运用生产要素代用原则来提高经济效益。他说："在创业的时候，和在以后的各个阶段，机警的企业家力图修改他的计划以便用一定的支出获得较大的成果，或用较少的支出获得相等的成果。换句话说，为了增加他的利润，他不断地运用代用原则；而在这样做的时候，他总会提高全部工作效率，增进人类用组织和知识控制自然界的能力。"② "就生产者的知识和经营能力所及，他们在每一场合下都会选择那些最适合他们用的生产要素。所使用的生产要素的供给价格的总和，一般都小于可以用来替代它们的任何其他一组生产要素的供给价格的总和；每当生产者发觉情况并不如此，一般说来，他们总会设法代以那种费用比较低一些的方法。"③ 代用原则的运用还表现在社会用代价低、效率高的企业主代替代价高、效率低的企业主

① 马歇尔．经济学原理［M］．下卷．北京：商务印书馆，1981：93，94，95，101.

② 马歇尔．经济学原理［M］．下卷．北京：商务印书馆，1981：46.

③ 马歇尔．经济学原理［M］．下卷．北京：商务印书馆，1981：33.

方面。

最后，他很强调企业领导人的才干，认为一个理想的企业家必须“要有双重的能力”：“第一，以他作为商人和生产组织者的作用而论，他必须具有他自己行业中的物的透彻的知识。他必须具有预测生产和消费的广泛变动的能力，以及具有知道哪里有供给一种新商品以满足实际欲望的机会，或是哪里有改进旧商品的生产计划的机会之能力。他必须能谨慎地判断，大胆地承担风险；他当然必须具有了解他的行业中所用的原料和机械。”“第二，以他作为雇主的作用而论，他必须是一个人的天生的领导者。他必须具有首先适当地选择他的助手、然后充分信任他们的能力；而且必须具有使他们关心营业和信任他的能力，以发挥他们内在的进取心和创造力；同时，他自己对一切事务实行总的掌握，并保持营业主要计划的井井有条和前后一致。”① 为了说明企业家必须会抓大事，而不能陷入事务主义，马歇尔还引用了白哲特的下一句话：如果一个大企业的首脑“忙得不可开交，那就是事情不妙的象征”②。

把以上论断中的资本主义关系抽象掉，对我们社会主义企业管理都是很有参考价值的，我们目前正缺乏这样的具有管理知识和管理才能的企业家。

六、关于劳动力商品的特点

马歇尔认为劳动力这个商品在需求和供给方面有许多特点。

第一，“工人所出卖的只是他的劳动（力）③，但他本身仍归他自己所有。”这和“生产资料的买卖”是“不同的”。

第二，“当一个人出卖他的服务时，他必须亲自到服务场所。”“工人和他的工作是分不开的。”这样，劳动力与工作场所的好坏有很大关系，劳动随需求转移也较困难。劳动力和一般商品不同。例如，砖这种商品，生产者将砖出卖之后，无论这些砖是修宫殿，还是修阴沟厕所，都与生产者毫不相干。

第三，“劳动力是可以毁坏的”。

第四，劳动“的卖主在议价中往往处于不利地位”。他说：“劳动往往是

---

① 马歇尔．经济学原理［M］．上卷．北京：商务印书馆，1981：309.

② 马歇尔．经济学原理［M］．下卷．北京：商务印书馆，1981：264.

③ 这里括号中的“力”字是引者加的。

在特别不利的条件下出卖的，这些不利源于一系列相互密切联系的事实：即劳动力具有损耗性；出卖劳动力的人一般都是穷人，手头没有积存；离开劳动市场，工人就无法保存劳动。”

第五，“培养和训练有工作能力的劳动所需要的时间是很长的，这种训练所产生的报酬也是很慢的”①。

这里，马歇尔把劳动与劳动力混淆是错误的，但关于工人出卖的商品的供求特点，不仅有一定的理论意义，也有实用价值。

七、关于人力投资

他说：“一切资本中最有价值的莫过于投在人身上面的资本。”② 如果把资本主义关系抽象掉，把资本改成投资，这句话就适用于一切社会，当然也适用于社会主义社会。我们要搞社会主义现代化建设也必须重视人力投资。

八、关于资本主义社会工人的贫困状况

他写道，在资本主义社会“工人阶级的子女很多都是衣不蔽体，食不果腹的。他们的住宅条件既不能促进身体的健康，也不能促进道德的健全。虽然现代英国的教育并不算很坏，但他们所受的教育却很少。他们没有机会广见世面，或领悟高级企业工作，科学和艺术的性质。他们早期所遇到的是艰苦而费力的劳动，而且大多数都终生从事这种劳动。至少是他们带着那些未发展的才能进入坟墓”。“这种祸害是积累性的。”③ 马歇尔的这些话虽然是为了说明关于工人的人力投资在英国所受的出身限制，但他对工人贫困状况的描述和认识却反映了资本主义社会的实际情况，这是很值得赞赏的。

九、关于均衡分析法

马歇尔的均衡价格论作为一种价值理论，无疑是一种庸俗理论。但他的均衡分析方法则是有参考价值的。均衡分析法不是资产阶级的专利品，我们社会主义市场经济也需要运用均衡分析的方法来分析市场经济现象，谋求供

---

① 关于劳动力商品的特点请参看：马歇尔．经济学原理［M］．下卷．北京：商务印书馆，1981：229-238.

② 马歇尔．经济学原理［M］．下卷．北京：商务印书馆，1981：232.

③ 马歇尔．经济学原理［M］．下卷．北京：商务印书馆，1981：231.

给与需求的均衡决策。同时，均衡理论对于确定商品价格也是有用的。在确定价格时，我们不仅要以商品价值为依据，而且也要考虑供求关系，兼顾两头；既要使生产者能够生产下去，也要使消费者能够接受。如果人为地割裂供求关系，使价格只顾一头，就会严重阻碍生产发展和群众生活水平的提高，甚至会影响社会秩序的稳定。

附 录

当代资产阶级经济学说

附录一　凯恩斯经济学

第一节　凯恩斯经济学产生的背景和特征

一、凯恩斯经济学产生的背景

二十世纪三十年代之前，西方国家占主流地位的经济学是以马歇尔、庇古等人为代表的新古典经济学，他们从马歇尔的局部均衡理论和瓦尔拉斯的一般均衡理论出发，认为资本主义社会是一个市场自由化竞争的经济体系，在这个体系当中，产品市场可以通过价格机制自动调节商品的供需关系，不会存在普遍性的生产过剩；劳动市场可以通过工资涨跌机制自动调节劳动力的供需关系，不会发生大面积的失业现象。这些都是因为市场机制这只“看不见的手”的调节作用，才使得社会各种要素资源得以充分利用和配置。在市场经济制度下，所有人都是理性的经济人，他们在实现个人利益最大化的同时还能实现社会利益的最大化，所以无需国家干预经济，经济能自发实现帕累托最优。

但是1929—1933年西方世界爆发了严重的经济危机，导致资本主义国家工业产值下跌、贸易额锐减、企业大量倒闭、失业人口激增，这种现象持续了4年之久，之后西方国家进入了长期的经济“大萧条”时期。面对这样的经济现象，当时新古典经济学派既不能给出合理的解释，也无法在政策上给出建议。这使得凯恩斯开始对传统经济学的怀疑不断加深，1926年他发表一篇名为《自由放任主义的终结》的论文，开始否定经济自由化的主张，建议政府摒弃平衡预算的手段，通过“赤字财政”干预经济，具体措施包括扩大政府支出、减少税收、降低利息率、增加投资、货币扩张等，目的是刺激有效需求和实现充分就业。1936年凯恩斯在《就业、利息和货币通论》（以下简称《通论》）中提出了有效需求理论和国家干预经济的政策主张，从理论上论证了政府调节经济的重要性，这成为西方经济学发展的一个重要转折点。

凯恩斯在《通论》中提出了有效需求不足理论，他认为在资本主义自由市场经济中，萨伊供给创造需求的观点是片面的，应该是需求决定供给，而且总需求总是处于不足的状态，会导致社会生产过剩问题，引起经济紧缩和失业，严重的话会引发经济危机。凯恩斯具体从消费和投资两个部门出发，根据经济个体的三大心理规律来说明大萧条形成的原因。所谓三大心理规律是指边际消费倾向递减规律、资本边际效率递减规律和流动性偏好规律，正是由于这三大心理规律的存在，社会总需求小于总供给，实际就业人数低于充分就业人数。凯恩斯认为在产品市场上，在边际消费倾向递减规律的作用下，消费者的消费需求会随着自身收入的增加而呈现递减的趋势，换句话说就是消费的增长总是慢于收入的增长，消费在总收入当中的占比逐渐减少，这种现象称为消费需求不足。在消费需求不足的情况下，一般消费品的生产过剩是不可避免的，而消费品的生产过剩将会导致生产的减少和就业的下降，这会直接降低企业的利润，从而降低生产者和投资者的预期利润率，使得资本边际效率下降，这种现象称为投资需求不足。再加上流动性偏好问题，利息率会不断下降至非常低的水平，进而对投资需求形成一个负向反馈，更加抑制投资和需求，从而形成一个恶性循环。在这样的一个经济环境中，非自愿性失业变得比较普遍。如果消费需求和投资需求不足同时突然爆发，再加上劳动力市场的失业问题剧增，就会引发经济危机。在这种情况下，凯恩斯认为资本主义经济将无法依靠市场机制的自动调节得以恢复，失业将成为常态。

综上所述，凯恩斯从三个心理规律出发，分析资本主义市场的总需求不足，导致生产出来的产品无法销售出去，进而引起企业生产紧缩和失业，最终爆发了经济危机。为了减轻经济萧条的程度，重新刺激需求，凯恩斯提出了一系列需求管理的政策，他认为只有国家参与经济，扩大政府在市场中的作用才能弥补市场机制的缺陷。

二、凯恩斯经济学的主要特点

凯恩斯经济学的主要特点有如下几个方面。

（1）重点研究政府干预经济的作用和政府政策对经济中不确定性的影响，从而否定了古典经济学和新古典经济学认为市场总能调节经济均衡和充分就业的假设。

（2）重点关注短期分析，特别是政策干预对国民收入和就业的决定作用。

（3）重点从有效需求出发分析消费和投资两个部门的行为，否定价格变动在短期内对经济的影响和调节作用。

（4）重点强调应用总量分析法将实物经济和货币经济统一起来，反对传统经济学的二分法。

第二节　凯恩斯经济学基本理论

一、国民收入决定理论

凯恩斯国民收入决定理论的核心是有效需求学说。有效需求是指在总需求和总供给相等的情况下，经济处于均衡状态时的社会总需求，其中包括消费需求和投资需求，其决定社会就业量和国民收入。这里的总需求和总供给相等指的是两者在价格上的相等，按照凯恩斯的说法，总供给价格是指厂商对企业生产出来的全部商品的定价，这一价格可以保证厂商既能收回成本也能获得一定的利润；总需求价格是指厂商预估生产出来的产品能在市场上售卖的价格。一般来讲，在总需求价格大于总供给价格时，厂商可以获得利润，就会增加企业生产，并且促进社会就业。反之则反是。

凯恩斯之所以强调有效需求不足是因为：第一，从市场经济的特点来看，厂商生产的供给量是由其对市场需求的预期决定的，所以要确定社会的产量和就业水平就必须先了解整个经济对产出的需求量。在短期内，在生产技术、资本设备和生产能力相对固定不变的情况下，就业水平的决定因素就是总需求水平，所以可以说就业理论就是一个总需求决定理论；第二，从社会经济环境来看，当时社会正处于大危机期间，大量工厂倒闭，失业人口增加，生产严重过剩，总供给远远大于总需求。而新古典经济学家一直遵循萨伊定律，依然坚持供给创造需求的理论，不承认有效需求不足的问题。但是凯恩斯坚持从有效需求出发研究当时国民收入和就业问题，认为经济危机和失业主要源于投资和消费的不足，这对当时摆脱经济危机有非常强的解释力。

关于造成有效需求不足的原因，凯恩斯从边际消费倾向递减规律、资本边际效率递减规律和流动性偏好三个基本心理规律来分析。凯恩斯认为，在一个封闭的经济体中，国民收入决定于消费支出和投资支出两个因素。消费支出是指人们为了满足自己的基本生活所需购买的消费品支出。投资支出是指厂商为了扩大生产规模对物质资本的投入。当两个支出加总起来能够把社会上生产出来的所有产品都消费掉时，生产就可以继续。如果两个支出加总不能消费掉所生产出来的产品，就会出现生产过剩，这也正是凯恩斯当时所处的经济状态。因此，整个国民收入（或者社会生产水平）就是由消费需求和投资需求两部分组成，用公式可以表示为：Y（收入）$=C$（消费）$+I$（投资），这也是凯恩斯两部门模型，该模型中具体的因素见图1。

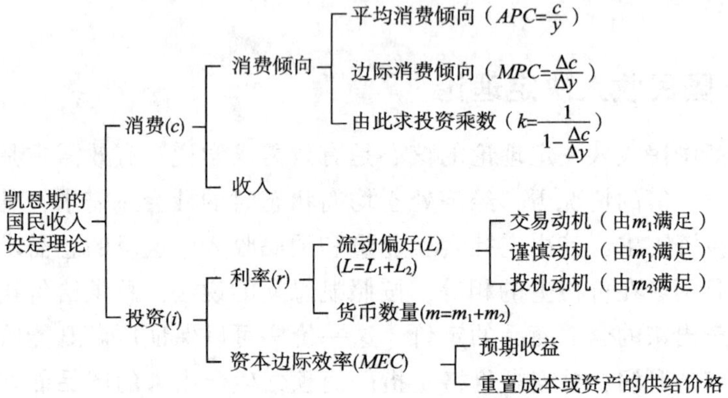

图1　凯恩斯的基本理论框架图

由上图可知：一个社会一定时期的国民收入和就业量最终由消费倾向、资本边际效率、流动偏好和货币数量四个因素决定。

国民收入决定理论包含三个重要命题：

第一，边际消费倾向递减。凯恩斯理论的起点是有效需求不足，其中一个心理因素是边际消费倾向递减。他认为在收入不断增加的情况下，人们用于消费的支出部分会逐渐减少，即消费的增长率低于收入的增长率，导致消费在收入中的占比逐渐降低，这就是边际消费倾向递减规律。正是边际消费倾向递减规律的存在，使得增加的产量减去消费部分之后就会留下一个缺口，如果消费不能补上这个缺口的话，就会出现产品积压和生产过剩，进而导致企业生产降低，就业人口减少，经济危机发生，经济进入萧条状态。

第二，资本边际效率递减。资本边际效率是一种贴现率，按照凯恩斯的说法，这种贴现率正好能使一项资本物品在使用期内各预期收益的现值之和等于这项资本品的供给价格或者重置成本，这是凯恩斯所说的造成有效需求不足的三个基本心理因素之一。资本边际效率类似于预期收益率，与投资呈正相关关系，即预期增加一个单位的投资可以得到的利润率。长期来看，资本边际效率递减规律的原因在于投资需求不足，凯恩斯在分析具体机理时这样指出：一方面，投资的不断增加必然会引起资本品供给价格的上升，而资本品供给价格的上升意味着成本的增加，从而会使投资的预期利润率下降；另一方面，投资的不断增加会使所生产出来的产品数量增加，而产品数量增加会使其市场价格下降，从而使投资的预期利润率下降。这种资本边际效率的递减现象使得企业对未来投资缺乏信心，从而引起投资需求的不足。

第三，进入流动性陷阱。按照理性经济人思维，在对未来经济预期悲观的情况下，为了应付日常开支、预防意外的发生和投机的需要，人们会选择保留更多现金，此时无论中央银行增发多少货币都会被人们储存起来，利率不再下降，投资不再增加，经济进入流动性陷阱，货币政策完全失效。

二、货币需求理论

凯恩斯的货币需求理论来源于《通论》一书中所提出的流动性偏好理论，凯恩斯师从于马歇尔，所以他的货币理论在很大程度上是继承和发展了剑桥学派的货币需求理论。在剑桥学派的货币理论体系中，重点研究的一个问题是人们持有货币的目的，关于这一问题，剑桥学派着重分析人们对货币的交易需求方面，但其理论缺陷是对这一问题的分析只停留在表面，而没有对经济个体的心理层面进行分析。凯恩斯对人们持有货币的动机进行了深入的分析，提出了人们持有货币的交易动机、谨慎动机和投机动机，与此相对应，有货币的交易需求、谨慎需求和投机需求，由此便形成了以三大动机为核心的凯恩斯货币需求理论。

（一）交易动机和交易性货币需求

凯恩斯指出，所谓交易动机是指人们为了满足日常的生活开支而持有货币的动机。他把交易动机划分为所得动机和业务动机，所得动机是基于个人而言的货币需求，业务动机是基于企业而言的货币需求，二者共同组合在一起就成为交易性货币需求。

凯恩斯认为，由交易动机引起的货币需求量与国民收入水平之间存在着稳定的正相关关系，即收入水平越高，交易动机的货币需求量越大，反之则反是。那么，由交易动机引起的货币需求（L_1）是国民收入水平（y）的函数，即 $L_1 = L_1(y) = ky$。

（二）谨慎动机和谨慎性货币需求

谨慎动机是指人们为了应对突发事件所必须持有货币的动机，比如应对失业情况、支付医疗费用，以及应对其他突发的意外事件等。每个人对突发意外事件的严重程度衡量标准不同，所以对满足谨慎动机所持有的货币数量要求也不同。

凯恩斯认为，谨慎动机引起的货币需求与收入关系紧密，即收入水平越高，谨慎动机的货币需求量越大，反之则反是。那么，由谨慎动机引起的货币需求（L_1）是国民收入水平（y）的函数，即 $L_1=L_1(y)=ky$。

（三）投机动机和投机性货币需求

投机动机是指人们根据其对未来市场利率变化的预期，为了在投机中获取一定的收益而手中持有一部分货币的动机。由于货币具有较强的流动性特征，周转起来比较灵活，持有它可以根据市场的行情变化进行投机，这里的投机活动最典型的就是买卖债券。凯恩斯将人们的资产划分为货币资产和债券资产，在这二者中货币资产是无收益的资产，而债券资产是有收益的资产，且这种收益随价格的波动而波动。

凯恩斯认为，当前利率、投机者心理正常的利率、投机者预期利率是影响投机动机货币需求的三个因素，一般来说，投机动机所产生的货币需求与当前利率水平呈负相关关系，即是利率的减函数，那么，由投机动机引起的货币需求（L_2）是利率（r）的函数，$L_2=L_2(y)=-hr$。

综上所述，凯恩斯的货币需求函数可以表示为：$L=L_1+L_2=L_1(y)+L_2(r)=ky-hr$。式中，$L$ 为货币总需求；L_1 是交易动机和谨慎动机引起的货币需求，y 是收入水平，L_1 是收入水平（y）的增函数；L_2 是投机动机引起的货币需求，r 是利率，L_2 是利率（r）的减函数。

（四）凯恩斯货币需求理论的意义

凯恩斯的货币需求理论对西方经济学的突出贡献表现在：从人们的心理活动出发探讨货币需求的动机，提出了以收入水平决定的交易动机和谨慎动机货币需求，以利率决定的投机货币需求，并且提出了以投机需求为核心的流动性偏好理论，从而把利率这个变量引入到货币需求函数当中，构建起收入和利率变动引发货币需求变动的函数，这个函数的经济意义是收入和利率的变化影响着货币的需求量。这种将国民收入和市场利率与货币需求量联系在一起的理论，是对传统数量论关于货币数量直接决定商品价格理论的否定。与此同时也深入分析了货币如何在整个宏观经济系统中发挥重要的作用，这一创新性的观点为中央银行运用利率手段调节经济提供了有力的证据。

三、经济周期理论

凯恩斯注重从心理因素角度来分析经济周期的形成。在《通论》中提出经济的发展必然要经历一个从上升到下降，再重新上升的周期性运动，并且这个运动具有明显的规律性，这种经济有规律的波动被称为经济周期。他将这个周期具体分为繁荣、恐慌、萧条、复苏四个阶段，其中繁荣和恐慌是经济周期中最重要的两个阶段。因为凯恩斯当时所处的时期正好是经济危机前后，所以他分析经济周期着重从繁荣之后的阶段说起。在经济繁荣的后期，资本家对未来收益依然保持乐观的态度，所以他们会追加投资，生产规模化之后成本相应地下降，利率也在下调。但此时经济已经出现了一些问题，比如劳动资本和物质资本的价格开始上升，企业成本上升，资本边际效率开始递减，企业利润逐渐下降。此时由于总需求没有迅速减少，资本家对未来经济依然非常乐观，对未来资本收益没有做出科学合理的判断，生产依然在增加，贷款也在增加，货币需求量没有减少。但是当资本边际效率突然减少时，资本家对未来经济悲观预期就会显现，导致投资减少，生产减少，失业增加，利率上升，人们出于对生活和未来的考虑持有大量货币而不进行消费和投资，此时经济进入恐慌阶段，危机发生。面对危机，人们出于安全需要不断增加货币需求，即使利率再低人们也不会拿出货币进行投资和消费，由此经济掉进了流动性陷阱。企业方面，资本边际效率难以提高，投资不振，生产萎缩，失业增加，商品货物积压严重，经济彻底失去了上升的动力，由此经济进入萧条期。经过一段时间后，企业积压的存货被逐渐消费掉，资本边际效率会逐渐提高，利率降低，投资增加，消费逐渐提升，经济进入复苏阶段。

（一）经济周期产生的因素分析

由凯恩斯对经济周期的分析可知，引起经济周期性波动的主要原因是资本边际效率的变动，此外，固定资产的使用寿命和一个国家人口的增长速度、企业积压的生产过剩的货物保存费用、物质资本生产消耗完毕所需要的时间长短等也是影响经济周期的因素。这些因素变动的趋势决定着消费和投资，进而影响着有效需求，由此便形成了经济从上升到下降再到上升的规律性变化趋势，凯恩斯认为这种经济周期性变动的时间一般是3~5年。

（二）经济周期理论的特征

经济周期理论的特征有如下几方面。

第一，社会总需求决定国民收入，所以造成经济周期性波动的原因依然是社会总需求的变动。凯恩斯经济学是以国民收入决定理论为核心的宏观经济学，当加入时间因素的时候，经济周期理论可以看作是将国民收入决定理论动态化的分析。

第二，凯恩斯经济周期理论是从资本边际效率展开的，通过对投资行为变动原因的分析来说明经济周期形成的过程。资本边际效率可以看作是企业投资的预期利润率，它决定企业投资的行为。资本边际效率高的时候企业追加投资就比较多，资本边际效率低的时候企业自然减少投资。企业投资行为的变化影响着经济的变化，进而形成了经济周期性变化的规律。可见，经济周期的原因在于资本边际效率的变动引起了投资的变动。

凯恩斯认为，经济周期的主要影响因素是资本边际效率的变化，但经济周期性变动的现象是非常复杂的，导致这种规律性变动的原因还有很多，要运用到《通论》中的很多概念才能解释清楚经济周期，比如要用到消费倾向变化、流动性偏好、有效需求不足等规律。在具体描述经济周期变动时，凯恩斯认为在繁荣的后期，人们对物质资本投资的预期收益并没有减少，在经济依然处于繁荣时期，资本边际效率递减使得人们对未来预期收益突然产生了怀疑，这种心理预期的转变是经济周期发生变化的重要因素，由此而发生一系列连锁反应。之后资本家的投资减少，失业人口增加，消费需求降低，企业存货增加，生产过剩现象加重，经济进入萧条期。在这个期间，由于交易动机所需要的货币量减少，利率下调，导致企业生产成本下降，资本边际效率此时也发生了变化。这又会促进投资的增加，因为在国民收入下降时期，边际消费倾向比较高且就业乘数也比较大，所以产出和就业增加的就比较快，这可以促进经济在经历了萧条和复苏之后又进入繁荣阶段。

第三节　凯恩斯经济学政策主张

凯恩斯的第一大理论创新是从有效需求不足解释经济危机，他的第二大贡献是基于有效需求不足而提出摆脱经济危机的政策建议，这对当时经济的复苏起到了关键的作用。具体来说，凯恩斯的政策建议包括四方面：国家干预是基本前提；财政政策是重点政策；货币政策是辅助手段；扩大消费和投资需求。

一、国家干预是基本前提

凯恩斯理论认为萨伊定律是片面的，供给不能自动创造需求，经济也不可能自动调节达到均衡状态。在三大心理规律的影响下，社会上会出现明显的有效需求不足，从而导致社会总需求和社会总供给难以自动达到均衡。为了解决有效需求不足的问题，凯恩斯主张放弃自由主义的经济理念，以国家干预的政策取而代之。国家干预最直接的表现是扩大政府职能，这里主要指扩大政府调节消费倾向和投资导向的职能，有许多手段可以选择，比如所得税收、财政支出、利率调节、政府投资等，这些措施都可以有效刺激消费和投资。因为有效需求就是由消费需求和投资需求组成的，刺激消费和投资就等于刺激了有效需求。扩大政府职能的主要经济手段就是财政政策和货币政策，以财政政策为主，实施赤字财政政策，摒弃平衡预算政策，增加政府支出，用公共投资和公共消费的支出来弥补私人投资和消费的不足，实现扩张性的财政政策。所以在凯恩斯的经济理论体系里赤字财政是一种积极的政策，可以有效激活社会中的资源并将其用于生产和消费，从而实现供需平衡，促进经济增长。同时，凯恩斯还认为国家干预应该实行财政和货币两种政策"双管齐下"，一方面，可以提高资本边际效率，增加社会投资；另一方面，可以提高消费倾向刺激消费，因为只有两方面共同作用才能激活经济的活跃度。

二、财政政策是重点政策

凯恩斯政策主张中最重要的就是财政政策，他否定了传统经济学中平衡国家预算的观点，主张适度的赤字财政和扩大政府支出，其中包括公共消费和公共投资，因为这可以刺激消费和投资两端，改善有效需求不足的状况，降低失业，促进经济平稳增长。为什么凯恩斯特别强调政府支出的手段，因为政府支出手段存在一个乘数效应，可以成倍地有效撬动国民收入水平。按照凯恩斯的说法，"我们可以称 k 为投资乘数，这个乘数告诉我们，当总投资量增加时，所得到的增量也是投资增量的 k 倍"。通过一个表达式来说明：在式子 $k=1/(1-b)$ 中，b 为边际消费倾向，$b=\Delta c/\Delta Y$，Δc 为消费增量，ΔY 为国民收入增量，由上述式子可知，边际消费倾向越大，支出的乘数效应也越大，也就是说在乘数原理的作用下，政府每增加一笔支出 ΔG，就相应增加了 $k*\Delta G$ 倍的国民收入。所以为了增加国民收入，促进经济增长，政府需要实行扩张性的财政政策，特别是扩大政府支出规模。在具体财政政策上，凯恩斯认为公债是最有效的，所以提倡从宏观经济学角度将公债看作是弥补财政赤字和增加财政投资的重要资金来源，用以弥补私人消费的不足，这是刺激有效需求的主要手段。所以政府的超支行为至少在经济危机时对经济的刺激是必需和有效的。

三、货币政策是辅助手段

凯恩斯经济学的货币政策主要通过对货币供给量的调节来影响利率的变动，从而达到影响总需求的目的。在这条因果链当中利率的变化起着关键的中介作用，所以在凯恩斯货币政策中更加注重对利率的调节，特别是在二十世纪二三十年代经济危机的时候，他主张的扩张性货币政策有利于摆脱危机。货币政策分为扩张性货币政策和紧缩性货币政策。扩张性货币政策是指通过央行增加货币的供给来刺激社会总需求的增长，具体机制是：货币供给增加，利率降低，此时从银行贷款更加容易，所以在经济危机爆发时通常采用扩张性的货币政策。紧缩性货币政策是指通过减少货币的供给来抑制社会总需求的增长，具体机制是：货币供给减少，利率提高，此时从银行贷款更加困难，并且贷款成本也在上升，所以在经济过热的时候通常采用紧缩性的货币政策。

依据凯恩斯对货币政策传导机制的分析可知，利率在货币供给和总需求之间发挥了重要的中介作用，这是一个仅仅在货币市场上的一个简单分析。当把这种传导机制放在货币和产品两个市场上分析时，问题就会比较复杂，这也是凯恩斯学派在分析两个市场均衡时经常用到的分析框架。具体的传导机制是：货币供给增加，利率会相应下降，刺激投资，总需求增加，国民收入增加。国民收入的增加又会刺激货币需求的增长，如果央行不增发货币的话，货币相对供给就会下降，刺激利率回调，这就是产品市场对货币市场的反馈作用。当利率上升时，又会使得总需求减少，产出下降，货币需求量下降，利率继续回落，由此形成一个循环往复的作用过程。在这个作用过程中市场在寻求一个均衡点，这个点就是要满足货币市场供求和产品市场供求两方面的均衡点。

四、扩大消费和投资需求

在扩大消费需求方面，凯恩斯认为，应该运用国家各种经济杠杆来扩大消费需求，重点从两方面着手：一是增加消费甚至不惜挥霍浪费，反对节俭和储蓄；二是通过所得税的方式将社会财富进行再分配，缩小贫富差距，促进消费，提高社会就业水平。

在扩大投资需求方面，凯恩斯认为，由于消费倾向相对比较稳定，不易改变，所以在刺激有效需求方面，刺激投资需求是短时间内起效最快的。他提出实行“全国范围的调节投资计划”，这个计划包括两方面：一是刺激私人投资，即国家增发货币，降低贷款利率，从而刺激个人的投资；二是刺激社会投资，即政府直接投资于公共服务，以此来弥补私人投资的不足，复苏整个经济。因为政府投资是短期内最有效的做法，所以他认为这种投资行为具有乘数效应，可以翻倍影响国民收入。

第四节　简评

凯恩斯是西方经济学最具影响力的经济学家之一，《通论》的出版更是开辟了经济学研究的一个新时代。凯恩斯理论对二十世纪二三十年代的资本主义经济状况做出了正确的分析，他能够挑战当时居于主流地位的新古典经济学，更加清晰地看待经济“大萧条”的现实，并且提出了一套行之有效的政策和方法，这对西方国家摆脱经济危机的影响起到了至关重要的作用。

凯恩斯的《通论》构建起了现代宏观经济学的理论思想体系。古典经济学家和新古典经济学家都赞同自由放任的经济主张，而凯恩斯却反对自由主义，提倡国家直接干预经济。他论证了国家直接干预经济的必要性，提出了比较具体的政策建议和经济目标，他的这种以财政政策和货币政策为核心的思想成为经典宏观经济学的核心，甚至可以说后来的宏观经济学都是建立在凯恩斯的《通论》的基础之上的。在一个国家中，政府在经济运行中的作用越来越大的一个表征是财政预算收支在 GDP 中比重的不断上升。实践证明，一个经济体生产社会化和经济商品化程度越高，政府对经济运行管理的程度越重要，虽然干预和管理的手段形式在不断发生变化，但政府是不可或缺的，完全坚持自由主义的理念不可能让一个经济体良好地运行。

凯恩斯的有效需求理论科学揭示了现代市场经济体的客观规律。在现代市场经济体系中，通常是供大于求而不是供小于求的基本态势，生产过剩的现象比较明显，无论在产品市场还是劳动市场都是如此。因为现代市场是一个开放的市场，技术的引进和购买解决了生产中的难题，所以企业都具有了基本的生产能力，那么关键问题就是生产出来的产品如何被消费，只要消费端通畅就等于解决了有效需求的问题，就能再次刺激生产和就业。这种观点验证了凯恩斯提出的有效需求理论，在短期内需求决定供给，有效需求决定了这个经济体的商品产出和劳动就业问题。

凯恩斯经济学在第二次世界大战之后的 20 多年当中一直占据主流地位，

成为西方国家制定经济政策的主要理论依据。但是，凯恩斯经济理论和分析方法依然存在着某些方面的缺陷：一是凯恩斯经济理论过度强调宏观方面的分析，忽视了经济的微观基础分析；二是过于夸大政府在经济调控中的作用，而规避了政府在宏观调控中的弊端和缺陷；三是过于强调经济的效率，而忽略了社会公平正义；四是过于强调需求侧的调节，而忽视了供给端的调节政策；五是过于强调经济个体的心理因素对经济的影响作用，而忽视了生产过程中劳动、资本和技术要素对经济的影响作用；六是过于强调短期内的经济分析，而忽视了长期经济的效应分析，从而使其理论和政策主张虽然能解决短期的经济危机，但却对长期经济运行和发展不利；七是过多强调静态分析，而缺乏动态分析，从而在分析经济问题时比较片面。

附录二　货币主义学派

第一节　货币主义学派的产生和基本特征

一、货币主义学派的产生

面对 1929—1933 年的经济大危机，凯恩斯经济学产生。第二次世界大战后，资本主义国家纷纷采用凯恩斯相机抉择的财政政策和货币政策干预经济，资本主义走过了其辉煌的“黄金时代”。但是从二十世纪六十年代起到七十年代，各主要资本主义国家先后出现了经济增长停滞和通货膨胀并存的“滞胀”局面。针对这一病症，凯恩斯主义者束手无策，不少经济学家开始承认凯恩斯主义失灵，认为“滞胀”的出现是资本主义国家长期实行凯恩斯经济政策的恶果。

以米尔顿·弗里德曼为代表的货币主义学派早在二十世纪五十年代就开始抨击凯恩斯的理论观点和政策主张。弗里德曼提出现代货币数量论，强调货币政策和经济自由，但当时他的思想并未受到人们的重视。直到二十世纪六十年代后期，以弗里德曼为代表的货币主义逐渐在美国等资本主义国家受到青睐，特别是受到美国里根总统和英国撒切尔夫人的重视，货币主义在七十年代到八十年代达到鼎盛。

二、货币主义学派的代表人物和基本特征

（一）货币主义学派的代表人物

米尔顿·弗里德曼（Milton Friedman）于 1912 年 7 月 31 日出生在纽约布鲁克林的一个犹太移民家庭。1928—1932 年，弗里德曼在罗杰斯大学读书。在那里，他与讲授经济学的两位杰出的青年教师阿瑟·伯恩斯（Burns A. F., 1904—1987）和霍默·琼斯（Homer Jones）不期而遇，两位老师改变了弗里

德曼的生活。伯恩斯的研讨课使弗里德曼懂得了什么是学术规范并有机会接触到马歇尔的经济学著作，这为他日后经济思想的形成和从事经济学的研究奠定了坚实的基础。琼斯不断地向弗里德曼灌输“芝加哥之梦”，并积极帮助和鼓励他申请芝加哥大学的经济学研究生奖学金。琼斯崇尚自由的个性和强烈的反叛精神使弗里德曼第一次知道了以芝加哥观点而闻名的经济学派。年轻的弗里德曼在两位老师的引导下开始对经济学产生兴趣。1932—1935 年，弗里德曼在芝加哥大学学习。劳埃德·明茨（Mints L.）的货币理论课使弗里德曼洞悉了货币理论中系统、核心的内容，为以后从事货币领域的研究打下了坚实的基础。亨利·西蒙斯（Simons H.）力主建立独立的货币体系的主张对弗里德曼产生了深远的影响，以致弗里德曼日后提出的“单一规则”货币政策就深深地烙上了西蒙斯思想的印记。弗兰克·奈特（Knight F.）的保护自由竞争的私人企业、反对国家对经济干预的主张强烈地影响着弗里德曼的思想灵魂。1935—1937 年，弗里德曼在美国自然资源管理委员会做调查员。1937—1940 年，弗里德曼在美国国家经济研究局做助手。1941—1943 年，弗里德曼在财政部战时赋税政策研究中心工作。1943—1945 年，弗里德曼做哥伦比亚大学统计学研究小组成员。1945—1977 年，弗里德曼在芝加哥大学从事教学和学术研究，称芝加哥是其“心灵的家园”。1947 年 4 月 1—10 日，弗里德曼参加在瑞士召开的朝圣山学会成立大会①，这是其积极参与政治进程的开始。朝圣山之行以及与哈耶克等人的讨论使弗里德曼对政治哲学和公共政策产生了浓厚兴趣。1950 年，他和来到芝加哥大学的哈耶克等一批推崇自由主义的经济学家创办了一份学生期刊《新个人主义评论》，弗里德曼担任杂志顾问并在上面发表文章。1971 年，弗里德曼担任朝圣山学会主席。1951 年，弗里德曼获得美国经济学联合会约翰·贝茨·克拉克奖。1968—1974 年，弗里德曼担任尼克松总统顾问。1976 年，弗里德曼获诺贝尔经济学奖。1977—1980 年，弗里德曼酝酿和拍摄十集电视片“自由选择”并出版了同名书。1980—1988 年，弗里德曼担任里根总统顾问。1980 年、1988 年、1993 年，

---

① 参加此次会议的有：奥地利学派的路德维希·冯·米塞斯、哈耶克、弗里茨·马克卢普、戈特弗里德·哈勃勒；日内瓦高级研修学校校长威廉·拉帕德；日内瓦的威廉·罗普克；弗莱堡大学的瓦尔特·欧根；牛津大学的约翰·朱克斯；芝加哥大学的弗兰克·奈特、阿伦·迪雷托克、米尔顿·弗里德曼；哲学家兼逻辑学家卡尔·波普尔；亨利·黑茨利特。这次会议通过了学会的《目标声明》。奈特称这次会议是一个“利用公费旅行打算拯救自由主义”的会议。该会议由圣路易斯的沃尔克基金（Volker Fund of St. Louis）提供资助。

弗里德曼三次来到中国。1998 年，弗里德曼被授予国家科学奖章和总统自由勋章。2007 年 11 月 16 日，弗里德曼在美国去世。

弗里德曼的代表作有《实证经济学论文集》(1953 年)、《消费函数理论》(1957 年)、《货币数量论研究》(1956 年)、《货币稳定方案》(1959 年)、《美国货币史 1867—1960》(1963 年)、《弗里德曼的货币理论结构与批评者商榷》(1974 年)、《通货膨胀与失业》(1975 年)、《资本主义与自由》(1962 年) 和《自由选择》(1979 年)，等等。

(二) 货币主义学派的基本特征

货币主义学派的基本特征包括：

第一，理论研究的重心是货币。货币主义学派的中心思想是“货币最要紧”。在传统货币数量论和凯恩斯货币理论的基础上，货币主义学派提出了现代货币数量论，并实证分析得出货币需求函数是稳定的结论，由此将研究重点放在货币的供给上。通过构建名义国民收入货币理论模型，得出货币供给在短期决定名义国民收入，在长期决定价格水平，即价格水平和经济活动变动的根本原因在于货币。基于此，货币主义学派将通货膨胀归因于货币供应量过多，认为只要实行“单一规则”的货币政策，就可以保持经济的稳定运行。

第二，强调经济自由主义，反对国家干预主义。货币主义学派认为经济具有内在的稳定性，但考虑到货币因素在经济中的重要作用，货币当局应按照事先规定的单一规则行事，而放弃凯恩斯的相机抉择的政策主张，以避免其对经济产生相反的扰动。

第二节　货币主义学派基本理论

一、现代货币数量理论

弗里德曼在 1956 年发表的《货币数量论—重新表述》一文中最先提出现代货币数量论，在 1970 年和 1971 年发表于《政治经济学杂志》的两篇文章《货币分析的理论结构》和《名义国民收入的货币理论》中进一步深化了此理论。

弗里德曼指出，他所指的货币需求是实际货币需求量而非名义货币需求量。他说：“从理论分析的角度来看，货币数量论是对决定社会希望持有的货币数量的诸因素的分析。从实证的角度来看，它是对社会希望持有的实际货币数量的变化（即货币需求的变化）所作的概括。”① 所谓实际货币量，是指以货币所能购买到的产品和劳务的数量来表示的货币数量。在《弗里德曼的货币理论结构——与批评者商榷》一书中，弗里德曼给出了财富最终持有者的实际货币需求函数：

$$M/P=f\ (y,\ w,\ r_b,\ r_e,\ r_m,\ 1/p\cdot(\mathrm{d}p/\mathrm{d}t),\ u)$$

他认为，决定货币需求的因素有：

（1）总财富或持久性收入（y）。弗里德曼认为，所谓总财富，是指收入和个人的挣钱能力。由于这样一个财富数量值很难估计出来，所以可以用收入资本化来表示，即 $W=Y/r$，其中 Y 代表收入，r 代表利率。从逻辑推理看，它构成了人们对货币潜在需求的上限。但弗里德曼又认为，不能用现期收入来表示总财富，因为现期收入在短期内会出现不规则的波动。为了准确地估算总财富对货币需求的影响，用持久性收入表示总财富是最为理想的选择。

（2）非人力财富与总财富之间的比率（w）。弗里德曼把总财富划分为非人力财富和人力财富两部分。非人力财富指有形的财富，如股票、债券、不动产等。人力财富指个人挣钱的能力，又称无形财富。他认为，这两种财富之间是可以互相转换的，但由于制度上的限制，这种转换很困难，特别是人力财富向非人力财富的转换比较困难。例如，经济不景气时大量工人失业，他们几乎不可能将自己的人力财富转化为收入，他们需要有货币来维持生存。也就是说，当人力财富在总财富中所占的比例越大，或非人力财富在总财富中所占的比例越小，则对货币的需求就越大。因此，非人力财富与总财富之间的比率（w）就成为影响实际货币需求的重要因素。

（3）各种非人力财富的预期报酬率。它包括货币的预期报酬率（r_m）、债券的预期报酬率（r_b）、股票的预期报酬率（r_e）、商品价格预期变动率（$1/p\cdot(\mathrm{d}p/\mathrm{d}t)$）。在上述资产中，货币与其他资产之间按什么比例分割，取决于它们的预期报酬率。一般地，债券和股票的预期报酬率越高，货币需求就越少，因为人们以这些资产的形式来替代货币的形式将财富保存在手中对自己更为有利。因此，弗里德曼得出，货币的预期报酬率（r_m）、债券的预期报酬率（r_b）、股票的预期报酬率（r_e）、商品价格的预期报酬率（$1/p\cdot(\mathrm{d}p/\mathrm{d}t)$）是影响货币需求的又一重要因素。

---

① Friedman M. A theoretical framework for monetary analysis [M]. New York: Columbia University Press, 1971: 3.

(4) 其他不属于收入方面的因素 (u)。这些因素是指那些影响货币流动性本身的价值，从而影响到对货币需求的一些因素，主要指人们对经济的预期和人们手中持有的资本品的转手量。当财富持有者预期经济状况不稳定时，人们赋予货币流动性的价值大，因而对货币的需求大；反之则反是。当人们手中持有的资本品的转手越频繁，总资产中以货币形式持有的部分也就越多，因为这使得交易更为便利。

弗里德曼指出，上式表示的是个人实际货币需求函数。如果去掉 y 和 w，将 M、y、w 分别视为人均货币持有量、人均实际国民收入和人均财产收入，则上式可表示为全社会的实际货币需求函数；如果去掉 w，则是企业的实际货币需求函数。

在弗里德曼看来，影响货币需求最重要的因素是持久性收入，而这又是一个较稳定的变量，其他各个变量的变化对货币需求的影响相对较小而且可以互相抵消，于是弗里德曼得出"货币需求是极为稳定的"[①] 的结论。不仅如此，弗里德曼还通过实证分析进一步证明此结论。他以美国 1870—1954 年间所得、货币存量、所得速度及价格的循环变动年资料为依据，发现真实货币需求是随着真实所得[②]的变动而变动的，真实所得每增加 1%，真实货币需求就增加 1.8%。据此，弗里德曼将各种货币存量（通货、活期存款、定期存款）看作是一种"奢侈品"。因而，一方面，在长期中，真实货币需求的上升趋势是真实所得增长趋势的必然结果。另一方面，在经济周期波动中，当经济扩张时，人们的真实收入高于持久性收入（也就是意愿性收入），真实货币需求减少；当经济收缩时，人们的真实收入低于永久性收入，真实货币需求增加。也就是说，货币需求的变化与周期的扩张、收缩呈相反方向的变化趋势。此外，弗里德曼还发现，在美国，尽管战争或自然灾害使得人们持有的实际货币数量偶尔发生偏离，但人们手中经常持有的货币数量平均为他们 4 周的收入，这个数字与一个世纪前没有多大的变化。在金融制度欠发达的国家，尽管人们持有的货币量大小不同，但他们手中经常持有的货币数量平均

① Friedman M. Studies in the quantity theory of money [M]. Chicago: University of Chicago Press, 1956: 16.

② 真实所得是指以 1929 年固定价格计算的国民生产净值，这里的国民生产净值采用西蒙·库茨涅茨的国民生产净值估计数，对战争时期做适当调整。

为他们6~8周的收入，这表现出惊人的稳定。① 就各种金融资产的预期报酬率而言，弗里德曼指出，预期从本质上说属于心理因素，很难用数字表示出来，但预期报酬率的变化受实际利率的影响，在实证分析时可以用实际利率近似替代各种金融资产的预期报酬率。据实证分析结果，货币需求的利率弹性仅为-0.15，弗里德曼认为，虽然利率对货币需求的影响与理论推理所预期的方向一致，但这种影响过于微小而缺乏统计上的意义。在弗里德曼看来，在货币需求的决定因素中，利率远没有实际收入重要，而且利率弹性值较低，这就足以证明货币需求的稳定性了。就非人力财富与总财富之间的比率（w）而言，弗里德曼认为，在非奴隶社会中，人们可以通过成人教育或训练改善他们收入前景，但这是一个很慢的过程，所以非人力财富与人力财富之间的比率（w）在相当一段时期内是不变的，对货币需求的影响是稳定的。就预期价格变动率而言，弗里德曼认为，预期价格变动率会影响货币的购买力，它的变动必然会引起货币需求的反向变动。当预期价格变动率越高，预期的货币购买力就越低，货币需求就越少。反之则反是。但弗里德曼强调指出，预期价格变动率作为直接影响货币需求的因素，在实际价格稳定期间预期价格变动率将很小，或太小以至于没有显著影响。但在恶性通货膨胀时期，预期价格变动率将对实际货币需求有重大影响。

弗里德曼认为，既然货币需求函数是稳定的，那么货币的分析就应该主要集中在供给方面。这为他以后名义国民收入理论和货币政策主张奠定了重要的基础。

二、名义国民收入货币理论

弗里德曼于1970年和1971年在《政治经济学杂志》上发表了题为《货币分析的理论结构》和《名义国民收入的货币理论》两篇文章，明确提出了他的名义国民收入货币理论模型，即“总量经济理论模型”（简称“总量模型”）。这一理论发展了他1956年提出的现代货币数量理论。

（一）单一共同模型

弗里德曼认为，一个简化的宏观经济模型由以下六个方程组成：

$$C/P=f\ (Y/P,\ r) \tag{1}$$

① Friedman M. Dollars and deficits: inflation, monetary policy and the balance of payments [M]. Englewood Cliffs, NJ: Prentice-Hall, 1968: 10.

$$I/P=g\ (r) \tag{2}$$

$$Y/P=C/P+I/P\ (S/P=Y/P-C/P=I/P) \tag{3}$$

$$M^D=PL\ (Y/P,\ r) \tag{4}$$

$$M^S=h\ (r) \tag{5}$$

$$M^D=M^S \tag{6}$$

上式中，Y 代表名义国民收入；P 代表一般物价水平；r 代表利率；C 代表消费；I 代表投资；S 代表储蓄；M^D 代表货币需求；M^S 代表货币供给。前三个方程描述了储蓄和投资流量的调节，即储蓄量和投资量随国民收入量和利率的变化而变化，具体地：（1）式是消费函数，表示实际消费（C/P）取决于实际国民收入（Y/P）和利率（r）。（2）式是投资函数，表示实际投资（I/P）是利率（r）的函数。（3）式是收入恒等式，表示产品市场均衡时，储蓄等于投资。后三个方程描述了货币需求和货币供给存量的调整，即通过国民收入和利率的变化而使货币的供给量和需求量得到调节，具体地：（4）式是名义货币需求函数，它将实际货币需求表示为实际国民收入和利率的函数。（5）式是名义货币的供给函数，弗里德曼特别指出，为了行文方便可以将货币供给看作是利率的函数。但实际上，货币供给作为一个外生变量是由货币当局所决定的，这不会影响使用这一模型的目的。（6）式是货币需求等于货币供给，表明货币市场均衡。

弗里德曼指出，“不论是货币数量理论的支持者，还是收入-支出理论的支持者，都会同样地接受这 6 个方程。在这一抽象形式中，他们之间不存在任何分歧。”① 但这 6 个方程却存在 7 个未知数：C，I，Y，r，P，M^D，M^S，还缺少一个方程，无法求解。因此，在这 7 个未知数中，必须有某一个量可由这组方程以外的关系来决定。

凯恩斯的简单的收入-支出理论假定价格水平（P）不变，即 $P=P_0$，通过对上述 6 方程求解，则可以得到希克斯的 IS-LM 模型，表示产品市场和货币市场同时达到均衡。货币数量理论假定实际产量水平不变，即 $Y/P=y=y_0$，通过对上述 6 方程求解，则可以得到简单货币数量理论方程。

（二）名义国民收入货币理论

弗里德曼借鉴了简单的收入-支出理论和简单货币数量理论的分析方法，

① Friedman M. A theoretical framework for monetary analysis [M]. New York: Columbia University Press, 1971: 31.

提出了解决“单一共同模型”无法求解的第三种方法，即补充一个“失踪的方程式”（the missing equation），以决定其中的一个变量。

他假定预期实际利率（ρ^*）与预期的实际国民收入增长率（g^*）之差不变，设其为 k_0，则

$$\rho^* - g^* = k_0 \tag{7}$$

在货币需求函数方面，假定货币需求函数的实际国民收入弹性为 1，则方程（4）可写成

$$M^D = Y \cdot L(r) \tag{8}$$

在利息率方面，假定名义利率等于预期的实际利率与预期的价格变化率之和，则

$$r = \rho^* + (1/P \cdot (\mathrm{d}P/\mathrm{d}t))^* \tag{9}$$

因为

$$\begin{aligned} r &= \rho^* + (1/P \cdot (\mathrm{d}P/\mathrm{d}t))^* \\ &= \rho^* + (1/Y \cdot (\mathrm{d}Y/\mathrm{d}t))^* - (1/y \cdot (\mathrm{d}y/\mathrm{d}t))^* \\ &= \rho^* - g^* + (1/Y \cdot (\mathrm{d}Y/\mathrm{d}t))^* \\ &= k_0 + (1/Y \cdot (\mathrm{d}Y/\mathrm{d}t))^* \end{aligned}$$

所以

$$r = k_0 + (1/Y \cdot (\mathrm{d}Y/\mathrm{d}t))^* \tag{10}$$

方程（10）便是弗里德曼加上的一个“失踪的方程”，并假定 ρ^*、g^* 和 $(1/Y \cdot (\mathrm{d}Y/\mathrm{d}t))^*$ 都是体系以外的因素决定的。

这样，弗里德曼就有了建立他的总量经济模型所需的全部条件，他的总量经济模型由以下四组方程构成：

$$\begin{aligned} M^D &= YL(r) \\ M^S &= h(r) \\ M^D &= M^S \\ r &= k_0 + (1/Y \cdot (\mathrm{d}Y/\mathrm{d}t))^* \end{aligned}$$

由以上四个方程组成的联立方程组就是弗里德曼的名义国民收入货币理论模型。在这个模型中，“预期的”或“恒久”的名义收入的增长率 $(1/Y \cdot (\mathrm{d}Y/\mathrm{d}t))^*$ 被假定为在任何时间内部分是由模型以外的因素决定的，部分是由以往的情况决定的。模型中只有 4 个未知数 M^D、M^S、Y 和 r，因此，可以求解。

弗里德曼进一步指出，名义货币量并非利率的函数，而是外生变量，是

由中央银行决定的，同时引进时间因素（t），于是上述总量模型的前三个方程可综合考虑为：

$$Y(t)=M(t)/L(r) \text{ 或者 } Y(t)=V(r)M(t) \tag{11}$$

式中，$Y(t)$ 表示 t 时期的名义国民收入量，$M(t)$ 表示 t 时期的货币数量，$V(r)$ 表示 t 时期货币流通速度。

再将方程（10）和方程（11）联立在一起，便得到名义国民收入货币理论的简化形式：

$$Y(t)=V(r)M(t)$$

$$r=k_0+(1/Y\cdot(dY/dt))^*$$

弗里德曼从以上模型中得出了一个重要结论：一国名义国民收入的大小取决于货币流通速度和货币供应量这两个因素，因为货币流通速度在长期是稳定的，所以名义国民收入的大小主要决定于货币供应量。由于名义国民收入没有表示为价格和产量的形式，弗里德曼称它为简单的名义国民收入货币理论。

弗里德曼的总量模型是从“单一共同模型”中加进一系列假定条件而推导出来的，这些假定条件构成了弗里德曼名义国民收入理论的基本组成部分，弗里德曼将此概括为以下四点：

1. 货币需求的实际收入弹性为 1，即 $M^D=YL(r)$。

2. 名义利息率等于预期实际利息率加预期价格变动率之和，即 $r=\rho^*+(1/P\cdot(dP/dt))^*$。

3. 预期的实际利息率与预期的实际长期产量增长率之差是由模型以外的因素决定的，即 $\rho^*-g^*=k_0$。

4. 货币需求对货币供给量能做出及时的充分的调整。

三、通货膨胀理论

（一）通货膨胀的性质

早在 1941—1943 年，弗里德曼在美国财政部参与了一项关于税收和通货膨胀项目的研究，他亲自看到和体会到政府对通货膨胀的反应，通过自己的长期研究，认为通货膨胀具有以下三个性质：

第一，通货膨胀主要是一种货币现象，是印刷机带来的货币现象。弗里德曼根据其名义国民收入总量模型，得出货币供给量的增加在长期只会带来物价水平的上升，而不会引起产量的增加的结论，他断言，“通货膨胀随时随地都是一种货币现象”，是“印刷机带来的现象”。[①]他指出最典型的例子就是美国南北战争，当时南方主要依靠印刷机来资助战争。从 1861 年 10 月到 1864 年 3 月，通货膨胀率平均每月为 10%，但到了 1864 年 5 月，南部联邦减少货币存量，通货膨胀率急剧下降。

第二，通货膨胀是一种最为恶劣的隐蔽税负，是一种无需经过表决即可征收的隐蔽赋税，是一种可以随意征收的赋税，是一种对国内外的掠夺。弗里德曼说：“增印纸币无异于对人们持有的货币征税。如果新增加的货币使物价上涨 1%，那么，每一个持有货币的人实际上缴纳了一笔税款，数额相当于他持有的货币总数的 1%。”[②] 此外，“通货膨胀性的货币发行将使发行者不仅得到来自国内的资源，并且得到来自国外的资源。”[③]

第三，通货膨胀是一种疾病，一种不好的货币现象。弗里德曼认为，通货膨胀的加速发展，迟早会对社会肌体造成严重的损害，带来社会两极分化，加剧政治动乱，破坏市场的有效性，他说：“通货膨胀是一种疾病，一种危险的有时是致命的疾病，如不及时制止，会摧毁整个社会。”[④]

（二）通货膨胀的原因

弗里德曼在揭示通货膨胀的性质后，以其现代货币数量论为依据，认为“每一次重要的通货膨胀一直都是由于货币扩张而发生的”[⑤]，即通货膨胀是由于货币供应量比可以买到的货物加劳务的数量增加得快，“是货币量比产量增加得更快造成的”[⑥]。

为什么货币会扩张呢？弗里德曼认为这是货币管理当局的失误，即政府

---

① 米尔顿·弗里德曼．论货币［J］．世界经济译丛，1981（5）：29.

② Friedman M, Friedman R. Free to choose［M］. New York：Harcourt Brace Jovanovich, London：San Diego, 1980：268.

③ Friedman M. The essence of friedman［M］. California：Hoover Institution Press, 1987：492-493.

④ Friedman M, Friedman R. Free to choose［M］. New York：Harcourt Brace Jovanovich, London：San Diego, 1980：253.

⑤ Friedman M. The role of monetary policy［M］. New Brunswick and London：Aldinetransaction, 2006：106.

⑥ Friedman M, Friedman R. Free to choose［M］. New York：Harcourt Brace Jovanovich, London：San Diego, 1980：264.

的失误。他说："货币的过度增加，从而通货膨胀，是政府造成的。"[①]就美国过去十五年来说，货币加速增加，主要有三个原因："第一，政府开支迅速增加；第二，政府的充分就业政策；第三，联邦储备系统执行的错误政策。"[②]具体如下。

1. 政府迅速增加开支。弗里德曼指出，由于种种原因，政府总是增加名目繁多的开支。如果政府通过征税或向公众借款的办法增加开支，则不会带来通货膨胀。因为在这种情况下，政府支出的增加量恰好等于私人消费和投资的减少量。但弗里德曼认为，通过税收和向公众借债来抵补政府的支出在政治上是不得人心的，因为"我们许多人欢迎政府增加开支，却很少有人欢迎增加捐税"，而"政府向公众借债，会提高利率，从而减少私人对资金的利用"[③]。因此，政府增加开支主要依靠印发通货或建立银行存款以取得资金(美国财政部向联邦储备银行出售公债，联储用新发行的钞票或通过为财政部记入一笔存款的方法支付公债的购买支出，于是，财政部便得到一笔出售国债的收入以抵付政府的各项支出费用)，这样就导致货币增长率超过产量增长率，从而发生通货膨胀。

弗里德曼指出，虽然政府支出的增加形成了通货膨胀压力，但政府却很欢迎通货膨胀，因为：

第一，通货膨胀无异于对人们持有的货币征税。弗里德曼举例说，如果政府为支付某条道路的筑路费而增加货币供应量，而新增加的货币量使物价上涨1%，那么，每一个持有货币的人实际上缴纳了一笔数额相当于他所持有的货币总数的1%的税款，而与筑路费用相应的实物，即筑路费所耗费的资源，在价值上恰好等于货币持有人手中的货币因物价上涨而丧失的购买力。

第二，通货膨胀还会自动提高税率，从而间接地增加政府收入。根据累进所得税制，税率是按照收入的高低制定的，较高的收入就要按照较高的税率纳税。当人们的收入随着通货膨胀而增加时，收入便被推上较高的档次，

① Friedman M, Friedman R. Free to choose [M]. New York: Harcourt Brace Jovanovich, London: San Diego, 1980: 264.

② Friedman M, Friedman R. Free to choose [M]. New York: Harcourt Brace Jovanovich, London: San Diego, 1980: 264.

③ Friedman M, Friedman R. Free to choose [M]. New York: Harcourt Brace Jovanovich, London: San Diego, 1980: 264.

税率也就随之提高。弗里德曼指出，就美国而言，一般来说，如果通货膨胀率为10%，而收入也增加10%的话，政府的税收就会增加15%以上。因此，通货膨胀可以使政府装作减税的样子，而实际上不过是不让赋税一次增加得过多而已。例如，当政府税收因10%的通货膨胀率而增加15%时，政府官员可以通过某种“深得人心”的减税方案而使政府税收暂时仅增加10%。也就是说，只要总的平均税率的减少赶不上通货膨胀率的增加，政府税收就不会真正减少。相反，从政府税收在国民收入中的比例逐年增加的事实中可以看到，年年都说要“减税”，但赋税实际上每年都在增加。

第三，通货膨胀可以减轻政府的债务负担，用弗里德曼的话来说，就是“为政府偿还”部分债务。因为，虽然政府借入和偿还的都是数额相等的美元，但由于通货膨胀，它偿还的美元能够买到的东西比它借入的美元能够买到的东西少。也就是说，按照实际购买力计算，政府所欠债务因为通货膨胀而减少了。因此，尽管政府年年有大量赤字，但这债务就其实际购买力来说远没有增加那么多，而且在国民收入中所占的比重实际上下降了。弗里德曼指出，从1968—1978年这十年间，联邦政府累计赤字超过2 600亿美元，但负债额在1968年占国民收入的30%，1978年只占28%。可以看出，造成这种状况的原因之一就是公众所持有的政府债券的实际购买力因为通货膨胀而下降了，这下降的部分即政府通过通货膨胀在债务形式上获得的收入，从而暗中弥补了政府的赤字。也就是说，从通货膨胀中获取收入、弥补赤字，是政府无节制地增发货币的第一大动力。

2. 政府推行充分就业政策。弗里德曼认为，第二次世界大战后美国物价上涨的根源在于货币流通量的增加快于生产的增加，而之所以如此，是因为美国政府推行充分就业政策。美国人对二十世纪三十年代的大萧条心有余悸，对失业的恐惧远大于对物价上涨的恐惧。所以，每当出现经济衰退时，政府就被迫采取扩张性的财政政策，同时采取放松银根的政策，因而货币流通量增加，但是，货币流通量的增加对产量和物价的影响存在滞后性，从货币流通量的增加到产量的上升需要经过6~9个月的时间，而造成物价上涨则需要一年半到两年的时间。这样，由于时滞的存在，货币政策不能立即生效。因此，国家在财政和金融上反衰退的措施总是作用过头，过分扩大了货币流通量，物价就出现加快上涨的趋势。

弗里德曼指出，政府承担充分就业义务是二十世纪三十年代资本主义经济大危机造成的结果。由于人们对失业比对通货膨胀更具有戒心，因此，能增加就业的措施，往往在政治上是得人心的，而且历届政府也以提出充分就业方案的实施争取选票。结果是，政府采取了不切实际的过高的充分就业目标，这促使政府进一步增加支出和扩大货币供应量以刺激经济进而增加就业。于是，政府开支和货币增长率便相互追逐，以加速的通货膨胀作为代价结束经济衰退。弗里德曼进而指出，政府加速货币发行的重要原因是凯恩斯有效需求理论的错误指引。政府开支有助于刺激总需求，从而增加就业。而政府增加税收或向私人发行公债又会减少私人开支，抑制总需求，从而增加失业。但是，若为了实现充分就业，既要增加政府开支，又要减少税收，也不能向公众滥发公债，那怎么办呢？唯一的办法就只能是发行货币。因此，弗里德曼认为，加速货币发行是凯恩斯"充分就业"的恶果之一，而且就长期来看，加速货币发行所带来的只是通货膨胀，丝毫无补于"充分就业"。

3. 联邦储备系统执行的错误政策。在分析美国二十世纪六七十年代货币量大增的原因和后果时，弗里德曼猛烈抨击了联邦储备系统以追求低利率为目标的货币政策。

传统的凯恩斯主义分析认为，除了发生所谓的"流动性陷阱"以外，货币供应的增加会降低利率，进而刺激投资，增加就业。因此，凯恩斯主义者主张通过增发货币维持较低的利率水平，以保持充分的投资信心，从而实现或维持充分就业。

在上述观念的支配下，第二次世界大战后相当长时期内，美国联邦储备系统一直把它的政策目标放在维持低利率上，以辅助政府的充分就业目标的实现。对此，弗里德曼指责道：联邦储备系统有权控制货币量，它在口头上也赞成这个目标，但它不是把心思用在控制货币量上，而是用在它无权过问的利率上。结果两方面都遭到失败：通货和利率双双增长，导致更严重的通货膨胀倾向。

总之，弗里德曼认为，"政府开支增长、充分就业政策和联邦储备系统着迷于利率的后果，就像处在上坡道上的滑行车一样。通货膨胀率升升降降，每次上升都使通货膨胀达到一个较前次顶峰更高的水平，每一次下降都使通货膨胀保持高于前一次的低点"①。

① Friedman M, Friedman R. Free to choose [M]. New York: Harcourt Brace Jovanovich, London: San Diego, 1980: 267.

(三) 通货膨胀的治理

弗里德曼认为，通货膨胀不会自行消失，必须下大力气对之进行医治。

第一，降低货币增长率是唯一方法。弗里德曼认为，"因为货币量的过度增加是通货膨胀的唯一重要原因，因而降低货币增长率是医治通货膨胀的唯一方法"①，"只有一种医治通货膨胀的方法：放慢货币增长率"②。

第二，最好的根治办法是对货币金融体制进行改革。弗里德曼以二十世纪七十年代严重的通货膨胀为依据，断言最好的根治办法就是"取消联邦储备体系创造货币的权力；冻结高能货币的数量；解除对金融体系的管制。"③

第三，认清医治通货膨胀的困难性。弗里德曼强调指出，医治通货膨胀具有艰巨性和长期性，它需要时间和各方面的支持。因为：①许多人不欢迎通货膨胀，许多人又实际上喜欢通货膨胀。例如，他们喜欢自己买的东西降价，但又喜欢自己卖的东西涨价。农民抱怨通货膨胀，却又聚集到华盛顿要求提高农产品的价格，等等。②医治通货膨胀的副作用是不可避免的，特别在开始的时候会带来痛苦的副作用，即经济增长率降低，失业率暂时偏高，通货膨胀率暂时并不降低多少。为缓和治理通货膨胀的副作用必须：一是事先宣布一项降低通货膨胀的政策并坚决执行，使之取信于民。渐进而平稳地降低通货膨胀率，使人们有时间安排其生产经营活动和各种支出活动。二是在长期合同中加进"调整条款"，使合同条件根据通货膨胀率的变化自动进行调整，即实现工资合同和其他合同指数化。③医治通货膨胀的好处要在一两年后才显现，即出现通货膨胀率降低，经济比较健康，有了非通货膨胀性迅速增长的潜势。④医治通货膨胀时会遇到政治障碍。美国、英国及其他许多国家政府都对充分就业做出许诺；一般公众不认识制止通货膨胀所引起的不可避免的或暂时的副作用；政治领袖们不愿或不能说服公众接受这些副作用。⑤当一个国家开始发生通货膨胀时，初始的效果似乎很好，增加的货币量使得任何因此而得到更多货币的人（当今主要是政府）可以多花一些钱，而无

---

① Friedman M, Friedman R. Free to choose [M]. New York: Harcourt Brace Jovanovich, London: San Diego, 1980: 270.

② Friedman M, Friedman R. Free to choose [M]. New York: Harcourt Brace Jovanovich, London: San Diego, 1980: 282.

③ Friedman M, Friedman R. The essence of Friedman [M]. California: Hoover Institution Press, 1987: 424.

需任何别人少花钱；就业机会增多；生意兴隆；几乎可以说皆大欢喜。只有过一段时间（这种时间是以年计算而不是以月计算的），开支的增加使物价上涨，实际工资下降，产品成本上升，需求缺乏弹性，通货膨胀与经济停滞同时发生。⑥在通货膨胀发生时，当一些人吃苦头时，一些人却得到了好处，社会划分为胜者和败者。[1]

第三节　货币主义学派的政策主张

一、主张经济自由放任

弗里德曼反对国家干预经济，鼓吹自由放任的信条，认为市场自发力量可以使资本主义经济自然趋向均衡 。他指出，与计划机制相比，市场机制是一种优越的经济运行机制，它无需中央指挥就能自动协调千百万人的经济活动，并能“利用人们自私自利的动机来为广泛的社会目标服务”，实现社会资源的优化配置。他说，在自由市场经济社会，令人惊奇的是，没有谁坐在中央办公大楼里号令成百上千的人，没有宪兵队来强制人们执行不曾发布过的命令，但人们能够在他们生活的每个方面和平地合作，而每个人在所有其他方面则各行其是。为什么会这样呢？原因就在于自由市场经济有价格制度，它“能够协调千百万人的活动，人们各自谋求自身利益，却能够使每一个人都得益”[2]。“价格制度运行的这样好，这样有效，以至于我们在大多数时间里都感觉不到它。”[3]

弗里德曼过分强调市场调节，把市场机制的作用和作用范围夸大到极限，强调市场的自发调节作用，崇拜“自发性”，否定以至反对政府调节，甚至鼓吹“市场万能”和“市场神话”，鼓吹“一市就灵”。他崇拜“最好的政府是管理最少的政府”的信条，认为“当政府最少地干预由市场价格

① Friedman M, Friedman R. Free to choose ［M］. New York: Harcourt Brace Jovanovich, London: San Diego, 1980: 272.

② Friedman M, Friedman R. Free to choose ［M］. New York: Harcourt Brace Jovanovich, London: San Diego, 1980: 13.

③ Friedman M, Friedman R. Free to choose ［M］. New York: Harcourt Brace Jovanovich, London: San Diego, 1980: 14.

协调起来的私人企业的原动力时，政府做得最好"[①]。他坚决反对政府运用经济的、法律的和必要的行政手段对经济运行进行自觉调节，而主张由市场自发调节，说"中央控制是促进经济发展的一种坏方式"，"没有中央计划的自由市场不仅是经济发展的最有效途径，而且是提高人民生活水平的唯一有效途径"。"在自由市场中行事的自由人能够促成他们自己的目标，而不必依赖一个全能的国家。"[②] 为了反对政府干预，弗里德曼甚至认为"能源危机是政府造成的"[③]，即政府价格管制造成的。他认为废除价格管制是解决能源危机的最简单的办法[④]，他甚至主张在产品安全方面政府干预也是不必要的，认为市场也能解决，认为"这个世界不是尽善尽美的。永远会有质量低劣的各种产品、庸医和诈骗能手。但总的看来，如果允许市场竞争起作用，那它同强加到市场头上的越来越多的政府机构相比，将能更好地保护消费者"[⑤]。他主张取消政府最低工资额和商品的最高限价，取消对农产品的补贴和对农业的支持，反对政府对房租的控制，对石油、煤气价格的控制，说"价格和工资控制实际上是一项'最差政策'，是一种能够破坏经济体系正常运行能力的绝症"[⑥]。他反对政府人为地干预收入分配，而主张由市场自发调节收入分配，主张取消社会保险、取消国家的扶贫计划。[⑦] 他还反对国家对企业使用童工的干预，甚至反对国家对毒品行业的干预，主张毒品经营合法化。

二、提倡"单一规则"的货币政策

弗里德曼自始至终坚持认为货币的变动是经济变动的充分必要条件，因此，只要货币稳定增长，经济就能稳定增长，货币最重要。基于这一观点，

---

① Friedman M. The essence of Friedman [M]. California: Hoover Institution Press, 1987: 87, 86.

② Friedman M. The essence of Friedman [M]. California: Hoover Institution Press, 1987: 143.

③ Friedman M, Friedman R. Free to choose [M]. New York: Harcourt Brace Jovanovich, London: San Diego, 1980: 229.

④ Friedman M, Friedman R. Free to choose [M]. New York: Harcourt Brace Jovanovich, London: San Diego, 1980: 219.

⑤ Friedman M, Friedman R. Free to choose [M]. New York: Harcourt Brace Jovanovich, London: San Diego, 1980: 222.

⑥ Friedman M. The essence of Friedman [M]. California: Hoover Institution Press, 1987: 143.

⑦ Friedman M. The essence of Friedman [M]. California: Hoover Institution Press, 1987: 138.

他在二十世纪六十年代提出了固定的、具体的货币增长率（3%～5%）的“单一规则”，即货币当局公开宣布将货币供给量的增长率长期稳定在3%～5%，以此来保持经济中一般价格水平的稳定。他认为，只有这样才能防止货币本身成为经济波动的主要根源，才能保证货币为经济运行提供一个稳定的环境。

三、提倡实行弹性汇率制度

弗里德曼从经济自由主义的立场出发，主张实行弹性汇率制度。所谓弹性汇率，就是货币的价格由市场供求力量自发决定。用弗里德曼的原话讲，就是“主要是由私人交易在公开市场上决定，而且正如其他市场价格一样，它也日复一日地发生变动”①。弗里德曼认为，要正确认识弹性汇率，需要明确以下三点：第一，提倡弹性汇率并不等于提倡不稳定的汇率。弹性汇率虽然可以自由变动，但实际上却是高度稳定的。汇率不稳定不过是整个经济结构不稳定的症状。第二，所谓不受限制的多边贸易，是指“不存在对进口或出口的任何直接数量限制；任何关税或出口补贴都是相当稳定的、非歧视的，并且不会被当局操纵而影响国际收支；相当大比例的国际贸易是由私人（即非政府部门）控制的”②。第三，“越早建立弹性汇率制度，不受限制的多边贸易就将越早成为一种现实的可能，而且它的形成并不会以任何方式干预每一个国家根据自己的利益而追求国内经济稳定的努力”，而固定汇率制“对于国际经济政策的几乎每一个方面来说都将引起严重的、不必要的困难”③。

弗里德曼指出，弹性汇率的作用有三：第一，弹性汇率能自动抵消进出口的初始顺差或逆差；第二，弹性汇率能在外汇危机发生以前进行修正性调整，以避免危机的发生，从而有效地和直接地走向物品和劳务的完全自由的贸易；第三，弹性汇率可以消除协调各国国内货币政策的压力。

由此，弗里德曼得出，在调整国际收支状况的四种方法中，“弹性汇率似乎显然是最适合于当前条件的调整方法，因为使用货币储备本身并不是一种可行的方法；直接控制是一种麻烦、低效的方法，……在一个自由社会，这

---

① Friedman M. The essence of Friedman [M]. California: Hoover Institution Press, 1987: 461-462.

② Friedman M. The essence of Friedman [M]. California: Hoover Institution Press, 1987: 463.

③ Friedman M. The essence of Friedman [M]. California: Hoover Institution Press, 1987: 462.

种方法最终将被证明是无效的；国内价格和收入的变动是一种不理想的方法，因为国内价格特别是工资具有刚性，而且充分就业或国内货币政策的独立性变成了一个主要的政策目标”①。

第四节 简评

在经济理论方面，弗里德曼看到商品价格与货币数量之间的表层关系，这是有一定客观依据的，也是有一定道理的，但现代货币数量论颠倒了商品流通和货币流通的关系，把本应货币流通从属于商品流通的关系曲解为商品流通从属于货币流通的关系。弗里德曼的“名义国民收入货币理论模型”所使用的数学逻辑推理有一定合理性；依据这些模型对于现代资本主义经济的通货膨胀、失业等现象也做出了一定合乎实际的描述，特别是建立在这个理论体系基础上的政策主张，要求货币量的增长应与实际经济增长相适应，以保持币值稳定，避免通货膨胀等，在客观上对维持和促进经济稳定增长是有积极作用的，因而是合理的。名义国民收入理论把资本主义经济波动归因为“货币”，从而掩盖了资本主义经济波动的实质。

弗里德曼关于通货膨胀的性质、通货膨胀的危害的阐述是有一定科学价值的，是有一定道理的，有些在一定条件限制下还是正确的。但是，他认为通货膨胀主要是一种货币现象，这虽然是有客观依据的，也不能说完全不正确；但非常不全面，他没有再深入一步，只看到通货膨胀是一种社会现象，未看到其背后存在的政治背景和制度因素。他关于通货膨胀原因的观点也不全面，把通货膨胀作为一种纯货币现象去观察，而忽略了引起通货膨胀的其他原因。在应对通胀的对策方面，弗里德曼过分强调对货币量的控制，甚至把控制货币量说成是唯一的办法，而忽视通过发展生产不断增加商品的供应量，这无疑是不全面的。

在经济政策方面，需要肯定的是，弗里德曼的主张反映了罗斯福新政和凯恩斯《通论》问世、资本主义国家对经济进行全面干预后所出现的矛盾和问题，即政府失灵和滞胀。虽然弗里德曼对一些问题的回答是扭曲的回答，是企图基本上回到亚当·斯密那里去的新自由主义的回答，但他给人们提出了一个很值得慎重研究和严肃回答的问题：在市场经济下，国家究竟应干预

① Friedman M. The essence of Friedman [M]. California: Hoover Institution Press, 1987: 472-473.

到什么程度，哪些应干预，哪些不应干预？究竟应如何正确处理市场与政府的关系，市场与政府应怎样结合，最佳结合点和最佳结合方式是什么？这是一切实行市场经济的国家都必须根据本国情况认真回答的问题。但总的来说，在当代已经有了混合经济的条件下，弗里德曼的自由主义思想无疑是一种倒退。

附录三　新古典宏观经济学派

第一节　新古典宏观经济学的产生和基本特征

一、新古典宏观经济学的产生

（一）新古典宏观经济学的产生背景

凯恩斯主义经济学在1929年经济危机后的很长一段时间内成为官方经济学。但是二十世纪七十年代之后，西方国家普遍陷入“滞胀”困境。所谓“滞胀”，是指经济增长停滞与通货膨胀并存的一种经济现象，按照凯恩斯理论，面对经济萧条与大量失业的状况，可以采取扩张性的货币政策和财政政策来扩大社会总需求，但必然会加剧通货膨胀；而如果政府采用紧缩性的财政政策和货币政策，通货膨胀能得到抑制，但必然会使得社会总需求缩小而造成经济萧条，凯恩斯理论失灵。

凯恩斯理论失灵，西方自由主义学派乘机粉墨登场，他们攻击凯恩斯理论，宣传自己的学说。二十世纪七十年代初期，美国经济学家罗伯特·卢卡斯（Robert Lucas）利用理性预期工具重新审视新古典经济学中的一般价格水平、就业与产量的决定等，分析结果突出了经济体系的自我恢复机制，反对政府干预经济，由此理性预期学派逐渐形成。二十世纪八十年代，经济学领域掀起了理性预期革命。随着理性预期学派的不断发展，其原来的名称已经不能够充分体现该学派的全部特征，加上该学派与新古典经济学的基本观点相符，因而西方经济学家将其命名为“新古典宏观经济学”。

（二）新古典宏观经济学的具体形成

二十世纪六十年代，凯恩斯主义经济学的框架得到西方学者的广泛认可，关于经济周期等一些宏观问题，西方学者认为该理论已经做了较好的解释，剩下的是对其细节进行一定的补充。理性预期学派的学者卢卡斯也表示，他最初只是进行这种类型的修补工作。卢卡斯对经济周期问题较为关注，因而他主要是为凯恩斯主义宏观经济学中工资-价格模型提供理论基础。在《实际工资、就业和通货膨胀》一文中，卢卡斯对美国经济的就业与工资决定问题进行了研究。他以“经济人”假设为前提，认为个人劳动的供给具有较为显著的主动选择特点，“失业”应该视为一种“活动”，是由社会中的习俗与制度等因素通过影响偏好和社会条件之间的适应关系决定的，并不含有被迫的含义，因而经济的波动除了要分析相关的制度因素之外，还要分析给定的环境。卢卡斯的这种观点已经开始与凯恩斯主义相背离。而后，当米尔顿·弗里德曼对菲利普斯曲线提出质疑之后，卢卡斯受到了很大的震撼，并且对自己的研究工作产生了疑虑，随后卢卡斯与艾德蒙·菲尔普斯（Edmund S. Phelps）接触之后，开始重视自然率假说，并开始思考预期错误的情况对宏观经济波动的影响。通过分析发现，不论是预期到还是没预期到的货币冲击，都是中性的，这是因为个人可以迅速地纠正冲击产生的扭曲。而正是理性预期的引入，使得卢卡斯的研究由试图完善凯恩斯宏观经济学转变成了批判凯恩斯宏观经济学。

在理性预期提出的初期，经济学家仅是承认其具有一定的说服力，并没有引起足够的重视，而且在当时的计算技术条件下得到理性预期模型的有效解具有较大的难度。到了二十世纪七十年代，计算机技术获得了较大的发展，求其有效解变得容易，加之凯恩斯主义在解释“滞胀”问题方面陷入困境，卢卡斯和托马斯·萨金特（Thomas Sargent）等人通过将理性预期概念纳入其经济政策的分析中，建立了货币经济周期理论，从而形成了以卢卡斯、萨金特、华莱士为代表的“理性预期学派”，其思想的传播被称为“理性预期革命”，这场革命的意义不仅是提出了一个全新的预期机制，更为重要的是对传统宏观经济学进行了彻底的清算，还引起了西方经济学界寻找宏观经济学的微观基础的浪潮。这一浪潮吸引了大量的学者，在此基础上理性预期学派迅速发展，在二十世纪八十年代被西方经济学界普遍接受，其中的凯恩斯主义经济学派也接纳了预期理论的思想，而这时的“理性预期学派”一词已经无法全面概括该学派的特点，加上其主要内容也是从维护和发展新古典经济学的理论出发来分析宏观经济，因而被称为新古典宏观经济学（New Classical Macroeconomics，通常简写为 NCM）。随着新古典宏观经济学的不断发展，以芬恩·基德兰德（Finn Kydland）、爱德华·普雷斯科特（Edward Prescott）、罗伯特·巴罗（Robert Barro）为代表的经济学家对新古典宏观经济学早期的货币周期理论提出了质疑，提出了实际经济周期理论。为了与卢卡斯等早期的新古典宏观经济学进行区分，他们自称为新古典经济学“第二代”。

二、新古典宏观经济学的代表人物和基本特征

（一）新古典宏观经济学的代表人物

从新古典宏观经济学的产生来看，该理论的发展可分为两个阶段：第一阶段主要有以卢卡斯、萨金特等人为代表的新古典宏观经济学第一代经济学家；第二阶段主要有以基德兰德、普雷斯科特、巴罗为代表的第二代经济学家。卢卡斯和萨金特等人的思想主要受到货币主义学派的影响，因而被认为是货币主义的一个新的分支，即货币主义Ⅱ。他们从一开始就对经济周期给予了高度的关注，其中卢卡斯在二十世纪七十年代提出了货币周期模型，利用货币因素来解释经济周期，认为货币供给是产生波动的根源，他的这一观点引起了学界的关注。以巴罗、基德兰德和普雷斯科特为代表的新古典宏观经济学第二代，虽然也信奉理性预期思想，但是从学派内部对卢卡斯的经济周期理论进行了批判，认为经济波动的原因是技术等实际因素的冲击，由此提出了实际经济周期理论。

1. 罗伯特·卢卡斯。罗伯特·卢卡斯（Robert Lucas）是美国经济学家、理性预期学派的代表人物之一。1937 年，卢卡斯出生于美国华盛顿。1955 年，卢卡斯高中毕业后去芝加哥大学学习人文科学，之后他获得了伍德罗威尔逊博士奖学金，进入加州伯克利大学攻读历史专业的博士研究生。卢卡斯选修了经济史的课程并且旁听了经济理论课，从那时起他就对经济学产生了浓厚的兴趣，因而决定回到芝加哥大学改学经济学。1963 年，卡内基工学院（现称“卡内基·梅隆大学”）工业管理研究生院给卢卡斯提供了一个教职，1970 年卢卡斯获得了教授职位。在卡内基工学院期间，卢卡斯用大量的时间学习了动态系统和时间过程优化等数学方面的知识，并设法将这些方法更好地应用于经济问题的分析，在此期间卢卡斯关于经济动力学的观点逐步形成。之后，他对萨缪尔森的货币经济的交叉各代模型产生了兴趣，并在 1972 年发表了《预期与货币中性》一文，该文是他的代表作，货币中性则是他获诺贝尔奖时演讲主题之一。之后卢卡斯回到芝加哥大学任经济学教授。此外，他还担任过美国科学院院士、美国经济计量学会会长和美国经济学联合会会长等职务。1995 年卢卡斯获诺贝尔经济学奖。

2. 托马斯·萨金特。托马斯·萨金特（Thomas J. Sargent）是理性预期学

派代表人物之一。1943 年，萨金特出生于美国。1968 年他获得哈佛大学哲学博士学位，曾执教于明尼苏达大学、芝加哥大学、哈佛大学，目前任教于纽约大学，是计量经济学会院士（1967 年）、史丹佛大学胡佛研究所高级研究员（1987 年）。他与卢卡斯、巴罗、华莱士一同创立了合理预期学派。萨金特深入研究了大萧条、失业等重大经济问题，在宏观经济模型中关于理性预期的作用以及动态经济学理论与时间序列方面做出了杰出的贡献，极大地推动了新古典宏观经济学派的发展。

3. 芬恩·基德兰德、爱德华·普雷斯科特。芬恩·基德兰德（Finn Kydland）在 1943 年出生于挪威，1973 年获得了卡内基·梅隆大学经济学博士学位，目前是卡内基·梅隆大学教授。他的研究领域主要涉及经济周期、货币政策、财政政策和劳动经济学。

爱德华·普雷斯科特（Edward C. Prescott）在 1940 年生于美国的纽约州。1962 年获斯沃斯莫尔学院（Swarthmore）数学学士，1967 年获卡内基·梅隆大学博士学位，现任亚丽桑那州立大学教授、美国明尼阿波利斯联邦储备银行的研究员，宏观经济学是他的主要研究领域。

芬恩·基德兰德和爱德华·普雷斯科特（以下简称“基-普”）这对“黄金搭档”是新古典宏观经济学实际经济周期学派的代表性人物，他们一同创建的实际经济周期理论被认为是近 20 年以来宏观经济学领域最引人瞩目的进展之一。他们开创性地将博弈论引入到宏观经济学当中，讨论了宏观政策的时间一致性问题，他们的动态一般均衡模型（DGEM）开拓了经济问题研究的时空范围，促进了宏观经济学研究的动态化。2004 年两位学者获诺贝尔经济学奖。

4. 罗伯特·巴罗。罗伯特·巴罗（Robert J. Barro）在 1944 年出生于美国，1965 年获加州理工学院物理学学士学位，1970 年获哈佛大学经济学博士学位。他曾在布朗大学、芝加哥大学、罗彻斯特大学任教，目前任教于哈佛大学，同时也是斯坦福大学胡佛研究所高级研究员。早期，巴罗成为瓦尔拉斯-凯恩斯均衡宏观经济学的代表人物，通过构建产品市场和劳动市场配给均衡的宏观经济模型，奠定了非瓦尔拉斯均衡理论的基础。后来受到卢卡斯理性预期宏观经济学的影响，巴罗的研究转向理性预期革命，并成为理性预期学派的奠基人之一。二十世纪八九十年代，他的研究重点主要集中在经济增长方面，通过大量经验研究，形成了新古典经济增长理论与实际经济周期理论。1995 年他与沙拉·伊·马丁合作撰写的《经济增长》一书系统地介绍了二十世纪五十年代至九十年代有关经济增长的主要研究成果，该书被视为增长问题的经典著作。

（二）新古典宏观经济学的基本特征

1. 构建宏观经济学的微观基础化。新古典宏观经济学是在批判凯恩斯主义的基础上逐渐形成的。它认为凯恩斯主义所提倡的相机抉择的财政政策和货币政策之所以无效，是因为它忽视了社会公众的理性预期对政策的影响。新古典宏观经济学研究的重点是分析具有理性预期的公众如何根据自身的理性预期追求自身利益最大化，以及各个市场（产品市场、要素市场）供求关系的变化、产量、价格、利润、就业等的决定。在这种分析范式下，宏观经济的分析就有了微观基础。也就是说，虽然在新古典宏观经济学中也有诸如国内生产总值、总就业量、价格水平、货币数量、社会总供给和社会总需求等宏观经济变量，但是在对这些变量进行分析时却是从微观经济行为主体入手，进而得出宏观经济行为和宏观经济变量间的关系。

支持宏观经济学微观基础的理论前提是“理性预期假说”、“自然率假说”和“货币中性假说”。“理性预期假说”是指理性的经济主体借助所能得到的全部信息来做出行动而不会犯系统性的错误。“自然率假说”是卢卡斯在“自然失业率”的基础上提出的一种关于就业、产出、物价等经济变量存在着一种由政府政策支配的实际因素（如生产、技术等）决定的自然水平的理论观点。以自然失业率为例，其大小取决于社会的技术水平、资源数量和文化传统。尽管短期内，货币政策带来的非预期的通货膨胀会使得实际失业率不同于自然失业率，但长期而言，经济总是趋向于自然失业率。“货币中性假说”是指货币数量的变化只带来物价水平的变化而产出不变，也就是说，货币政策调节经济是无效的。

2. 通过经济模型检验政策的有效性。新古典宏观经济学主张用抽象的经济模型说明实际经济现象。卢卡斯认为，经济模型越是“非现实”的，它越能说明实际经济状况，人们也越愿意选用这一模型。这一观点看起来似乎有悖常理，但之所以“非现实”的模型能够更有效地说明实际经济现象，在卢卡斯看来，是由于这里的“非现实”性是指对大量经济现象进行一种科学的抽象，也就是对实际经济现象的高度概括。因为用以说明实际经济现象的抽象模型与现实生活中具体的经济现象不可能相同，因而任何反映经济现象本质的模型都是“非现实”的。

卢卡斯认为，理论经济学的主要作用之一是提供具有充分说服力的假想经济体系，这一经济体系像工厂一样发挥作用，在这一工厂中能够用低得多的成本进行实际经济中需耗费巨大成本的政策实验。依靠抽象的经济模型来检验实际生活中某种政策的效果，具体而言就是把决定某种政策的各种参数和约束条件放入到经济模型中，观察政策在这些参数和约束条件下所能得到的结果，这相当于近似地在实际经济中进行检验。

3. 时间序列分析与理性预期分析相结合。新古典宏观经济学认为，随着时间的推移，经济主体的经济活动会不断产生新的经济事件，同时经济中也会出现新的经济扰动因素，所以人们会不断地对可能产生的经济事件、经济扰动因素做出尽可能准确的理性预期，从而规范自己的经济行为，所以，在经济分析过程中，只有将时间序列分析与理性预期分析相结合，才能够更加完整地表述经济活动者具有理性经济活动的特征。这种分析方法在分析经济周期问题上具有重要的意义。

第二节 新古典宏观经济学基本理论

一、理性预期

理性预期是由美国经济学家约翰·穆思在《理性预期与价格变动》一文中提出的。他指出，理性预期是指经济主体对某些经济变量的主观预期同这些变量的客观数学条件期望相一致，也就是说，人们了解经济学家们真实表述现实世界的模型的结构，并利用这种模型结构形成他们的预期。该理论认为：①信息是稀缺的，因而经济系统一般不会浪费信息。②预期形成的方式具体依赖于经济的有关体系结构。③公开的预测仅仅反映经济体系的运转与趋势，对经济体系的运转不会产生实质性的影响。

穆思的理性预期概念并没有排除存在预期误差的可能性。事实上，没有误差的完美预期只能存在于消除了不确定性以及经济主体可以拥有完全信息的世界当中。在一个存在不确定性与信息不完全的现实生活中，即使是理性预期，也会产生误差。但是，这种预期误差属于一种随机误差，并且与经济主体形成预期时所得到的信息集合没有关系。在理性预期中，经济主体对经济变量的预期平均来说是准确的，也就是说预期不会产生系统性误差。如果预期产生误差，当事人就能够从过去的错误中吸取教训并改变他们形成预期的方式，这样就排除了系统性错误。

综上所述，理性预期包含以下三层含义：①作为经济决策的经济主体是理性的。这些经济主体为了追求自身利益最大化，会尽最大努力对未来做出正确的预期。②经济主体为了做出正确的预期，会尽可能得到所需要的一切信息，包括过去的和现在的各种信息。③由于信息的不完全性以及未来的不确定性，经济主体的预期会产生失误的可能，但他们不会犯系统性错误，因为当预期发生错误时，经济主体能够及时根据他所得到的新的信息来修正预期，不会再犯同样的错误。

穆思的理性预期要求经济主体要像经济学家们一样进行十分困难的计算，新古典宏观经济学家们认为这一点不切合实际。卢卡斯指出，理性预期只是为人们的实际预期行为提供一个一致性的标准，但是并不包含对人们的实际预期行为的解释。这种观点提出后又受到一些经济学家的批评，他们认为理性预期的重要意义就在于解释人们的理性预期行为。

与静态预期、外推型预期和适应性预期相比，理性预期的特色在于：

（1）是否利用了所有能得到的信息。在理性预期形成的过程当中，经济主体完全可以借助所有可以得到的信息对某些经济变量进行预期，而不是仅仅根据这些经济变量的过去值来进行预期。这是它同适应性预期的显著差别。以通货膨胀为例，在形成适应性预期时，人们在推测未来通货膨胀率时，仅仅考虑过去的实际通货膨胀率以及过去的实际通货膨胀率与预期的通货膨胀率的误差。但是在理性预期中，人们除了考虑这些因素之外，还会考虑政府已经或下一步将会采取的宏观干预政策，也就是会考虑到这些政策对通货膨胀率可能产生的影响。理性预期假说排除了经济主体浪费有用信息资源的可能性。

（2）预期误差是否具有系统性。在适应性预期假设下，经济主体对某一变量的未来值的预期（例如通货膨胀）仅仅是建立在该变量过去值的基础之上。这种通过“回顾式”的思考方法所得出的预期容易产生系统性误差。产生系统性误差的原因有两个：第一，经济主体没有充分考虑该变量过去值（实际值与预期值）以外的其他信息；第二，经济主体在调整预期时只是部分地调整，调整量为其上次误差的一定比例。但是在理性预期下，人们能够充分地考虑以及利用所有可公开获得的信息，从而能够理性地形成预期。即使预期与实际情况之间产生了误差，人们一旦发现错误就会迅速做出反应，对预期中的错误进行纠正，从而不会形成系统性误差的预期。

二、经济周期理论

新古典宏观经济学的经济周期理论主要包括货币经济周期理论和实际经济周期理论。前者认为经济波动的根源是货币冲击或总需求冲击，后者认为经济波动的根源是技术冲击或者供给冲击。

（一）货币经济周期理论

假设最初产量和就业处于自然率水平，央行未宣布就突然增加货币供给，这必然会引起总需求的增加和一般价格水平的上升。对于私人部门而言，厂商最初会把一般价格水平的上升当成是其产品相对价格的上升，进而增加劳动需求以扩大产量，同时提高货币工资。在劳动市场，劳动供给者则错误地把察觉到的货币工资相对于预期值的上升误认为是实际工资的上升，从而增加劳动供给，这必然导致产量和就业水平均高于它们的自然率水平，从而使经济趋于繁荣。但是，过一段时间，当私人部门意识到其产品的相对价格与实际工资并没有发生实质性的变化，劳动者和厂商就会分别减少劳动供给和产品供给，产出和就业水平就会回到自然率水平。同理，当一般价格水平处于较高水平即经济处于繁荣时期，如果中央银行未宣布就突然减少货币供给，则会出现完全相反的情况，经济最终走向萧条。在卢卡斯等人看来，产量和就业偏离其自然水平是货币供给变化产生的“随机冲击”和人们对价格预期产生误差的结果。

（二）实际经济周期理论

二十世纪七十年代初，西方国家出现的石油危机给经济带来巨大的供给冲击，在此背景下实际经济周期理论出现。该理论认为，造成经济波动的主要原因是一些实际因素，如技术创新、新生产方法、气候变化、自然灾害等，它们主要通过对生产函数的影响作用于产出、投资等。但在这些因素中，最重要的是技术变化因素。

在人口和劳动力给定的情况下，一个经济中所生产的实际收入取决于技术和资本存量，因而总量生产函数可以表示为：

$$y=zf(K)$$

式中，y 代表实际收入，K 为资本存量，z 为技术状况。若令资本的折旧率为 δ，社会中没有被折旧的资本存量即为 $(1-\delta)K$，因而经济中的可利用资源就变为 $zf(K)+(1-\delta)K$。图 1 中分别给出了生产函数以及资源函数，其中经济约束线表示为向右下方倾斜的直线，它代表的是消费与积累的内在关系，本期消费减少一单位则下一期的资本存量会增加一单位，因而该约束线的斜率为-1，该线上 A 点表示经济处于稳态，此时如果资本存量以及生产函数曲线不受到外界的干扰而发生变动，那么经济中的消费、投资以及实际收入的水平将会一直维持下去。

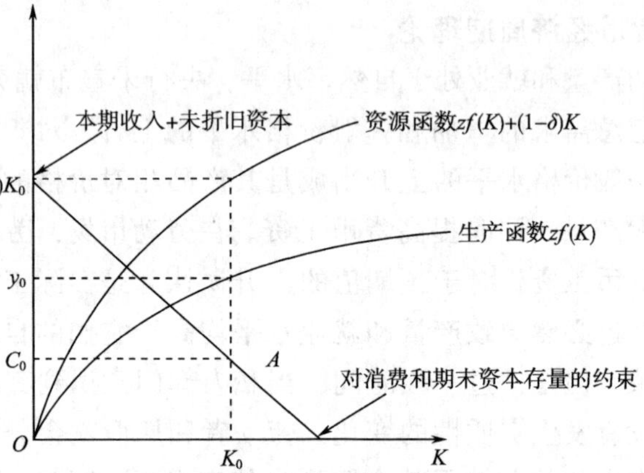

图 1　生产函数与资源函数

下面用图 2 说明实际经济周期理论对宏观经济波动的解释。

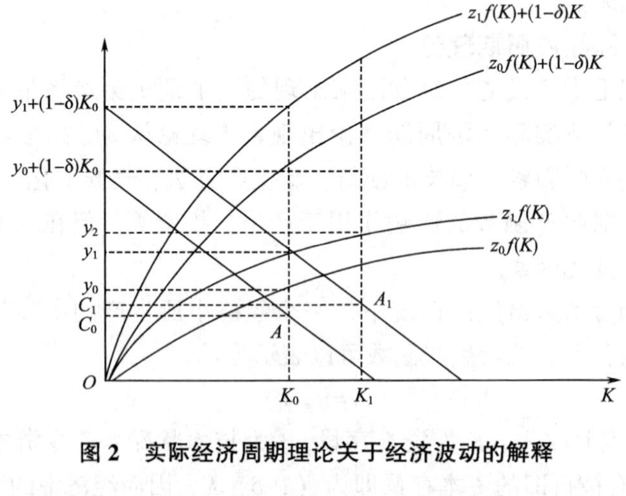

图 2　实际经济周期理论关于经济波动的解释

最初经济稳定在 A 点，资本存量为 K_0，由于受到技术冲击的影响，代表技术的变量 z 增加到 z_1，生产函数与资源函数均向上移动，导致产量与总资源增加，从而使下一期的消费与资本积累水平也随之增加，在图上表现为经济约束线向右平移。假定在新的约束线上，A_1 成为经济社会新选择的点，则社会的资本存量增加为 K_1，而社会的消费也相应增加为 C_1。在没有发生下一次的技术冲击之前，实际收入会在下一个时期增加到 y_2，这就会增加社会的总资源，进一步又会使经济约束线右移。周而复始，资源约束线会在接下来的时期中继续右移，但是移动的幅度在逐步地缩小，也就意味着经济会逐步地向稳态收敛，最终会达到一个新的稳态水平。相反，如果 z 是减小的，那么消费、资本积累以及生产等变量就会随之减小，最终也是会向稳定的状态收敛。总之，实际经济周期理论强调技术的变化是收入和投资变动的根源。

第三节　新古典宏观经济学政策主张

一、经济政策基调：政策无效论

新古典宏观经济学的政策基调就是崇尚市场机制的调节作用，反对国家干预经济。在市场出清、理性预期的假设前提下，新古典宏观经济学认为资本主义经济具有内在的稳定性，能自动实现资源的有效配置。私人部门在理性预期基础上的经济活动会造成政策的无效性。它认为具有理性预期的公众能够分辨政策的真正性质，因而不管政府或货币当局采取什么样的稳定经济的政策措施，公众总能预期到政府的政策行为及其后果，从而采取与政府政策相反的应对措施，最终使政策无效。在这里导致政府政策无效的关键因素是理性预期的存在，如果不存在理性预期也就不会出现政策无效性，因而理性预期是使新古典宏观经济学政策无效命题得以成立的前提条件或必要条件。这是因为不只社会公众能够进行理性预期，政府或货币当局也同样能够进行理性预期。如果政府或货币当局在预期上总是胜过公众一筹，或者是公众的预期总是滞后于政府的预期，那么政府或货币当局还是能够在一定程度上进行“逆经济风向行事”，并获得政策的“出奇制胜”效果。但是，新古典宏观经济学认为这种情况只会偶然发生，从长期看，政策总是无效的。

二、卢卡斯批评

二十世纪七十年代，经济学家们发现凯恩斯主义经济学建立的宏观经济计量模型已经无法对经济运行做出有效的预测。卢卡斯指出，凯恩斯主义的最大缺陷在于它假定用来评估政策实施效果的宏观计量经济模型中的参数不变。实际上，经济主体往往通过自身的理性预期察觉政策的变动，从而做出相应的反应，宏观经济计量模型的参数会随着时间的变化而变化。卢卡斯认为，应将理性预期以及宏观经济运行的微观基础一同纳入宏观经济分析框架，使得宏观计量模型中的参数不再是常数，而是随时间的推移不断调整，因而要从根本上修正计量经济政策理论的研究方法，这就是著名的“卢卡斯批评”。

“卢卡斯批评”对制定宏观经济政策意义深远。由于政策制定者预期不到不同的经济政策对模型中的参数所造成的影响，因此凯恩斯主义的宏观计量模型就不能正确地预测不同的政策实施后果。二十世纪六十年代末期和七十年代初较低的通货膨胀预期似乎证实了卢卡斯的看法。但是，对“卢卡斯批评”的一些直接检验并没有为政策变化将导致行为方程的系数改变这一主张提供有力的支持。

三、时间不一致性

在“卢卡斯批评”的基础上，基德兰德和普雷斯科特构建了更为精巧、复杂的新古典宏观经济学模型以反对相机抉择的政策。他们认为，在理性预期假设条件下，最优控制理论无法用于经济计划。虽然最优控制理论在自然科学中被证明是有效的，但是社会经济系统与自然系统不同，社会经济系统的主体具有对政策进行预测的能力，当政策制定者实施相机抉择政策时，并不能使社会目标函数最大化，这是因为政府与私人部门之间实际上存在着动态博弈。例如，假设政府自认为制定了一项最优政策，私人部门也认可该政策。但是，随后政府部门发现经济形势发生了变化，先前制定的政策不再是最优的，政府有改变政策的权利，这样就有可能背弃原来的政策或者对原来宣布的政策实施方面做手脚。这就在事先最优政策和事后最优政策之间产生了不同的情况，即所谓的“时间不一致性”。也就是说，在 t 时期制定了一项最优政策，到了（$t+n$）时期会产生新的不同的最优政策，那么在 t 时期的最优政策就是时间不一致的。基德兰德和普雷斯科特通过货币政策博弈证明了相机抉择政策不能获得最优均衡。他们认为，社会中占据支配地位的是政府，当政府制定并宣布一项最优政策后，私人部门从自身利益最大化角度会对政策做出反应，他们会采取一定的行动来化解政策的时间不一致性给自己可能带来的损害，因此，政府实施相机抉择的政策以稳定经济的企图常常会给经济带来更大的不稳定性。

第四节　简评

新古典宏观经济学以理性预期、市场出清和自然率假说为假设前提，在二十世纪七十至八十年代推动了西方经济学的发展。第一，新古典宏观经济学将理性预期纳入到需求决定的分析中，是理论上的一种进步。因为人们的消费或投资行为中都渗透着预期行为。凯恩斯经济学在分析投资需求时，对预期在投资决定中的作用过于悲观，而新古典宏观经济学则打破了这种悲观预期，认为经济活动主体能够通过理性预期使自身的消费和投资需求更加符合经济的运行规律，因而经济学中的“理性”受到广泛关注，从而使得政策的制定者也逐渐重视理性预期的作用。第二，新古典宏观经济学致力于构建宏观经济学的微观基础。凯恩斯经济学以边际消费倾向递减、流动性偏好和资本边际效率递减三大心理规律为立足点，分析有效需求和国民收入的决定。但是，此种分析缺乏微观基础。鉴于凯恩斯经济学这一缺陷，新古典综合学派在寻求宏观经济学的微观基础方面做了大量工作，实现了由机械综合向成熟综合的转变。新古典宏观经济学则从分析单个消费者具体的消费行为和单个厂商具体的生产行为出发，进而分析他们在寻求自身利益最大化的行为会带来怎样的宏观经济后果。

但是，新古典宏观经济学也存在缺陷。例如，货币经济周期理论把经济周期的根源归结于预期的失误，而否定了资本主义的基本矛盾是经济危机的根本原因。此外，该理论关于经济波动的传导机制的论述不符合现实，在西方大部分国家货币供应量以及价格指数都是公开、透明的，也就是说，社会公众能够通过外界各种媒介迅速获得相关信息，即使考虑到存在信息障碍，也只会影响两次信息公布之间的时间段，通常是几天或几周而已，货币经济周期理论用获取信息的时间差解释长达几年或数十年之久的经济周期，显然缺乏说服力。货币经济周期理论认为只要私人部门能够对现行的价格水平掌握完全的信息，就可以消除经济周期，这种看法简单地否定了西方政府在消除宏观经济波动方面所发挥的作用，与现实情况不符。此外，新古典宏观经济学的市场出清假设的微观分析完全脱离了资本主义现实，政策无效论的宏观结论也缺乏说服力。

后 记

本书是笔者多年教学科研实践中积累的一项成果。它分为两大部分，第一部分评介近代欧美资产阶级经济学说史，第二部分（作为附录）评介当代资产阶级经济学说。第一部分主要由郭志琦负责撰写，其中第九章和第十五章的资料收集和部分内容撰写由徐则荣负责，第八章第三节的资料收集和部分撰写由郭丽洁负责。第二部分全部内容的撰写、全书图表的制作、引文的校订、脚注的规范由徐则荣负责。

在成书的过程中，笔者参考了陈岱孙、鲁友章、李宗正、高鸿业、吴易风等老师的有关论著，吸取了他们的部分精华。在这里对他们深表诚挚的敬意和感谢。

本书的顺利出版得到了首都经济贸易大学出版基金的大力资助，首都经济贸易大学出版社社长兼总编辑杨玲以及出版社其他很多同志都为本书的出版付出了艰辛的劳动。没有他们的厚爱、鼓励和支持，在新型冠状病毒的干扰下，本书是很难如期出版的。在此对他们表示衷心的感谢。

本书出版也与西北政法大学科研处和首都经济贸易大学科研处的支持密不可分，在此也表示衷心的感谢。

本书涉及历史时间较长，范围很广，代表人物和著作很多，需要掌握极为丰富的资料，仅用几十万字评介远远不够。由于笔者水平有限，书中难免有疏漏和不足，敬请专家和读者朋友批评指正。

主要参考文献

[1]色诺芬．经济论[M]．北京:商务印书馆,1961.

[2]亚里士多德．政治学[M]．北京:商务印书馆,1961.

[3]瓦罗．论农业[M]．北京:商务印书馆,1982.

[4]柏拉图．理想国[M]．北京:商务印书馆,1948.

[5]托马斯·孟．贸易论[M]．北京:商务印书馆,1982.

[6]托马斯·孟．英国得自对外贸易的财富[M]．北京:商务印书馆,1961.

[7]威廉·配第．政治算术[M]．北京:商务印书馆,1961.

[8]威廉·配第．赋税论[M]．北京:商务印书馆,1978.

[9]威廉·配第．爱尔兰的政治解剖[M]．北京:商务印书馆,1964.

[10]布瓦吉尔贝尔．谷物论[M]．北京:商务印书馆,1979.

[11]布瓦吉尔贝尔．论财富、货币和赋税的性质[M]．北京:商务印书馆,1979.

[12]布瓦吉尔贝尔．法国的辩护书[M]．北京:商务印书馆,1983.

[13]布瓦吉尔贝尔．法国详情及补篇[M]．北京:商务印书馆,1981.

[14]魁奈．魁奈经济著作选集[M]．北京:商务印书馆,1979.

[15]杜尔阁．关于财富的形成和分配的考察[M]．北京:商务印书馆,1961.

[16]约翰·洛克．论降低利息和提高货币价值的后果[M]．北京:商务印书馆,1979.

[17]亚当·斯密．国民财富的性质和原因的研究[M]．北京:商务印书馆,1979.

[18]坎南．亚当·斯密关于法律、警察、岁入及军备的演讲[M]．北京:商务印书馆,1962.

[19]大卫·李嘉图．政治经济学及赋税原理[M]．北京:商务印书馆,1962.

[20]西斯蒙第．政治经济学新原理[M]．北京:商务印书馆,1983.

[21]萨伊．政治经济学概论[M]．北京:商务印书馆,1982.

[22]马尔萨斯．人口原理[M]．北京:商务印书馆,1961.
[23]马尔萨斯．政治经济学原理[M]．北京:商务印书馆,1962.
[24]马尔萨斯．人口论[M]．北京:商务印书馆,1962.
[25]马尔萨斯．论地租的性质与发展及其规律[M]．北京:商务印书馆,1962.
[26]马尔萨斯．论谷物法的影响[M]．北京:商务印书馆,1978.
[27]马尔萨斯．政治经济学定义[M]．北京:商务印书馆,1960.
[28]马尔萨斯．政治经济学论文五篇[M]．北京:商务印书馆,1961.
[29]麦克库洛赫．政治经济学原理[M]．北京:商务印书馆,1975.
[30]西尼耳．政治经济学纲要[M]．北京:商务印书馆,1986.
[31]巴斯夏．和谐经济论[M]．北京:中国社会科学出版社,1995.
[32]约翰·穆勒．政治经济学原理[M]．北京:商务印书馆,1991.
[33]李斯特．政治经济学的国民体系[M]．北京:商务印书馆,1961.
[34]门格尔．国民经济学原理[M]．上海:上海人民出版社,1959.
[35]庞巴维克．资本实证论[M]．北京:商务印书馆,1964.
[36]庞巴维克．资本与利息[M]．北京:商务印书馆,1959.
[37]洛贝尔图斯．关于德国国家经济状况的认识[M]．北京:商务印书馆,1980.
[38]维塞尔．自然价值[M]．北京:商务印书馆,1982.
[39]斯坦利·杰文斯．政治经济学理论[M]．北京:商务印书馆,1984.
[40]克拉克．财富的分配[M]．北京:商务印书馆,1962.
[41]凡勃伦．有闲阶级论[M]．北京:商务印书馆,1983.
[42]凡勃伦．企业论[M]．北京:商务印书馆,1959.
[43]康芒斯．制度经济学[M]．北京:商务印书馆,1962.
[44]马歇尔．经济学原理[M]．北京:商务印书馆,1981.
[45]马克思恩格斯全集[M].23卷．北京:人民出版社,1956—1985.
[46]马克思恩格斯全集[M].24卷．北京:人民出版社,1956—1985.
[47]马克思恩格斯全集[M].25卷．北京:人民出版社,1956—1985.
[48]马克思恩格斯全集[M].26卷Ⅰ．北京:人民出版社,1956—1985.
[49]马克思恩格斯全集[M].26卷Ⅱ．北京:人民出版社,1956—1985.
[50]马克思恩格斯全集[M].26卷Ⅲ．北京:人民出版社,1956—1985.
[51]陈岱孙．政治经济学史[M]．长春:吉林人民出版社,1981.

[52]陈岱孙．从古典经济学派到马克思[M]．北京：北京大学出版社,1996.

[53]卢森贝．政治经济学史[M]．三联书店,1960.

[54]鲁友章,李宗正．经济学说史[M]．北京：中国人民大学出版社,2013.

[55]鲁友章,李宗正,吴易风．资产阶级政治经济学史[M]北京：人民出版社,1975.

[56]王亚南．资产阶级古典政治经济学选辑[M]．北京：商务印书馆,1979.

[57]季陶达．资产阶级庸俗政治经济学选辑[M]．北京：商务印书馆,1963.

[58]季陶达．英国古典政治经济学[M]．北京：人民出版社,1978.

[59]罗尔．经济思想史[M]．北京：商务印书馆,1981.

[60]鲁德哈德·施托贝尔格．资产阶级政治经济学史[M]．北京：商务印书馆,1963.

[61]袁博文．政治经济学史简编[M]．西宁：青海人民出版社,1983.

[62]何炼成．价值学说史[M]．北京：商务印书馆,2006.

[63]吴易风．英国古典经济理论[M]．北京：商务印书馆,1988.

[64]张毓珊．经济思想史[M]．北京：商务印书馆,1948.

[65]郭志琦,李永宁,李省龙．市场经济理论史纲[M]．西安：西北大学出版社,1997.